미술로
뒤집는
세계사

미술로 뒤집는 세계사

초판 1쇄 인쇄 2014년 8월 25일
초판 1쇄 발행 2014년 9월 3일

지은이 박홍순

펴낸이 박종암
펴낸곳 도서출판 르네상스
출판등록 제313-2010-270호
주소 121-842 서울시 마포구 동교로 17안길 11 2층
전화 02-334-2751
팩스 02-338-2672
전자우편 rene411@naver.com

ISBN 978-89-90828-70-5 03900

· 이 도서의 국립중앙도서관 출판예정도서목록(CIP)은 서지정보유통지원시스템 홈페이지
  (http://seoji.nl.go.kr)와 국가자료공동목록시스템(http://www.nl.go.kr/kolisnet)에서
  이용하실 수 있습니다.(CIP제어번호: CIP2014024339)

미술로
다시 읽는
세계사

박홍순 지음

르네상스

세계 역사에 대한
이해가 달라진다

아마 역사만큼 통념이 강하게 작용하는 분야도 없을 것이다. 어느 분야든 통념에 의해 왜곡된 사고방식이 우리를 지배하는 경향이 있지만 역사는 지나치다 싶을 정도로 심하다. 역사가 사실 그대로를 보여주지 않는다는 점을 웬만큼 알고 있는데도 좀처럼 두터운 통념의 틀 안에서 벗어나기 힘들다.

역사는 승자의 기록이라는 말이 있다. 역사는 현실의 지배와 피지배 관계에 알몸으로 노출되어 있기 때문이다. 한 나라 안에서는 오랜 기간 지배력을 행사한 통치 세력의 이해를 대변하면서 그들의 구미에 맞게 왜곡된다. 전 세계 차원으로는 이른바 제국의 지위를 누리는 국가나 혹은 주도권을 행사하는 지역의 이해관계를 반영한다. 세계사가 대상일 때는 근대 이후 현실의 정치·경제는 물론이고 학문·문화 영역에 이르기까지 지배적 영향력을 행사하는 서구적 시각이 그러하다.

그러면 왜 승자나 강자의 기록이라는 점을 알면서도 통념의 언저리에서 배회하는 것일까? 무엇보다도 최소한 10여 년 이상 교육 과정에서 반복적으로 주입받아온 내용이 켜켜이 쌓여 있어서 이제는 워낙 자연스럽게 자리 잡았다는 점을 들 수 있다. 문제는 여기에 그치지 않고 사회생활을 하는 내내 대중매체가 제공하는 정보나, 심지어 술자리 대화에서도 통념은 반복적으로 우리를 지배한다. 통념이 관성과 만날 때 그 힘은 몇 배로 커진다.

나아가 통념에 도전하는 작업이 아직까지 한국 사회에서 미약한 점도 우리의 발목을 잡는 요인이다. 서점에는 세계사를 다룬 책이 적지 않지만 대체로 흥미 위주로 세계사의 여러 사건을 나열해놓은 경우가 많다. 단순한 정보 소개에 머무는 것이다. 문제는 '사실'이라고 믿는 정보 안에 특정한 편견이나 왜곡이 녹아 있다는 점이다. 비판적 관점에서 고정관념에 도전하는 경우도 꾸준히 한 부분을 차지하지만 전체로 봐서는 여전히 열세다.

이 책을 집필한 의도도 여기에 맞춰져 있다. 흥미 위주의 사소한 사건보다는 세계 역사에서 인류의 삶과 사고방식에 큰 영향을 준 사건을 중심으로 접근했다. 개별 사건을 다루더라도 큰 맥락 속에서 의미와 변화 동인을 찾고자 했다. 이 과정에서 그동안 통념으로 작용해왔던 시각, 서구적 시각이나 사회적 강자의 시각과는 다른 방향에서 실마리를 풀어가고자 했다. 특히 역사가 단지 과거에 대한 이해에 머물지 않고 '지금, 여기'의 문제라는 점에서, 현실의 우리에게 주는 의미와 교훈에 다가서고자 했다.

자칫 딱딱하거나 지루할 수 있는 세계 역사를 친근한 벗으로 삼기 위해, 또한 더 생생하게 역사의 흐름과 만나도록 하기 위해, 각 사건과 밀접히 연관된 미술 작품을 안내자로 삼아 산책할 수 있도록 했다. 단순히 참고 도판에 머물지 않고 각 그림이 역사의 물줄기나 문제의식과 어떻게 만나게 되는지를 가급적 상세히 설명하려 했다. 이 책이 세계사에 대한 더 많은 관심, 역사를 형성하고 변화시키는 동인에 대한 나름의 고민, 특히 통념을 넘어서 비판적, 체계적 관점으로 인류가 걸어온 길을 바라보는 문제의식을 갖는 데 조금이라도 기여할 수 있기를 바랄 뿐이다.

2014년 가을날에
박홍순

차 례

01

구석기 수렵인은
야만인인가

카피바라 동굴벽화 〈채집과 사냥〉, 기원전 25000년

인류 탄생과
평화로운 공동체

사람이 살기 시작하다

브라질 북동부 카피바라 동굴벽화 〈채집과 사냥〉은 구석기인의 생활 모습을 잘 보여준다. 제일 먼저 눈에 들어오는 것은 몸집이 커다란 동물이다. 그 주변으로 사람들이 두 손을 치켜들고 무리지어 있는 모습이 보인다. 큰 짐승을 사냥하는 장면이다. 오른쪽 동물은 측면을 통해 달리는 동작을 묘사한 데 비해 왼쪽은 네 발을 바닥으로 펼친 모습이 색다르다. 사냥에 성공한 상황을 보여주려는 의도인 듯하다. 위쪽으로는 사람들이 나뭇가지처럼 생긴 것을 잡고 있다. 일부러 나무를 작게 그린 것일 테고, 과일을 비롯한 열매를 따는 장면일 것이다. 주로 채집과 수렵에 의존해 살아가던 구석기 인류의 삶을 묘사한 그림이다.

누가 봐도 비례가 맞지 않는 그림이다. 동물이 사람보다 훨씬 크게 그려져 있다. 사람과 비교할 때 이 정도 크기가 되려면 최소한 코끼리 정도는 돼야 할 것이다. 그런데 머리에 뿔이 솟아 있어 들소임을 알수 있다. 왜 들소를 실제 크기보다 과장해서 그렸을까? 반대로 나무는 상당히 작게 그렸다. 나뭇가지 끝에 동그란 모양의 물건이 달려 있어서 구석기인들이 즐겨 먹던 열매가 달린 과일나무임을 알 수 있다. 관리하기 편리하도록 가지치기를 해서 난쟁이로 만들어버린 요즘의 과수원 나무와 달리 자연의 과일나무는 대부분 키가 크다. 당연히 동물보다 커야 정상인데 오히려 사람보다 왜소하게 그려놓았다. 과일나무는 왜 이렇게 작게 그렸을까?

구석기 동굴벽화에 그려진 사물의 종류와 사물의 크기는 구석기 인의 관심사와 사고방식을 파악할 수 있는 소중한 단서가 된다. 기원전 고대국가나 원시공동체 사회 그림에서 나타나는 특징 중 하나는 당시 사람들이 생각하는 중요도에 따라 크기를 다르게 묘사했다는 점이다. 이집트 고대왕국의 벽화나 구석기 동굴벽화가 대표적이다. 원근법이나 형태의 정확성보다는 당시 사람들이 생각하기에 중요한 것을 크게 그리고, 부차적인 것을 작게 그리는 경향이 있었다. 특히 구석기 사회는 아직 문자가 만들어지기 전이므로 동굴벽화는 당시의 역사를 이해하는 데 매우 중요한 단서가 된다.

여러 지역의 구석기 동굴벽화에서 만날 수 있는 인류는 구석기 후기 사람들이다. 인류의 기원은 훨씬 더 오래전으로 거슬러 올라간다. 화석이 발견된 최초의 인류는 약 300만~400만 년 전에 출현한 오스트랄로피테쿠스다. 이들은 현생 인류와는 상당히 다른 특징을 가지고 있다. 먼저 뇌의 용량이 3분의 1 수준에 불과하다. 이들 중에는 안면 형태 및 치아 구조로 볼 때 지역적 상황에 영향을 받으면서 주로 채취 생활을 하며 식물의 열매, 뿌리, 씨앗 등으로 채식을 하는 부류와 수렵을 해서 육식도 하는 잡식성 부류가 있던 것으로 보인다. 돌 끝을 가공한 단순한 석기를 사용했다.

이 가운데 채취와 사냥을 모두 하는 잡식성 부류가 진화하여 호모 하빌리스가 출현했다고 보는 견해가 많다. 육식을 한 덕분에 체격도 이전의 조상보다 더 커지고 뇌 용량도 현생 인류의 2분의 1 수준에 이르렀다. 하빌리스는 '능력 있는 사람'이라는 뜻으로, 도구를 만든 최초의 인류로 여겨진다. 돌을 다른 돌에 부딪혀 날카로운 단면을 만든 뗀석기를 사용했다. 단순한 형태의 돌도끼를 만들어 사냥을 했다. 작은 돌의 한쪽 면을 깨서 만든 석기는 사냥한 동물의 가죽을 벗기거나 살을 자르고 다듬는 일에 사용했을 것으로 보인다.

약 170만 년 전에 더 진화한 호모 에렉투스가 출현한다. 키는 현생 인류와 비슷했고, 뇌 용량도 거의 3분의 2 수준에 육박했다. 이어서 인류는 우리에게 익숙한 호모 사피엔스로 진화한다. 약 10만 년 전에 출현한 현생 인류인 호모 사피엔스 사피엔스가 전 지구로 퍼져 오늘날 모든 인간의 조상이 되었다. 이들이 널리 퍼지고, 특히 수많은 동굴벽화와 특징적 조각을 남긴 기원전 38000년에서 기원전 9000년 사이를 구석기 후기로 부른다.

우리는 구석기 인류를 오직 생존을 위한 동물적 본능만을 가진 존재로 치부하는 경향이 있다. 정말 원시 인류는 합리적 생각이라는 것은 없고 충동적 욕구만을 가진 '야만인'이었을까? 그저 주어진 환경에 얽매여서 당장의 의식주를 해결하는 데만 골몰했을까? 구석기 인류의 삶과 사고방식을 보여주는 가장 훌륭한 자료는 그들이 거주했던 동굴에서 발견되는 벽화나 생활 도구들이다. 벽화나 조각, 도구를 면밀히 검토하면 원시 인류에 대한 우리 생각에 편견이 많다는 것을 알 수 있다.

벽화나 다양한 조각을 남긴 구석기 동굴로는 프랑스의 라스코와 쇼베 그리고 트루아 프레르 동굴벽화, 스페인의 북부 알타미라 동굴, 독일의 홀레 펠스 동굴 등이 대표적이다. 남아메리카 대륙에서도 브라질의 카피바라, 아르헨티나의 마노스 동굴 등이 있다. 고고학자들은 이 동굴에 있는 벽화들이 약 기원전 25000년에서 기원전 10000년 사이에 그려진 것으로 추정한다.

도구와 무기를 만든 '능력 있는' 사람들

구석기 인류에게 생존이 매우 긴급하고 중대한 문제였음은 부정할 수 없는 사실이다. 문제는 생존을 위한 본능 이외에 다른 특성을 제대로 인정하지 않는 태도다. 따지고 보면 인류 역사를 통틀어서 생존이 중요하지 않은 시기는 없을 것이다. 구석기인들이 그 이후의 인류보다 자연의 제약을 더 많이 받은 점은 사실이지만, 그렇다고 해서 합리적, 문화적 사고와 활동이 없었다고 보기는 어렵다.

먼저 생존과 연관된 채취와 수렵 활동을 살펴보자. 인류가 처음 출현했을 때 생존을 위해 할 수 있는 일이란 자연에서 직접 열매를 따거나 나무뿌리를 캐는 일뿐이었다. 이때부터 이미 작업을 위한 도구로 석기를 사용했다. 처음에는 딱딱한 열매를 깨거나 나무뿌리를 캐는 데 알맞게 생긴 돌을 골라 그대로 사용했을 것이다.

수렵은 채취에 비해 훨씬 위험하고 불안정했을 것이다. 돌을 이용해 사냥하는 일이 그리 만만할 리가 없기 때문이다. 육식동물은 아예 사냥할 엄두도 못 냈다. 초식동물이 만만한 사냥감이었겠지만 이조차 그리 호락호락하지는 않다. 들소 뿔에 받혀 다칠 수 있고, 순록은 조금만 이상한 냄새나 낌새를 느껴도 빠른 발을 이용해 순식간에 달아나기 때문에 빈손으로 터덜터덜 돌아오는 날이 많았을 것이다.

현실적으로 사냥보다 채취에 의존하여 살아야 하는 날이 더 많았음을 예상할 수 있다. 하지만 구석기인은 충분한 고기와 가죽, 털을 얻을 수 있는 사냥을 포기하기 힘들었을 것이다. 카피바라 동굴의 〈채집과 사냥〉은 채취와 수렵 사이에서 당시 인간이 가졌던 감정을 잘 보여준다. 사냥 대상인 동물은 인간에 비해 실제보다 훨씬 크게 그렸다. 이에 비해 채집 대상인 나무는 작게 그렸다. 과거로 갈수록 중요한 것을 더 크게 그리는 경향이 나타난다는 점을 고려할 때 구석기인이 갖고 있던 사냥에 대한 열망을 읽어낼 수 있다.

사냥에 대한 열망과 의존이 커지면서 도구도 발달해갔다. 처음에는 날카롭고 뾰족한 돌을 찾아서 그대로 사용했지만 그런 돌을 구하기가 어려워지자 돌을 깨뜨려서 사용했다. 구석기 전기의 석기를 보면, 한쪽은 가늘고 다른 한쪽은 뭉툭해서 직접 손으로 잡거나, 나무 막대에 중간을 묶어 사용할 수 있는 주먹도끼가 많이 보인다. 둥근 돌을 손으로 잡는 부분만 제외하고 나머지 끄트머리를 깨서 칼처럼 사용하는 단면기도 있다. 전자는 주로 사냥하는 데, 후자는 사냥한 고기를 자르거나 손질하는 데 사용했다.

구석기 중기에는 좀 더 다양하고 잘 다듬어진 석기가 등장한다. 긴 돌의 끝이 뾰족하도록 떼어내 칼처럼 만든 석기, 돌의 한쪽 단면을 울퉁불퉁하게 떼어내 톱니처럼 만들어서 사냥한 동물을 자르기 편하도록 만든 석기를 볼 수 있다. 구석기 후기에는 길고 뾰족하게 다듬어서 투창용 촉으로 사용하는 석기, 끝을 뾰족하게 떼어내고 긴 모양의 옆 단면을 날카롭게 만들어 제법 칼 모양이 나오는 석기, 가늘고 뾰족한 돌의 중간을 비늘 모양으로 날카롭게 만들어서 사용하는 작살 석기, 새를 잡는 작은 갈퀴 석기 등이 나타난다.

창은 사냥 능력을 획기적으로 높여주었다. 제대로 남아 있지는 않지만 처음에는 나무만으로 만들어진 창을 사용했을 것이다. 함부르크 등 유럽 몇 군데 점토층에서 나무로 만든 창이 드물게 발견되었다. 긴 창을 사용하면서 인간은 더 긴 팔을 갖게 되었다. 하지만 나무창은 상당한 위험을 감수해야 했다.

라스코 동굴벽화 〈들소 사냥〉은 창을 이용하여 사냥할 때 맞닥뜨릴 수 있는 위험을 한눈에 보여준다. 창의 길이만큼 인간의 팔이 길어지긴 했지만 들소는 엄청난 힘과 날카로운 뿔로 한순간에 인간의 생명을 앗아갈 수 있는 두려운 상대였다. 그림에서 들소는 뿔을 앞으로 내밀어 사냥꾼을 들이받는다. 배에 창을 맞아 창자의 일부가 튀어나온 상

라스코 동굴벽화 〈들소 사냥〉, 기원전 17000년

태지만 힘이 센 들소는 금방 쓰러지지 않고 사냥꾼에게 일격을 가한다. 사냥꾼은 맥없이 바닥에 나뒹군다. 거대한 들소의 날카로운 뿔에 받혀 쓰러진 사람이 초라할 정도로 빈약하게 묘사되어 있다. 실제 사냥에서 이런 일이 비일비재하게 일어나서 큰 부상을 입거나 심지어 목숨을 잃는 경우가 적지 않았을 것이다.

구석기인은 위험을 줄일 수 있는 새로운 무기를 개발했다. 긴 막대기 끝에 날카롭게 떼어낸 가는 돌촉을 붙여 투창을 만들었다. 기존 창보다 안전했지만 돌의 무게 때문에 원하는 만큼 먼 거리에서 공격하기에는 한계가 있었다. 구석기 중기부터 동물의 뼈나 뿔을 다듬어 투창을 개량했다. 돌칼로 뼈를 깎아 가벼우면서도 돌보다 날카로운 투창을 만들었다. 뼈로 만든 촉을 막대기 끝에 박아서 훨씬 멀리까지 던질 수 있었다. 몇 배는 더 긴 팔이 만들어진 것이다. 특히 매머드의 긴 엄니는 창을 만드는 훌륭한 재료였다.

동굴벽화에는 들소가 자주 등장한다. 구석기인들은 왜 좀 더 안전한 순록보다 들소 사냥에 심혈을 기울였을까? 공동체 전체가 풍족하게 먹으려면 큰 짐승을 잡아야 했기 때문이다. 작은 짐승은 큰 위험은 없지만 발이 빨라서 실패하는 경우가 많았다. 또한 사냥에 성공해도 먹고살기에는 부족했다. 하지만 큰 짐승을 잡으면 몇 주일씩 고기를 먹을 수 있었다. 순록 사냥이 더 빈번하게 이루어졌을 테지만 한 마리만 잡아도 공동체 전체를 오랫동안 먹일 수 있는 큰 짐승을 잡는 데 더 열을 올렸을 것이다.

인간은 투창보다 훨씬 더 멀리까지 날아가고 더 정확하게 목표물을 맞힐 수 있는 새로운 도구를 개발했다. 잘 구부러지는 나뭇가지를 골라 둥그렇게 휘어서는 양쪽 끝에 줄을 맸다. 가늘고 짧은 가지 끝에는 투창에 사용한 것보다 작은 날카로운 뼈 촉을 달았다. 활이 등장한 것이다. 화살이 날아가는 거리만큼 인간의 팔도 비약적으로 길어진 셈이다. 또한 무겁고 긴 투창에 비해 화살은 가늘고 짧아서 여러 개를 가지고 다닐 수 있어 기민하게 움직일 수 있고 사냥의 효율성을 높였다.

라스코 동굴벽화 〈순록 사냥〉은 이 시기에 활이 보편적으로 사용되었음을 보여준다. 사냥꾼들의 출현에 기겁하여 달아나는 순록 무리를 향해 여러 명이 동시에 화살을 날리고 있다. 앞의 순록 몇 마리는 하

라스코 동굴벽화 〈순록 사냥〉, 기원전 15000년

나 혹은 두세 개의 화살을 맞은 상태다. 사냥꾼에게는 아직도 화살이 남아 있기 때문에 몇 마리는 더 거뜬히 잡을 수 있을 듯싶다. 화살이 등 장하면서 눈 깜짝할 사이에 도망가는 순록을 효과적으로 제압할 수 있 게 된 것이다.

　무엇보다도 가장 강력한 무기는 인간의 협동이었다. 인간은 결코 혼자 사냥을 나가지 않았다. 공동체의 힘은 인간보다 훨씬 강한 이빨과 발톱을 지닌 맹수에게서 자신을 지키고, 힘세고 빠른 발을 가진 초식동물을 잡을 수 있는 가장 좋은 무기였다. 공동체의 힘은 단결력과 집단적 사냥 기술에서 나온다. 구석기 벽화에서 이런 내용을 엿볼 수 있다. 정밀하게 관찰하면 〈들소 사냥〉를 비롯해 들소를 묘사한 다수의 벽화에 창을 던진 흔적이 발견된다. 창을 던지거나 찌름으로써 현실에서도 그 동물을 잡게 될 것이라는 강한 믿음을 표현한 것이다. 이를 통해 큰 짐승에 대한 두려움을 없애고 사냥 성공에 대한 집단적 자신감을 가졌을 것이다. 그들은 또 어디를 어떻게 찔러야 빠른 시간에 사냥에 성공할 수 있는지를 집단적으로 학습했다.

무기가 발달하고 수렵이 확대되면서 공동체 내에 분업이 촉진되었다. 사냥이 갈수록 더 큰 비중을 차지하면서 채집보다는 수렵 경제 비중이 증가했다. 이에 따라 인간관계에도 변화가 생겼다. 초기부터 사냥은 주로 남성의 일이었다. 〈들소 사냥〉에 나오는 인간을 보면 가랑이 사이로 불쑥 튀어나온 남성의 성기가 선명하다. 여성은 임신과 출산, 그리고 신체적 특징으로 인해 사냥에 적합하지 않았다. 수렵의 발달은 남성과 여성의 역할이 더 뚜렷하게 나뉘는 계기를 만들었다. 여자는 식물을 채집하고, 남자는 잡아온 짐승의 가죽을 벗겨 옷을 만드는 일을 맡았다. 수렵의 확대가 최초의 성별 분업을 발생시킨 것이다.

야만과 문명의
경계를 넘어

구석기인에 대한 오래된 편견

구석기인의 사고방식이나 삶은 물론이고, 동굴벽화를 그린 목적도 단지 생존을 위한 집단적 훈련이나 주술로 이해하는 것은 문제가 있다. 구석기인은 생존 본능만을 지닌 존재라고 제한해버리는 것이다. 또한 개인적 의식은 전혀 없고, 오직 집단의 필요에 의해서만 움직이는 존재로 묶어둔다.

　　먼저 집단 결속을 중심으로 한 원시사회이기 때문에 집단적 사고만 있고 개별 의식은 없었다고 보는 견해는 상당 부분 편견이다. 원시인류도 개인에 대한 관심을 가졌다는 것을 보여주는 단서가 있다. 동굴벽화에 자주 등장하는 손 그림이다. 프랑스 페슈 메를 동굴을 비롯하여 많은 동굴에서 여기저기에 찍힌 손 그림을 발견할 수 있다. 쇼베 동

페슈 메를 동굴벽화 〈두 마리 말〉, 기원전 24000년

굴에는 손자국과 비슷한 방식으로 표현된 발자국도 나타난다. 이는 유럽에만 국한된 현상이 아니다. 아르헨티나 마노스 동굴에는 약 9500년 전에 그려진, 수많은 손자국으로 가득 찬 벽화가 있다.

페슈 메를 동굴벽화인 〈두 마리 말〉에는 손이 선명하게 그려져 있다. 말을 둘러싸고 왼손 혹은 오른손이 몇 개 펼쳐져 있다. 손이 두 마리 말과 겹치지 않는 것으로 봐서 말보다 뒤에 그렸음을 알 수 있다. 바위에 손바닥을 댄 상태에서 주위에 입으로 물감을 뿜어 제작한 것이다.

말로 모건Marlo Morgan의 《무탄트 메시지》에서는 원시부족이 어떻게 손 그림을 그리는지 생생하게 확인할 수 있다. 모건은 오스트레일리아 남서부에서 문명과 떨어진 채 원시부족의 삶을 고스란히 간직한 원주민 부족을 만나 손 그림 제작 과정을 체험했다. 점토에서 얻은 물감에 도마뱀 기름을 섞는다. 물감이 적당한 농도로 섞이면 깔때기처럼 접은 나무껍질로 입안에 붓는다. 벽에 손바닥을 대고 손 주변으로 물감을 내뿜는다. 물감을 뒤집어쓴 손을 떼어내면 벽에 손자국이 선명하게 찍힌다. 고르지 않은 동굴 벽면에 물감을 뿜어서 그리는 방법은 매우 효과적인 형태 표현 방법이다.

손 그림이 대부분의 동굴에서 공통적으로 나타나는 현상이라는 점에서 우연한 행위는 아니다. 손은 자화상처럼 개인을 나타내는 표식이다. 사냥 중인 여러 사람을 그릴 때 당시의 묘사력으로는 그 가운데 자신을 구별할 방법이 없다. 물에 비친 모습 말고는 자기 얼굴도 제대로 볼 기회가 없었던 구석기인에게 자신을 가장 손쉽게 드러내는 방법이 손 모양을 그대로 뜨는 행위였을 것이다. 개별 존재로서의 자신에 대한 관심을 손 그림을 통해 표현했으리라 짐작할 수 있다.

라스코 동굴벽화 〈순록 사냥〉에서도 개별 존재로서의 인간에 대한 관심을 엿볼 수 있다. 순록을 보면 암수 구분은 물론이고 갓 태어났을 법한 아주 작은 새끼와 중간 정도 자란 새끼를 구별할 수 있을 정도로 개체의 특징을 잘 드러내고 있다. 동물의 개별성은 뿔의 유무와 몸집의 크기 정도로 구별할 뿐 거의 같은 동작이다. 하지만 인간의 동작은 구체적이고, 네 명 모두 각기 다르다. 선을 이용한 간단한 묘사지만 팔과 다리의 동작을 달리하여 각자의 독립적 특징이 살아나고 있다. 우연이라고 볼 수 없는 다채로운 묘사다. 개별적 존재에 대한 관심이 전혀 없었다면 굳이 서로 다른 표현을 위해 각자의 동작을 묘사하는 수고로움을 감수할 이유가 없다. 공동체적 결속과 집단행동을 전제로 한 것이지만 집단과 구별된 개인에 대한 의식적 접근에 어느 정도 다가서고 있다.

또한 구석기인이 당장의 생존을 위한 본능적 사고만을 갖고 있었다면 과거와 미래에 대한 관심이나 이를 복잡한 과정을 거쳐 벽화를 통해 표현할 필요도 없을 것이다. 시기를 달리하며 동굴 벽에 그려진 다양한 그림은 사냥을 위한 훈련이나 주술 기능만이 아니라 일종의 역사 기록 역할도 담당했다.

말로 모건이 만난 원시부족은 동굴벽화를 '시간 관리'라고 부르는 과정으로 설명한다. 1년에 한 번 시간 기록자와 기억 관리자로 불리는 사람이 지난 한 해 동안 있었던 중요한 일들을 벽에 그렸다. 160점에 달하는 동굴벽화 중에는 핵실험 사실도 기록되어 있다. 오스트레일리아 정부는 핵 실험장 주변에 사람이 살고 있다는 사실을 미처 몰랐을 것이다. 이 부족은 일본군의 폭격 사실도 벽에 기록해놓았다. 처음 보는 자동차와 비행기까지 그려져 있었다. 일부는 기억 관리자가 직접 목격한 것이었지만 나머지는 문명 세계로 파견된 정찰병들이 돌아와서 보고한 내용이었다. 구석기인은 자연현상이나 사냥과 채취에 관련된 사건만을 주로 접했기에 이와 관련된 그림을 벽화로 남겼을 뿐 이 부족의 작업과 비슷한 기능을 갖고 있었으리라는 점을 짐작할 수 있다. 원시부족에게서 생존의식을 넘어 일종의 역사의식도 확인할 수 있는 내용이다.

미래에 대한 구석기인의 관심은 죽음과 연관된 사고방식에서 찾을 수 있다. 구석기 중기에서 후기의 무덤은 저승에서 맞이할 죽은 자의 운명을 걱정했던 구석기인의 생각을 보여준다. 구석기 중기의 무덤은 웅덩이 모양으로 개별적이거나 집단적으로 만들어졌다. 남자의 머리는 납작한 돌이나 큰 동물의 뼈, 혹은 영양의 뿔로 둥그렇게 둘러싸서 보호하고 있다. 구석기 후기에는 머리를 조개로 꿰맨 그물로 덮은 경우도 있다. 머리를 보호하는 것은 죽은 사람의 영혼을 보호하려는 의도일 것이다. 구석기 후기에는 돌멩이를 쌓아서 구덩이를 막기도 했다. 죽은 사람의 몸에 황토를 뿌리고, 구멍 뚫린 조개나 조각된 뼈로 장식했으며, 목, 손목, 발목, 허리 주위를 물고기 척추 뼈로 장식했다. 때로는 머리가 조개로 만든 그물로 덮여 있었다. 이는 죽은 자의 사후 삶을 위한 배려일 것이다. 적어도 구석기 중기에서 후기 사이의 인류는 죽음을 삶에 이어지는 상태라고 인식했음을 알 수 있다.

구석기인의 주술도 죽음에 대한 이해와 맞물리면서 생존의식을 넘어선 사고로 이해하는 것이 타당하다. 라스코 동굴벽화 〈들소 사냥〉을 보면 들소의 뿔에 받힌 인간의 머리가 새의 모습을 하고 있다. 쇼베 동굴벽화에는 매머드 머리를 한 인간의 모습도 보인다. 인간을 부족에서 신성시하던 동물과 일치시키고자 했던 토테미즘의 영향이다. 또한 토템에서 출발하여 신비로운 힘에 의존하는 샤머니즘으로 나아가는 현상을 발견할 수 있다.

〈들소 사냥〉을 좀 더 자세히 보면 쓰러진 사람 옆에 새가 그려져 있다. 쓰러진 사람의 머리가 새의 모습에 가까운 것은 우연이 아니다. 옆에 그려진 새와 연관해서 볼 때 새를 토템으로 삼고 있는 어떤 부족의 사냥 장면으로 보는 게 설득력이 있다. 또한 일반적으로 원시사회의 주술적 사고에서 새가 현세와 다음 세상을 연결하는 역할을 한다는 점을 고려할 때, 새를 인간 영혼을 하늘로 안내한다는 상징적인 의미로 이해해도 될 것이다. 전반적 상황을 고려할 때 집단적 차원이든 아니면 개인적 차원이든 사냥 도중에 죽은 동료를 추모하는 성격을 일부 띠고 있다고 추측할 수 있다.

눈에 보이지 않는 세계에 대한 관심이 사후세계나 신비로운 영역으로만 향했던 것은 아니다. 구석기인은 현대인이 과학이라고 부르는 탐구 활동에도 관심을 가졌던 것으로 보인다. 구석기 동굴에서는 종종 '엑스레이 그림'이라고 부르는 벽화가 발견된다. 동물 몸 안의 기관이 드러나 보이게 하는 그림이다. 흔히 이 그림도 생존을 위한 사냥이라는 제한된 해석이 이루어진다. 사냥할 때 어느 부위를 창으로 찌르는 것이 좋은가를 보여주기 위해 동물의 내장이 훤히 보이게 그렸다는 것이다.

하지만 이러한 해석도 구석기인을 야만 상태로만 가두어두려는 지독한 편견이라고 볼 수 있다. 오스트레일리아 카카두의 벽화 중에는 사람이나 물고기를 '엑스레이 그림' 방식으로 그린 것들이 있다. 〈사람〉은 척추와 다리뼈가 묘사되어 있다. 뼈 주변은 마름모 모양으로 그려져 있는데, 근육이거나 몸의 기관을 추상적으로 표현한 것으로 보인다. 〈물고기〉는 좀 더 직접적으로 내부의 각 기관을 상세히 그렸다. 물고기 등뼈는 물론이고 머리의 아가미, 배의 내장에 이르기까지 마치 해부도처럼 세밀하다. 작은 물고기를 들소처럼 어느 부분을 창으로 찔러야 잡을 수 있다는 것을 훈련하기 위해 그린 그림이라고 할 수 있을까? 하물며 사람을 사냥 훈련용으로 그렸다고 할 것인가? '엑스레이 그림'은 구석

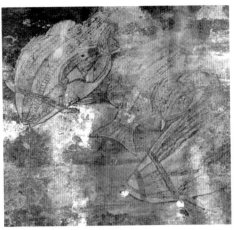

카카두 〈사람〉, 기원전 20000년　　　　　　카카두 〈물고기〉, 기원전 20000년

기인들이 겉으로 드러나는 사물의 현상에만 관심을 가진 게 아니라 내부를 탐구하고자 하는 욕구를 갖고 있었음을 보여주는 증거로 해석할 때 진실에 좀 더 가까이 다가갈 수 있다.

또한 구석기인은 생존이라는 목적을 넘어서 나름대로 문화적 욕구 충족을 위한 도구를 만들고 사용했다. 예를 들어 홀레 펠스 동굴에서는 동물 뼈로 만들어진 피리 같은 악기가 여러 개 발견되었다. 속이 비어 있는 동물 뼈에 구멍이 규칙적으로 6~7개 정도씩 뚫려 있어 다양한 음을 낼 수 있다. 단순히 고동이나 뿔피리처럼 소리를 내기만 하는 기능이 아니라, 다양한 음을 내는 악기를 만들어낸다는 것은 구석기인들도 음악을 즐겼다는 얘기다. 그리고 한 동굴에서 많은 양의 피리가 나왔음을 고려할 때 특정 소수의 전유물이 아니라 다수의 사람이 일상적으로 음악을 즐겼다고 볼 수 있다. 뼈나 돌을 이용하여 만든 작은 동물 모양의 조각도 다량 발견된다. 한쪽 끝에 구멍이 뚫려 있어서 목에 걸 수 있도록 제작되었다. 우리는 이들이 하루의 고된 수렵과 채취를 끝내고 동굴에 모여 피리를 불거나 조각을 하면서 나름대로 문화생활을 즐기는 모습을 떠올릴 수 있다. 이렇듯 구석기인은 문화적 욕구를 가지고 주변 사물을 이용했다.

더불어 사는 평화로운 원시공동체

구석기인은 채취와 수렵에 의존하는 생활을 했기 때문에 주기적으로 이동해야 했다. 한 지역에 있는 과일이나 뿌리 식물이 부족해지면 다른 지역으로 옮겼다. 또한 그들의 식량원인 동물이 계절의 변화에 따라 이동할 때 함께 옮겨가며 살아야 했다.

구석기 초기에는 세찬 바람을 피할 수 있는 구릉지 혹은 동굴이나 바위 밑에서 살았다. 구석기 중기 유적에서는 일정하게 인위적으로 만들어진 주거 형태를 확인할 수 있다. 원형으로 자갈을 쌓거나, 매머드의 큰 뼈 여러 개로 Λ자 형태로 집의 틀을 만들기도 했다. 땅에 버팀목을 박고 그것이 쓰러지지 않도록 바위를 사용했으며, 짐승가죽이나 나뭇가지, 혹은 둘 다 써서 전체를 덮어 오두막을 지었다. 구석기 후기에는 좀 더 발전된 주거 공간을 만들었다. 땅을 파서 기둥을 세우고 나뭇가지나 가죽으로 덮어 훨씬 따뜻하고 안락한 집을 만들었다.

유적에서 발견된 구석기인의 주거지 크기로 보아 약 25명이 거주했던 것으로 예측할 수 있다. 구석기 주거와 아메리카 대륙 원시부족 주거 형태의 유사성으로부터 우리는 구석기인의 생활 모습을 좀 더 구체적으로 유추할 수 있다. 1492년 콜럼버스가 아메리카 대륙을 발견했을 때, 원주민들은 '긴 집'이라는 공동의 집에서 살고 있었고, 하나의 씨족은 전부 같이 살면서 공동의 가정을 이루었다.

구석기인에게 집단적인 공동생활은 협업, 협동의 선택 문제가 아니라 절체절명의 생존 문제였다. 인간은 날카로운 이빨이나 발톱, 강인한 근육과 빠른 발, 날개나 독, 보호색도 없기 때문에 서로 힘을 합치지 않으면 살아가기가 어려웠다. 그런 점에서 적어도 구석기 인류에게 집단적으로 한곳에 모여서 사는 생활은 필수적, 원초적 요소였다. 공동체 안에서는 수직적 위계질서나 강제보다는 씨족이나 종족 전체의 강한 결속력이 중요했다.

구석기인은 씨족 또는 작은 종족 규모의 집단을 이루어 생활했고, 아직 개별 가족은 나타나지 않았다. 공동의 가정을 이루어 채취와 사냥을 함께 하고 성과물을 다 같이 나누었다. 여성들이 채집한 과일과 남성들이 잡아온 동물은 평등하게 분배되었다. 개인의 소유라는 것은 없었고, 모든 것은 공동체의 공동 소유였다. 채집과 사냥을 통해 얻은 식량이 제한적이기 때문에 만약 누군가가 독점하거나 더 많이 가져가면 씨족 공동체를 유지할 수 없었다.

1987년에야 세상에 알려진 아마존 원시부족인 조에족을 봐도 그러하다. 조에 부족은 남성이든 여성이든 입술 아래를 뚫어 막대기로 치장한 것을 제외하고는 실오라기 하나 걸치지 않은 모습으로 살아간다. 남자들은 다 함께 사냥을 나가고 잡아온 짐승은 그것을 잡은 사람의 주도하에 골고루 분배된다. 거의 2시간이 걸릴 정도로 분배하는 데 신중을 기하며, 사냥을 나가지 않는 사람들도 자기 몫을 받는다. 조에족의 가족은 군혼群婚에서 개별 가족으로 가는 중간 형태를 보여준다. 남성이든 여성이든 여러 명의 배우자를 둘 수 있다. 자매가 한 남자와 결혼하는 경우도 드물지 않다. 아이는 핏줄에 상관없이 복수의 아내 혹은 복수의 남편에 의해 공동 양육 방식으로 길러진다.

개별 가족이 등장하지 않았다는 것은 일부일처제가 아니라는 의미다. 구석기 대부분의 기간에 걸쳐 인류는 집단혼이라 할 수 있는 군혼의 성격을 지녔다. 당연히 부모와 자식으로 이어지는 혈족 관계는 어머니를 통해 이어진다. 이는 전형적인 모계사회의 특징이다.

〈빌렌도르프의 비너스〉나 〈로셀의 비너스〉는 구석기 시대의 모계사회를 상징하는 조각이다. 〈빌렌도르프의 비너스〉는 11센티미터 정도의 작은 돌조각 작품이다. 달걀 형태의 둥근 석회암 자갈에 여성의 모습을 새겼다. 임신한 여인상을 표현하는 데 알맞게 생긴 자연석을 골라서 여인상을 조각했다. 〈로셀의 비너스〉는 그보다 조금 더 큰 돌의 한쪽 면에 나체의 여인을 새긴 부조상이다.

구석기 여인상들은 공통적으로 유방과 성기를 과장하고 있다. 가장 공들여 솜씨를 부린 곳은 유방이다. 〈빌렌도르프의 비너스〉는 유방을 중심으로 하여 다른 신체기관을 배치한 느낌이다. 단순히 크기만 과장한 것이 아니라 유방의 시각적인 양감을 살려내기 위해 가슴골에서

〈빌렌도르프의 비너스〉, 기원전 20000년

〈로셀의 비너스〉, 기원전 25000~20000년

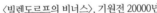

젖꼭지에 이르기까지 매우 세심하게 신경 썼다.

유방, 복부, 둔부 등을 극단적으로 풍만하게 묘사한 점으로 보아 이 조각상들은 일차적으로 생식·출산의 상징, 성적 상징의 의미를 지닌다. 다산과 풍요를 기원하는 주술적 성격을 띤다. 다산은 구석기인들에게 생존 문제였다. 아직은 큰 부족 집단을 이루기 전의 단계이기 때문에 자연의 위협에 대응하면서 수렵이든 채집이든 생존을 이어나가기 위해서는 다산이 절체절명의 과제였다.

〈로셀의 비너스〉는 오른손에 의미심장한 상징물을 들고 있다. 들소 뿔로 보이는데, 이것을 들소나 염소의 뿔로 상징되는 코르누코피아 Cornucopia의 기원으로 보는 해석이 많다. 코르누코피아란 음식과 과일을 제공하는 풍요의 뿔로, 풍요와 다산을 의미한다.

돌에 새긴 조각상은 다양한 동물과 여성상이 대부분이다. 남성 조각상은 거의 찾아볼 수 없다. 이는 여성 중심의 모계 공동체 특징을 알려준다. 또한 종족의 재생산과 유지가 절대적으로 중요한 조건에서 여성의 중요성은 아무리 강조해도 지나치지 않다. 풍요의 상징을 여성에게 구했다는 점에서도 여성이 구석기 사회에서 차지했던 위치를 짐작할 수 있다.

아마존은 물론이고 북서 뉴기니의 트로브리안드 원시부족의 삶을 통해서도 모계사회의 사회관계와 의식을 살펴볼 수 있다. 남성은 상대적으로 부여된 의무가 많다. 권리로 가득한 부계제 사회와 달리 원시사회에서 남성은 공동체 유지를 위한 수많은 의무를 지니고 살아간다. 원시부족의 전형적 아버지들은 근면하고 성실한 보모다. 원주민의 관념에 따르면, 생물학적으로 아버지는 아이의 출생과 전혀 관계가 없으며, 아이는 아버지가 누구인지 모르고 자란다. 그럼에도 아버지는 어린아이를 보호해야 한다. 아버지는 다정하고 자애로운 친구일 뿐 자식의 공인된 친척은 아니다. 그러한 역할을 수행함으로써 사회 전통에 명시된 소명에 복종한다.

하지만 남성이 여성에게 종속되었다는 의미는 아니다. 부계사회에서 나타나는 남성의 권리와는 다른 차원의 문제로 보아야 한다. 가부장적 남성 권리는 남성이 여성을 지배하는 수직적 인간관계에 기초하여 도덕의 이름으로 강제하는 것이다. 하지만 모계사회에서 남성의 봉사는 종족 유지를 위한 복무라는 점에서 수직적 위계 관계와는 무관하다. 아이에 대한 남성의 의무 역시 씨족 공동체를 유지하기 위한 절대적 필요가 만들어낸 규율이나 관례라는 점에서 강제의 성격을 갖지만 지배-피지배 관계는 아니다. 우위에 있는 것은 씨족 공동체이지 어떤 존재나 특정한 집단은 아니었다. 구석기 원시공동체는 누구도 다른 사람을 지배하지 않는 사회였다. 씨족을 대표하는 사람은 있지만 풍부한 경험을 가지고 공동체를 잘 이끄는 역할을 할 뿐 지배자로 군림하지는 않았다.

구석기 동굴벽화에 등장하는 인간은 상세하게 묘사한 동물에 비해 간략한 특징만 묘사되어 있다. 다른 사람에 비해 특별히 더 크거나 중요한 위치에서 두드러진 동작을 취하는 모습이 없는 것으로 봐서 아직 집단 내부에 지배-피지배 의식이 형성되지 않았음을 알 수 있다. 그들에게 누군가가 다른 누군가를 지배한다는 생각은 매우 낯선 것이다. 대표성과 권위는 있지만 지배와 억압과는 전혀 다르다. 아직 구석기인들에게는 지배 수단으로서의 정치권력이나 정치의식이 존재하지 않았다.

아마존 남비콰라 부족의 언어에서 족장을 나타내는 '우일리칸데'는 '통일하는 사람' 또는 '결속시키는 사람'이라는 뜻이다. 족장이란 우리 사회처럼 특권적 권위에 대한 필요성에서 생겨난 것이 아니다. 공동체를 형성하려는 사람들의 욕구에서 자연스럽게 나왔다. 족장의 지위는 배타적 의지나 구성원의 일방적 요구가 아닌, 자발적 동의를 통해 인정된다. 능력이나 품성이 뛰어난 사람을 뽑았으나 그가 종족을 잘 이끌지 못하면 다시 뽑았다. 새로운 족장으로 지명된 사람은 직책을 반길 것 같지만, 완강하게 거부하는 일도 있다. 족장이 지는 부담과 책임이 무겁기 때문이다.

대부분의 원시부족에서 관대함은 권력의 본질적 속성이다. 그가 다른 사람을 지배한다든지 다른 사람보다 더 많이 가져가지는 않았다. 오히려 족장이 물질적으로 빈곤한 경우도 있다. 부는 그의 손을 통해 배분될 뿐, 결코 소유할 수 없었다. 족장은 집단 활동을 조직하고, 자기를 따르는 부족 사람들에게 항상 너그럽게 행동해야 했다. 족장의 지위는 서구적 의미에서의 권력보다는 권위에 가깝다.

공동으로 식량을 마련하고 공동으로 분배했으며, 공동체 내의 지배-피지배 관계가 없으니 구석기 시대는 다른 공동체를 약탈하는 전쟁도 없는 평화로운 시대였다. 구석기 인류의 유골에서는 그 어떤 전쟁의 흔적도 나타나지 않았다. 그들은 주어진 환경에서 자연에 순응하며 살았다.

지금 우리의 삶을 돌아보며

우리는 흔히 야만 또는 미개와 대비되는 의미로 문명이라는 표현을 사용한다. 또한 구석기에서 신석기, 그리고 청동기와 철기 시대를 거쳐 현대 산업사회에 이르는 과정을 발전이라는 개념으로 설명하려 한다.

만약 그러한 발전 개념이 도구의 발달을 가리키는 것이라면 크게 틀린 말은 아니다. 다만 우리가 사용하는 의미는 단순히 도구의 발달을 넘어 인간과 사회의 발전이라는 사고방식을 포함한다.

하지만 도구의 발달이 인간이나 사회의 발전과 병행하는 것은 아니다. 인류 역사 전체를 볼 때 도구의 발달은 대부분 무기의 발달을 낳았다. "세계사는 야만에서 휴머니티로가 아니라, 투석기에서 핵폭탄으로의 전개 과정이다"라는 아도르노의 말처럼 확실히 인간의 역사는 무기 발달과 전쟁 확대의 역사였다. 인류가 자랑하는 과학기술의 발전은 전쟁 무기의 발전과 궤를 같이한다. 석기에서 청동기로, 청동기에서 철기로의 발전도 전쟁 무기에서 먼저 도입되었다. 화약과 핵분열 원리의 발견에 따른 첫 번째 수혜자도 전쟁이었다. 인공위성도 2차 세계대전 직후 시작된 미국과 소련의 로켓 개발 경쟁의 산물이다. 인류 최초의 컴퓨터라는 에니악도 전함의 함포 사격 각도를 계산하기 위한 용도에서 만들어졌다. 흔히 역사는 진보한다고 말한다. 그리고 진보의 가장 중요한 징표로 문명과 자유의 확대를 꼽는다. 하지만 우리가 경멸하는 '야만인'에게는 생화학무기도, 원자탄도, 600만 명에 이르는 유대인을 학살한 홀로코스트도 없었다.

세계 역사에 접근하면서 구석기인의 삶을 야만으로 규정하는 우리의 사고방식에는 현재 같은 시대를 살아가는 원시부족에 대한 경멸과 함께 산업화와 경쟁만을 유일한 인간적 삶으로 인정하려는 오만이 자리 잡고 있다. 더 나아가 과학기술 문명의 선두에 서 있는 서구는 우월하고, 서구 산업문명의 계몽 대상이 되어버린 비서구는 열등하다는 뿌리 깊은 독선이 자리 잡고 있다.

우리가 인류 역사를 탐구하는 목적은 단지 과거의 흔적이나 유물을 들추고, 어떤 일이 있었는가를 기억하는 데 있지 않다. 역사는 현재의 우리 삶, 나아가서는 우리의 내면을 정면으로 마주 보게 하는 거울이다. 구석기인의 사유와 공동체 관계는 현재는 물론이고 앞으로도 우리의 삶이 어디쯤에 와 있는지, 과연 제대로 된 방향으로 가고 있는지를 돌아보게 하는 성찰의 계기가 될 것이다.

02
농사를 짓고,
나라를 세우다

수메르 부조 〈농사의 신〉, 기원전 2700년

씨 뿌리고
가축을 기르니

농사, 삶의 방식을 대대적으로 바꾸다

인류 최초의 문명이라 일컬어지는 수메르의 조각과 기록에는 신석기 시대와 청동기 시대의 농경 장면이 자주 등장한다. 동석凍石에 부조 형식으로 새겨진 〈농사의 신〉은 수메르 사람들이 갖고 있던 농사에 대한 생각을 잘 보여준다. 동석은 부드럽고 비누 같은 감촉이 있어서 수메르인들이 조각이나 도장을 만드는 데 자주 사용했다. 조각을 보면 수메르인들이 농사를 얼마나 신성하게 여겼는지를 한눈에 알 수 있다. 중앙과 왼쪽에서 쟁기를 끄는 이는 사람이 아니라 신이다. 수메르의 신은 뿔처럼 뾰족한 모자를 쓰고 있다. 특히 두 신 사이에 있는 별을 주목할 필요가 있다. 수메르 신화에는 수백 명의 신이 등장하지만 그중에서도 하늘의 신이 가장 중요하다. 신들의 아버지라 할 수 있는 이 신은 '안(또는 아누)'인데 그 상징이 별이다.

오른편으로는 하늘에서 새가 내려오는 모습이 보인다. 농사가 하늘의 신인 안의 뜻에 의해 이루어지는 것임을 보여준다. 땅에는 가로로 몇 개의 줄이 있어서 쟁기로 땅을 가는 중임을 알 수 있다. 신이 직접 농기구를 잡고 땅을 가는 모습은 농사짓는 방법을 신이 가르쳐주었다는 의미인 듯하다. 신의 오른편으로는 수메르인이 신성하게 여기는 상징이 등장한다. 신의 손에 전갈이 있고, 그 아래로 용과 사자가 앞장서고 있다.

농사는 당연히 인간의 노동으로 이루어지는 작업인데, 왜 이 부조에서는 인간의 모습은 보이지 않고 신과 신성시되는 상징만 등장할까? 구석기 시대에는 농사보다 더 위험한 사냥 장면에서도 인간이 주인공인데, 왜 더 안정되고 일상적인 농사일에서는 사람의 흔적을 지웠을까? 당시 조각이나 점토판 기록은 아무나 할 수 있는 작업이 아니었다. 당연히 지배 세력의 전유물이었다. 지배 세력은 왜 농사가 신의 뜻에 의한 것임을 강조해야 했을까? 농경과 고대국가 성립의 역사적 의미를 살펴봄으로써 실마리를 풀어보자.

신석기, 청동기 시대에 농경이 시작되면서 인류의 생활과 문명은 일대 변화를 맞이한다. 구석기 시대 내내 인류를 괴롭혔던 생존의 불확실성이 상당 부분 완화된다. 수렵·채집 경제는 안정된 식량 마련이라는 면에서 취약했다. 원하는 시간에 짐승 사냥에 성공할 수 있을지 매우 불확실했고, 채집도 항상 많은 과일이나 버섯을 보장하지 못했다. 하지만 농사는 다르다. 씨를 뿌리면 수확기에 어김없이 몇 십 배의 식량을 가져다주기에 계획적이고 안정적인 생활이 가능했다.

처음에는 야생에서 자라는 곡식을 보며 아이디어를 얻었을 것이다. 우연히 씨를 뿌려 약간의 성과를 거두자 차츰 특정한 장소에서 계절에 맞게 낟알을 뿌려 수확하는 계획적인 농사를 짓게 되었을 것이다. 신석기 유물에서 농사의 흔적을 증명하는 토기를 자주 발견할 수 있다. 흙을 빚은 후 불에 구워 만든 토기의 파편들이다. 초기에는 서투른 모양의 줄무늬로 덮여 있는 빗살무늬토기가 많았다. 이 무늬는 나뭇가지로 바구니를 만들고 안에 진흙을 바른 후 모닥불에 구우면 나무는 타고 흙 냄비만 남아서 생긴 것이다. 씨를 뿌리기 전에 흙을 부드럽게 하는 돌 가래나 낟알을 찧는 도구도 발견되었다.

농경에 대한 최초의 그림과 기록은 메소포타미아 문명의 시초에 해당하는 수메르에서 발견된다. 티그리스 강과 유프라테스 강 사이 비옥한 옥토를 기반으로 형성된 문명이다. 기원전 4500년 즈음 시작된 수메르 문명은 기원전 3000년을 전후해서 키시, 우루크, 우르 같은 도시국가를 형성했다. 기원전 2350년경 사르곤 왕이 아카드 왕국을 세우고 약간의 부침을 겪다가 기원전 2100년경 바빌론 왕국이 들어서면서 역사의 무대에서 사라진다. 기원전 1700년경 아시리아 시대가 열리고, 기원전 600년경 페르시아 제국이 일어나 여러 번 부침을 겪는다.

변화를 이끈 핵심은 농경과 목축이다. 메소포타미아의 농경과 목축은 수메르 전설에도 잘 나타난다. 점토판의 쐐기문자 기록에 따르면 "어미 양에게 새끼 양을 낳게 하고 (……) 곡물을 밭에서 불어나게 한" 그때, 번영이 찾아왔다. 수메르인의 대다수는 농민이었다. 그들이 생산한 부가 불어나면서 문명이 성립했다.

수메르의 고대 도시 니푸르에서 발굴된 점토판에 기록된 문서 중에는 보리 재배법을 담은 인류 최초의 농사 지침서가 있다. 이 지침서는 농부에게 이런 가르침을 전한다. "밭을 가꾸려 할 때는 관개시설을 열어야 한다. 수위가 밭보다 너무 높지 않아야 한다. 물이 빠지면 밭의 젖은 땅이 편평하게 유지되도록 살펴야 한다. (……) 밭의 사방에 울타리를 쳐야 한다. 밭이 여름의 태양 아래 불타는 동안 똑같은 크기로 나누어야 한다. 너의 농기구가 일하며 콧노래를 부르게 해야 한다."

이 지침서는 수메르 최고의 신인 하늘의 신 안이 아들이자 농사의 신인 니누르타를 보내 인간에게 농사짓는 방법을 알려주었다는 내용으로 끝난다. 지침서 내용을 보면 당시에 인위적으로 관개시설을 만들어 이용했음을 알 수 있다. 수메르의 메마른 땅에는 관개가 필수적이었다. 땅을 편평하게 유지하기 위해 잡초와 그루터기를 말끔히 제거하라고 가르치고 있다.

좀 더 효율적으로 작업하기 위해 쟁기를 개량한 내용도 나온다. 〈농사의 신〉을 보면 쟁기 왼쪽에 깔때기 모양의 장치가 있다. 농사 지침서에는 용기에 담긴 씨를 쟁기에 부착된 좁은 깔때기를 통해 쟁기질로 만들어진 밭고랑에 뿌려야 한다는 내용이 나온다. 쟁기질을 하면서 씨를 똑같은 깊이로 뿌려야 하는데, 이를 위해 손가락 두 개 깊이로 균일하게 쟁기질을 해야 한다. 추수 직후에 이루어지는 탈곡도 썰매처럼 생긴 도구를 이용하고, 그런 다음 황소가 끄는 도구를 써서 보리 껍질을 벗기도록 한다. 기원전 3000년경 수메르에서는 상당히 체계적인 방식과 나름대로 개발한 농기구를 이용해 농사를 지었음을 알 수 있다.

기독교《성경》에서 노아의 방주로 유명한 대홍수 신화도 메소포타미아에서 최초로 나타난다. 대홍수 신화 역시 농경사회의 발전을 보여주는 상징이다. 농경은 물이 풍부한 큰 강 주변에서 발달하게 마련이다. 당연히 가장 큰 두려움은 오랫동안 힘들여 농사지은 것을 쓸어버리는 홍수였다. 인간에게 내려진 대재앙의 상징이 홍수였다는 것은 농경이 폭넓은 지역에서 이루어졌다는 증거다.

이집트에서도 기원전 3000년경에는 상당 부분의 지역에서 농업이 이루어지고 있었다. 이집트인들이 남긴 기록에 따르면 제1왕조가 수립되기 전인 이즈음 나일 강의 변화를 관찰하여 계절을 구분했다. 세 계절로 구분했는데, 대략 6월부터 9월까지는 강이 범람하는 시기, 10월에서 2월까지는 물이 빠지는 시기, 2월에서 6월까지는 건조기다. 농사를 중심으로 계절을 나눈 것이다.

이집트인은 나일 강이 범람하면 피신했다가 물이 빠지면 돌아왔는데, 그때 무성하게 자란 풀을 보면서 농경의 단서를 잡았을 것이다. 적도 부근에서 발원하여 지중해로 흘러드는 나일 강은 총길이 6600킬로미터가 넘는데 마지막 160킬로미터 정도에서 부채꼴로 몇 갈래 지류로 나뉘어 평지로 흘러들어간다. 해마다 에티오피아 산중에서 내린 호우로 나일 강이 불어나 이집트를 온통 물바다로 만든다. 기원전 5세기에 그리스 역사가 헤로도토스는 "나일 강이 범람하면 이집트 전역이 바다처럼 된다"라고 썼다. 하지만 물이 빠진 뒤에는 침전물이 남아서 토양이 더없이 비옥했다. 이집트 사람들은 불모의 땅인 사막의 석토赤土

이집트 벽화 〈쟁기질〉, 기원전 1200년

와 구분하여 나일 강 주변의 비옥한 땅을 흑토黑土라고 불렀다.

나일 강 부근에 정착하여 농사를 짓기 위해 사람들은 강이 범람해도 마을이 잠기지 않도록 제방을 쌓았다. 관개용 보를 만들어 물이 빠질 때 물을 저장했으며, 운하를 따라 꽤 먼 거리에 있는 농경지까지 물이 흘러들어가도록 했다. 이집트 벽화 〈쟁기질〉은 10월에 물이 빠진 후 소를 이용하여 쟁기질하는 장면을 담았다. 사람의 힘만으로는 물기를 머금은 땅에 쟁기를 깊이 박고 끄는 일이 수월하지 않았다. 물소를 길들이는 목축이 활성화되면서 점차 소의 힘을 이용한 농경이 확대되었다.

기원전 1700년경 파피루스에 쓰인 〈나일의 찬가〉는 이집트 사람들에게 나일 강과 농업이 얼마나 중요했는지를 잘 알려준다. "위대한 그대, 땅 끝에서 솟아나와, 온 이집트에 생명을 부어주는 나일의 흐름이여! 사막은 윤택해지고 물 없는 땅은 목마름을 축인다. (……) 그대의 힘으로 밀과 보리를 수확한 사람들은 모두 신을 통해 그대를 기린다. 한 번 지장이 생기면 생명의 숨결은 끊어지고 만민은 굶주린다."

사냥 대신 목축으로 고기를 얻다

구석기 수렵 경제에서도 사냥한 짐승을 모두 잡아먹었던 것은 아니다. 사냥 중에 창이나 활에 찔려 죽은 들소나 순록은 바로 해체하여 부족 사람들이 나누어 먹었다. 부상이 경미하고 순한 짐승은 금방 죽이지 않고 거주지 옆에 묶어두었다. 사냥꾼들이 매번 사냥에 성공하는 것은 아니었기 때문에 며칠 후를 대비하기 위해서다. 일단 울타리 속에 가두어놓는 것으로 사냥의 불안정성을 조금이나마 보완하려 했다. 아직 목축이라고 말할 수 없는 단계다. 죽이지 않고 잡아두는 목적이 키우거나 새끼를 낳아 수를 늘리는 것은 아니었다. 잠시 시간만 늦추었을 뿐 구석기인이 바라는 것은 오직 당장의 고기와 가죽, 그리고 무기를 만들 수 있는 뿔이나 뼈였다.

하지만 수렵한 짐승을 잡아두는 경험이 오랜 기간 축적되면서 가축을 기르면 얻을 수 있는 이익이 많다는 것을 알게 되었다. 무엇보다도 소를 단번에 고기로 처분하면 씨족 공동체가 며칠 배불리 먹을 수 있지만, 암소나 암양을 살려두고 우유를 짜서 먹으면 몇 년 동안 굶주림에서 벗어날 수 있다는 점을 알게 되었다. 또한 새끼를 낳아 가축이 불어났다. 목축을 시작하면서 사냥감을 좇아 숲 속이나 들판을 헤매지 않아도 되었다.

수메르 초기의 대표적 도시인 우르에서 발견된 〈우르의 깃발〉은 조개껍데기와 청금석을 상감하여 그린 큰 두루마리 그림이다. 무덤에서 발견된 폭 46센티미터 정도의 이 화판에는 각종 사회생활 모습이 묘사되어 있다. 한쪽 면에는 전투 중인 병사와 포로를 연행하는 장면, 다른 면에는 왕이 연회를 베푸는 장면, 평민들이 가축, 농산물, 공예품

수메르 〈우르의 깃발〉, 기원전 3000년경

등을 운반하는 장면이 담겨 있다.

꼼꼼하게 살피면 이 시기에 목축이 상당히 일반화되었음을 알 수 있다. 먼저 중간을 보면 소 등에 천을 덮어 끌고 가는 모습이 나온다. 하단에는 말의 모습도 보인다. 단순한 수렵이 아니라 동물을 길들여서 물건 운반이나 농경에 이용하고 있다. 또한 여러 마리의 양이 등장하고 수메르인이 입은 치마처럼 생긴 옷도 양털로 만들어진 것으로 보아 도시 전체적으로 양을 많이 길렀음을 알 수 있다. 수메르에서는 양의 품종을 표현하는 낱말이 200여 가지나 될 정도로 양 사육이 넓게 퍼져 있었다.

수메르 도시 안팎에서는 농업과 목축에서 얻은 부를 바탕으로 교역이 왕성하게 이루어졌다. 〈우르의 깃발〉에는 농산물과 동물의 가죽, 양모를 팔기 위해 지게를 지거나 동물을 이용해 옮기는 모습이 나온다. 교역은 한 도시 안에서만 이루어지지 않았다. 상인들은 대상을 편성하여 이웃 도시와 교역했으며, 보리나 직물을 가지고 소아시아나 이란까지 가서 팔았으며 대신 재목, 석재, 금속 등을 가지고 돌아왔다. 직인들은 이러한 원료로 도구, 무기, 장신구 따위를 만들어 수출 품목을 더욱 늘렸다.

이집트에서도 시기만 다를 뿐 농경의 시작과 함께 목축이 활발하게 이루어졌다. 나일 강 하류에 상당히 넓은 습지가 있어 다양한 짐승을 목축할 수 있었다. 나일 강 주변의 넓은 평지는 목축에 적합했기 때문에 소나 말은 물론이고, 습기 찬 땅이 필요한 돼지 사육에 용이했다. 산양은 나일 강 상류에서 하류에 이르기까지 도처에서 사육되었다. 또한 갈대숲이 무성한 나일 강 하류 늪지대는 갖가지 물새의 좋은 서식처였다. 이집트인은 바닥이 평평한 배를 타고 다가가 곤봉을 던지거나 덫을 놓아서 거위, 오리, 두루미 등을 잡아 우리 안에 가두어 사육했다.

국가의
탄생

구석기 시대의 수렵·채취에서 신석기와 청동기 시대의 농경·목축으로의 변화는 단순한 생존 문제를 넘어서 개인의 삶과 사회 전반에 걸쳐 혁명적 변화를 가져왔다. 개인과 가족의 생활이나 사고방식, 사회 전체의 체계와 운영, 공동체 내 집단과 집단의 관계, 나아가서는 국가와 국가의 관계 등에 일대 변화가 생겼다. 이는 이후 현대사회에 이르기까지 수천 년 동안 인간 사회의 기본적 속성을 결정하게 된다.

계급이 생기다

농업은 먼저 인간을 한곳에 머물러 살게 했다. 구석기 시대 사람들은 계절이 바뀌면 새로운 목초지로 옮겨 다니는 동물을 따라 이동 생활을 해야 했다. 그러다 농사를 짓기 시작하면서 드디어 정착하게 되었다. 땅의 개간과 파종은 물론이고 병충해로부터 작물을 지키고 수확을 하려면 한 지역에 머물러야 하기 때문이다.

농경과 정착생활은 공동 생산과 공동 분배에 기초한 원시공동체를 붕괴시켰다. 농사꾼과 토지의 관계는 사냥꾼과 들소의 관계와는 전혀 다른 것이다. 사냥꾼과 사냥 대상은 일회적 관계다. 하지만 농사를 짓는 가족과 토지의 관계는 지속적이다. 동일한 땅에서 해를 거듭하며 땅을 개량하고 농사짓다 보니 사람들은 그 토지가 자신의 소유라는 생각을 하게 되었다. 이제 사람들은 자기 땅에서 얻은 작물, 자기 울타리 안에서 기른 가축을 나누지 않고 자기 집으로 가져갔다. 개인의 소유가 확대되면서 원시공동체의 공동 소유, 공동 분배라는 원리가 붕괴되었다.

사적 소유가 정착하자 불평등이 생겨났다. 일단 사적 소유 의식이 자리 잡게 되자 사람들은 더 많은 부를 축적하려고 했다. 더 넓은 땅을 소유하려는 욕구를 넘어서 다른 사람의 부를 약탈해서라도 더 많이 가지려는 사고방식이 퍼졌다. 원시공동체의 특징인 평등한 관계가 깨지고, 부자와 가난한 자, 지배하는 자와 지배받는 자가 생기기 시작했다.

신석기 시대와 청동기 시대의 무덤은 공동체 내의 불평등을 보여준다. 고대 수메르와 이집트는 물론이고, 고대 동유럽과 중국 무덤에서도 부의 불평등 분배를 확인할 수 있다. 러시아 동남부 돈 강 근처의 무덤들은 3등급으로 나눌 수 있다. 가장 큰 무덤에는 칠을 하여 장식한 꽃병과 황금 장식이 달린 갑옷, 멋을 부린 단검 등이 가득 들어 있었다. 그보다 작은 무덤에는 칠을 하여 장식한 꽃병 따위는 없었다. 조그맣게

흙을 쌓아올린 무덤이 가장 많았는데, 거기에는 창 하나와 항아리 하나가 전부였다. 만주 지린 부근 서산단자 무덤군에서 발견된 한 무덤에는 여러 가지 도구와 질그릇, 장식품, 짐승 뼈 등이 부장되어 있었으나, 다른 무덤에는 질그릇 서너 개가 묻혀 있을 뿐 별다른 부장품이 없었다.

기원전 2500년경 수메르 도시 라가시의 사회개혁을 기록한 점토판에 따르면 사적 소유로 인한 불평등과 부패가 만연해 있었다. 잡다한 세금을 과다하게 징수하고, 신전에 속하는 재산을 사사로이 전용하는 문제가 나타난다. 특히 정복전쟁의 영향으로 라가시 사람들은 정치적, 경제적 자유를 빼앗겼다. 군대를 일으키고 보급물자를 모으기 위해 온갖 세금을 거두고, 신전의 재산을 전용했으며, 개인의 권리를 침해했다. 긴박한 전쟁 상황에서는 이런 조치에 반대하기가 어려웠다. 그러나 소수 세력이 모든 통제권을 쥐자, 평화가 돌아와도 그것을 원래 주인에게 돌려주지 않았다. 왜냐하면 권력은 엄청난 이익을 수반했기 때문이다.

불평등은 갈수록 법이나 도덕 등의 규범을 통해 정당화된다. 바빌론 왕국의 함무라비 왕(기원전 1728~1686) 시대에 만들어진 함무라비 법전은 불평등이 어떻게 제도적으로 뒷받침되는지를 잘 보여준다. 법전은 귀족, 평민, 노예로 구분된 계급사회의 규범을 그대로 나타낸다. 계급에 따른 극단적 빈부 격차를 정당화하기 위해 신화나 종교적 장치만이 아니라 제도화된 규범의 강제도 필요했다. 계급 차별과 빈부 격차는 필연적으로 하층민의 반감과 저항을 초래하는데, 법전은 일차적으로 사람들이 계급 질서를 항구적인 것으로 받아들이도록 하고, 나아가서는 이를 물리적 폭력으로 뒷받침하기 위한 목적을 가진다.

불평등은 차별적 법 적용에서 잘 나타난다. "눈에는 눈, 이에는 이"라는 동태보복법은 언뜻 보면 신분을 넘어서는 보편적 처벌 규정 같지만, 실제로는 동일한 범죄라도 피해자의 신분에 따라 처벌이 달라진다. 같은 계층끼리 상해를 입힐 경우에만 '눈에는 눈, 이에는 이'식의 동일한 보복적 처벌이 적용된다. 각 조항에는 신분에 대한 단서 조항이 달려 있다.

예를 들어 "자유민의 눈을 뺀 자는 그 눈을 뺀다"거나 "자기와 같은 지위에 있는 자의 이를 뺀 자는 그의 이를 뺀다"는 식이다. 하지만 다른 신분 사이에 벌어진 행위에 대해서는 전혀 다른 처벌 규정이 뒤따른다. "남의 노예를 때려죽인 자는 그 주인에게 노예 값을 물어주어야 한다"는 규정에 따라 노예를 살인한 경우 돈으로 물어주면 된다. "귀족이 평민의 눈을 못 쓰게 만들 경우에는 은 1마나를, 노예의 눈을 못 쓰게 만들 경우에는 그 절반을 지불한다"는 조항에서도 알 수 있듯이 귀족에게는 관대한 처벌을 했다. 똑같은 범죄라도 귀족은 보복 처벌을 받는 것이 아니라 돈으로 보상하면 된다. 하지만 반대의 경우에는 가혹한 처벌을 받는다. "만일 노예가 그 주인에게 '너는 나의 주인이 아니다'라고 말하면, 주인은 그에게 자기 노예임을 확증시키고 그의 귀를 자를 수 있다."

〈우르의 깃발〉은 계급 분화가 상당한 단계에 이르렀음을 보여준다. 상단에는 지배자로 보이는 인물이 등장한다. 제일 윗줄에 그려진 자는 테두리 선 위로 넘어가도록 다른 사람들보다 크게 묘사하여 계급적 위계의식을 반영한다. 부유층과 평민층은 복장에서도 뚜렷하게 구별되었다. 신분이 낮은 사람들을 모아놓은 하단에는 농경과 목축에 종사하는 평민이 다수 묘사되어 있다.

이집트도 기원전 2600년경부터 시작된 고왕국 시대에 상류계급은 호사스러운 생활을 했다. 중왕국(기원전 2040~기원전 1780)과 신왕국(기원전 1570~기원전 1070) 시대로 접어들면서 계급 분열과 부의 격차는 확고해진다. 델 엘 아마르나의 유적을 보면 당시 부유층의 화려한 생활 모습을 짐작할 수 있다. 길이가 약 13킬로미터, 폭 5킬로미터인 초승달 모양의 평지에 건설된 수도의 중앙에는 궁전과 부자들의 저택이 지어졌다. 넓은 정원, 즐거운 장면의 벽화로 장식된 리셉션 룸, 산들바람이 들어오는 발코니, 커다란 현관 지붕, 유수 설비를 한 변소가 딸린 욕실 등이 각각 갖추어져 있었다.

평민은 작고 초라한 집에 살면서 평생 고된 일을 해야 했다. 비옥한 땅과 사막 사이에 자리 잡은 마을에는 사람들이 북적거렸고 힘겹게 생계를 이어갔다. 남성이든 여성이든 새벽부터 밤까지 노동에 시달렸다. 남자들은 대개 밭에서 일했지만 나일 강이 범람하는 시기에는 피라미드 건설이나 제방공사 등 공공사업에 동원되었다. 파피루스에 적힌 다음의 글은 당시 농민의 비참한 생활을 말해준다.

"밭에는 쥐가 들끓는다. 메뚜기는 춤추고 짐승들이 곡물을 먹어치운다. 남은 것은 도둑이 훔쳐간다. 빌려온 황소도 죽어버려 값을 공연히 치른 셈이 되었다. 그런데도 세금을 받으려고 서기들이 나타난다."

군대도 계급이나 부의 정도에 따라 매우 차별적이었다. 이집트 남부 도시 아시유트 무덤에서 출토된 나무 조각상 〈병사〉는 일반 병사의

이집트 조각 〈병사〉, 기원전 2000년경   이집트 벽화 〈전차병사〉, 기원전 1350년경

모습이다. 갑옷도 입지 않고 어떤 보호 장비도 착용하지 않았다. 다만 창과 방패를 지니고 있을 뿐이다. 하지만 상류계급의 젊은이들은 별도로 편성된 전차부대에 배속되었다. 이집트 벽화 〈전차병사〉를 보면 두 마리의 말이 이끄는 전차를 탄 병사가 활을 쏘고 있다. 이들은 투구와 갑옷을 착용해 몸을 보호했다. 귀족의 무덤에서 발견된 전차는 나무에 금속판과 가죽을 감아 가볍고 단단했다. 바퀴가 가볍고 뒤에 축이 달려 있어 빨리 회전할 수 있었다.

　이집트 사회 꼭대기에는 파라오가 있고, 그 밑으로 귀족, 관리, 서기, 직인, 노동자, 농민의 순서로 지위가 나뉘었다. 처음에는 파라오와 왕족, 그리고 귀족이 부와 권력을 거의 독점했지만, 점차 각 분야의 행정직 관리들이 파라오의 부와 권력을 나누어 가졌다. 그에 이어 고위 신관을 중심으로 신전 관리직, 나아가서는 이집트가 제국의 형태로 급격히 발전하면서 군대가 나누어 가졌다.

가부장제의 정착

구석기는 물론이고 기원전 10000년에서 기원전 5000년에 이르는 신석기 초기에는 가족이 모계에 기초하고 있음을 보여주는 증거가 많다. 〈빌렌도르프의 비너스〉와 〈로셀의 비너스〉는 물론이고 유럽과 메소포타미아 지역에서 여성을 정교하게 묘사한 작은 입상과 몸에 지니는 장식품이 자주 발견된다. 그에 비해 남성을 상징하는 표현은 드물다.

신석기 초기가 끝나갈 즈음인 기원전 5500~5000년 사이에 중부 유럽과 서부 유럽의 무덤 유적에서도 모계 흔적을 볼 수 있다. 주거지만 긴 집 형태였던 것이 아니라 장례에 있어서도 공동묘지 형식이 자주 발견된다. 이 무덤에서 같은 혈통의 특징을 가진 여성 유골이 상당히 여러 세대에 걸쳐 발굴되었다. 자매들의 공동체는 결혼을 한 후에도 한 지붕 아래 살았다. 모계사회에서는 여자가 남자를 맞아들였다. 아기가 태어나면 아버지 쪽이 아니라 어머니 쪽 씨족의 이름을 받았다. 죽으면 여성의 가계에 따라 공동묘지에 매장되었다.

메소포타미아의 원시 농경 촌락은 기원전 4000년경에 접어들면서 점차 규모가 커지고 초기 도시 단계의 형태를 띤다. 농경과 목축, 정착생활이 가져다준 가장 중요한 결과의 하나는 가족 형식의 변화다. 거친 동물을 길들여야 하는 목축과 쟁기질에 힘을 쏟아야 하는 농경은 남자의 일로 굳어져갔다. 소가 끄는 쟁기는 인간의 손으로 하는 가래보다 훨씬 깊이 땅을 갈았고 갈수록 많은 결실을 안겨주었다. 남자의 노동이 공동체에서 차지하는 역할이 커질수록 남성의 지위도 높아졌다. 쟁기를 사용하는 남자가 호미와 삽을 쓰던 여자 경작자로부터 권력을 빼앗았다.

남자들은 더 이상 여자의 집으로 가려 하지 않았다. 남자를 여자의 집안으로 들이던 관습이 여전히 공동체 정서로 남아 있는 상황에서, 그들은 신부를 훔치고 약탈하기 시작했다. 오랜 세월이 지나면서 남성의 지위가 높아지고 신부 약탈이 반복되자 강제적 폭력을 의식이 대신하기 시작했다. 폭력이 신부를 데려오기 위한 선물로 바뀌고, 어머니나 자매의 눈물은 잘 꾸며진 결혼 의식으로 대신하게 되었다.

지역에 따라 한 명 또는 더 많은 수의 아내를 거느린 남성 가장이 지배하는 부계제가 정착하기 시작했다. 여성 노동은 점차 가정과 공동체 전체 생산에서 부차적 지위로 전락했다. 남성 노동이 공동체의 공적 생산을 차지하고, 여성은 가정 내에 국한된 사적 노동으로 위축되었다. 이집트 채색 나무 조각 〈일하는 여성〉은 여성들의 지위를 짐작하게 해준다. 이집트 무덤에서 나온 소형 나무 조각상은 일상생활을 묘사한 경우가 많아서 당시 가정의 모습을 생생하게 보여준다.

오른쪽 여성은 곡식 알갱이를 갈아서 가루로 만드는 제분 작업 중이다. 손에 쥐고 있던 도구는 어디로 사라졌는지 보이지 않는다. 곡식을 갈면 중간에 나 있는 구멍으로 가루가 되어 아래에 쌓이도록 되어

이집트 조각 〈일하는 여성〉, 기원전 2000년경

있다. 가운데 여성은 곱게 간 가루로 반죽을 하고 있다. 왼쪽 여성은 효모를 이용해 술을 담그는 중이다. 이집트 가정에서 일상적으로 볼 수 있는 풍경이다. 이제 여성은 출산과 육아를 담당하고, 음식과 빨래 등 가사노동으로 활동이 제한되었다.

　신화와 종교, 법을 통해서도 가부장제 사회로 이행하는 과정을 확인할 수 있다. 중요성, 영향력, 권력에 의해 정해지는 신의 서열에 가부장제 의식이 나타난다. 수메르 신화에서는 우주의 4대 영역을 지배하는 신이 가장 높다. 하늘의 신 안, 대기의 신 엔릴, 물의 신 안키, 대지의 여신 닌후르사그다. 이들은 우주를 창조하고 자기의 자손인 하위 서열 신들에게 관리하도록 한다. 4대 영역을 지배하는 신 가운데서도 기원전 4000년경에 이미 하늘의 신 안이 1인자 역할을 한다. 그런데 하늘의 신 안이 최고의 신이라는 것은 매우 부자연스럽다. 왜냐하면 수메르인은 바다야말로 우주만물의 근원이라고 믿었기 때문이다. 창조 신화에서도 바다가 극히 중요한 역할을 한다. 그러므로 바다의 여신이 최고의 신 자리에 있어야 자연스럽다. 하지만 부자연스러움을 무릅쓰고 하늘의 신을 가장 위에 놓은 것은 당시 지배적이던 남성 우위의 규범과 가부장제 사회구조가 반영된 결과다.

바빌론의 함무라비 법전에도 가부장제 규범이 곳곳에 나타난다. 남성 중심의 가족제도를 강제하는 가족법 규정이 법전에서 가장 긴 부분을 차지한다. 결혼제도를 두어 가정을 법적 테두리 안에 가둠으로써 가부장제 규범을 강화한다. 예를 들어 법전은 "자유인이 아내를 얻었으나 아내를 위해 계약서를 작성하지 않았다면, 그 여인은 아내가 아니다"라고 명시한다. 결혼의 합법적 절차로 계약서를 요구한 것이다. 또한 "남의 아내인 여자가 남편이 아닌 남자와 동침한 사실이 드러나면 두 사람을 묶어 물속에 던진다"라고 함으로써 남성이 여성을 소유하는 것에 지장을 주는 행위를 엄격하게 처벌했다. 자식이 가부장적 권위에 도전하는 것을 막기 위해 "제 아비를 때린 자식은 그 때린 손을 부러뜨린다"는 조항도 있다.

고대국가가 세워진 이유

3700년 전에 파괴된 메소포타미아의 고대 유적 마리가 발굴되었는데, 3만 제곱미터 가까운 넓이를 가진 왕궁의 폐허였다. 왕의 무덤에서 산 채로 매장된 순사자巡査者가 발견된 것은 강력한 권력의 성립을 보여준다. 상당히 넓은 지역에 걸쳐 꽤 체계적인 고대국가가 형성되어 있었다는 증거다. 하늘 높이 솟은 거대한 피라미드형 사원인 지구라트도 강력한 권력을 상징한다. 씨족이나 종족 등 작은 공동체 단위로 분산된 사람들을 거대한 국가체제 안에 묶기 위해서는 신전과 거기에서 집행되는 종교 의식이 필수적이다. 도시를 만들 때는 반드시 국가를 보호하는 신전을 짓고, 영속적 성격을 지닌 신앙을 만들었다.

기원전 2350년경에 수메르의 사르곤 1세(기원전 2350~2295)는 아카드 왕국을 세웠다. 군사와 조직, 행정 능력이 뛰어난 사르곤은 수메르와 메소포타미아 북쪽 절반을 하나의 지상 권력에 속하는 단일 국가로 묶었다. 서아시아에 이룩한 이 제국은 그 후 약 200년 동안 존속했다. 사르곤 왕은 '아카드의 사르곤'이라고도 부르는데, 아카드어로 사루킨, 즉 '왕은 정통正統이다'라는 뜻이다. 여기에서 정통이라는 말은, 그의 왕위 계승은 이미 정해진 것으로, 모든 사람이 동의한다는, 혹은 모든 사람을 동의시켰다는 뜻을 포함한다. 권력이 세습되기 시작했음을 보여준다.

고대국가 건설은 농경 확대와 밀접한 연관을 가진다. 운하와 저수지를 파고 정기적으로 청소하고 부지런히 손질하는 일은 개인 능력을 넘어서는 작업이다. 농경이 일반화되면서 경작지에 물을 대는 운하망을 잘 유지하는 것은 절대적 과제였다. 기원전 1300년경 메소포타미아의 고대 도시 니푸르의 수로 배치는 거대하고 복잡했다. 큰 운하가 아래쪽에 U자형의 왕실용 경지를 에워싸듯이 흐르고, 그 반대쪽에 신전 소유의 토지와 이웃 촌락에 할당된 토지, 니푸르 사람들의 토지가 있다. 저수지에서 복잡한 운하망을 통해 물을 분배한다. 상당한 규모의 운하와 저수지를 파고 정기적으로 관리하는 일은 개인이나 소규모 공동체의 능력을 넘어선다.

더군다나 운하나 저수지 물을 사용하는 권리의 공평한 분배라든가 경계선의 확정, 물과 토지를 둘러싼 분쟁의 중재 및 해결을 위해서는 상당한 강제력을 지닌 권력이 필요했다. 이러한 조건에서 거대한 국가 조직과 위계질서의 정당화는 그리 어려운 일이 아니다. 이러한 필요를 모두 충족하고 도시를 성장시키기 위해서는 체계적인 행정 기구를 갖추어야 한다. 초기의 세속적 행정 기구는 그 직책에 임명된 한정된 수의 사람들로 구성되었으나 점차 전문적 권한을 지닌 거대 관료 기구로 발전했다.

이집트에서 고대국가가 건설된 것도 농경 확대와 연관이 깊다. 수메르보다 다소 늦은 시기이긴 하지만 이집트가 다른 지역에 비해 상당히 일찍 중앙정부 아래 통일된 것도 농경을 위해서는 나일 강 치수 사업이 꼭 필요했기 때문이다. 기원전 3000년경 나르메르 왕이 상이집트와 하이집트를 최초로 통일하기 전부터 대규모 인원을 동원하여 나일 강을 관리했다. 저수지를 파고 강이 범람할 때 물을 저장했다가 원시적 형태의 양수 장치로 필요한 물을 흘려보냈다.

　나르메르 왕의 후손에 의해 확립된 제1왕조 시기에는 물 관리를 위한 공동 작업이 나일 강 전역에서 이루어졌다. 제방, 보, 운하 건설과 유지를 위한 공사가 끊임없이 이어졌다. 농경은 전체 구성원의 생존이 걸린 문제이기 때문에 나라 전체가 매달렸다. 이를 위해 영토 내의 여러 지역과 신속하게 연락하고 작업을 지휘할 수 있는 권한을 파라오에게 부여함으로써 중앙집권화를 촉진했다.

　고대국가의 성립은 계급 분화에 기초했다. 청동기 시대에 이르러 뚜렷한 차이를 지닌 3개의 계급이 나타나는데, 귀족, 평민, 노예다. 소수의 부유하고 권력을 가진 가문이 귀족 계급을 독점했다. 신전에 복무하는 신관이나 왕의 고문, 장군과 고위 관리는 귀족 출신이 차지했다. 인구의 대다수인 평민은 주로 생산을 담당했는데, 농민, 어부, 건축가, 상인, 대장장이, 목수, 피혁 직인, 도공, 벽돌공 등으로 살아갔다. 소수인 노예는 신전, 궁정, 부자의 사유지에 속한 재산의 일부분이었다. 바빌론과 아시리아 시대에는 일반 가정에서도 노예가 있는 경우가 드물지 않았다. 노예는 전쟁 포로나 경제적으로 몰락한 자유민으로 충당되었다.

　하지만 고대국가 초기는 일사불란한 중앙집권 체제가 아니었다. 기원전 3000년경 수메르 초기 왕조는 씨족 연합의 성격이 강했다. 씨족장들로 이루어진 장로회와 일반 시민 남자로 구성된 민회民會가 운영되었다. 점토판에는 장로회와 민회로 구성된 기구에서 논의와 다수결을 통해 의사결정이 이루어진 기록이 있다. 이집트도 사정은 비슷해서 40개 이상의 주州로 분할되어 있었다. 변방 지역의 주장관은 일일이 파라오의 재가를 받지 않고도 지배권을 행사할 수 있었다. 제6왕조(기원전 2345~기원전 2181) 말엽에 고왕국 시대가 붕괴되자 이들은 각 지역 농지를 자기 소유로 나누어 가졌다. 중왕국 시대에는 독립된 왕으로서 영토 지배권을 장악했다. 이즈음 제사를 담당하는 신관까지 권세를 가지면서 파라오의 권력은 더욱 약해졌다.

수메르의 〈날개 달린 인두우상〉은 강력한 고대국가의 위세를 보여준다. 얼굴은 사람이고 몸은 소인, 높이 4.2미터, 길이 4.36미터에 이르는 거대한 조각이다. 사르곤 2세의 왕궁에서 출토되었는데, 궁의 정문을 지키는 수호상이다. 5개의 다리 사이에는 "위대하고 강력하시고 세상의 왕이시자 아시리아의 왕이시며 우라르투를 정복하시고 사마리아를 무찌르시고 가자 왕 하농을 포로로 잡으신 사르곤 왕의 궁전"으로 시작하는 긴 문장이 새겨져 있는데, 도읍과 건축에 관계된 설명이 뒤를 잇는다. 강력한 권력이 형성되어 상당히 넓은 지역에 미쳤음을 보여준다.

소와 인간의 혼합은 농경사회에서 신성시되는 소의 권위를 빌린 것이다. 날개는 신적 존재의 상징으로 범접할 수 없는 경외감을 표현한다. 돌로 만든 건물과 조각은 영원히 변하지 않는 권력을 드러내기 위함이고, 4미터가 넘는 거대한 규모는 두려움과 공포심을 불러일으켜 권력에 대한 일체의 도전을 봉쇄하겠다는 의지를 보여준다.

이집트 부조 〈황금 의자〉는 종교가 고대국가 형성에 어떤 역할을 했는가를 더할 나위 없이 잘 보여준다. 기원전 2700년경 제3왕조인 이집트 고왕국 시대로 접어들 때 파라오는 곧 신이었다. 왕은 살아 있는

수메르 조각 〈날개 달린 인두우상〉,
기원전 721~705년

이집트 부조 〈황금 의자〉,
기원전 1350년

신이었고 다른 신들과 다름없는 동등한 자격을 지닌 존재였다. 하지만 정복을 통해 국가가 확대될수록 관료 기구는 팽창하고 직업군인이 많아지면서 관리와 귀족의 힘이 커졌다. 또한 정복에 의해 부를 축적했으나 승리를 가져다준 신들에게 제물을 바쳐야만 했다. 신전이나 신전의 토지는 점점 풍족해졌고 신관의 지위도 향상되었다. 이러한 권력 분산에 따라 제5왕조 시대(기원전 2498~기원전 2345)에 들어서면 왕이 태양신의 아들로서 지상계를 통치하는 신으로 격하되었다. 파라오의 권력은 쇠퇴하고 태양신에 봉사하는 신관의 지위는 더 중요해졌다. 또한 왕의 관리로서 지방을 통치하던 귀족이 독자적 힘을 가지게 된 점도 파라오의 권력을 약화하는 요인이었다.

제12왕조에 이르러 왕권을 강화하고자 했으나 이미 이집트 곳곳에 뿌리를 내린 신관과 지방 귀족의 힘을 누르기는 쉽지 않았다. 아멘호테프 4세(재위 기원전 1379~1362)는 왕권을 획기적으로 강화하기 위해 새로운 종교개혁을 실시했다. 종교혁명을 위해 아예 자신의 이름을 아크나톤으로 바꿨는데, 태양신 '아톤을 섬기는 사람'이라는 뜻이다. 신관의 근거를 약화시키기 위해 각 지역의 신을 부정하고 오직 태양신만을 숭배하도록 했다. 다신교를 부정하고 유일신에 기초한 보편적 신앙을 수립함으로써 종교를 통해 단일한 권력 기반을 만들고자 했던 것이다. 이를 위해 아멘호테프 4세는 군대를 보내 신전에 있는 상징과 우상, 다른 신의 이름과 그것을 연상시키는 모든 것을 없애버리도록 했다. '여러 신'이라는 말조차 지워버렸다. 기존 신들과의 단절을 위해서 아예 수도를 테베에서 신관의 힘이 미치지 않는 곳인 텔 엘 아마르나로 옮기기도 했다.

아멘호테프 4세가 통치하던 시기에 만들어진 〈황금 의자〉는 새로운 종교를 이미지로 형상화했다. 커다란 관을 쓴 왕이 의자에 앉아 있고 그 앞에 왕비가 서 있다. 왕과 왕비의 머리 위에는 태양의 원반, 즉 아톤 신이 표현되어 있다. 그 빛이 몇 개의 선으로 이들을 내리쬐고 있다. 원래 태양신은 매의 머리 모양이었다가 머리 위에 둥근 원반을 두른 인간의 모습으로 나타났다. 하지만 점차 태양을 상징하는 원 모양의 추상적 형태가 되었다. 태양신에게서 인격적 요소를 약화하고 추상화된 절대자의 의미를 부여한 것이다. 유일한 신인 태양신의 권위가 오직 파라오를 통해서만 부여되기 때문에 모든 이집트인은 신관이나 귀족이 아닌 오직 파라오에게만 복종하라는 메시지가 담겨 있다.

하지만 아멘호테프의 왕권 강화 계획은 실패로 돌아갔다. 당연히 귀족과 신관은 아크나톤의 종교개혁을 강력하게 반발했다. 귀족과 신관을 중심으로 한 부족 세력은 독자적 영향력을 계속 갖기 위해서도 다신교 체제를 유지할 필요가 있었다. 신적 권위의 분산은 현실에서 권력 분점을 정당화하는 심리적 기반을 제공하기 때문이다. 이들은 군대와 타협하여 이집트의 권력을 나눠 가졌다. 아크나톤이 죽은 후 이집트는 개혁 이전의 상태로 돌아갔다. 이후 파라오들은 신관과 결탁하여 과거 신앙을 회복시켰다. 테베가 다시 수도가 되었다. 귀족과 신관도 파라오와 타협할 필요가 있었다. 나일 강을 관리하기 위해서는 체계적인 국가가 필요했고, 이를 위해서는 통일적 권위를 가진 파라오 체제를 부정하기 어려웠다. 결국 이집트 종교의 성격은 국가의 중앙집권적 집중도와 연관을 맺으면서 변화를 겪었다. 이처럼 종교는 출발점에서부터 정치적 요소, 특히 국가체제 유지와 긴밀한 관계를 맺었다.

전쟁의 시대가 열리다

사적 소유가 확대되면서 계급 분화가 고착되었고, 이는 더 많은 부를 위한 약탈 욕구를 자극했다. 특히 군대를 비롯하여 폭력 기구를 독점한 국가가 출현하면서 약탈의 규모가 커지고, 주변 지역과 전쟁을 벌여 정복하려는 욕구로 나아간다. 대제국을 형성하고자 하는 욕구가 주요 문명에서 공통적으로 나타난다. 난폭한 정복전쟁이 줄을 잇는다. 권력과 전쟁의 시대가 열린 것이다. 국가는 출발부터 지배와 약탈이라는 속성을 드러내기 시작한다.

〈성을 공략하는 아시리아 병사〉는 정복전쟁 과정을 상세하게 기록하고 있다. 오른쪽에 활을 쏘는 아시리아 병사의 모습이 상세하게 묘사되어 있다. 바로 뒤편의 병사가 잡고 있는 것은 성벽을 파괴하기 위해 고안된 장비다. 왼편으로는 성을 공략하기 위해 사다리를 걸쳐놓고 오르는 병사들이 보인다. 성벽 위에서 방어하기 위해 애를 쓰지만 역부족인 듯하다. 의도적으로 왜곡해 그렸겠지만, 아시리아 병사에 비해 왜소한 모습이고 무장 상태도 보잘것없다. 성벽 아래에서는 참혹한 학살극이 벌어지고 있다. 위편으로도 기둥에 박아서 처형한 병사의 시신이 걸려 있다.

아시리아 부조 〈성을 공략하는 아시리아 병사〉, 기원전 645년경

대규모 침략전쟁은 파괴와 살육을 동반했다. 아시리아의 사르곤 2
세의 뒤를 이은 산헤립은 바빌론을 완전히 파괴하고 이런 기록을 남겼
다. "나는 그곳 주민의 시체로 시의 광장을 메웠다. (……) 거리와 집을
모두 파괴하고 불을 질렀다. 벽과 신전, 벽돌과 흙으로 만든 신전의 탑
을 모두 파괴했다. (……) 나는 시의 중앙에 유프라테스 강으로부터 운
하를 끌어대게 하여 온통 물이 넘치게 했다. (……) 나중에 그곳의 거리
와 신전과 신들의 존재를 알 수 없도록 거리를 물에 잠기게 하고 전멸
시켜 그곳을 들판처럼 만들었다."

아시리아는 물론이고 메소포타미아 지역의 고대국가 초기와 중기
인 아카드나 바빌론 왕국 시절에 이미 파괴와 살육은 전쟁의 본질적 속
성이었다. 바빌론 시기인 기원전 2000년경의 〈엔메르카르와 아라타의

왕)이라는 시에서는 "나는 아라타를 황폐하게 만들 것이다. 완전히 파괴된 도시처럼 흙먼지로 만들 것이다. 이미 파괴한 다른 곳과 마찬가지로 이곳을 파괴할 것이다. 쌓인 흙먼지로 덮을 것이다"라는 위협이 나온다. 단순히 위협이 아니라 실제 전쟁 결과가 그러했다.

아시리아는 통치 기반을 군사력에 의존했다. 주변 어느 도시국가보다 군사력이 월등했다. 기록에 따르면 아시리아 최전성기에 총병력이 무려 170만 명에 이르렀고, 보병이 100만 명, 기병이 20만 명, 전차도 1만 6천 대에 이르렀다. 막강한 군사력은 당연히 군대를 유지할 수 있을 정도로 농경과 목축 기술이 발달했다는 의미다. 아시리아는 축적한 부와 군사력을 바탕으로 정복국가로서의 기틀을 다졌다.

아시리아는 전쟁 포로를 창에 꿰어 죽이는가 하면 반란을 일으킨 주민들에게는 살갗을 벗기는 형벌을 가하는 등 잔학 행위를 서슴지 않았다. 삶의 터전을 송두리째 빼앗고 척박한 땅으로 강제 이주시키는 정책을 펴기도 했다. 잔혹성은 국가를 유지하기 위한 필수 요소였다. 당시에는 물리적 폭력이 대제국을 유지할 수 있는 가장 중요한 수단이었다. 국가의 체계화도 초기 단계여서 드넓은 영토를 효과적으로 통치할 수 있는 행정 장치가 미흡했다. 아시리아는 이집트에서 현재의 이란에 이르는 대제국을 건설하는 과정에서 다양한 문화를 가진 인종과 집단을 병합했는데, 아직 정신적, 문화적으로 통합해낼 수단이 부족했다. 이러한 상태에서 아시리아 왕들은 무력, 특히 잔혹한 보복이라는 두려움을 퍼뜨려 통치할 수밖에 없었을 것이다.

이집트 역시 나일 강 주변의 드넓은 영토를 지배하기 위해 막강한 군사력을 구축했다. 일상적 전시체제를 확립해 불시의 사태에 대비했다. 고대 기록에 따르면 일단 전쟁이 시작되면 파라오 군대의 지휘관은 나라 안의 모든 백성을 동원할 수 있었다. 평소 서기가 병사, 신관, 직인, 식량 공급처 등을 기록해두었다. 일상적으로 전투 훈련을 받아서 바다든 육지든 언제든지 싸울 준비가 된 상비군이 있었다. 전쟁이 벌어지면 병사 징집과 예비역 소집은 물론이고 파라오 자신도 전선으로 갔다. 이른바 총력전이었다.

하지만 약탈과 권력에 의한 부는 주로 파라오와 귀족, 신관의 차지였고, 일반 병사의 처지는 비참했다. 일반 병사가 처한 어려움에 대해 어느 서기가 파피루스에 다음과 같이 기록을 남겼다. "병사들은 남들이 아직 자고 있는 시간에 두들겨 깨워져서 당나귀처럼 혹사당하고 해가 져서 어두워질 때까지 일을 한다. 그들은 언제나 배가 고프다 못해 배가 아플 지경이다. 거의 송장이나 마찬가지다." 하지만 진격 명령이 떨어지면 창과 칼을 들고 빗발치듯 화살이 날아오는 전쟁터에서 목숨을 걸고 싸워야 했다.

이집트 군대의 주요 무기는 활이었다. 사수들은 전차를 타고 달리는 병사의 엄호를 받아가며 활을 쏘아서 적의 대열을 교란시켰다. 튼튼한 말이 끄는 2인승 전차대는 적의 전선을 뚫어 대형을 무너뜨렸다. 그러면 뒤이어 보병들이 들이닥쳐 창이나 칼, 곤봉으로 대오가 흐트러진 적병들에게 최후의 일격을 가했다.

국가 건설은 인간에게 축복이었을까

신석기 시대와 청동기 시대에 이르러 고대국가가 형성되는 와중에 사람들은 어떤 생각을 했을까? 거대한 규모의 국가가 출현한 것을 자랑스러워했을까? 드디어 국가의 보호를 받으며 안락한 생활을 할 수 있다는 기대감에 안도했을까? 구석기 시대의 원시공동체 생활을 끔찍했던 야만의 시절로, 기억하고 싶지 않은 고통의 세월로 떠올리며 문명과 국가의 미래에 대한 장밋빛 전망을 가졌을까?

점토판에 쐐기문자로 기록된 내용 가운데는 과거의 원시공동체 사회에 대한 회상이 실려 있어, 이에 대한 수메르인의 정서를 엿볼 수 있다. 서사시 〈엔메르카르와 아라타의 땅〉은 과거의 공동체를 고생이나 불화 없이 살았던 완벽한 행복의 시대, 황금시대로 묘사한다. 까마득한 옛날의 평화와 안전을 묘사하는 21행의 구절이 있다. "옛날 옛적에는 뱀이 없었고, 전갈도 없었고, 하이에나도 없었고, 사자도 없었고, 들개도 없었고, 늑대도 없었고, 두려움도 없었고, 공포도 없었고, 인간은 적이 없었다. (……) 안정 속에 놓여 있는 땅 마르투, 전체 우주와 조화를 이룬 사람들, 엔릴을 향하여 한 가지 말로 찬미한다." 이 서사시는 인간이 축복받은 땅에서 추락하며 끝난다.

이어지는 구절은 많이 손상되어 알아볼 수 없지만 전체 문맥을 고려하여 이해하면 다음과 같은 내용이다. 엔릴의 지배를 못마땅하게 여기거나 시샘한 안키가 그것을 무너뜨릴 어떤 행동을 했다. 그로 인해 세상 사람들 사이에 불화와 전쟁이 일어났고, 인류의 황금시대는 종말을 맞았다. 안키가 엔릴의 지배를 붕괴시킨 방법은 언어의 혼란이었다. 각자 다른 언어를 쓰게 함으로써 인간을 응징하는《성경》의 바벨탑 이야기는 작성된 시기를 고려할 때 이 수메르 서사시에서 따온 듯하다.

수메르인이 생각하는 원시공동체는 평화로운 세상이었다. 뱀이나 하이에나, 사자 등은 다른 사람이나 집단에 해를 입혀 자신의 이익을 추구하는 현상을 상징적으로 표현한 것일 터이다. 폭력과 억압이 없는 상태, 그래서 걱정도 두려움도 없는 안정된 상태였다. 사람들은 자연의 흐름과 어우러져 평화로운 나날을 보냈다. 신을 한 가지 말로 찬미했다는 것은 종교 분쟁이 없는, 공동체 전체의 이익을 위해 신이 존재하는 상황을 의미할 것이다.

하지만 물의 신 안키가 대기의 신 엔릴에게 도전한다. 지배권을 차지하기 위한 싸움이 일어났다. 신의 분쟁은 서로 다른 신을 섬기는 부족이나 집단 사이의 전쟁을 의미한다. 앞의 맥락과 연관 지어 이해하면 이제 뱀이나 하이에나, 사자와 같이 타인이나 다른 집단을 공격해서라도 배타적 이익을 추구하는 집단이 형성되었다. 사적 소유가 자리 잡고 계급 분화와 집단 간 지배 - 피지배 관계가 일상화되자 인간은 불안한 삶을 살게 되었다.

부와 권력을 장악하게 된 지배 세력에게는 국가체제가 축복이자 보호막이었겠지만, 피지배 세력은 국가가 벌이는 각종 토목공사에 끌려 나가 고된 노동을 해야 했고, 시도 때도 없이 터지는 전쟁에 동원돼 목숨을 걸고 싸워야 했다. 과거에는 씨족이나 종족 지도자를 구성원들이 선출하고, 그 사람이 공동체 전체의 이익을 제대로 대변하지 못할 때 언제든지 그 지위를 박탈할 수 있었지만, 이제는 권력이 세습화되는 가운데 일방적으로 지배를 받는 처지였다. 이 서사시는 고대국가 아래서 신음하는 수메르인이 조상으로부터 구전을 통해 내려오는 과거의 공동체 삶을 고향에 대한 그리움처럼 담아낸 내용이다.

농경과 목축을 통한 정착생활, 그리고 국가 권력 형성이 사람들의 의식과 생활을 지배하면서 종교나 예술도 더는 생존이나 자연스러운 표현 욕구의 반영물이 아니게 되었다. 수메르 조각과 이집트 벽화에서 확인할 수 있듯이 예술은 국가 통치 세력의 선전 수단이 되었다. 신화도 종교 형식으로 체계화되면서 사람들의 삶에서 괴리되어 효과적인 통치 이데올로기로 전락했다.

세상에 대한 지식이나 아름다움이 생존이나 정신적 풍요에 속하는 것이 아니라 권력과 지배에 속하게 되었다. 권력과 지배를 정당화하거나 권위와 힘을 과시하기 위한 수단이 되었다. 인간의 의식과 제도의 발전이 국가라는 괴물을 만나면서 인류의 가능성과 비극이 동시에 탄생했다. 이때부터 현대사회에 이르기까지 국가와 권력 의식은 언제나 야누스의 얼굴로 나타난다.

03

그리스 민주주의의
재발견

필리프, 〈추도 연설을 하는 페리클레스〉, 1860년

민주주의를 향한
열망

민주주의의 상징 아테네

필리프Philipp von Foltz의 그림 〈추도 연설을 하는 페리클레스〉는 고대 아테네 민주주의를 상징적으로 보여준다. 펠로폰네소스 전쟁이 시작된 기원전 431년에 전사자 추모 행사에서 민주정 지도자이자 군사령관인 페리클레스가 연설하는 장면이다. 뒤편으로 아테네의 상징인 웅장한 파르테논 신전이 보인다. 중앙에서 연설 중인 페리클레스 주변으로 아테네 시민들이 자리를 메우고 있다. 신고전주의 양식 화풍의 영향으로 페리클레스를 다분히 영웅적인 모습으로 묘사했다. 주변 사람은 한눈에 보기에도 화려한 복장의 귀족이 아닌, 아테네 길거리 어디에서나 볼 수 있는 평범한 시민들이다. 왼쪽으로 두상 앞에 망치와 끌을 들고 있는 조각가, 오른쪽으로 좌판을 벌인 노점 상인도 보인다. 군데군데 전쟁에 참여한 병사도 있다. 시민들이 직접 주요 사항을 결정하고, 추첨 제도를 통해 관직에 진출했던 아테네 직접 민주주의의 활력을 보여주는 그림이다.

페리클레스의 연설 내용은 당시 그리스의 정치인이며 역사가인 투키디데스의 《펠로폰네소스 전쟁사》에서 만나볼 수 있다. 그의 연설에서도 확인할 수 있듯이 그리스의 모든 도시국가가 민주정이었던 것은 아니다. "우리는 중요한 결정을 내릴 때 토론을 거치지만 스파르타는 지시에 의해 결정한다. 충분한 토론 없이 행동만 한다는 것은 위험한 일이다. 사전에 모든 가능성을 토론한 후 어떻게 할지를 결정한다. 그러나 우리의 적은 무지하며 알지 못하면서 행동한다." 아테네의 오랜 숙적이자 펠로폰네소스 전쟁에서 맞서 싸웠던 스파르타는 과두정 체제였다.

페리클레스의 연설은 아테네 민주정에 대한 자부심으로 가득 차 있다. 스파르타와 달리 아테네는 권력이 소수에게서 나오는 사회가 아니라 다수에게서 나오는 민주정부다. 법 앞에 평등하며 공적인 권리는 평등하게 나누어 가진다. "이름만이 아니라 내용에서도 소수가 아닌 다수의 의견을 따른다. 이것이 민주정이다. 이것이 개인의 권리와 관련이 있는가? 사적인 분쟁이 생겼을 때도 법은 모두에게 평등하다. (⋯⋯) 어떤 가난한 사람이 국가를 위해 봉사할 수 있는 능력이 있음에도 그의 어두운 현실 때문에 그것을 발휘하지 못해서도 안 된다." 아테네에서는 비록 가난하더라도 시민이라면 누구나 기회의 균등을 누리고 자율적으로 자신의 의사를 표현하고 정치에 참여할 수 있었다.

우리가 일반적으로 사용하는 '정치'라는 단어도 흔히 도시로 번역되는 그리스어 폴리스polis에서 유래했다. 그리스인은 폴리스를 '시민 공동체'로 이해했다. 동등한 정치적 권리를 가진 시민들의 평등한 공동체를 의미한다. 시민 공동체에 참여할 수 있는 자격인 시민권은 아테네 사람들에게 자신의 정체성 그 자체였다. 시민권을 가진 그리스인이라면 동료 시민을 공정하고 현명하게 판단할 수 있다고 여겼다.

그리스 3대 비극작가 중 한 사람인 아이스킬로스는《자비로운 여신들》에서 동료 시민에 대한 무한한 신뢰를 드러낸다. "그들은 정의에 어긋나는 말은 절대로 하지 않겠다고 맹세한 자들이니까. 이 언덕에서 시민은 항상 외경심과 타고난 두려움 때문에 부정을 저지르지 못할 것이오."

그리스의 각 도시는 고유의 제도와 법을 갖춘 독립된 정치 단위를 이루었다. 고대 그리스는 수많은 도시국가의 느슨한 연합체였다. 도시국가마다 시민권을 지닌 인구도 천차만별이어서 천여 명에서 수만 명에 이르는 다양한 규모의 도시국가가 공존했다. 도시국가들은 이해관계에 따라 동맹 체제를 구축하곤 했는데, 외부의 적에 대항할 때는 전체 그리스 도시국가가 공동으로 대응했다. 그러다가도 이해관계가 충돌하면 독자적 동맹 체제가 만들어졌다. 펠로폰네소스 전쟁은 아테네를 중심으로 한 동맹과 스파르타를 중심으로 한 동맹이 벌인 전쟁이다.

민주정 이전의 아테네

아테네가 처음부터 민주정이었던 것은 아니다. 호메로스의 《일리아스》에 등장하는 아가멤논 등을 통해 알 수 있듯이 처음에는 왕정체제였다. 당시의 정치체제를 체계적으로 기록한 사료가 남아 있지 않지만 기원전 8세기 서사시인 헤시오도스의 작품을 통해 사회상을 살펴볼 수 있다. 특히 《일과 날》에는 당시 그리스 사회에서 벌어지는 일과 그리스 시민의 상황을 보여주는 대목이 자주 나온다.

적어도 기원전 8세기까지는 왕이 종교는 물론 사법권까지 독점하고 있었다. 헤시오도스는 "뇌물 먹은 왕들이여, 판결을 바로 하시고, 굽은 판결일랑 아예 잊어버리시오!"라고 한다. 왕이 뇌물을 먹어 왜곡된 판결을 내리곤 했기 때문이다. 왕이 사법권을 장악하고 있어서 특정한 사람이나 계층에게 유리한 판결을 내리는 일이 많았다. 누가 뇌물로 왕을 움직였을까? "그대는 더 많은 것을 낚아채어 갔소. 왕들을 많은 뇌물로 매수하여 그런 판결을 받아내려 하는 것이라오." 부유한 사람들이 왕에게 뇌물을 주고 그 대가로 왕의 사법 권한을 이용하여 처벌을 피하거나 다른 시민의 재산을 빼앗았다.

시민권을 가진 사람의 수도 민주정 시기에 비해 상당히 제한적이었다. 비옥한 토지를 소유한 사람들만이 정치적 권한을 가지고 공동체를 구성했을 것이다. 척박한 지역에 좁은 땅을 갖고 있거나 심지어 한 뙈기 땅도 갖지 못하고 부자의 땅에서 일해야 하는 농민이 적지 않았을 것이다. 헤시오도스도 이를 지적한다. "이번에는 철의 종족이기 때문이오. 그들은 밤이나 낮이나 노고와 곤궁에서 벗어나지 못하고 고통 받을 것인즉 신들께서 그들에게 괴로운 근심거리를 주실 것이오." 철기 시대로 들어오면서 빈부 차이가 극심해졌다.

부자들은 고리대금을 이용해 형편이 어려운 농민의 토지를 사들였다. "신들을 달래도록 하시라. 그대가 남의 농토를 사고 남이 그대의 농토를 사지 못하도록. (……) 이웃이 악당이 아니면 소를 잃는 일도 없소. (……) 그대는 빚을 갚고 굶주림을 피할 생각을 하시라." 농민들은 처음에 토지를 담보로 돈을 빌렸다가 빈털터리 신세로 전락했다. 이제 가진 것이라고는 몸뚱이밖에 없는 농민들은 몸을 담보로 빚을 내는 수밖에 없었다. 결국 예속 노동자 신세로 전락하여 귀족이나 부자의 땅에서 고된 일을 해야 했다. 이 과정에서 부자의 뇌물을 먹은 왕들은 부당한 판결을 내렸고, 이로 인해 많은 농민들이 몰락해갔다. 빈곤한 생활과 부당한 판결로 이중의 고통을 겪어야 하는 농민의 불만이 쌓일 수밖에 없었다. "뇌물 먹은 왕들이 굽은 판결로 시비를 가려 자기들이 택한 곳으로 정의를 끌고 가면 성난 웅성거림이 이는 법이오." 성난 웅성거림은 시적인 표현일 테고, 농민의 집단적 저항으로 인한 갈등이 심각했을 것이다.

아테네 민주정의 신호탄을 쏘았던 솔론 이전, 즉 기원전 7세기 중반까지의 정치체제에 대해서는 몇 세기 후에 활동한 철학자 아리스토텔레스의 《아테네 정치제도사》에서도 어느 정도 확인할 수 있다. "가난한 사람들은 자신은 물론 아이들과 아내가 부자들 밑에서 일을 했고 '피보호인', '1/6세稅인'으로 불렸다. (……) 소수의 사람이 모든 땅을 소유했다. 만일 지대를 납부하지 못하면 자신과 아이들이 예속된다. 그리고 빚은 모두 솔론 때까지 몸을 담보로 했다." 생존을 위해 부자에게 돈을 빌린 가난한 농민이 노예가 될 위험에 빠졌다. 대부분의 땅은 소수 부자의 소유였고, 상당수 농민은 수입의 6분의 1에 해당하는 토지 임대료를 내야 했다.

기원전 7세를 지나면서 왕이 누리던 권력이 귀족 중심의 관리들에게 옮겨간 것으로 보인다. 처음에는 군사령관에게 병권을, 다음에는 집정관(아르콘)에게 사법권을 내주어야 했다. 귀족이 독점한 군사령관과 집정관은 처음엔 종신제였으나 점차 10년 임기제, 다시 1년 임기제로 바뀌었다. 사법과 종교 분야에서 가장 중요한 행정직이었던 집정관은 애초 3인 체제였으나 6인의 입법관과 서기가 추가되어 9인 체제가 되었다. 이러한 변화는 늘어난 토지만큼 영향력이 커진 귀족이나 부자들의 요구를 왕이 거부하기 어려워진 상황을 반영한다.

하지만 가난한 농민은 정치적으로도 힘이 없는 상태였다. 많은 사람들이 예속 노동자 신세였고, 무엇보다 참기 어려운 것은 정치에 참여할 수 없는 현실이었다. 아리스토텔레스가 지적하듯이 당시 "아테네의 정치체제는 모든 면에서 과두적이었다. (……) 관직은 고귀하고 부유한 사람들이 차지했다. 관직 가운데 가장 권위 있고 오래된 것은 왕, 군사령관, 집정관이다." 집정관은 민주정처럼 예심권만 가진 것이 아니라 재판권까지 가졌다. 기원전 621년 성문화된 법에 따르면 9명의 집정관과 회계관은 10므나 이상의 재산, 군사령관과 기병대장은 100므나 이상의 재산이 있는 사람 중에서 선거에 의해 선출되었다. 전체 공동체와 관련된 결정은 귀족 출신의 원로들로 구성된 의회에서 이루어졌을 것이다.

솔론, 아테네 민주정치의 깃발을 들다

귀족과 부자에게 토지를 빼앗기고 예속 노동 상태가 된 농민이 많아질수록, 또한 사회 구성원 다수의 정치적 무권리 상태가 지속될수록 이들의 저항은 거세졌다. 기원전 7세기 끝 무렵에는 갈등이 심해져 아테네를 위협할 정도였다. 아리스토텔레스에 따르면 "분열이 심화되고 오랫동안 서로 반목하게 되자, 함께 중재자 겸 집정관으로 솔론을 뽑았고 정치체제를 그에게 일임했다."

기원전 594년에 집정관이 된 솔론(기원전 638~558)은 가장 큰 갈등 원인인 농민의 노예화와 정치적 무권리 문제를 해결하는 개혁 조치를 단행했다. 먼저 몸을 담보로 빚을 질 수 없도록 법으로 규정하여 노예로 전락하는 사태를 막았다. 사채와 공채를 변제함으로써 농민의 생활을 개선시켰다. 억울한 처지에 있는 사람들을 구제하는 조치를 취했다. 또한 그동안 토지에 소작인임을 나타내는 표시를 세우던 관행도 금지했다. 솔론이 쓴 시에는 "가슴속에 있는 극단의 마음을 억제하시오. 당신들은 많은 재물을 신물 나게 향유했으니, 이제 중용을 중히 여기시오"라는 대목이 나온다. 분열의 원인이 부자의 욕심이라고 여겼고, 아테네의 현재와 미래를 위해 민중의 생활 안정과 신분 유지, 정치적 권

쿠아펠, 〈정의를 옹호하는 솔론〉, 1672년

리 부여가 중요하다고 생각했다.

　노엘 쿠아펠Noël Coypel의 〈정의를 옹호하는 솔론〉은 개혁 입법에 반발하는 귀족과 부자에게 맞서 자신의 정당성을 주장하는 모습이다. 책상에 앉아 있는 솔론의 주변으로 귀족과 부자들이 득달같이 달려들어 항의하고 있다. 책상에는 민주개혁을 담은 새로운 법조항이 놓여 있다. 앞과 옆에서는 몇몇 사람이 그 법조항을 손가락으로 가리키며 몹시 화난 얼굴로 거칠게 따지는 중이다. 뒤에서는 두 손을 벌려 이게 무슨 황당한 조치냐는 표정으로 다가서고 있다. 하지만 솔론은 위축된 기색 없이 이들을 정면으로 바라보며 차분하게 새로운 법의 필요성과 정당성을 설득하고 있다.

하지만 솔론은 두 세력 사이의 중재자이지 민중의 일방적 옹호자는 아니었다. 아리스토텔레스의 언급처럼 "그는 양편 모두를 위하여 양편 모두와 싸우면서 서로를 견제하여 번지는 싸움을 중단하도록 타일렀다." 농민들이 강하게 주장하는 토지의 균등한 분배는 단호하게 거부했다. 또한 관직에 나설 수 있는 자격도 기존의 방식처럼 재산 정도를 기준으로 정했다. 아테네 시민을 소득에 따라 네 종류의 토지세 계층으로 분류했다. 상위 두 계층은 귀족에 해당한다. 세 번째 계층은 보병 무기를 갖출 수 있을 정도의 조건을 갖춘 농민이고, 최하위 계층은 소득이 곡류 200되 이하인 사람들이다. 9명의 집정관, 재정관, 경매인 등을 비롯하여 각급 관직은 오직 이 세 계층에서만 재산 정도에 따라 맡을 수 있도록 했다. 최하위 계층에 속하는 시민은 관직에 나갈 수 없었다.

솔론의 개혁 조치는 획기적이었고, 민주정의 기초를 놓았다. 먼저 최하위 계층을 포함하여 일정 조건을 갖춘 사람에게 시민권을 부여하고, 민회와 법정에서 권한을 행사할 수 있게 되었다. 18세 이상 모든 아테네 남자 시민이 민회에 참가할 권리를 가진 것은 분명 급진적 사건이었다. 민회는 한 달에 한 번 아크로폴리스 근처 프닉스 언덕에서 열렸다. 아테네의 전쟁 참전 여부, 적절한 세율, 시민의 범죄에 대한 처벌 방법 등의 중대한 사안을 민회에서 직접 결정했다.

또한 법정이 판결 권한을 갖게 된 것도 중대한 변화였다. 당시 그리스 도시국가의 법은 사회에서 일어나는 대부분의 사건과 경우의 수를 고려한 세부적인 법조항이 마련되지 않았다. 단순하고 불명확한 내용이 많아 실제 적용하는 데 해석의 폭이 넓을 수밖에 없었다. 그러다 보니 재판관의 판단에 의존하는 경우가 많았다. 이 때문에 왕이 뇌물을 받고 부자들에게 유리한 판결을 내리는 일이 비일비재했던 것이다. 하지만 개혁 조치 이후 최하위 계층을 포함하여 시민들이 판결 권한을 지닌 배심원으로 재판에 참여하여 실질적 권리를 행사할 수 있게 되었다.

특히 각급 관직과 법정 배심원을 선거를 통한 선출 방식에서 추첨 제도로 바꾼 것은 민주주의의 획기적 발전이었다. 선거를 통한 선출은 각 부족에서 영향력을 가진 귀족, 사람들의 지지를 이끌어내는 유용한 수단인 부를 지닌 부자에게 일방적으로 유리했다. 비록 재산 정도에 따라 나아갈 수 있는 관직을 구분하긴 했지만, 추첨은 일반 시민이 관직에 진출할 수 있는 가능성을 획기적으로 높였다. 관리는 각 부족이 미리 심사한 후보 가운데서 추첨했다. 9명의 집정관은 각 부족이 10명씩 후보를 내어 그 가운데서 추첨했다.

특히 법정에서 최종 판결 권한을 가진 배심원은 최하위 계층도 참여할 수 있다는 점에서 추첨제도가 얼마나 중대한 변화를 불러올지가 분명했다. 해마다 추첨으로 배심원 후보 6천 명을 뽑았고 재판 당일에 2차 추첨을 했다. 아테네 시민들은 배심원으로 뽑히는 것을 무척 자랑스러워했다. 민주 시민의 표시이자 특권이었다. 추첨 기계인 클레로테리온이 법정마다 입구에 하나씩 있었고, 각 부족도 보유하고 있었다.

어떻게 이런 변화가 가능했을까? 앞서 지적했듯이 토지를 잃고 귀족과 부자에게 예속된 농민의 수가 늘어나면서, 두 계층 사이의 분열과 갈등이 도시를 위협할 정도로 심각했기 때문이다. 하지만 이것만으로 탐욕스러운 귀족과 부자들이 수백 년 이상에 걸쳐 확고하게 뿌리내린 특권을 순순히 내놓았을까? 만약 두 계층 사이에 심각한 무력 충돌이 일어나서 도시국가가 붕괴할 정도로 위험한 상황이라면 설득력이 있겠지만 그러한 기록은 어디에도 없다. 우리는 기득권 세력의 이익을 위해서라도 중대한 양보 조치를 취해야만 하는 사회적 변화를 예상할 수 있다.

군사적 변화가 중요한 역할을 했다. 기원전 7세기 이전까지 외부의 적으로부터 아테네 도시 공동체를 지키거나 노예 확보를 위한 원정 전투를 수행하는 핵심 군사력은 말과 무기를 가진 전사들이었다. 그리스 항아리에 그려진 〈이륜전차를 모는 전사〉는 이들 전사의 면모를 보여준다. 말이 끄는 전차를 타고 적을 향해 돌진하는 중이다. 맹렬하게 달리는 전차 위에서 창과 칼, 혹은 활을 사용해 상대방을 공격했다. 또는 직접 말에 올라타고 창을 휘두르며 전장을 누비기도 했다. 이를 위해서는 말이나 전차를 소유할 만큼 부자여야 했기에 군사력이 소수에 국한될 수밖에 없었다. 이 정도의 무기를 갖출 수 있는 사람은 귀족이거나 부유한 농민이었다. 아킬레우스를 비롯하여 호메로스의 《일리아스》에 나오는 영웅처럼 당시 전쟁은 중무장을 하고 말을 탄 귀족 출신 영웅들을 중심으로 한 전투였다.

하지만 그리스 전역에서 도시국가가 발달하면서 각 도시는 이웃 도시에 영토를 빼앗기지 않기 위해 군사력을 대폭 확충해야만 했다. 전투력을 획기적으로 강화하기 위해 도입된 것이 보병부대였다. 말이나 전차를 타고 창이나 칼을 휘두르는 영웅들의 결투를 대신하여 대열을

그리스 항아리 그림 〈이륜전차를 모는 전사〉,
기원전 6세기

그리스 항아리 그림 〈전투 중인 중무장보병〉,
기원전 6세기

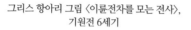

갖춘 중무장보병이 핵심 전력으로 등장했다. 이제 전쟁은 개인 간 전투
가 아닌, 잘 훈련된 다수 보병 집단 간 전투에 의해 결판이 났다. 중무
장보병이란 항아리 그림 〈전투 중인 중무장보병〉에 등장하는 병사처
럼 활동성을 살린 갑옷과 투구, 둥근 방패로 몸을 보호하고 긴 창으로
적을 공격하는 병사를 말한다. 이 그림에서는 개별 중무장 병사의 전투
장면이 묘사되어 있지만, 실제 전투에서는 보병들이 밀집 대형을 이루
어, 왼손에 움켜쥔 둥근 방패 뒤로 몸을 숨기며 전진 공격을 펼쳤다.

이를 위해서는 중무장보병에 필요한 장비와 무기를 갖출 수 있는
사람을 최대한 많이 끌어들여야 했다. 7세기 중엽 그리스에서는 강력
한 중무장보병 부대를 갖추지 못하면 다른 도시국가의 침략에 속수무
책으로 당할 수밖에 없었다. 보병부대는 가급적 많은 수의 병사가 있어
야 하고, 밀집 대형을 유지하기 위해서는 모든 병사의 역할이 평등해야
했다. 한 사람의 이기적인 행동이 대형을 무너뜨릴 수 있기 때문이다.
귀족과 부자들은 아테네와 자신의 안전을 위해서라도 최소한의 중무

장을 갖출 수 있는 모든 아테네인에게 시민권과 기본적인 정치 권리를 보장하는 양보 조치를 취해야만 했다. 전투 형태의 변화가 귀족 계층의 전유물이었던 정치권력의 변화를 추동하는 요소로 작용한 것이다.

과거에는 전리품을 귀족이 독식했다면, 이제 전쟁에서 승리하면 전리품도 균등하게 분배해야 했다. 전리품이란 주로 무기, 가축, 땅이었다. 중무장보병 형식의 군대 형태가 강화되면 강화될수록 평등 의식도 강화되었다.

클레이스테네스와 페리클레스 시대의 민주정

솔론이 외국으로 떠난 이후 아테네는 불안 상태가 지속되었다. 귀족과 부유층은 그의 개혁 조치가 과도했다는 불만을 쏟아냈다. 일반 시민은 그들대로 개혁이 불충분했다고 여겼다. 집정관직을 둘러싼 분쟁이 계속되었고, 귀족들의 거듭된 시도 끝에 참주정으로 복귀하는 일도 일어났다. 스파르타는 아테네에 민주정이 세워지는 것을 원하지 않았고, 아테네 정치에 개입해 소규모 과두정부 수립을 추진했다. 하지만 아테네인들이 거세게 저항하며 스파르타인들을 내쫓았다. 참주 타도 4년 후에 클레이스테네스(기원전 570~508)가 민중의 지도자가 되어 새로운 민주정을 수립했다.

클레이스테네스는 귀족 세력을 견제해 일반 시민으로 이루어진 민회와 연합했으며 민주적 개혁을 단행했다. 가장 혁신적인 조치는 아테네 정치의 전통적 기반이었던 혈통, 즉 부족의 영향력을 약화하고 개인의 정치적 책임을 부족에서 지역 시민으로 전환시킨 것이다. 오래된 가문들은 미래를 기대하기보다는 과거를 그리워했다. 클레이스테네스는 상류층의 세습 특권을 뿌리째 뽑지 않는 한 솔론의 개혁은 실현될 수 없다고 여겼다.

아리스토텔레스는 개혁 조치의 내용을 다음과 같이 설명한다. "과거의 4개 부족 대신 10개 부족으로 나누었다. 이어서 400인 대신 500인 의회를 만들었다. 각 부족에서 50명씩으로 했다. (……) 시골도 데모스별로 30개로 나누어 10개는 도시 주변, 10개는 해변, 또 10개는 내지에 두었다. (……) 각각의 데모스에 사는 사람들을 서로 동료(데모테스)로 만들었다. 아버지 이름을 대는 사람이 그런 것을 대지 못하는 새 시민들과 차이 나지 않도록 하기 위해, 공적으로 데모스 이름을 사용하도록 했다."

클레이스테네스는 민주정이 성공하기 위해서는 전통적 부족 가문에 기초한 충성을 끊어내야 한다고 생각했다. 부족에 충성을 바치면 더 큰 공동체인 도시국가에 충성할 수 없기 때문이다. 그 자리를 인위적으로 구분한 10개 부족으로 대신했다. 동일한 부족 개념이지만 큰 변화를 불러일으킬 조치였다. 여기에는 클레이스테네스의 고민이 담겨 있기도 하다. 기존 부족의 영향력을 약화시켜야 했지만 현실적으로 부족 개념을 완전히 없애는 것이 불가능하다는 점, 개혁에 대한 귀족의 반발을 줄여야 한다는 점을 고려하여 그들의 힘을 분산시키는 방법을 찾은 것이다. 수백 년 이상 지속되어온 특정 가문의 지배권이 축소되었다.

기존의 4개 부족을 10개 부족으로 개편했다. 각 부족 내에 해안, 평원, 도시에 각각 하나씩 흩어진 소부족을 구성하고, 다시 이 소부족을 행정단위인 데모스로 구분했다. 그리하여 아테네는 10부족, 30소부족, 139데모스로 이루어진 도시국가가 되었다. 자연적으로 형성된 구불구불한 지형에 인간이 애써 직선을 그려 넣으며 인위적으로 과거를 지워낸 조치였다. 이때부터 태생을 묻는 사람에게 종족을 구분하지 말라는 말이 나오게 되었다. 이제 아버지 이름이 아니라 데모스 명칭 자체가 자신의 이름이 되었다.

공적으로 데모스 명칭을 사용하도록 함으로써 데모스가 정치의 중요한 단위로 자리를 잡았다. 데모스demos는 '마을'을 뜻하는데, 기존의 마을을 여러 개 묶거나 개별적으로 분리해서 데모스라고 새롭게 불렀다. 만일 구성원이 다른 곳으로 이주하더라도 소속 데모스는 바뀌지 않았다. 아테네 시민은 18세가 되면 데모스 장부에 등록되었다. 공적 권리나 의무는 데모스에 소속된 시민에게만 주어졌고, 각 데모스에서 공무원을 선출할 수 있었다. 정치 조직의 기반을 가문, 씨족, 친족에 두지 않고 지역성에 두게 함으로써 시민권 확대와 인정의 기초를 마련했다.

유명한 개혁 조치 중 하나가 도편추방제 도입이다. 최소한 6천 명 이상의 시민이 출석한 민회에서 투표를 통해 위험스러운 인물로 보이는 사람을 지명하는 제도다. 지명당한 사람은 10년 동안 추방형에 처해졌다. 이는 솔론 이후 여러 차례 시도된 과두정이나 참주정으로의 복귀를 차단하기 위한 방편으로 마련되었다. 도편추방제도는 기원전 5세기 동안 아테네에서 시행되었다. 유명한 정치가 이름이 적힌 많은 도자기 파편이 발견되었는데, 이 제도에 의해 추방 위협을 받거나 추방된 사람들로 추정된다.

페리클레스(기원전 495~429)에 이르러 아테네 민주정은 활짝 꽃을 피운다. 페리클레스는 기원전 450년 말에 배심원에게 일당을 주는 제도를 도입했다. 이에 따라 가장 가난한 사람조차 배심원이 될 수 있었다. 재판정은 아테네 직접 민주주의의 상징이었다. 아테네인의 자치가 실질적으로 이루어지는 곳은 바로 법정이었다. 아테네 시민에게 법정 참여는 의무이자 특권이었다. 민회에 참석하는 시민에게도 일정한 보수가 지급되었다. 평범한 시민이 폴리스 의사결정에 직접 참여했다. 고된 노동에 시달리는 농부든 토지 없이 장사로 생계를 유지하는 상인이든 이곳에서 모두 정치가가 되었다. 민회에서 정책이 만들어지고 법률이 탄생했다.

민회에 참석한 사람은 누구나 발언권을 가지며, 의회의 제안에 대해 수정을 요구할 수 있었다. 결정은 거수에 의한 다수결로 이루어졌다. 민회가 열렸던 프닉스 언덕에는 8천~9천 명 정도가 모일 수 있었는데, 6천 명의 정족수를 채워야 하는 안건도 있었다. 평상시에는 수천 명 정도의 시민이 참석한 것으로 보인다. 법정에서 최종 판결 권한을 갖는 배심원은 희망자 중에서 추첨으로 뽑았는데, 배심원 자격은 30세이상, 공적 채무가 없고 자격 상실 선고를 받지 않은 사람이어야 했다. 대부분의 경우 배심원은 500명이었다. 재판이 끝나면 정해진 장소에서 보수를 받았다.

관리는 직책에 따라 선출과 추천으로 선발되었다. 페리클레스 시대에도 모든 시민이 행정직을 맡을 수 있는 것은 아니었다. 납세 실적이 있어야 했다. 군사령관과 재무관은 토지 등에서 들어오는 수입으로 여유로운 생활을 할 수 있는 소수의 부유층에만 국한되었다. 도로 건설 담당관, 회계사, 변호사 등은 추첨으로 뽑았다. 장군, 기병대장을 비롯하여 전쟁 관련 관리들은 모두 민회에서 거수로 선출되었다. 이들이 임무를 잘 수행하는지를 감시하기 위해 행정회기마다 투표를 했고, 불복하면 재판소에서 판정했다.

페리클레스의 민주정치에 대한 기여는 솔론이나 클레이스테네스처럼 제도 개선에 있다기보다는 민주정치를 안정적으로 정착시킨 점에 있다. 페리클레스는 30년 동안 수석 집정관을 지내면서 아테네 곳곳에 민주주의가 뿌리를 내리도록 했다. 솔론과 클레이스테네스가 추구했던 민주정치 이상을 특유의 정치력과 집행력을 통해 장기간 실행했다. 이제 아테네 시민은 신념이나 이론만이 아니라 적어도 법적, 정치적 평등에 상당히 근접할 수 있게 되었다.

특히 그리스-페르시아 전쟁에서 승리를 이끌어냄으로써 페리클레스와 민주정의 권위는 더욱 확고해졌다. 그릇에 그려진 〈그리스-페르시아 전쟁〉은 그리스와 페르시아 병사의 전투 모습을 담았다. 둥근 방패를 든 그리스 병사의 공격에 페르시아 병사가 쓰러지고 있다. 기원전 5세기에 접어들면서 동방 전역을 정복한 페르시아 제국은 에게해 일대의 이오니아 지역을 침략했다. 아테네보다 먼저 민주정치를 실현하고 유지해오던 이오니아 지역 도시국가들에 대해 페르시아의 다리우스 왕은 민주정을 폐기하고 군주정을 실시하라고 요구했다. 밀레토

그릇 그림 〈그리스-페르시아 전쟁〉, 기원전 5세기

스를 비롯한 이오니아 도시국가들은 그리스 본토 도시국가들에게 군사 지원을 요청했다. 민주정을 반대한 스파르타는 요청에 응하지 않았고, 아테네는 적극적으로 참전했다. 하지만 기원전 494년 이오니아는 페르시아군에 함락되었다.

곧이어 페르시아 제국은 2만 5천 병력의 육군과 해군을 동원해 아테네를 공격했지만 마라톤 평원과 아테네 해안에서 패배의 쓴맛을 보았다. 기원전 480년 페르시아는 다시 30만 대군과 1천여 척의 함선을 동원하여 그리스를 침략했다. 스파르타 왕 레오니다스와 전사 300명은 그리스 본토로 들어오는 관문인 테르모필레 협곡을 사수하다 페르시아 군대에게 전멸당했다. 그리스 대부분이 점령당하고, 살라미스 섬으로 후퇴하여 비어 있던 아테네도 함락되었다. 페르시아군은 기세를 올

알마-타데마, 〈파르테논 부조를 보여주는 피디아스〉, 1868년

려 살라미스까지 쫓아갔지만 아테네 군대에게 패배하고 말았다. 이듬해에 이번에는 그리스 동맹이 페르시아를 공격했고, 바다에서는 아테네가, 육지에서는 스파르타가 혁혁한 공을 세우며 페르시아를 무찌르고 그리스 전 지역을 되찾았다.

전쟁 직후 페리클레스는 페르시아군에게 파괴된 신전을 대신할 파르테논 신전을 건립했다. 로렌스 알마-타데마Lawrence Alma-Tadema의 〈파르테논 부조를 보여주고 있는 피디아스〉는 신전 내부의 채색 띠부조를 완성하고 페리클레스를 비롯해 그의 동료들에게 먼저 공개하는 장면을 담았다. 조각가 피디아스는 수호신인 아테나 여신상과 신전 내부 조각 장식을 맡았다. 바닥에는 아직 전체 공사가 끝나지 않았기 때문에 작업용 발판이 놓여 있다. 주변에서는 사람들이 아테네 최고의 조각가가 한껏 솜씨를 부린 작품을 황홀한 표정으로 감상하고 있다. 페리클레스가 파르테논 신전을 건립한 것은 전쟁에서 그리스 연합을 주도한 아테네의 정치적 위력을 과시하려는 의도도 들어 있었다. 신전에는 그리스 연합의 공동 기금을 넣은 금고가 보관되어 있었다. 파르테논 신전은 아테네 민주정의 상징으로 여겨졌다.

전쟁의 승리로 황금시대를 맞이한 아테네에서 민주정 기반은 더욱 공고해졌고 페리클레스에 대한 시민의 지지도 더 두터워졌다. 페리클레스는 제1시민으로 불렸고, 민회에서 시민이 토의할 안건을 좌지우지했다. 고대 그리스 역사가 투키디데스가《펠로폰네소스 전쟁사》에서 "민중이 그를 이끌었다기보다 그가 민중을 이끌었다. (……) 아테네는 명목상 민주주의 사회였지만 권력은 사실상 이 제1시민의 손에 있었다"고 평할 정도였다.

페리클레스는 풍부한 지성을 지녔던 인물로 평가받는다. 철학자 아낙사고라스와 친분이 두터웠고 소피스트적 교육을 받았으며, 대단히 웅변적이었다. 민주정을 혐오했던 플라톤조차 그를 인정하지 않을 수 없었다. "페리클레스는 수사학에서 누구보다도 완전한 사람이었네. (……) 자연에 대한 사변적 지식을 갖추었고, 아낙사고라스가 많은 논의를 할애해서 다룬 지성과 정신의 본성에 대한 깨우침에 이른 뒤, 연설의 기술에 유용한 것을 이끌어냈다네."《파이드로스》 정신의 본성에 대한 깨우침을 얻었기 때문에 페리클레스의 연설은 소피스트의 수사학과는 다른 차원이라는 것이다.

귀족 세력의 과두정치 반란과 민주정 회복

귀족 세력의 연이은 과두정 반란

페리클레스 이후 아테네에서는 여러 차례 과두정으로 복귀하려는 반란이 일어났다. 반란 주도 세력은 당연히 전통적 기득권을 누려왔던 가문의 귀족과 부유층이었고, 호시탐탐 아테네 민주정을 무너뜨리고자 했던 스파르타가 이들을 지원했다. 펠로폰네소스 전쟁 기간에도 힘의 균형이 이루어진 상태에서는 민주정이 유지되었다. 전쟁 후반기인 기원전 413년에 아테네는 무리하게 추진한 시칠리아 원정에서 스파르타에게 패하고 결국 그리스의 패권이 스파르타에게로 넘어갔다.

스파르타의 압박 아래에서 기원전 411년, 귀족이 중심이 된 민주정 반대론자들은 혼란을 틈타 권력을 장악했다. 민주정을 400인 정부로 바꾸고, 당시 3만 5천여 명의 시민 중 5천 명의 시민에게만 참정권을 주는 새로운 헌법을 선포했다. 민주정을 요구하는 사람은 살해와 고문, 협박을 받았다. 부자들로 구성된 400인의 과두정은 자객을 고용하여 살인과 즉결 처형으로 신속하게 반대파를 제거했다. 무장한 귀족들은 120명의 '헬라스 소년대'를 대동하고 거리를 활보했다. 위협을 느낀 민주주의자들은 몸을 숨겨야 했다. 투키디데스가 전하는 말에 따르면 "아무도 대놓고 그들을 반대하지 못했다. 모든 사람이 두려움에 떨었다. 음모가 널리 퍼져 있는 게 분명했다. 반대하는 사람은 (……) 손쉽게 살해되었다."

과두정 반란은 실패로 끝났다. 사모스에 포진하고 있던 해군과 육군이 그들 사령관의 지휘권을 박탈하고 400인 정부 승인을 거부했다. 해군과 육군의 지지를 받지 못한 과두정은 버틸 수가 없었고 민주정이 복귀했다. 기원전 410년에 민주주의가 회복되고 과두정 반란자들이 처형되었다. "아테네는 솔론이 척도를 마련한 법으로, 예전에 실행했던 규칙으로 통치될 것이다"라는 선언을 담은 민주정의 법을 비석으로 새겼다.

기원전 405년 아테네가 스파르타 해군에게 참패하면서 또다시 과두정이 수립되었다. 이번에는 스파르타가 직접 관여했다. 스파르타 군대가 항구를 봉쇄하고 30인 과두정 정치가에게 아테네 통치를 맡겼다. 스파르타가 모든 것을 감독했고, 많은 아테네인의 재산을 몰수했다. 400인 정부 때와 마찬가지로 30인 참주는 거리를 피로 물들이는 공포 정치를 실시했다. 귀족에게 고용된 암살자들은 쥐도 새도 모르게 학살을 저질렀다. 침대에서 자는 사람을 목 졸라 죽였으며 반대파 집안의 아이들을 강탈했다. 30인 참주가 승인하는 시민 3천 명의 명단이 작성되었다. 그 외의 아테네인은 무기를 지닐 수 없게 되었다. 공포에 사로잡힌 민주주의자들은 아테네를 빠져나가 망명길에 올랐다.

여러 차례 이어진 민주정 파괴와 과두정 반란의 중심에는 언제나 귀족 세력이 있었다. 이들은 스파르타의 강력한 과두정 체제를 옹호했다. 민주정이 유지되고 번성하는 기간에도 노골적으로 민주정을 비판하고 스파르타를 찬양했다. 아테네를 통치해야 하는 사람은 평범한 다수 시민이 아니라 신의 선택을 받은 소수의 가문이어야 한다고 생각했다. 가깝게는 수백 년에서 멀게는 수천 년 이상 아테네를 지배한, 막대

〈그리스 돌비석〉, 기원전 4세기

한 재산과 고귀한 지위를 지닌 귀족만이 통치할 수 있다고 믿었다. 왕에 의한 지배가 사라진 이후 상당 기간 동안 아테네에서 권력의 중심은 부족을 대표하는 한 가문에서 다른 가문으로 끊임없이 이동했고, 서로 영향력을 확대하기 위해 치열하게 경쟁했다.

아테네 거리 곳곳에 세워져 있던 〈그리스 돌비석〉은 귀족의 위세를 상징한다. 거리에 세워놓는 용도의 돌비석은 단순히 장례와 추모 목적으로만 만들어지지 않았다. 데모스의 경계와 공지 사항을 알리고 승전을 기념하는 등 여러 용도로 쓰였다. 대부분의 귀족들이 자신이 거주하는 근처 길가에 세워 가문의 힘을 과시했다. 서로 경쟁이라도 하듯 더 크고 화려한 비석을 세웠다.

기원전 4세기에 세워진 〈그리스 돌비석〉은 노골적으로 귀족의 힘을 과시하는 듯하다. 말을 탄 전사의 공격에 적군 병사가 맥없이 쓰러진다. 갑옷 위에 망토를 두른 모습이 전형적인 귀족 전사 차림이다. 주의 깊게 살펴보면 쓰러진 병사는 왼손에 중무장보병의 둥근 방패를 쥐고 있다. 펠로폰네소스 전쟁에서 상대편 병사와 전투를 벌이는 장면일 텐데, 귀족 기병이 일반 병사를 제압하는 모습을 통해 귀족의 힘을 드러내고자 했던 의도를 읽을 수 있다.

특히 말은 귀족을 상징한다. 기원전 411년 과두정 반란에서 주도자들이 어떤 결정된 사항을 알리기 위해 민회를 소집한 곳이 전통적으로 민회가 열리던 드넓은 프닉스 언덕이 아니라 포세이돈 히피오스 신전이었다는 사실도 의미심장하다. 귀족들은 왜 민회 참석 자격을 지닌 시민 상당수를 수용하기에는 터무니없이 협소한 이 신전으로 정했을까? 먼저 스파르타 군대가 고작 수 킬로미터 떨어진 곳에 있었기에 민주주의 세력을 위협하는 효과를 노렸다. 또한 귀족의 힘 앞에 시민들을 주눅 들게 하려는 의도도 있었다. 포세이돈 히피오스는 '말의 신 포세이돈'이라는 뜻이다. 말은 귀족의 소유물이었고, 말의 신을 숭배하는 그 신전은 귀족적 색채가 뚜렷한 곳이었기에 민회에 참석한 시민들은 상당히 위축될 수밖에 없었다. 그만큼 말은 귀족의 힘을 상징했고, 앞의 돌비석에서도 비슷한 의도를 읽을 수 있다.

과두정의 근간이 된 스파르타 정치체제

아테네 과두정 세력을 지지했던 스파르타의 정치체제에 대해서도 살펴볼 필요가 있다. 귀족을 비롯하여 과두정 정치가는 물론이고 소크라테스와 플라톤도 과두정을 지지했으며 스파르타의 권위적 사회질서를 공공연하게 동경했다.

기원전 7세기에 스파르타 사회와 정치를 뒤흔든 거대한 변화가 일어났다. 로마 저술가 플루타르코스는《영웅전》에서 스파르타의 개혁을 다음과 같이 설명했다. "가장 대담한 개혁은 토지 재분배였다. 재산을 갖지 못한 자가 도시에 넘쳐나는 가운데, 부는 극소수 사람들의 차지가 되어 빈부 차이가 심각해졌다. (……) 모든 땅을 공동의 몫으로 내놓도록 시민들을 설득했다. 먼저 이 땅을 새로 분배하고 모두가 동일한 크기의 땅을 가지고 동등하게 살도록 (……) 스파르타인에게 할당했다."

스파르타는 문자로 기록된 사료가 거의 없지만, 크세노폰의《라케다이몬 정치제도》를 통해 어느 정도 들여다볼 수는 있다. 라케다이몬은 스파르타를 가리킨다. 소크라테스와 친분이 두터웠던 크세노폰은 나중에 스파르타 편에서 아테네와 전투를 벌인 혐의로 조국 아테네에서 추방되어 스파르타와 가까이 지냈기에 스파르타를 상세하게 관찰할 수 있었고, 이를 기록으로 남겼다.

스파르타는 시민의 자격을 엄격히 제한했다. 기원전 7세기의 개혁에 의해 모든 토지를 동등하게 나누어 가진 시민을 동등자라는 뜻의 '호모이오이homoioi'로 불렀다. 호모이오이는 8천~9천 명 정도였다. 크세노폰에 따르면 이들은 정예병사로서 스스로 단련하는 것 말고는 다른 일은 금지되었다. "다른 도시에서는 모두가 능력대로 돈을 벌며, 농부, 선주, 상인, 기술자 등의 직업이 있다. 그러나 스파르타에서는 자유인이 각종 돈벌이 일을 하는 것을 금하고 도시의 자유를 위한 일에만 몰두하도록 했다." 일곱 살부터 서른 살까지 모든 남자는 캠프에 모여 살면서 혹독한 군사훈련을 받았다. 소년들은 옷 한 벌로 1년을 나고 도시 외곽의 숲에서 맨발로 지내며 스스로 살아남아야 했다. 이들에게 삶의 목적은 단 하나, 완벽한 전사가 되는 것이었다.

스파르타는 도시국가의 힘이 개별 가족으로 흩어지지 않도록 엄격히 제한하는 조치를 취했다. "가정에서는 소홀한 점이 많다고 생각하여 공동 식사를 제도화하였다. 이렇게 하면 명령을 쉽게 어기지 못할 것이라 생각했기 때문이다." 자기 집에서 거주하는 것은 인정했지만 집단적 힘을 유지하기 위해 공동 식사를 의무화했고, 음주도 금지했다. 또한 다른 도시에서는 각자가 자신의 아이들, 예속 노동자, 재산의 주인이었다면 스파르타에서는 자기 아이들뿐만 아니라 남의 자식들에 대해서도 똑같이 주인이 되었다.

흉상 〈스파르타 중무장보병〉, 기원전 480년

반신상 형태로 남아 있는 조각 〈스파르타 중무장보병〉은 스파르타 병사의 모습을 생생하게 보여준다. 수천 년이 지난 지금까지도 병사의 위용이 그대로 전해질 정도로 세부 묘사가 뛰어나다. 머리 위의 깃털 장식과 뺨을 가린, 그리스 병사의 전형적인 투구를 쓰고 있다. 두상과 상반신 몸통만이 남아 있지만 강인한 스파르타 병사의 분위기를 그대로 전해준다.

스파르타는 일관되게 참주정과 민주정 모두를 거부했다. "리쿠르고스는 왕이 참주가 되는 것을 원하지 않았고 또 시민들이 왕의 힘을 넘보지 못하도록 했기 때문이다." 왕이 전횡을 하지 못하도록 했다. 왕은 신의 후손으로서 공공 제사를 주관하거나, 전쟁이 나면 군대를 통솔하게끔 했다. 전리품에서 일정한 몫을 할당받을 권한이 있었다. 반대로 시민의 힘이 너무 커져 왕이나 통치체제를 흔들지 못하도록 했다. 시민이 추첨에 의해 재판정에서 권한을 행사할 수도 없었다. 판결과 처벌은 소수 장관의 권한이었다. "이들은 복종이 국가, 군대, 가정에 제일 득이 됨을 알고 있었다. 관리의 힘이 강할수록 시민들을 잘 다루어 복종시킬 수 있다고 생각했다. 그래서 장관들은 누구라도 즉석에서 처벌할 수 있다." 독립적이고 고유한 권한을 가진 관리를 두어 이들이 왕과 함께 통치하도록 함으로써 과두정 체제를 유지했다.

스파르타 여성은 시민 자격을 갖지 않았지만 남자들처럼 달리기와 씨름대회에 참가했다. 전투 목적이 아니라 출산을 위해서였다. 여성에게는 출산이 가장 중요한데, 부모 둘 다 튼튼하면 건강한 아이가 태어난다고 생각했기 때문이다. 남자가 여자와 동거하지 않고 훌륭한 아이를 가지고 싶을 때는, 아이 잘 낳는 좋은 집안의 부인에게서 그 남편의 허락을 받고 아이를 갖도록 법으로 허용했다.

민주정을 둘러싼 철학자들의 입장

민주정치를 향한 열망

그리스 철학 초기를 장식한 자연철학자 내에서도 민주정 지지 경향과 과두정 지지 경향으로 나뉘었다. 탈레스와 피타고라스는 그리스 민주정치의 철학적 기반을 제공했다. 탈레스 이후 이성적 세계관의 강화와 확대는 정치사상에도 큰 변화를 가져왔다. 호메로스의 세계관은 대규모 노예 소유자와 제사장 등 귀족 계급에 기반을 두고 있었다. 귀족 계급의 배타적 권리를 신적 권위를 통해 정당화하는 기능을 담당했다. 만물의 근원은 '물'이라고 주장한 탈레스의 세계관은 호메로스 세계관을 부정하는 것이었다. 이는 귀족적 세계관에 대립하는 새로운 민주주의 정치의 사상적 기반으로 작용한다. 전통적, 신화적 논리의 부정은 일종의 저항 논리 혹은 대항적 세계관을 제공한다는 점에서 정치사상적 변혁에 해당한다.

솔론이 정치적으로 중도를 실현했다면 중간 계급에 의한 사회 통합을 철학적으로 뒷받침한 것은 피타고라스 학파였다. 피타고라스 학파는 대립물 간의 투쟁을 조화와 통일로 향하는 과정으로, 즉 통일이 절대적이고 투쟁은 상대적인 것으로 생각했고, 그 철학적 귀결이 중용이다. 음악적 조화를 '대립자들의 조정, 다자多者의 통일, 이견의 일치'로 묘사할 때 이는 단지 음악에만 국한되지 않으며 사회적 대립의 조화까지 아우른다. '조화'는 토지 귀족과 소농 사이에 있는, 민주정치를 통해 갈등을 해소했다고 자처한 신흥 중간 계급의 세계관을 반영한다.

소피스트 철학은 민주주의 사상에서 중요한 의미를 가진다. 프로타고라스는 인간의 정치적 능력은 소수에게만 있는 것이 아니라 모든 그리스 시민이 공통적으로 소유하고 있다고 생각했다. 따라서 민주주의의 토대로서 평등한 정치적 권리를 정당화하고자 했다. 인간이 공통적으로 소유한 정치적 능력을 교육을 통해 계발하고 발전시킬 때 비로소 민주주의 원칙을 수행할 수 있는 평균적 시민에 도달할 수 있다고 생각했다. 인간은 교육과 훈련을 통해서 향상될 수 있으며, 누구나 배움을 통해서 훌륭한 인간 혹은 사회 지도자로서의 자격을 갖출 수 있다고 보았다.

플라톤의 《프로타고라스》에서 "가장 지혜롭고 뛰어난 인물이라도 덕성을 다른 사람에게 줄 수는 없는 것"이라며 시민에 대한 교육을 비판하는 소크라테스에게 프로타고라스는 이렇게 반박한다. "인간에게는 처음부터 정치적 기술이 없었으므로, 한곳에 모이자 충돌하고 싸우기를 되풀이하였다네. (……) 제우스는 인간 종족이 끊이지 않을까 염려한 나머지 '정의'와 '분별'의 지혜를 나누어주게 했다네." 사람은 누구나 정치적 판단과 행위에 필요한 정의와 분별력을 갖고 있다. 그러므로 민회에서 누구든지 국가의 일에 대해 발언하고 권리를 행사할 자격이 있다는 것이다. 직접 민주주의의 철학적 정당화를 시도하고 있다.

다수 중간 계급이 민회에서 영향력을 미치기 위해서는 설득력이 필수적이었고, 소피스트는 변론술을 익혀 이들의 이해를 대변했다. 그렇기에 소피스트의 변론술은 단순히 돈벌이 수단으로 격하될 수 없는, 민주주의의 중요한 요소가 되었다. 민주주의 의사결정 과정에서 핵심 요소는 의사 반영 과정이 평등에 기초해야 한다는 것이다. 뛰어난 소수의 능력이 아닌, 사회 구성원 모두가 동등한 법적, 정치적 자격과 지위를 부여받을 때 정당한 구속력을 지닐 수 있다. 그렇기 때문에 여론 형성은 민주주의의 중요한 정치적 수단이 된다. 그리스 시민들은 중요한 정치적, 사회적 문제를 결정할 때면 공공의 광장 역할을 하던 아고라에 모여 열띤 토론을 벌였다. 그리고 이를 통해 시민 스스로가 폴리스의 중요한 문제를 결정하는 직접 민주주의를 실현했다. 이 점에서 소피스트의 변론술은 단순한 '궤변'이 아니라 자신의 의사를 합리적으로 전달하는 중요한 수단이었다.

민주정치에 대한 비판과 과두정치 지향

자연철학자 가운데 헤라클레이토스는 민주정을 반대하는 가장 대표적인 입장을 지녔다. 에페소스 귀족 출신인 헤라클레이토스는 피타고라스를 전통적 귀족을 약화시키는 원흉으로 인식했던 것 같다. 피타고라스 학파에 대해 "구별에 의해 일치가 이루어지는 것, 활과 리라에서 볼 수 있는 것과 같은 서로 맞선 대립물들의 조화를 이해하지 못한다"라고 비판한다. 조화란 팽팽한 대립과 긴장 위에 서 있는 일시적 상태이며, 세계를 지배하는 원리는 조화가 아닌 투쟁이라고 주장했다. 민주정치를 반대했던 헤라클레이토스는 민주정은 내적 모순과 대립에 의해 몰락할 수밖에 없다고 강조했다. 민주정은 일시적이고 대립과 투쟁에 의해 다시 새로운 상태로 변화될 것임을 강조하는 논리이기도 했다.

헤라클레이토스는 다수 민중의 의견을 경멸하는 태도를 보였다.

"에페소스 사람들은 성장한 사람들 모두가 스스로 목매어 죽게 해야 마땅하다. 도시는 아직 수염도 나지 않은 소년들에게 맡기는 것이 좋겠다. 제일 훌륭한 헤르모도로스를 추방하고, 우리에게는 훌륭한 사람이 없다." 대중은 훌륭한 사람을 알아보지 못하고 추방하는 어리석은 존재다. 대중의 어리석음은 무지에서 비롯된다. 대중은 진리를 알지도 못하고 알려고도 하지 않는다. 하루하루 일상에 얽매여 살 뿐이다. 대중의 무지를 근거로 다수 의견에 기초한 민주정을 정면으로 반박하고 있다. 반대로 뛰어난 소수의 역할을 강조한다. "다수의 사람은 나쁘고, 소수의 사람이 좋다." 소수가 좋은 것은 진리를 인식하고 그에 맞도록 행동하기 때문이다. 소수의 통치자에게 대중이 복종할 것을 촉구한 것이다.

소크라테스와 플라톤도 다수 시민이 참여하는 민주정을 혐오하고 과두정치를 철학적으로 뒷받침하고자 했다. 로마 시대 폼페이 모자이크 〈플라톤 아카데미아〉는 플라톤이 아테네에 아카데미아를 개설하고 각지에서 청년들을 모아 연구와 교육에 전념하는 장면을 묘사한 것이다. 철학자들이 나무 그늘 아래서 활발하게 토론을 하고 있다. 중앙에 한 철학자가 책을 펼쳐들고 땅바닥에 나뭇가지로 무언가를 써가며 이야기를 한다. 그 앞에 있는 철학자들이 턱에 손을 괴고 앉거나 혹은 선 채로 그의 설명에 귀를 기울이고 있다. 왼편으로는 또 다른 철학자들이 진지하게 대화를 나누고 있다.

소크라테스는 다수 대중을 지독하게 불신했다. "많은 사람의 의견에 구애될 이유가 무엇인가? (……) 그들은 사람들을 현인으로도 바보로도 만들지 못하네. 그들이 무슨 일을 하든 그것은 우연히 일어난 일

모자이크 〈플라톤 아카데미아〉, 로마 시대

에 지나지 않아."《크리톤》 대중은 무지하기 때문에 좋은 쪽으로든 나쁜 쪽으로든 별다른 영향을 미칠 수 없다. 그러니 그들의 의견을 고려하는 것은 부질없는 짓이다. 이 논리대로 하면 다수 대중의 의견에 기초한 정치는 최악일 뿐이다.

그의 논리는 자연스럽게 다수 대중을 대체할 뛰어난 소수로 이어진다. "정의와 부정, 미와 추, 선과 악을 가리는 데 많은 사람의 의견을 따르고 그 의견을 두려워해야 할까? 아니면 분별력 있는 한 사람의 의견을 따르고 그 의견을 두려워해야 할까?" 다수의 의견이란 분별력이 없는 많은 사람의 의견에 불과하므로, 오직 진리와 정의를 인식할 수 있는 한 사람이나 극소수의 사람을 따라야 한다. 그는 아테네 직접 민주주의를 바보들의 다수결로 이루어지는 중우정치라고 비난하며 전 생애에 걸쳐서 반대했다.

소크라테스에게 사형 선고를 내린 것은 아테네의 민주주의를 유지하고자 하는 정치적 판단이 작용했다. 당시 재판은 추첨으로 뽑힌 배심원에 의해 이루어졌다. 501명의 시민 재판관이 참여했는데, 이 정도의 숫자면 당시 얼마 안 되는 아테네 시민의 수와 비교해볼 때 시민의 의사가 반영되었다고 해도 무리가 없다. 501명의 시민 재판관은 280 대 221로 소크라테스에게 유죄판결을 내렸고, 형량에 관한 두 번째 표결에서는 더욱 압도적인 표차인 360 대 140으로 사형을 선고했다. 아테네 시민들은 민주정치를 위협하는 것으로 보이는 소크라테스를 용인할 수 없었다.

플라톤이 보기에 스파르타에 패할 정도로 아테네가 허약해진 일차적 원인은 민주정이었다. 그리고 민주정의 가장 큰 문제는 사람들이 각자 자신의 직분에 맞는 일을 전문적으로 하지 않고 모두가 정치에 대한 권리를 갖는 것이었다. 그로 인해 일사불란한 국가 운영이 파괴됨으로써 국가가 결정적으로 약화되었다고 보았다.

플라톤이《국가》에서 화두로 삼은 것은 올바름이란 무엇인가이다. 그런데 올바름은 전체를 구성하는 다양한 부분이 자신의 고유한 기능을 수행하고 다른 부분의 기능에 간섭하지 않을 때 이루어지는 조화다. "각각의 것이 더 많이, 더 훌륭하게, 그리고 더 쉽게 이루어지는 것은

111

한 사람이 한 가지 일을 성향에 따라 적기에 하되, 다른 일에 대해서는 한가로이 대할 때" 가능하다. 개인과 공동체의 올바름은 그의 혼을 이루는 세 부분, 즉 이성, 기개, 욕구가 저마다 제 기능을 수행할 때 나타난다. 그리고 이 세 부분은 세 부류의 계층으로 연결된다. 즉 지혜를 추구하는 통치자(철학자), 용기와 의지가 생명인 수호자(군인), 욕구와 충족을 바라는 생산자다. 올바른 국가는 세 부류가 각자 제 일을 할 때 실현된다.

반대로 올바르지 못함은 이 세 부류가 뒤섞일 때 나타난다. "이들 세 부분 사이에 내분이며, 참견과 간섭, 그리고 혼 전체에 대한 일부의 모반임에 틀림없지 않겠는가? 그 성향으로 볼 때 지배에 대한 복종이 어울릴 자가 지배하려 드는 모반 말일세." 그래서 추첨제 배심원에 의해 운영되던 소송 사건을 통치자들에게 위임할 것을 요구한다.

각자 맡은 일에만 충실한 상태를 올바름으로 규정함으로써 지배와 피지배를 정당화한다. 누가 지배하고 통치해야 하는가? 이성을 대표하는 소수의 철학자가 지배의 배타적 권한을 가진다. 생산에 참여하는 일반 시민이나 군인이 국가에 영향력을 행사하는 것은 물론이고 심지어 참여하는 일조차도 가장 큰 악덕이 되어버린다. 그러므로 시민 모두가 정치에 참여하는 민주정은 국가를 유지하는 데 올바르지 못한, 조화를 깨뜨리는 주범이다. 플라톤은 "스파르타식 정체政體에 따라 생기게 된, 승리를 좋아하고 명예를 좋아하는 사람들"로 이루어진 정체, 즉 과두정을 가장 바람직한 체제로 보았다.

직접 민주주의는
현대사회에 부적합한가

다음 쪽 사진은 아테네에서 민회가 열렸던 프닉스 언덕이다. 언덕 저편으로 삐죽 솟아 있는 언덕이 파르테논 신전이 있는 아크로폴리스다. 아크로폴리스는 신들의 영역이었고, 그 아래 아레오파고스 언덕이 집정관의 자리였다. 일반 시민은 프닉스 언덕에서 민회를 열었다. 이 언덕이야말로 아테네 직접 민주주의를 상징한다. 기원전 411년 과두정 반란에서 주도자들이 민회를 소집할 때 프닉스 언덕을 피했던 것도 이곳이 민주주의의 성지나 다름없기 때문이다.

언덕 오른편으로 돌로 만든 연단이 보인다. 시민들은 이곳에 서서 도시의 중요한 문제에 대해 누구든지 연설할 수 있었다. 아래쪽으로는 경사가 완만한 넓은 공간이 펼쳐진다. 민회가 열리는 날 6천~7천여 명의 시민이 이 자리를 가득 메운 모습은 장관이었을 것이다. 도시의 운명이 걸린 사안을 시민들이 직접 결정하고 나서 함께 외치는 함성이 지

아테네 민회가 열리던 프닉스 언덕

금도 귀에 들릴 것만 같다. 프닉스 언덕에서 시민들이 지르는 함성은
건너편 아크로폴리스까지 들렸을 것이다.

하지만 오늘날 프닉스 언덕은 쇠락할 대로 쇠락한 모습이다. 아테
네 민주정을 특징지었던 원리, 시민이 국가의 운명을 직접 결정한다는
원리는 아테네 민주정 이후 사실상 사라졌다. 근대에 이르러 프랑스 혁
명 이후 신분제 사회가 사라지고, 우여곡절을 겪으며 민주주의 원리가
전 세계로 확대된 현대사회에서도 직접 민주주의는 천박한 발상으로
취급된다. 흘러간 옛 노래일 뿐 현대사회에서는 도저히 적용할 수 없다
는 생각이 상식처럼 굳어져 있다.

투표율은 왜 점점 낮아질까

오늘날에도 민주주의는 인류의 가장 중요한 화두 중 하나다. 민주주의를 둘러싼 논쟁은 동유럽 사회주의의 몰락과 함께 한때 주춤했다. 하지만 민주주의의 승리를 외쳤던 자본주의 사회 내부에서 권위주의나 전체주의적 요소가 많아지면서 민주주의의 문제는 다시 여러 측면에서 검토되고 있다. 분명한 것은 어떠한 사회 변화의 이상도 민주주의 문제와 분리되어 모색하는 것이 불가능할 정도로 민주주의는 이제 모든 정치, 사회 이론의 기본 토대가 되었다는 점이다.

현대사회에서 민주적 절차와 제도를 통한 문제 해결은 고대 그리스의 직접적 정치 참여가 아니라 대의제를 통해 이루어진다. 이는 정치 공동체 규모가 확대된 것에 따른 필연적 결과이면서, 동시에 민주적으로 확립된 대의제가 공동체 문제를 해결하는 좋은 방법이라는 믿음에 근거한다. 일정한 연령 이상의 모든 시민에게 투표권이 보장되고 다수결에 의한 결정 절차가 마련되면 적어도 민주주의의 기본 원리가 훼손되는 일은 발생하지 않을 것이라는 믿음이 있다.

하지만 그토록 신뢰했던 대의제 민주주의 체제가 20세기에 들어서 대다수의 사람들을 정치에서 배제하고 독재체제를 합리화하는 역할을 할 수도 있다는 점이 드러났다. 대의제를 통해 다수가 자신의 대리인을 뽑기 때문에 다수의 의견이 반영된다고 볼 수 있지 않냐고 반문할 수 있다. 어떻게 대의제가 국민 대다수를 정치에서 배제할 수 있느냐는 것이다. 잠깐만 눈을 돌려 투표율이 낮은 현상을 생각해보자.

대의제 민주주의 체제에서 어느 나라를 막론하고 투표율이 떨어지는 현상이 두드러지게 나타난다. 왜 그럴까? 부자이건 가난한 사람이건, 힘이 있는 사람이나 없는 사람이나 똑같이 한 표를 행사하는 주체인데도, 또한 서민이 수도 훨씬 더 많기 때문에 유리한 위치에 있는데도 왜 투표장에 가지 않을까? 그동안 경험에 비추어 대의제 선거를 통해서 주권을 행사하고 있다고 느끼지 못하기 때문이다. 투표를 해봤자 의회에서 노동자나 서민에게 오히려 불리한 법을 만들더라는 것이다. 이런 일이 반복되면서 사람들은 주권을 행사하고 있다는 느낌을 점차 상실했다. 그러니 결국 투표율 저하 현상으로 나타날 수밖에 없다.

왜 이러한 일이 일어날까? 대의제가 간접적인 방식으로 대신 의사를 표현하기 위한 대리인을 뽑는 것이라고는 하나, 실제로는 대리인이 아니라 오히려 주인을 뽑는 절차의 성격을 가지기 때문이다. 선거는 현실적으로 철저하게 돈을 통해 이루어진다. 언론만 하더라도 그렇다. 선거에는 언론을 통한 여론 형성이 막강한 위력을 발휘하는데, 알다시피 언론은 대기업이 직접 언론사를 운영하거나 아니면 광고주의 힘을 이용하여 조종한다. 선거운동 조직을 움직이는 데 필요한 막대한 돈 문제도 마찬가지다. 그러니 선거는 거듭되지만 다수 국민의 의사는 별로 반영되지 않고, 경제적 형편도 나아지지 않는다.

그렇기 때문에 현대사회에서도 고대 아테네에서 사용된 직접 민주주의 원리를 도입하자는 견해가 여전히 제기되고 있다. 노동자나 서민을 비롯해 다수의 사람이 자신의 삶과 직결된 영역에서 벌어지는 중요한 문제를 결정하는 데 직접 참여해야 한다는 것이다. 특히 일상적 영역에서의 문제 해결조차 대의제 기구의 결정에 맡길 필요는 없다는 것이다. 예를 들어 가정이나 학교, 직장이나 군대 등은 직접적인 이해관계의 상충과 갈등이 일어나는 공간이다.

하지만 학교에서 학생이나 학부모가 수업 구성이나 교칙 등을 직접 제정할 수 있는가? 기업에서 노동자가 소유 문제나 중요한 투자 결정에 참여할 수 있는가? 군대에서 사병들이 어떤 전쟁에 참여할지 여부를 결정하는 데 의견을 낼 수 있는가? 사실상 불가능하다. 간접 민주주의는 일상의 삶에 직결되는 문제조차 당사자들을 배제하고 선거와 대의기구를 통해 결정한다.

현대사회에서도 직접 민주주의가 필요하다는 입장은, 사람들이 직접 문제를 해결하는 주체가 되어 결정에 참여하는 것이 민주주의의 본래 취지에 맞는 것 아니냐는 문제의식이다. 자신의 삶과 직결된 문제를 직접 결정하지 못한다면 지금까지 그래왔듯이 대의제 기구를 통해 오히려 노동자와 서민의 이해에 상반되는 결정이 나올 수 있다고 주장한다.

그렇다고 해서 대의제 방식이 전혀 필요 없다거나 직접 민주주의로 완전히 대체하자는 주장은 아니다. 이미 모든 정치 영역과 사회 영역에서 자리 잡은 대의제를 완전히 무시할 수는 없다. 하지만 대중이 직접 결정에 참여하는 직접 민주주의적 요소가 대의제 민주주의를 보완할 때 현실의 민주주의가 어느 정도 제 역할을 할 수 있다는 문제의식이다. 당장 선거를 통해 구성된 대의기구 자체를 전부 부정할 수는 없다 하더라도, 국회나 지방의회 등 노동자나 농민 등이 자신의 대표를 직접 보낼 수 있는 통로를 확보할 필요는 있다고 본다. 사 람들이 투표장에 가는 것으로 기분만 살짝 내고 실질적으로는 거의 아무것도 결정할 수 없는 기만적 상황에서 벗어나야 한다.

현대사회에서 추첨제도는 사용할 수 없는가

레오 폰 클렌체_{Leo von Klenze}의 〈아크로폴리스〉는 황금시대 아테네 중심지였던 아크로폴리스의 모습을 담고 있다. 언덕 꼭대기에 세워진 파르테논 신전과 거대한 조각상이 아테네를 내려다보고 있다. 언덕 아래 아고라를 비롯하여 크고 작은 광장에서 시민들이 모여 아테네의 주요 사안에 대해 열띤 토론을 벌였다. 아고라는 정책을 의논하는 집회 장소이기도 하지만 때로는 물건을 교환하는 시장 역할도 했다. 그림 전면의 광장에서도 시민들이 모여 토론하는 장면이 묘사되어 있다.

민회는 한두 달에 한 번 프닉스 언덕에서 열렸다. 민회가 수행하지 않는 대부분의 역할은 추첨을 통해 선출된 시민들에게 위탁했다. 이들은 아크로폴리스 광장에 모여 토론하고 중요한 결정에 직접 참여했다. 추첨으로 구성된 의회는 안건을 미리 논의하거나, 민회와 민회 사이의 일상적인 문제들을 논의하는 장이기도 했다. 또한 사안이 있을 때마다 좀 더 빈번하게 재판정이 열렸다. 행정부를 구성하는 700명가량의 행정직 중에서 600명 정도가 추첨을 통해 충원되었다. 추첨제로 선임된 행정직은 대부분 협의체였으며, 임기는 1년이었다. 일생 동안 다른 행

클렌체, 〈아크로폴리스〉, 1846년

정직에 임명될 수는 있었지만, 동일한 직책을 한 번 이상 맡을 수 없었다. 30세 이상의 시민 중에서 시민권 박탈이라는 처벌을 받지 않은 사람은 누구나 행정직에 취임할 수 있었다. 그만큼 아테네 민주정에서는 추첨제도가 광범위하게 활용되었다.

선거를 통한 선출과 달리 추첨은 시민이라면 누구나 개인 능력과 무관하게 참여를 보장하기 때문에 직접 민주주의의 핵심 장치였다. 하지만 현대 정치체제에서 추첨은 철저히 배제된다. 오직 선거를 통한 선출만이 있다. 추첨제도를 배제하는 이유로 주로 현실적인 문제를 지적한다. 첫째, 거대한 근대국가의 규모 문제다. 추첨은 소규모 공동체에서나 가능한 제도라는 인식이다. 상당히 넓은 영토와 대규모 인구로 이루어지기 때문에 추첨은 물리적으로 불가능한 구시대 유물, 과거의 괴상한 관습에 불과하다는 논리다. 둘째, 추첨은 말 그대로 원하는 사람이라면 누구나 후보가 될 수 있기 때문에 무능한 사람이 선발되어 중요한 결정을 내리는 문제가 생긴다는 논리다.

하지만 엄밀하게 따져보면 두 가지 모두 현대 정치 영역에서 추첨 제도를 완전히 배제하는 이유가 될 수 없다. 규모가 크고 인구 밀도가 높은 국가라고 해서 추첨을 사용할 수 없는 것은 아니다. 먼저 추첨은 모든 국민을 대상으로 하는 것이 아니기 때문이다. 의원이나 해당 관직에 나아가기 위해 후보로 지원한 사람에 한해서만 추첨이 이루어진다는 점을 고려해야 한다. 게다가 대통령이라면 모를까, 국회의원이나 지방의원은 지역별로 나뉘기 때문에 추첨의 범위는 더욱 줄어든다. 나아가서 컴퓨터를 통해 전산화 처리가 가능한 조건에서 현대국가의 규모 때문에 추첨이 물리적으로 어렵다는 논리는 아무런 근거가 없다. 정치 체제의 크기와 상관없이 선발의 한 방법으로서 추첨은 얼마든지 실행 가능하다.

다음으로 추첨이 무능한 사람을 뽑을 수 있는 무책임한 제도라는 논리를 살펴보자. 아테네 민주정은 미숙하거나 무능력하다고 판단한 행정관을 방지하는 제도적 장치가 있었다. 먼저 행정관은 항상 민회와 시민법정의 감시를 받았고, 임기가 끝나면 결산 보고서를 제출해야 했다. 또한 임기 중에도 시민들이 책임을 물을 수 있었고 직무 정지를 요구할 수 있었다. 시민이면 누구나 행정관에 대한 불신임 투표를 제안할 수 있었다. 또한 무능하기 때문에 추첨을 사용할 수 없다는 논리대로라면 오늘날 많은 국가가 유무죄 판결 권한을 가지는 배심원 제도를 운영하는 것은 어떻게 설명해야 하는가? 범죄의 유무죄 여부를 판결하는 일이 중요하지 않다거나 사소한 업무라고 말할 사람은 아무도 없다. 그런데 만약 미숙하고 무능한 결정 때문에 추첨이 적절하지 않다면 당장 배심원 제도를 폐지해야 마땅하다는 황당한 논리로 이어질 수밖에 없다.

따라서 현실적인 제약 때문에 현대정치가 추첨이 아닌 선거제도를 채택할 수밖에 없다고 말하기는 어렵다. 유리한 사회적 환경(이를테면 부)을 지닌 소수에게 유리한 선발 방식이라는 점을 부인하기 어렵다. 확고한 기득권을 지닌 계급이나 계층에게 유리한 방식을 고수하는 측면이 있다. 물론 전문성이 요구되는 공공 업무까지 추첨으로 선발하자는 주장은 아니다. 하지만 적어도 배심원과 같이 협의체 방식으로 운영되는, 예를 들어 지방의회나 국회, 행정부 내 협의기구를 비롯해 각급 의원직을 선출하는 데 추첨제도를 도입할 필요가 있지 않을까? 의원 전체는 아니라 하더라도 일정 비율 내에서 추첨을 도입함으로써 대의제의 한계를 보완할 수 있을 것이다. 무엇보다도 평범한 사람이 직접 정치적 결정 권한을 가질 수 있는 사실상 유일한 방식인 추첨을 전혀 사용하지 않는 현대사회를 과연 민주주의 체제라고 자임할 수 있을까?

04

로마제국은
왜 멸망했는가

마카리, 〈로마 의회에서 카틸리나를 고발하는 키케로〉, 1889년

로마제국의
번영과 몰락

체사레 마카리Cesare Maccari의 〈로마 의회에서 카틸리나를 고발하는 키케로〉는 공화정에 대한 자부심이 살아 있던 시기 로마 정치의 한 단면을 보여준다. 기원전 63년, 키케로가 집정관이던 시절 반역 사건이 일어났다. 귀족 출신인 카틸리나는 지금의 총리에 해당하는 콘술에 여러 차례 입후보했으나 거듭 낙선한 후, 국가 전복 음모를 꾸미다가 발각되었다. 이 그림은 키케로가 반역자 카틸리나를 고발하는 장면을 묘사했다.

당시 로마는 경제적 번영을 누리고 있었다. 하지만 귀족들만 호화롭게 살 뿐, 평민들의 삶은 여유롭지 못했다. 평민들은 늘어나는 가계 부채로 힘들게 살아야 했다. 이때 카틸리나는 모든 시민의 부채를 탕감해주겠다는 공약을 내걸고 도전장을 내밀었다. 그러나 원로원은 카틸리나가 권력을 잡으면 나라의 곳간이 빌 것이라고 생각하고 카틸리나에게 입후보할 수 있는 기회조차 주지 않았다. 카틸리나는 합법적인 방법으로는 정권을 잡을 수 없다고 판단하고, 지지자들을 선동해 로마를 전복할 계획을 세웠다.

키케로는 이 사실을 알고 로마 의회에서 카틸리나를 탄핵하는 연설을 했다.

"카틸리나의 부정 때문에 군대는 식량이 떨어져 고생했으며, 로마인의 권리는 침해당했습니다. 그가 소아시아와 팜필리아에서 저지른 부정은 국가의 파괴를 초래할 뻔했습니다. (……) 오, 자유여! 일찍이 로마 사람들이 듣기만 해도 흐뭇한 소리, 로마인의 신성한 특권인 자유는 지금 어디에 있습니까. (……) 선량한 시민의 공적, 공화정의 적이며 로마의 도둑 (……) 카틸리나와 그의 추종자들을 당신의 제단으로부터 추방해주십시오."

왼편에서는 키케로가 로마 의회 의원들 앞에 서서 두 손을 치켜들고 열변을 토하고 있다. 오른편으로는 카틸리나가 고개를 숙인 채 침통한 모습이다. 의원들은 폭로된 내용에 경악과 당혹스러움을 감추지 못하고 키케로와 카틸리나를 번갈아 쳐다본다. 키케로의 연설에서 공화정에 대한 열정을 느낄 수 있다.

하지만 키케로는 기원전 46년 카이사르와 반목하고 폼페이우스를 돕다 안토니우스가 집권하자 암살당한다. 이 사건을 전후하여 공화정은 점차 쇠퇴의 길로 들어섰다.

로마가 처음부터 공화정으로 출발한 것은 아니었다. 다른 문명과 마찬가지로 씨족과 부족 단계를 거쳐 점차 초보적 국가체제를 갖춰나갔다. 건국신화에 따르면 로마는 기원전 753년에 로물루스 형제에 의해 느슨한 왕정체제로 출발했다. 기원전 390년에 갈리아인의 침략과 약탈로 대부분의 역사 기록이 없어져 이 시기까지의 상세한 내용은 전해지지 않는다. 기원전 6세기 말엽에 로마가 강대하고 번창한 도시국가로 떠오른 것은 분명한 듯하다.

기원전 509년에 왕정이 몰락하고 의회정치 형태를 띤 공화정이 시작되었다. 왕정에서 공화정으로의 이행은 그리스와 비슷한 사정이 작용했다. 일상적으로 전쟁에 대비해야 했던 로마 군대는 주로 평민으로 구성되었기 때문에 점차 평민의 정치적 영향력이 커졌다. 공화정 초기에는 각 지역의 부족에 뿌리를 둔 귀족들이 전적인 힘을 가졌으나 차츰 평민의 발언권이 커지면서 민주적 공화정이 탄생했다. 귀족의 독재를 막고 평민의 이익을 보장하기 위한 법이 제정되었다. 이때 평민 중에서 선출되어 국가의 정치를 감시하면서 평민의 권리를 보호하는 호민관 제도가 생겼다. 2명의 집정관 중 1명은 평민 중에서 뽑았고 귀족이 마음대로 국가의 땅을 차지하지 못하도록 했다. 하지만 법을 만드는 원로원을 귀족이 장악하고 있어 여전히 귀족의 힘이 컸다.

공화정 기간에도 영토 확장을 위한 전쟁은 계속되었다. 기원전 270년에는 이탈리아 반도 전체를 장악했고, 서쪽의 패권을 놓고 카르타고와 3차에 걸친 포에니 전쟁(기원전 264~146)을 승리로 이끌면서 지중해의 새로운 강자로 등장했다. 뒤이어 북아프리카, 이베리아 반도, 그리스와 마케도니아, 이집트, 소아시아, 시리아, 갈리아, 브리타니아 등을 정복하며 번영을 이어갔다. 로마 공화정은 기원전 27년까지 권력의 분산 및 견제와 균형에 기초하여 안정된 기반을 다져나갔다.

하지만 기원전 2세기 중반에 접어들면서 공화정은 흔들리는 조짐을 보였다. 전쟁과 군대의 확대가 일반 병사의 보급원인 평민의 발언권을 높였지만, 수 세기 이상 거듭되는 전쟁과 승리는 역설적으로 귀족의 힘을 키워주었다. 전쟁의 승리가 가져다준 전리품이 평등하게 분배될 리 만무했다. 고위 장교들과 집정관들은 정복전쟁을 통해 막대한 부와 명성을 쌓았다. 하지만 일반 병사에게 돌아간 몫은 보잘것없었고, 병사들은 서서히 직업군인이 되어갔다. 평민들은 전쟁에 나가 죽고 귀족에게 땅을 빼앗기고 많은 세금을 내야 했으므로 점차 몰락했다.

당연히 평민들은 불만이 쌓였고, 귀족 세력과 심한 갈등을 빚었다. 평민이 몰락하면서 군대가 약해진 것도 현실적인 문제였다. 이 때문에 기원전 133년과 기원전 123년에 그라쿠스 형제가 호민관이 되어 개혁을 단행했다. 귀족이 차지한 공유지를 다시 빼앗아 가난한 사람들에게 나누어주어 농민의 몰락을 막으려 했다. 하지만 귀족의 지배를 받는 원로원의 반대로 결국 실패했다. 평민과 귀족 사이의 힘의 균형이 깨지고 소수 귀족의 힘이 비약적으로 커진 현실이 그대로 반영된 것이다.

기원전 44년에 율리우스 카이사르가 종신 독재관이 되고, 기원전 31년 안토니우스가 악티움 해전에서 패하면서 로마 공화정은 결정적으로 흔들린다. 결국 기원전 27년 제1인자로서 원로원 의장이 된 옥타비아누스가 원로원으로부터 아우구스투스라는 이름과 황제 칭호를 부여받고 새로운 정치체제인 로마제국을 수립했다. 제정시대에도 민회가 존속했지만 원로원이 실권을 잡았고 황제의 권한을 뒷받침했다.

아우구스투스 이후 로마제국은 폭정과 혼란기를 겪었다. 티베리우스 황제는 신망을 잃었고, 칼리굴라는 폭정을 일삼다가 암살당했다. 클라우디우스와 네로는 전제정치를 일삼았는데, 네로는 반란이 일어나자 자살했다. 몇 차례 더 황제가 바뀌었고 도미티아누스가 암살당하면서 혼란의 시대는 막을 내렸다. 2세기로 접어들 즈음부터 150년 동안 5현제의 통치 시기로 불리는 황금기를 누렸다. 네르바 황제에서 마르쿠스 아우렐리우스 황제까지 5명의 황제가 통치하던 기간을 황금기라 부른다. 이 시기까지는 아직 제위가 세습이 아니라 원로원에서 가장 유능한 인물을 황제의 양자로 지명하여 권력을 승계하는 방식이었다. 정치와 경제가 안정되어 로마제국은 전성기를 구가했다.

이즈음 로마는 세계 제국으로서 확고히 자리 잡고 있었다. 로마의 전쟁 목적은 노예를 확보하는 것이었고, 막강한 로마군은 가는 곳마다 승리를 거두었다. 제국의 영토는 서쪽의 지브롤터에서 동쪽의 흑해, 북쪽의 영국에서 남쪽 사하라 사막과 수단 지방, 아라비아 반도에 이르기까지 광대한 영역에 걸쳐 있었다. 로마 군대에 굴복하지 않은 나라는 오직 페르시아 제국뿐이었다. 로마의 길은 로마를 중심으로 방사선 모양으로 뻗어 남쪽으로는 시칠리아, 북쪽으로는 라인 강, 서쪽으로는 스페인, 동쪽으로는 비잔티움까지 이어졌다. 세계 각 지역에서 확보된 노예들이 끊임없이 로마로 보내졌다. 하지만 5현제 이후 황제의 지위가 세습되고, 3세기에는 원로원조차 실권이 전혀 없는 명예직으로 격하되면서 황제는 막강한 권력을 누렸다.

5현제 시대 이후 약 50년 동안 18명의 황제가 암살과 쿠데타에 의해 바뀌면서 군인황제 시대로 불리는 혼란기를 겪었다. 게르만족과 페르시아의 침입으로 제국이 흔들리긴 했으나 디오클레티아누스 황제 시기에 혼란을 수습했다. 디오클레티아누스는 제국을 서로마와 동로마로 나누었다. 313년에 콘스탄티누스 대제가 기독교를 공인했고, 330년 비잔티움(콘스탄티노플)으로 수도를 이전했다. 4세기 후반에는 제국이 동서로 분리되어 각각 별도의 황제가 지배했다.

4세기 중반 이후 동북방 지역의 훈족이 유럽으로 이동하면서 게르만족 대이동이 시작되었다. 갈리아의 반란, 브리타니아와 북아프리카 등에서의 혼란이 겹치면서 로마제국은 점차 수렁으로 빠져들었다. 401년에는 북이탈리아에 침입한 서고트족을 겨우 막아내면서 수도를 로마에서 라벤나로 옮겨야 했다. 410년 서고트족의 알라리크 왕이 로마를 침략했고, 455년에는 반달족이 로마에 엄청난 피해를 입혔다. 결국 476년 게르만인 용병대장 오도아케르에 의해 마지막 황제가 폐위되면서 서로마제국이 무너졌다. 물론 동로마제국은 이후 오랜 기간 존속하지만 서로마의 몰락과 함께 사실상 로마제국은 멸망했다.

로마제국의 멸망에 관한 세 가지 견해

게르만족 대이동으로 멸망했다는 견해

서유럽 역사상 가장 거대한 제국을 건설했던 로마제국이 몰락한 이유에 대해서는 다양한 분석이 이루어졌다. 특히 역사 변화 동인을 어디에 두느냐에 따라 상이한 견해들이 제기되었다. 가장 일반적으로 거론되는 멸망 원인은 4세기 이후 본격화된 북방 게르만족의 대이동이다. 역사 이론이라는 측면에서만이 아니라 대부분의 사람이 게르만족 대이동에 의한 로마 멸망이라는 말을 습관적으로 사용한다. 그만큼 매우 강한 통념으로 자리 잡은 견해다.

무력을 통해 로마제국의 숨통을 끊어버린 것이 게르만족이니 어찌 보면 당연한 반응이다. 4세기 중반 이후 마지막 황제가 폐위되는 수모를 당한 476년에 이르기까지 게르만족은 끊임없이 로마를 괴롭혔다. 한때 로마와 타협하여 용병으로서 외부의 침입을 막기도 했지만, 항상 제국을 뒤흔드는 뇌관이었다. 좀 더 엄밀히 말하자면 공화정이 끝나고 제국이 시작되는 순간부터 게르만족은 로마의 간담을 서늘하게 하는 위협적 존재였다.

프리드리히 군켈Friedrich Gunkel의 〈바루스 전투〉는 9년 9월 9일 로마 장군 바루스가 이끄는 로마 3개 군단이 토이토부르거 숲에서 아르미니우스 휘하의 게르만족에게 전멸당한 전투를 묘사한 그림이다. 중앙에서 백마를 타고 전투를 진두지휘하고 있는 사람이 아르미니우스다. 토이토부르거 발트 전투를 다룬 다른 그림에서도 아르미니우스는 백마를 탄 모습으로 등장하곤 한다. 왼편의 숲 속에서 게르만족 병사들이 물밀듯 내려오고 있다. 한눈에 보기에도 전투 장비를 제대로 갖추지 못한 야만족의 모습이다. 이들의 발밑에는 로마 병사들의 주검이 널려 있다. 오른편으로 두 사람이 부상병을 들고 혼비백산하여 후퇴하는 모습이 보인다. 하지만 후방에는 또 다른 게르만족 부대가 진격하고 있어서 대량 인명 손실이 불가피한 상황이다.

군켈, 〈바루스 전투〉, 1864년

로마군은 토이토부르거 숲에 3개 군단의 피를 뿌리고 비탄과 분노에 잠겨야 했다. 로마 제정시대의 역사가 타키투스에 따르면, 전투가 끝나고 6년이 지난 후에도 이 숲에는 처참한 흔적이 그대로 남아 있을 정도였다고 한다. "들판 한가운데에는 하얗게 빛바래가는 인골들이 (……) 뒹굴거나 더미로 쌓여 있었다. 근처에는 무기의 파편과 말의 사지가 놓여 있었으며, 인간의 머리도 나무줄기에 못 박혀 있었다."《연대기》)

기원후 7년 로마 황제 아우구스투스는 속국으로 편입된, 현재의 독일과 오스트리아 지역에 해당하는 게르마니아를 로마에 편입시키라는 임무를 바루스에게 주었다. 바루스의 조력자였던 아르미니우스는 게르마니아의 가장 큰 부족 지도자의 아들로 10여 년 동안 로마 교육을 받고 로마 장교로 근무하며 많은 전공을 세운 인물이었다. 하지만 로마군이 정복 민족을 얼마나 가혹하게 다루는지를 목격해온 아르미니우스는 여러 부족을 규합해 로마군을 게르마니아에서 쫓아낼 계획을 세웠다.

로마에게는 바루스가 이끄는 약 2만 명의 로마군과 아르미니우스가 지휘하는 3천 명의 동맹군 기병이 있었다. 로마군이 토이토부르거 숲에 들어오자 수천 명의 게르만족 군사들이 행렬의 앞과 뒤에서 협공을 펼쳤다. 여기에 아르미니우스가 지휘하는 동맹 기병이 게르만족 군대의 편이 되어 로마군을 공격했다. 침엽수가 빽빽한 숲 속에서 로마군은 제대로 전투 진영도 갖추지 못한 채 무너졌고, 숲을 벗어났을 때는 겨우 5천여 명의 병사만 살아남았다. 그들조차 로마군이 마지막으로 지나갈 좁은 계곡에서 매복해 있던 아르미니우스에게 거의 전멸당하고 만다. 아르미니우스는 경고의 표시로 바루스의 목을 바구니에 담아 아우구스투스에게 보냈다. 이 전투 이후 로마군은 게르마니아를 응징하기 위해 수차례 공격했지만 결국 아르미니우스의 게릴라 전법에 말려들어 엄청난 피해를 입고 완전히 철수해야 했다. 라인 강은 로마제국과 '야만족' 지역을 나누는 경계선이 되었다.

이후 약 두 세기에 걸쳐 소강 상태가 이어지다 3세기부터 게르만족의 이동이 시작되었다. 라인 강의 프랑크족과 알라마니족, 도나우 강하류의 고트족이 특히 위협적이었다. 로마는 페르시아의 위협 때문에 게르만족과 타협하며 불안한 균형을 유지했다. 4세기 중반 라인 강과 도나우 강 쪽으로 훈족이 침입하면서 게르만족의 남하가 본격적으로 시작되었다. 훈족은 370년경 유럽 남동부를 침략해 이후 140여 년 동안 유럽 남동부와 중부에 거대한 제국을 건설한 유목민족이다. 말을 타고 달리면서 활을 쏘는 전사들의 공격에 게르만족은 속수무책으로 밀려 내려왔다.

도나우 강 연안은 수 킬로미터에 걸쳐 로마에 보호를 요구하는 게르만족 고트인으로 넘쳤다. 이들은 로마 황제에게 강을 건너게 해주고 트라키아 황무지 경작을 허락해주면 로마 법을 지키고 변경을 방위하는 데 힘쓰겠다고 약속했다. 이미 100년 가까이 타협 관계를 유지하고 있던 로마는 이 새로운 속주민에게서 해마다 병역의 대가로 막대한 부를 얻어내고 훈족의 침입을 막는 역할도 해줄 것이라고 기대하고 요청을 받아들였다.

이 지역의 지휘를 맡은 로마 관리 루피키누스와 막시무스는 재산을 불리는 데 혈안이 된 사람들이었다. 가뜩이나 궁핍한 고트인들에게 가혹한 세금을 물렸고, 물가는 터무니없이 올랐다. 어린 자식들까지 팔아야 하는 고통스러운 상황이 지속되자 로마군과 충돌하는 일이 잦아졌고 급기야 반란을 일으켰다. 로마 황제 발렌스는 대규모 군대를 이끌고 토벌에 나섰지만 바람처럼 로마군을 덮치고 평원을 휩쓸며 내려오는 고트족의 공세에 무너졌다. 혼란과 살육의 한복판에서 황제는 근위병에게마저 버림 받고, 부상을 입은 채 시종들과 함께 간신히 달아나 가까운 농가에서 치료를 받았다. 하지만 마지막 피난처마저 포위 공격으로 불길에 휩싸였고, 황제는 시종들과 함께 타 죽고 말았다.

로마는 고트족의 안정된 정착과 특권을 인정하는 새로운 제안을 했고, 고트족은 전쟁 와중에 지도자가 병으로 죽었기 때문에 타협이 이루어졌다. 이제 게르만족은 동부 지역 방위를 위해 4만 명으로 구성된 상비군으로 재편되고, 많은 봉급과 파격적인 특권을 누렸다. 하지만 평화는 오래 가지 못했다.

410년 고트 왕 알라리크는 반란군을 이끌고 로마로 향했다. 로마 성벽 주위를 에워싸고 12개 성문을 장악한 뒤, 모든 통로를 차단했다. 그러고는 물자 부족으로 이미 전의를 상실한 로마를 향해 들이닥쳤다. 한밤중에 로마의 관문이 열리고 시민들은 난데없는 고트족의 나팔소리에 잠을 깨야 했으며, 로마제국의 수도는 게르만족에 의해 유린되었다. 이들은 로마 시를 점령하고 약탈한 뒤 스페인으로 이동하여 418년 서고트 왕국을 세웠다.

이때 게르만족의 또 다른 일부인 반달족은 북아프리카로 진출하여 왕국을 세웠다. 반달족은 5세기 초 유럽의 민족 대이동 때 이베리아 반도의 스페인을 정복하고 아프리카로 건너가 로마 총독을 살해하고 429년 카르타고에 왕국을 세웠다. 반달족 족장이었던 게이세리쿠스는 부족을 이끌며 지중해 연안에서 강력한 함대를 양성했다.

반달족은 지중해 제해권을 장악하고 로마를 약탈하기 시작했다. 급기야 455년 적선에 불을 지르기 위해 폭발물을 가득 실은 화공선과 범선을 이끌고 테베레 강을 거슬러 올라가 로마를 공략했다. 410년에 이어 게르만족에 의한 두 번째 로마 점령이었다. 이때 반달족은 무자비한 약탈과 파괴 행위를 일삼았다. 다른 문화나 종교, 예술 등을 파괴하는 행위를 일컬어 반달리즘Vandalism이라고 하는 것은 이 때문이다.

토머스 콜Thomas Cole의 〈제국의 파괴〉는 반달족이 로마를 침입해 파괴하고 약탈하는 장면을 그린 그림이다. 로마제국의 탄생과 번영, 파괴 과정을 다룬 〈제국의 행로〉 연작의 하나다. 바로 앞의 작품인 〈제국의 완성〉에서는 최전성기 로마의 화려한 테베레 강변의 모습이 나온다. 항구 주변에는 대리석으로 치장한 화려한 건물과 아름다운 동상이 가득하다. 강에는 로마의 풍요를 상징하듯 수많은 배가 떠다니고, 길거리에는 활기찬 모습의 로마 시민들로 가득하다. 하지만 〈제국의 파괴〉에서는 반달족의 공격을 받고 처참하게 파괴되는 로마를 그렸다. 주변의

콜, 〈제국의 파괴〉, 1836년

대리석 건물은 온통 화염에 휩싸였다. 다리는 끊어졌고, 도망가던 로마 시민들이 강물로 떨어진다. 길거리에서는 약탈과 강간이 자행되고, 시체가 널려 있다. 연작의 마지막 그림인 〈제국의 폐허〉에서 로마는 이미 해가 진 짙은 밤중이다. 사람의 그림자는 없고, 무너진 건물 잔해와 잡초로 무성한 폐허 상태다.

반달족의 파괴와 약탈은 과장된 면이 많다. 토머스 콜의 연작도 반달족에 대한 서구의 오랜 편견과 왜곡을 그대로 반영한다. 당시 반달족을 영접한 교황 레오 1세는 도시를 파괴하는 행위만은 자제해달라고 요청했고, 반달족 지도자 게이세리쿠스는 로마에 머무는 동안 이를 존중했다고 한다. 많은 금은보화와 함께 황후, 공주, 고관들을 인질로 데려가긴 했지만 방화와 파괴 행위는 심하지 않았다고 전해진다. 반달족의 로마 침략 이후 제국의 실질적 권력은 게르만족이 장악했다. 476년 반달족 오도아케르 장군이 아우구스툴루스 황제를 폐위하고 스스로 왕을 선포했으며, 이로써 서로마제국은 막을 내렸다.

이상의 과정에서 볼 수 있듯이 분명 현상적으로 드러나는 로마 멸망 원인은 게르만족의 대이동이다. 하지만 로마가 군대를 앞세워 팽창 정책을 추진한 이후 북방민족과의 갈등은 필연적인 것이었다. 게르만족과의 갈등과 침입은 1~2년 사이에 급작스럽게 일어난 일이 아니었다. 또한 동쪽으로는 페르시아 제국으로부터 끊임없이 위협을 받아왔다. 대제국을 건설한 로마에게 외부로부터의 위협과 침입은 숙명처럼 안고 가야 하는 문제였다.

공화정 수립에서부터 제국이 강력한 힘을 유지하던 4세기까지, 거의 천 년에 가까운 기간 동안 로마가 '야만족'에게 무너질 것이라고 예상한 로마인은 거의 없었다. 그만큼 객관적 전력에서 로마는 강했고, 그에 비해 게르만족은 무기도 변변치 않았고 체계적인 군대도 갖추지 못했다. 만약 4세기 중반에서 5세기 중반에 이르는 격변의 시기에 로마가 전성기의 정치적, 사회적 안정과 군사적 위력을 유지하고 있었다면 게르만족이 도나우 강을 넘어서 로마로 진격하기는 어려웠을 것이다.

그러므로 훈족의 유럽 중부 지역 침입과 이를 피한 게르만족의 이동은 로마 멸망의 외적인 조건일 수는 있지만 핵심 원인은 아니다. 그러면 왜 그토록 강력했던 로마가 허약한 상태로 추락할 수밖에 없었는가? 우리는 이 문제를 규명해야 할 것이다. 즉 내적인 붕괴 원인을 찾을 때 문제의 본질에 한 발 더 접근할 수 있다.

방탕과 쾌락 때문에 멸망했다는 견해

로마가 멸망한 원인을 내부에서 찾는 견해 가운데 가장 널리 퍼져 있는 것은 단연 로마인의 방탕과 타락이다. 황제를 비롯하여 귀족, 나아가서는 일반 시민에 이르기까지 뿌리부터 썩어 있었기 때문에 로마가 내적인 건강함을 유지할 수 없었다는 지적이다. 이러한 시각은 다분히 중세 이후 현대에 이르기까지 기독교의 그림자가 짙게 남아 있는 서구의 일반적 사고방식을 반영한다.

《성경》에 나오는 소돔과 고모라의 교훈처럼 기독교적 시각으로 로마의 멸망 원인을 분석한 면이 있다. 소돔과 고모라는 죄악, 특히 성적 타락 때문에 심판받은 도시로 유명하다. 난교나 동성애는 물론이고 수간까지 일삼는 방종한 성행위가 난무하자 신이 벌을 내려 그 도시를 멸망시켰다는 이야기다. 마찬가지로 로마 역시 온갖 방탕이 난무한 상태에서 게르만족을 비롯한 외부의 침입에 무감각, 무능력해졌다는 것이다.

특히 이러한 시각이 대중적 상식으로 자리 잡은 데는 기독교적 교훈을 담은 할리우드 영화나 드라마의 영향이 클 것이다. 〈벤허〉, 〈쿼바디스〉, 〈성의〉, 〈스파르타쿠스〉 등 로마제국을 배경으로 한 영화는 대체로 난잡한 성행위로 얼룩진 연회와 술자리, 오락에 빠져 사는 모습에서 멸망의 그림자를 발견하려 한다. 포에니 전쟁으로 카르타고를 격파하고 지중해와 북아프리카를 비롯하여 이집트, 갈리아와 브리타니아, 흑해를 넘어 카스피해 주변까지 지배한 최강 로마제국이 도덕적 타락으로 인해 멸망에 이르렀다는 식으로 전개된다.

로마인의 방탕과 타락은 몇 가지 측면에서 강조된다. 성적 방종이 가장 먼저 거론된다. 마네의 스승이기도 한 프랑스 화가 토마 쿠튀르 Thomas Couture의 〈타락한 로마인들〉은 혼음을 비롯한 성적 타락이 어떻게 세계를 지배하던 로마제국을 멸망시켰는지에 대한 메시지를 던져준다. 이 작품은 살롱전에 출품되어 인기를 끌었다. 그림은 밤새 성적 향락에 몸을 맡겼던 로마인들이 아침을 맞는 장면을 담았다. 뒤편으로 환하게 동이 트는데도 아직 벌거벗거나 반쯤 옷을 풀어헤친 남녀 수십 명이 쾌락에 몸을 떨며 파티를 즐기고 있다. 맨 앞에는 한 남성이 새로운 하루도 술과 섹스로 시작하자는 듯 술잔을 높이 들고 건배를 외친다. 좌우에는 밤을 새워 즐기다 지쳤는지 머리를 떨어뜨리고 자는 사람이 두어

쿠튀르, 〈타락한 로마인들〉, 1847년

명 있지만 대부분의 남녀는 남이 보든 말든 서로에게 탐닉한다. 주위에
는 로마제국의 영광을 상징하는 조각상들이 늘어서 있다. 가로 8미터
에 이르는 대작이라는 점을 고려하면 거의 실물 크기에 가까운 사람들
이 벌이는 섹스의 향연 자리에 실제로 있는 듯한 느낌을 받을 것이다.

　화가는 성적 방종을 경고하고자 했던 것 같다. 그림 제목도 그러하
지만 맨 오른쪽에 옷을 다 갖춰 입고 심각한 표정과 매서운 눈길로 이
장면을 지켜보는 두 사람에게 자신을 투영하지 않았나 싶다. 퇴폐와 성
적 방종에 빠진 로마인들의 타락상을 통해 세계를 제패했던 로마가 급
속하게 몰락한 원인을 고발하고 있다.

　18세기 유명한 역사학자 에드워드 기번도 《로마제국 쇠망사》에서

공창과 남녀 혼탕 등 성적 향락에 빠져 가정이 급속하게 붕괴되면서 국력이 약해졌고, 결국 국가 패망을 초래했다고 지적한다. 국가의 유지, 강화에서 가장 중요한 역할을 담당해야 할 황제부터 극심한 성적 방종에 물들어 있음을 고발한다. 성인으로 떠받들어질 정도로 존경을 받았던 초대 황제 아우구스투스조차 성적 쾌락을 탐닉한 점에서는 후대 황제들에게 결코 뒤지지 않았다. 그는 소문난 난봉꾼으로 친구나 친척의 아내건 딸이건 가리지 않았다. 로마 제정 초창기의 역사학자인 수에토니우스는 전대의 공문서나 서간 등 생생한 사료를 바탕으로 집필한 《황제전》에서 아우구스투스의 음행을 다음과 같이 기록했다. "아우구스투스 황제는 도무지 성욕이 감퇴하지 않는 사람이었다. 그는 늙어서까지 처녀와 방사하는 것을 좋아했다. 전국 각지에서 처녀들을 골라다 바쳤는데 황후마저 손수 나서서 그 일을 거들었을 정도다."

2대 황제 티베리우스가 주로 머물렀던 나폴리에서는 나이가 들어 성적으로 흥분이 잘되지 않는 황제를 위해 음란한 술판이 벌어지고, 성욕을 불러일으킬 만한 볼거리를 연출하는 전문가가 고용되었다. 침실을 남녀의 정사 장면 그림으로 도배하고, 숲에는 사내아이들과 요정 차림의 여자아이들을 잔뜩 풀어놓았다. 수에토니우스는 3대 황제 칼리굴라도 앞의 황제에 손색이 없을 정도였다고 한다. "칼리굴라 황제는 타고난 잔학성과 사악함을 스스로도 주체할 수 없는 사람이었다. 밤을 새워가며 술을 마셨고, 아무 여자나 닥치는 대로 붙잡고 사통을 했으며 죄인들을 불러내 고문하고 벌주는 것을 즐겼다."

제정 초기만이 아니라 이후의 황제들도 대체로 비슷한 행태를 보였다. 코모두스 황제도 국정을 변변치 않은 신하들에게 맡기고, 자신은 관능을 채우는 데만 몰두했다. 300명의 미녀 외에 적지 않은 수의 미소년들이 사는 후궁에서 매일 시간을 보내며, 그들을 마음 가는 대로 유혹했다. 기번은 그의 타락이 입에 다 담을 수 없을 정도였다고 토로한다. "고대의 역사가들은 본성의 절제와 인류의 절도라고는 눈곱만큼도 찾아볼 수 없는 코모두스 황제의 음행에 대해 상세하게 기록했으나, 그 묘사를 충실히 번역하려면 품성을 버릴 것 같으므로 사양해야겠다."

귀족이나 일반 시민 역시 성적으로 자유분방했던 것으로 보인다. 로마시대 후기에 국가가 공인한 공창公娼이 로마에 45개, 폼페이에도 7개가 있었다고 한다. 매춘 세금은 1세기에 칼리굴라 황제 즉위 이후 공식적으로 매겨졌는데, 하루 동안 아무리 많은 손님을 상대해도 한 사람 몫의 화대만을 받도록 했다. 키케로나 카토 같은 철학자도 매춘을 결혼 생활을 유지하기 위해 고안된 제도로 인정하고 관대하게 평가했다. 또한 79년 베수비오 화산의 폭발로 인해 매몰되었다가 발굴된 고대 도시 폼페이와 헤르쿨라네움의 벽화를 보면 노골적인 성애 장면과 남자의 성기를 그려놓은 그림이 많다. 폼페이 유적지 사창가는 벽화 내용이 너무 야하고 노골적이라는 이유로 발굴 후 상당 기간 여성 관광객에게는 출입이 허용되지 않았을 정도다.

폭넓게 이루어졌던 동성애, 특히 남색 문화도 성적 방종의 징표로 거론된다. 로마제국 시절의 문학 작품에도 성인 남성이 어린 사내아이와 성교를 한 사실이 자연스럽게 등장한다. 귀족들이 만찬에 사용하던 은잔인 〈워런 컵〉에 새겨진 부조는 남색 문화가 은밀할 것도 없이 일상

로마 은잔 〈워런 컵〉, 1세기

화되었던 분위기를 전달한다. 이 잔에는 남성 사이의 성교 장면이 노골적으로 묘사되어 있다.

왼쪽 면과 오른쪽 면 모두 근육이 발달한 남자와 여자처럼 부드러운 몸을 가진 남자가 나온다. 성인 남자와 어린 사내를 구분한 표현으로 볼 수 있다. 왼쪽 부조에는 앞에 있는 남성의 돌출된 성기가 묘사되어 있어서 성인이 소년의 항문에 삽입하는 장면임을 알 수 있다. 오른쪽 부조에는 둘의 정사 장면을 다른 남자가 살짝 열린 문틈으로 훔쳐보는 모습도 나온다. 비슷한 잔들이 폼페이를 비롯한 여러 곳에서 상당수 발견되는 점으로 보아 드문 일은 아니었던 듯하다. 또한 만찬에서 이러한 잔을 들고 술을 마시던 손님들도 별로 놀라지 않고 은잔에 새겨진 부조를 감상했을 것으로 보인다.

로마인의 방탕한 생활을 이야기할 때 빠지지 않고 등장하는 단골

메뉴가 공중목욕탕이다. 공중목욕탕은 기원전 3세기 무렵부터 퍼지기 시작해 기원전 1세기경에는 로마제국 곳곳에 퍼져 로마인의 삶에 없어서는 안 되는 시설이 되었다. 기번에 따르면 귀족은 물론이고 일반 시민들도 이용할 수 있었다. "지정된 시각에 원로원 의원이나 일반 백성에게 차별 없이 개방되는 대중목욕탕에는 수천 석의 좌석이 갖추어져 있었는데, 비천한 사람일지라도 동전 한 닢만 있으면 아시아의 왕들도 부러워할 화려한 사치를 즐길 수 있었다."(《로마제국 쇠망사》)

공중목욕탕은 카라칼라 황제 시대에 만들어진 것이 가장 유명하다. 대리석 좌석이 1600석이나 되었다. 이오클레티아누스 황제가 지은 목욕탕은 3천 석을 자랑했다. 알마–타데마의 〈카라칼라 욕장〉은 그림으로나마 당시 광경을 접할 수 있게 해준다. 웅장한 대리석 기둥이 셀 수 없을 정도로 늘어서 있다. 앞에서는 가벼운 옷차림의 여성들이 남성을 유혹하듯 나른한 표정과 동작으로 한가한 시간을 보내는 중이다. 뒤편으로는 몸을 드러낸 남성과 여성이 더운물이 가득한 욕조 안에 있거나 주변 공간에서 대화를 나누고 있다. 그림에서 보이듯이 실제로 목욕탕 안은 모두 천정이 높았으며 벽면에는 풍부한 색채와 세련된 무늬의 모자이크나 프레스코화가 있었다. 베누스를 비롯해서 아름다운 몸을 드러낸 그리스·로마 신들의 모습이 많았다. 다양한 색의 진기한 대리석으로 만든 거대한 욕조가 여러 곳에 있었고, 은으로 만든 수도꼭지에서는 쉬지 않고 더운물이 흘러나왔다. 욕조 주변에서는 편하게 앉거나 누워서 책을 읽거나 대화를 나눌 수 있는 공간이 있었다.

로마의 공중목욕탕은 단순히 목욕을 즐기는 용도에 그치지 않고

알마-타데마, 〈카라칼라 욕장〉, 1899년

성적인 행위가 이루어지기도 했다. 남녀가 함께 이용할 수 있는 혼탕이 많았다. 대형 목욕탕 안에 마련된 어둡고 좁은 공간에서 연인들이 서로의 몸을 은밀하게 탐닉했다. 미셸 푸코도 공중목욕탕의 성적인 성격을 언급한다. "공중목욕탕은 로마제국의 도시라면 어느 곳에서나 눈에 띄는 시설이었다. 그런데 로마제국 시대의 목욕탕은 몸만 씻는 곳이 아니라 남녀를 가릴 것 없이 다른 사람의 몸을 접하는 곳이었다. 그런 만남은 종종 성적인 성격이 강했고, 목욕탕의 구조 자체가 그런 만남과 쾌락을 공공연하게 즐길 수 있게 되어 있었다."(《성의 역사》)

가난한 시민도 큰 부담 없이 드나들 수 있는 곳이었지만 귀족들은 공중목욕탕에서도 훨씬 사치스러운 시간을 보냈다. 노예를 대동하고 들어와서 목욕탕 안에서 온갖 잡일을 시켰다. 심지어 이 욕조에서 저 욕조로 옮겨가는 데도 제 발로 걷지 않고 의자 가마에 앉아 노예들에게 짊어지게 했다. 목욕을 마치고 나올 때는 고급 향수를 몸에 뿌렸다.

사치와 낭비에 있어서도 로마제국은 다른 제국이 따라올 수 없을 정도로 심했다. 특히 건축에는 밑 빠진 독에 물 붓기처럼 막대한 돈을 쏟아 부었다. 100만 명 이상이 사는 거대한 도시였다고 해도 필요 이상의 거대하고 화려한 건축물이 거리와 광장에 넘쳐났다. 지금도 로마 시의 상징인 콜로세움 원형경기장은 말할 것도 없고, 대형 공연이 가능한 극장, 전차 경기장, 공중목욕탕, 곳곳에 아름답게 꾸며진 정원, 건물과 거리마다 세워진 각종 동상 등이 가득했다. 로마 시만이 아니라 이탈리아 반도의 주요 도시는 물론이고 제국이 통치하는 속국에도 규모의 차이가 있을 뿐 원형경기장, 공중목욕탕, 극장 등 각종 건축물과 시설이 들어섰다.

귀족들 사이에서는 시내에 거대한 저택이 있는데도 한적한 교외에 빌라를 짓는 게 유행이었다. 귀족이나 부자들은 경쟁하듯이 바닷가 경치 좋은 곳에 빌라를 지었다. 말이 별장이지 사실상 온갖 시설을 갖춘 거대한 대저택이었다. 로마 시의 저택에는 자신의 바닷가 빌라를 벽에 프레스코화로 그려놓고 손님들에게 자랑했다. 이런 그림에는 건물

본채에서 바닷가까지 주랑이 이어진 웅장한 빌라, 사치스럽게 꾸민 정원과 연못, 주변의 숲이나 강이 묘사되곤 했다.

경기장과 극장에서는 빈번하게 볼거리가 제공되었다. 전차경기장이나 콜로세움에서 경기가 열리는 날이면 5만~6만 명에 이르는 시민이 모여들었다. 원형경기장에서 경기가 열리면 아침부터 저녁까지 폭력적인 장면이 이어졌다. 처음에는 맹수끼리의 싸움이 흥미로운 볼거리였다. 차츰 재미가 시들해지자 나중에는 맹수와 사람, 사람과 사람의 목숨을 건 잔인한 싸움을 보여주었다. 대경기장은 로마 시민이 마치 제집처럼 자주 드나드는 곳이었다. 앞자리에서 이 흥미진진한 경기를 구경하기 위해 새벽부터 달려와 입장 시간을 기다리느라 장사진을 쳤다. 극장에서도 연주회나 연극 공연이 1년 내내 열렸다. 전문적인 배우만이 아니라 귀족들도 연극에 출연하고, 악기를 연주하거나 춤추는 것을 즐겼다.

낭비로 흥청망청하는 생활에서 빠질 수 없는 것이 바로 호화로운 만찬이다. 황제에서 귀족에 이르기까지 손님을 초대하여 진귀하고 풍성한 음식과 술을 내놓고 즐기는 파티가 일상적으로 열렸다. 클라우디우스 황제는 한 번에 손님을 600명씩 초대하는 대대적인 만찬을 즐겼다. 카이사르 황제는 최고 권력에 오른 것을 기념하기 위해 46년 9월에 대연회를 열어 20만 명에 가까운 손님을 대접했다. 9인석 식탁이 2만 2천 개나 차려졌고, 6천 마리의 칠성장어 요리와 최고급 포도주가 제공되었다. 이 때문에 가게마다 식료품이 동나고 잔치가 끝난 후 식품 가격이 올랐다고 한다.

로마 모자이크 〈만찬〉, 1세기

황제의 규모에는 미치지 못하지만 귀족도 만찬을 빙자한 파티를 자주 열었다. 로마 모자이크 회화 〈만찬〉은 귀족과 부유층의 만찬장 모습을 대리 체험할 수 있게 해준다. 사람들은 평상에 올라가 옆으로 비스듬히 누운 자세로 담소를 즐기며 먹고 마셨다. 보통 아홉 사람이 모이는 경우가 많았는데, 가운데 배치된 식탁을 중심으로 3개의 평상을 놓고 각 평상에 세 사람씩 올라갔다. 만찬은 몇 시간이나 이어졌고, 때로는 밤새 먹고 마시며 놀았다. 음식과 술은 자리가 파할 때까지 계속 나왔다.

그림에서도 노예들이 비어 있는 식탁에 새로운 음식을 나르고, 한

편에서는 포도주를 계속 따르는 중이다. 바닥에는 먹고 버린 소나 돼지, 오리 등 육식류 뼈다귀와 생선 가시와 조개껍데기 등이 널려 있다. 음식이나 술을 먹고 토하는 용도로 쓰이는 보미토리움vomitorium이라는 공간은 로마인들이 얼마나 흥청대는 생활을 했는지를 보여준다. 폼페이 벽화 등에서 만찬 평상 위에 남자와 여자가 함께 비스듬히 누워 있는 모습이 자주 등장하는 것으로 보아 성적인 여흥이 어우러졌을 것이다.

1세기에 원로원 의원을 지낸 세네카는 《행복론》 곳곳에서 동료 시민의 방탕한 생활을 질타했다. "쾌락이란 쾌감이 절정에 달하는 순간 무의미해져버린다. 쾌감은 금세 절정에 달하고 오래 가지 못한다. 쾌감을 맛보는 그 순간에 뒤이어 쾌락은 바로 무미건조해져버려서 쾌감을 지속적으로 유지하려고 애써보았자 헛수고에 불과하다." 하지만 세네카 자신도 사치스러운 대저택에서 화려한 정원과 으리으리한 가구에 둘러싸여 살았다. 늘 잔칫상 같은 식탁에서 고기를 썰어주는 젊은 노예의 시중을 받아가며 식사를 했다.

로마의 멸망 원인을 사치스럽고 방탕한 생활에서 찾는 견해는 여러 흥미로운 이야기를 들려주지만 설득력이 떨어진다. 사회적, 육체적 파멸을 향해 질주하는 이교도의 성적 타락의 강조가 종교적 교훈을 줄 수는 있어도 사회체제의 변화를 설명하기에는 부족하다. 과학 저술가인 아노 카렌이 지적하듯이 "이런 태도는 로마가 불타고 화산이 폭발하고 야만족이 쳐들어오는데도 축제와 환락에 빠진 채 토가를 입은 남자와 벌거벗은 여자들에 관한 할리우드 영화의 이미지에서 가장 조잡한 형태를 띠면서 지금까지 남아 있다."《전염병의 문화사》)

만약 사치와 방탕이 몰락의 원인이라면 현대 자본주의 사회는 이미 여러 번 멸망했어야 마땅하다. 인류 역사상 현대사회만큼 사치와 방탕이 만연한 시대는 없기 때문이다. 그 어느 시기보다 돈을 가장 중요한 가치로 생각하고, 돈만 있다면 범죄가 아닌 한 어떠한 행위도 정당화되는 사회다. 도시의 규모나 막대한 건축비, 각종 퇴폐적 유흥과 유흥업소, 매매춘, 미각을 유혹하는 수많은 음식과 육식 섭취, 고가의 보석 등 사치와 향락에 관해서라면 현대사회는 로마제국을 능가하고도 남는다.

또한 사치와 향락을 누린 사람들이 소수 귀족과 부유층이었다는 점도 주의해야 한다. 대부분의 로마 시민은 단지 원형경기장이나 공중목욕탕을 저렴한 입장료로 출입할 수 있었을 뿐 사치와 향락을 누릴 수 있는 경제적 여건이 아니었다. 이와 관련하여 레이 로렌스는《로마제국 쾌락의 역사》에서 다음과 같이 지적한다. "로마제국이 쾌락에 탐닉하다 자멸했다고 생각해서는 안 된다. (……) 여기서 꼭 짚고 넘어가야 할 것은 대저택이나 호화로운 빌라를 지어 멋진 풍광을 선사하거나 쾌락에 흠씬 탐닉했던 사람은 모두 큰 부자뿐이었다는 사실이다." 황제나 원로원 귀족의 쾌락조차도 자신의 권력을 사치와 향락에 쏟았을 때 한 개인을 파멸로 이끌 수 있다는 것일 뿐, 사회 운명과 연결짓는 것은 섣부른 결론이다.

쾌락은 주로 삶의 태도라는 점에서 사고방식, 즉 정신적 영역에 속한다. 한 사회나 체제 변화를 정신 영역에서 찾으려는 시도는 역사 변화를 관념의 결과물로 이해하는 관점이기도 하다. 그 시대 사람의 사고

방식을 중심으로 접근할 경우 역사는 구체적 인간의 삶, 인간과 인간의 관계나 계급, 계층의 대립에서 분리된 추상적 영역에 갇혀버린다. 역사에 대한 이해가 지녀야 할 생생한 생명력과 현실의 실천적 의미는 사라지고 호사가의 지적 오락으로 전락한다.

그러므로 현대사회에서 로마 멸망 원인을 퇴폐와 향락에서 찾는 견해는 두 가지 점에서 자신의 이해관계를 연결시키려는 수상쩍은 의도로 보인다. 하나는 앞서 보았듯이 기독교를 중심으로 한 종교적 이해관계다. 인간은 본질적인 욕구 충족을 멀리하고, 오직 종교적 피안의 세계에서만 기쁨을 찾아야 한다는 교리를 역사를 통해 정당화하려는 시도다. 다른 하나는 부를 독점한 세력의 이해관계를 반영한다. 부의 독점을 통해 욕망 충족 수단을 독차지한 상태에서 다른 사람들에게는 여가를 통한 행복보다는 근면하고 성실하게 노동에 전념할 것을 요구하는 논리를 뒷받침한다.

끊임없는 내분으로 멸망했다는 견해

로마의 번영과 멸망에 대한 역사적 검토에서 가장 큰 영향을 준 기번의 《로마제국 쇠망사》는 천 년 이상 번영했던 로마의 몰락 원인을 크게 네 가지로 제시한다. "첫째, 시간과 자연현상으로 인한 내부 손상이다. 둘째, 야만족과 기독교도의 적의로 가득한 공격이다. 셋째, 자원의 남용이다. 넷째, 로마인끼리의 내분 문제다." 외부 조건과 내부 요인이 여러 측면에서 섞여 있다. 그러나 기번이 보기에 이 네 가지 요인은 단순한 나열 관계는 아니다. "로마 붕괴의 가장 유력한 원인으로 로마의 내분"을 꼽음으로써 내부 분열과 갈등이라는 내적 요인에 주목한다.

앞의 세 가지 요인부터 간략하게 살펴보자. 자연현상으로 인한 내부 손상은 지나치게 일반적이어서 말 그대로 하나 마나 한 이야기다. 기술을 이용해 오랫동안 살아남을 아무리 튼튼한 기념물을 만들어도 결국은 쇠락하게 마련이라는 내용이다. 특히 로마 시는 홍수에 취약했는데, 강력하고 활동적인 로마 정부조차 테베레 강을 다스리지 못했다는 것이다. 홍수나 태풍 등 자연 재해는 동서고금을 막론하고 어느 사회에서나 나타나는 자연현상이고, 또한 거의 대부분의 고대 문명이 큰 강을 끼고 발달했다는 점에서 어느 경우에나 관련되는 사항이다. 따라서 이를 로마 멸망의 원인으로 꼽는 것은 부적절하다 못해 안이하기까지 하다.

둘째, 야만족과 기독교도의 공격은 구분해서 볼 필요가 있다. 게르만족의 대이동은 외적 조건이라는 점에서 앞에서 살펴보았으므로 여기서는 다시 검토하지 않겠다. 기독교도의 공격은 내적 요인과 연관되어 있다. "기독교의 도입 또는 남용이 제국의 쇠망을 부채질했다. (······) 애국심과 전투 정신이 수도원에 묻혔다. 공사의 재산이 자선과 헌금이라는 명분을 위해 바쳐지고, 군인 봉급까지 금욕과 정결밖에 모르는 다수 성직자를 위해 사용되었다. 종교적 대립에 의한 항쟁이 장기화하여 때로는 유혈 사태를 일으키는 가운데 교회뿐만 아니라 나라 전체가 종교 대립 문제에 시달렸다."

기독교의 영향 중 가장 큰 문제로 지적되는 것은 종교 대립에 의한 내부 분열과 약화다. 하지만 이는 원인과 결과가 바뀐 것이다. 적어도 제국이 출발하는 시점에서 기독교를 공인한 이후에는 종교 대립이 내부 분열을 만든 것이 아니라 반대로 내부 분열이 종교 대립으로 나타났다고 보는 것이 정확하다. 왜 공화정을 폐지하고 황제에 의한 제정을 시작하는 시기에 기독교를 공인하고 나중에는 아예 국교로 삼았을까? 황제의 기독교 인정과 국교화는 권력 집중의 필요와 맞물려 있다. 이집트에서 아크나톤이 태양신을 중심으로 한 유일신 종교를 추구한 것과 같은 이유다.

고대국가는 각 부족을 대표하는 귀족의 힘이 막강했고, 이들은 각자 지역에 뿌리를 둔 신을 섬겼다. 그러므로 다신교는 귀족의 힘을 인정하고 나서 서로 타협을 해야 하는 상황을 반영한다. 하지만 기독교의 유일신은 단일 권력을 정당화하는 종교적 논리를 제공한다는 점에서 황제에 의한 제정을 뒷받침할 수 있다. 유일신에 기초한 기독교를 공인해 각 부족의 신을 우상숭배로 규정하고 신전과 제사 행위를 말살함으로써 황제의 권력을 강화하려 했던 것이다. 귀족 세력은 기득권을 지키기 위해 다신교 체제를 유지하고자 했다. 결국 황제를 중심으로 한 권력과 귀족 세력 사이의 정치적, 경제적 이익을 둘러싼 대립이 종교 대립으로 나타난 것으로 봐야 한다.

기번이 세 번째 원인으로 지목한 자원 남용은 두 가지로 구분된다. 하나는 앞에서 설명한 사치나 향락과 연관되어 있다. 그는 "인간의 욕망과 쾌락에 대응하는 모든 사물의 가치는 실질과 형태, 소재와 가공이 어우러져 결정된다"라고 했다. 쾌락 추구 때문에 발생한 사회적 자원의 무분별한 사용을 지적한 것이다. 이는 앞에서 충분히 분석했으므로 여기에서 다시 거론하지 않겠다. 다른 하나는 약탈과 파괴로 인한 자원 남용이다. "대리석은 대부분이 유실되어 과거에 있던 장소도 가늠할 수 없게 되었다. 그것은 불타 석회가 되어, 시멘트로 쓰였기 때문이다. 신전과 그 밖의 많은 일급 건축물이 눈앞에서 모습을 감추었다." 하지만 약탈과 파괴는 로마제국의 몰락으로 발생한 현상이지 몰락의 원인으로 볼 수 없다는 점에서 설득력이 떨어진다.

이제 기번이 가장 중요한 몰락 원인으로 주장한 내분 문제를 살펴보자. "법은 무력했으며 누구도 법에 자기의 생명과 재산을 맡길 수 있다고 생각하지 않았다. 유력한 시민들은 자국 내의 적으로부터 몸을 지키고 상대를 해치기 위해 무기를 준비했다. (……) 외적과 싸우는 나날과 국내의 적과 싸우는 나날을 비교할 때, 후자가 로마에 훨씬 많은 피해를 주었다고 단언할 수 있다." 여기에서 유력한 시민이란 각 지역에 뿌리를 둔 귀족을 가리킨다. 귀족과 귀족 사이의 충돌, 귀족과 황제 사이의 충돌이 끊임없이 이어졌다. 귀족은 자기 집을 성처럼 요새화했고, 습격에 대비하기 위해 경쟁적으로 높은 탑을 쌓았다. 당연히 적지 않은 사병 집단을 거느리고 있었다.

실제로 로마제국 대부분의 기간 동안 내적인 갈등과 분쟁이 끊이지 않았다. 초대 황제였던 아우구스투스와 그 뒤를 이은 티베리우스가 자연사나 병사로 죽은 이후 수많은 황제가 반란과 암살로 생을 마감했다. 41년에는 가이우스 황제가 근위대 장교에게 살해된 이후 후계자를 구하지 못해 당혹스러운 상황에 처했다. 원로원을 없애고 다시 공화제로 복귀할 것인지, 아니면 새로운 기준을 정해 황제를 선출할 것인지를 둘러싸고 논란이 일어났다.

　알마-타데마의 〈클라우디우스 황제 추대〉는 그 직후의 상황을 묘사한 그림이다. 갈피를 잡지 못하고 혼란이 지속되던 와중에 생각지 못한 상황이 벌어졌다. 근위병들이 우연히 구석 방 커튼 뒤에 숨어 있던 가이우스의 숙부 클라우디우스를 찾아냈다. 권력 투쟁 과정에서 죽임을 당할까 봐 두려워 줄곧 숨어 있다 발견된 것이다. 클라우디우스는 끌려가던 도중 근위대에게 자신이 황제가 되면 막대한 하사금을 주겠다고 제안했다. 마음이 동한 근위대는 원로원에 그를 황제로 추대하도

알마-타데마, 〈클라우디우스 황제 추대〉, 1867년

록 압박했다. 근위대의 무력을 확보한 클라우디우스를 원로원도 노골적으로 반대하기 어려웠다.

화가는 일정한 시간 간격을 두고 벌어진 상황을 재미있게도 하나의 그림 안에 담았다. 클라우디우스 뒤로 커튼이 열려 있어서 막 근위병들에게 발각되었음을 보여준다. 주변으로는 가이우스 황제를 살해한 근위병들이 완전무장한 상태로 빠져나갈 틈도 없이 에워싸고 있다. 클라우디우스는 당장 칼을 맞을 수도 있는 상황에서 무릎을 꿇고 목숨을 구걸하고 있다. 두 손을 모아 쥐고 다급하게 막대한 하사금을 제안한 상황, 이어서 근위대가 클라우디우스와 손을 잡기로 동의하고 고개를 숙여 황제로 추대할 것을 약속하는 상황까지, 상당히 무리한 설정이긴 하지만 한순간 안에 모아놓은 재미있는 그림이다.

가이우스 황제의 비극적 죽음은 전주곡에 불과했다. 이후 지역의 반란으로 죽은 황제만 꼽아도 갈바, 오토, 비텔리우스, 마크리누스, 막시미누스 트락스, 프로부스 등이 있다. 근위대나 원로원 혹은 부하에게 암살당한 황제도 많다. 칼리굴라, 도미티아누스, 코모두스, 페르티낙스, 디디우스 율리아누스, 카라칼라, 엘라가발루스, 세베루스 알렉산데르, 발비누스, 푸피에누스 막시무스, 고르디아누스 3세, 트레보니아누스 갈루스, 아이밀리아누스, 갈리에누스, 아우렐리아누스, 마르쿠스 클라우디우스 타키투스, 플로리아누스 등 헤아리기 숨 가쁠 정도다. 반란에 의한 살해는 물론이고 원로원이나 근위대, 부하에 의한 암살도 배후에 대부분 귀족 세력이 있다는 점에서 귀족과 귀족, 귀족과 황제 사이의 충돌이었다.

그나마 2세기 대부분의 기간을 차지하는 5현제 시대는 상당히 안정된 정치체제를 구축했다. 로마제국 역사상 가장 평화로운 시대로 불린다. 네르바, 트라야누스, 하드리아누스, 안토니누스 피우스, 마르쿠스 아우렐리우스 등 5명의 황제가 통치하던 시기에는 광대한 영토를 유지했고, 내부적으로도 갈등이 봉합되어 상대적 안정을 누렸다. 이는 귀족 세력과 어느 정도 타협한 결과이기도 했다. 5현제 시대의 황제는 원로원의 승인을 얻어 제위에 올랐다. 원로원이 귀족의 지배 아래 있었음을 고려할 때 귀족과 황제 사이에 일정한 균형이 있었다. 하지만 이후 세습 등을 통해 황제가 중앙 권력을 강화하면서 내분이 심화된다.

5현제 시대에 이은 군인황제 시대에는 내부 분열이 극에 다다랐다. 아우렐리우스의 아들 코모두스 황제는 전제정치를 통해 자신에 대한 숭배를 강요했고, 반란의 움직임을 이유로 상당수의 원로원 의원을 처형했다. 이를 계기로 황제와 귀족 세력의 대립이 극심했다. 원로원 승인을 거친 양자 계승 원칙에 따라 황제 지위에 올랐던 5현제 시대에 유지되던 귀족과 황제의 타협적 균형도 붕괴된다. 한 세기 가까이 로마제국이 누려온 안정과 번영의 시대가 막을 내리고 군인황제 시대로 접어든다. 결국 거의 3세기 전체에 걸쳐 로마는 군인황제의 난립으로 몸살을 앓았다. 귀족의 입김이 작용하는 다양한 군대 세력에 의한 황제 암살과 쿠데타가 일상사가 되었고, 50년 사이에 23명의 황제가 비참한 종말과 더불어 교체되었다.

4세기에 들어서면서 로마제국의 분열은 더욱 구조적인 방식으로 나타난다. 293년에 디오클레티아누스 황제가 제국을 4등분한 이후 네

곳 어디도 로마의 간섭을 받아들이려 하지 않았다. 330년부터 콘스탄티누스는 독자적으로 콘스탄티노플을 수도로 정했고, 395년에는 아예 제국이 서로마와 동로마로 분할되었다. 제국 내부의 분열 상황이 이 정도로 심각했으니 국력은 쇠약해지고, 사방에서 죄어오는 게르만족의 이동을 제대로 막아낼 리 만무했다.

로마제국 몰락의 원인을 내부의 분열에서 찾는 관점은 게르만족의 대이동이나 로마인의 쾌락 추구 관점보다는 일보 진전된 접근이기는 하다. 외부의 침입을 제대로 봉쇄하지 못하고 지리멸렬하게 무너지게 된 내적 요인을 찾으려 했다는 점에서 그러하다. 로마인의 사치와 향락처럼 지극히 부분적 요인 정도로 언급될 수 있거나 사고방식이라는 관념적 한계 내에 있는 요인보다는 훨씬 구체적 접근이라는 점에서도 그러하다.

하지만 진정한 몰락 원인을 밝히기 위해서는 왜 내분이 확대되었는가 하는 문제로까지 다가서야 한다. 게르만족의 대이동처럼 외부의 적에게 위협을 당하는 상황에서는 내부 단결이 강화되는 경향이 있기 때문이다. 그럼에도 로마는 왜 외부의 적 앞에서조차 구심력의 근거를 발견할 수 없었는지를 규명해야 한다. 또한 410년 고트족의 로마 침입으로 붕괴의 실질적 가능성을 체험한 이후 455년 반달족의 침입까지 수십 년의 시간이 있었는데도 아무런 힘을 쓸 수 없을 만큼 정치적, 군사적으로 약해진 이유가 무엇인가를 추적해야 한다.

경제적 불균형에 주목해야

로마제국의 내적인 약화와 극심한 분열의 원인을 파고들기 위해서는 현상적 또는 도덕적 분석을 넘어 경제적 요인에 주목할 필요가 있다. 특히 노예 노동에 의한 대토지 소유를 뜻하는 라티푼디움 경영이 로마 쇠퇴의 핵심 원인으로 작용한다. 로마제국의 경제는 전적으로 농업에 의존하고 있었다. 로마제국의 경제 기반은 크든 작든 농촌의 농경지에 있었으며, 그것은 생산과 삶을 구성하는 기본 단위였다. 초기에 로마는 자작농이 대부분이었고, 이들이 그리스와 마찬가지로 중무장보병을 중심으로 하는 강력한 로마 군사력의 근간이었다.

하지만 평민은 계속되는 전쟁으로 농토를 제대로 관리할 수 없었다. 그사이에 귀족은 전리품을 챙기면서 대농장을 계속 키워갔다. 이에 비해 자작농의 생활은 어려워져갔다. 영토 확장이 지속되던 시기에는 약탈을 통해 국가와 군대의 재정을 마련할 수 있었다. 하지만 영토 확장이 한계에 봉착하면서 제국 내부에서 세금을 올리고 징발해야만 했다. 하지만 귀족과 부자는 권력을 이용해 세금을 면제받았고, 이는 결국 자작농의 부담 증가로 이어졌다.

로마 시에 있는 〈트라야누스 원주〉는 트라야누스 황제가 다키아 전쟁(101~107)에서 승리한 것을 기념하기 위해 대리석으로 만든 원형 탑이다. 기단을 포함한 높이가 35미터이고, 탑신의 지름이 3.7미터다. 원주 표면 가득히 다키아 전쟁에 관한 이야기를 나선형으로 돌아가며 부조로 표현했다. 하지만 이 전쟁을 기점으로 시민과 군대의 대다수를

로마의 원형 탑 〈트라야누스 원주〉, 110년

구성하던 자작농은 늘어난 세금을 감당하느라 생활이 궁핍해졌다.

　다키아인은 도나우 강 하류의 북쪽 지역에 살았다. 이들은 로마 제국을 정기적으로 습격하면서 괴롭혔다. 로마가 이들 다키아와 전쟁을 벌인 데는, 다키아 지역에 있는 카르파티아 산맥의 광산에 많은 금이 묻혀 있었기 때문이다. 로마는 금을 확보해 통화 안정을 꾀하려 했다. 〈트라야누스 원주〉의 일부에 해당하는 위의 부조를 보면 아래 오른편에 로마 교황과 원로원 의원들이 전쟁을 결정하는 모습이 나온다. 그 아래와 왼편으로는 로마군이 배를 타고 도나우 강을 건너는 장면, 북쪽 기슭에 도착하여 전쟁 물자를 나르는 장면이 보인다. 이어서 다시 왼편으로 적의 성을 공략하고, 그 위로는 양쪽 병사들이 전투하는 장면으로 연결된다.

트라야누스 황제는 두 차례의 원정을 승리로 이끌면서 다키아 지역을 로마의 속주로 만들었다. 로마의 강력한 위세를 만천하에 떨치고 막대한 경제적 이익을 보장해준 전쟁이었다. 하지만 다키아 전쟁은 로마제국이 마지막으로 성공한 전쟁이었다. 2세기 5현제 시대에 약간의 영토 확장은 있었으나 다키아 전쟁을 끝으로 로마제국의 영토 확장은 멈추었다. 이 전쟁을 분수령으로 더 이상 새로운 영토에서 약탈한 부로 로마 제정과 군대에 필요한 재원을 충당하는 일이 어려워졌다. 재원 충당은 고스란히 자작농의 몫이 되었다.

무거운 세금에 더해 물가까지 급등하면서 급기야 자작농들은 그나마 갖고 있던 토지마저 조금씩 내놓아야 했고, 심한 경우 땅 한 뙈기 없는 처지로 전락해버렸다. 농지를 잃은 사람들 가운데 일부는 자발적으로 농노가 되었다. 다른 일부는 고향을 떠나 도시 빈민으로 전락했다. 유민의 발생은 시민권을 지닌 인구의 감소로 이어졌고, 이는 곧바로 로마군의 약화를 초래했다.

라티푼디움 경영은 대규모 노예 노동을 통해 초기에는 생산력을 증대시켰으나 점차 자기모순에 빠진 것이다. 자작농 몰락은 곧 군사력의 약화로 이어졌고, 군사력 약화는 다시 노예의 대규모 공급 통로인 전쟁의 위축으로 나타났다. 평민의 약화 및 몰락이 로마 체제를 위협하는 악순환의 고리를 만들어냈다. 노예 공급 축소로 토지 확장 중단은 물론이고, 농업 생산력이 차츰 떨어지기 시작했다.

로마는 경기 침체기에 접어들었고 사회적 불만이 쌓여갔다. 특히 로마 시민의 대다수를 차지하던 몰락한 평민과, 토지 및 노예를 대규모로 소유한 귀족이 극심하게 대립했다. 또한 귀족을 아래로부터 견제해야 할 평민이 약화된 상황에서 무소불위의 힘을 갖게 된 귀족은 거침없이 황제의 권력에 도전할 수 있게 되었다. 그 결과 평민과 귀족, 귀족과 황제, 귀족과 귀족 사이의 분열이 심각해질 수밖에 없었다. 자작농의 몰락이 위에서부터 아래까지 영향을 미쳐 로마제국 전반에 분열과 갈등을 만들어내는 핵심적 원인으로 작용한 것이다. 구조적이고 전반적인 내부 분열과 군사력이 약해진 상황에서 로마는 외부 침입에 속수무책으로 당할 수밖에 없었다.

노예제의 낮은 생산성도 중요한 요인이었다. 노예 노동은 폭력에 의한 강제 노동이었으며, 노예들은 이를 증오했다. 노예로 잡혀오는 과정부터 폭력적이었으니 생산 의욕은 애초에 기대할 수 없었다. 로마 역사가 플루타르코스는 루키아의 크산토스 시민이 로마군에게 정복되었을 때 그들이 노예보다는 죽음을 선택한 것에 감탄하면서 다음과 같이 적었을 정도다. "남녀 어른만이 스스로 자살한 것이 아니다. 아이들까지도 울면서 타오르는 불길에 몸을 던졌고, 성벽에서 몸을 날렸으며, 스스로 아버지의 칼 앞에 가슴을 내밀었다."《영웅전》

그러니 이들에게 어떠한 자발적 노동을 기대할 수 있겠는가. 결국 들어간 노동력에 비해 생산성이 매우 낮을 수밖에 없었다. 또한 노예는 결혼을 할 수 없었으므로 노예를 생산해내지 못했다. 결국 전쟁을 벌여 포로를 잡아오는 수밖에 없었는데, 영토 확장마저 한계에 부딪혀 노예 공급이 축소된 상황에서 로마의 사회체제는 스스로의 힘으로 사회적 생산력을 발전시켜나갈 수 없었다. 노예 노동에 기초한 대토지 경영의 한계가 극에 달했을 시점에 로마제국은 빠르게 붕괴하기 시작했다.

노예의 저항도 로마제국의 내부 균열을 확대한 요인이었다. 정복 전쟁을 통해 노예가 된 과정도 노예들에게 치가 떨리는 일이었지만, 로마로 끌려온 후에도 끔찍한 나날의 연속이었다. 전쟁 포로로 잡혀 노예 시장으로 팔려온 이들은 가축처럼 재산으로 취급되었으며, 어떠한 정치적, 법적 권리도 없었다. 노예를 가혹하게 체벌하는 일이 일상적으로 벌어졌다. 각 가정이나 도심의 공공장소에서 노예에게 형벌이나 상해를 가하는 일이 빈번했다. 반항하는 기미가 보이면 가차 없이 십자가 처형을 당했다.

더 끔찍한 것은 원형경기장에서 벌어지는 노예 학살이었다. 가장 큰 볼거리는 검투사들의 싸움이었다. 70년에 대대적인 예루살렘 침탈로 엄청난 수의 포로가 로마로 압송되었는데, 이중 무려 2500여 명이 원형경기장에서 죽었다. 야수들에게 물려 죽거나 검투시합, 혹은 산 채로 화형에 처해졌다. 80년에 콜로세움을 개관하던 날 하루에만 자그마치 3천 명의 검투사들이 목숨을 건 대결을 했다.

장-레옹 제롬Jean-Léon Gérôme의 〈폴리세 베르소〉는 검투사들의 참혹한 경기를 표현한 그림이다. 폴리세 베르소Pollice Verso는 '엄지를 아래로 내림'이라는 뜻이다. 패배한 검투사를 죽이라는 말이다. 경기장에는 선

장-레옹 제롬, 〈폴리세 베르소〉, 1872년

혈이 낭자하고, 죽은 시체가 널려 있다. 중앙에 승리한 검투사가 아직 숨이 붙어 있는 검투사의 목을 발로 밟고 관중석의 로마 시민들에게 어떻게 처리할지를 묻고 있다. 관중들은 손을 앞으로 뻗어 엄지를 아래로 내리고 있다. 가차 없이 죽이라는 요구다. 검투사의 거친 숨소리와 귀청이 찢어댈 듯이 터져 나오는 관중들의 함성이 들리는 듯하다.

그런데 로마 기록에 따르면 엄지로 아래를 가리키는 것은 칼을 내려놓으라는 신호로, 살려주라는 의미라고 한다. 반면 죽이라는 신호에 대해서는 해석이 엇갈리는데, 엄지를 세우거나 엄지로 자기 가슴을 가리키는 것이다. 엄지를 아래로 내림으로써 죽음을 묘사한 것은 화가의 오해나 착각에서 비롯한 것일지 모르나 그리 중요한 문제는 아니다. 어쨌든 로마 시민들은 원형경기장에서 싸워야 하는 노예 검투사의 생사 여탈권을 쥐고 있었다.

노예에 대한 착취와 억압은 물론이고 일상적 처형과 경기를 빙자한 대규모 학살이 수백 년 이상 이어지면서 저항이 터져 나왔다. 처음에는 게으름을 피우거나 도망치는 식으로 개인적이고 소극적인 방법으로 저항했다. 하지만 점차 무장을 한 폭동을 일으켰다. 스파르타쿠스의 난으로 잘 알려진 무장봉기가 가장 대표적이다. 기원전 73년 스파르타쿠스는 70여 명의 노예와 함께 검투사 양성소를 탈출하여 무장투쟁의 깃발을 들었다. 반란군은 로마 진압군 2개 군단을 차례로 격파하며 남부 이탈리아를 휩쓸었다. 전성기에는 군세가 12만 명에 달했다. 결국 크라수스의 군단에게 참패했지만 이후 노예 반란을 자극하는 획기적 사건이었다.

스파르타쿠스 반란에서 또 하나 주목할 점은 가난한 평민의 참여였다. 중심을 이룬 것은 물론 노예들이었지만, 가난한 처지에 있던 농민을 포함하여 자유민들도 참여했다. 노예의 목숨을 건 투쟁에 더해 가난한 농민의 참여가 뒷받침되었기 때문에 세계 최강을 자랑하던 로마군을 상대로 3년간이나 버틸 수 있었다. 노예의 투쟁은 로마 노예제 사회를 내부로부터 흔들어댔다. 평민까지 참여하고 수년 동안 이탈리아 반도를 휘저음으로써 로마 전체를 뿌리에서부터 흔들었다. 내적 균열은 외부의 적 이상으로 심각한 문제여서 이후 로마의 몰락을 더욱 재촉했다.

05

진시황의 중국 통일과
왕권 강화의 허구

진시황 병마용 박물관 부조 〈진시황상〉

중국
최초의 황제

진시황 이전의 중국

진시황秦始皇(기원전 259~210)은 중국을 통일하고 강력한 중앙집권 체제를 수립한 왕으로 유명하다. 진시황 병마용 박물관에 부조로 제작된 〈진시황상〉은 그의 위엄을 드러내듯 당당한 모습이다. 후대의 미술가가 상상에 기초하여 그린 초상화를 박물관을 지으면서 부조로 제작했다. 큰 몸집을 통해 중국을 통일한 황제의 위풍당당함을 보여주려는 의도가 엿보인다. 아래를 내려다보며 한 손을 뻗어 무언가를 지시하는 모습은 천하를 통일하고 모든 지역을 그의 발밑에 두고 호령했음을 보여준다.

허리에 큰 칼을 차고 있는 모습도 이채롭다. 역대 중국 황제의 초상화는 덕에 의한 통치를 강조하는 경향이 있었다. 하지만 진시황은 한 손으로 허리에 찬 칼을 잡고 있어서 전쟁을 벌여 중국을 통일하고 강력한 중앙집권 체제를 수립한 진시황의 특징을 잘 보여준다. 이 부조가 걸려 있는 진시황 병마용 박물관도 진시황의 특징을 반영한다. 진시황릉 근처의 병마용갱은 길이 515미터, 넓이 485미터, 높이 76미터에 이르는 엄청난 규모를 자랑한다. 병사와 말의 모형을 흙으로 빚어 거의 실물 크기에 가깝게 만들었다. 자세와 표정, 복장, 머리 모양이 모두 제각각이며, 동쪽을 향하고 있다. 수많은 병사와 전차의 모습이 워낙 생생해서 부조 안의 진시황이 명령을 내리면 당장이라도 박차고 나와 공격에 나설 기세다.

진시황에 대한 평가는 극명하게 갈린다. 한편으로는 분열된 중국을 통일한 후 황제 제도와 군현제를 닦음으로써, 2천 년 중국 왕조의 틀을 만들었다는 평가가 있다. 다른 한편으로는 가혹한 처벌과 무리한 대규모 토목공사를 벌여 백성의 원성이 끊이지 않았고, 사후에도 폭군으로 비판을 받아왔다.

진시황 시대는 물론이고 이전 중국의 역사에 대해서도 사마천의 《사기史記》에 가장 상세한 기록이 남아 있으므로 이를 중심으로 살펴보겠다. 진시황의 중국 통일 이전의 각 국가는 대체로 부족 단계를 거쳐 부족연합 국가의 성격을 띠었다. 《사기》는 중국 고대 전설에 나오는 5명의 제왕, 즉 오제五帝를 다룬 〈오제본기〉로 시작한다. 최초의 왕은 웅熊 부족의 우두머리였다가 나중에 중원 각 부족 연맹의 공동 우두머리가 된 황제黃帝다. 오제의 시대는 수메르나 이집트 문명이 그러했듯이 농업혁명과 함께, 홍수의 관리와 연관이 있으며, 느슨하지만 넓은 지역을 포괄하는 부족연합의 성격을 유지했다. 신농씨가 백성에게 농사짓는 법을 가르쳤기 때문에 이러한 이름을 얻게 되었다는 점도 눈여겨볼 필요가 있다.

역사서에 따라 오제에 속하는 인물이 조금씩 다르지만, 후세에 이르기까지 가장 많이 언급되는 요임금과 순임금의 경우만 보아도 농업과의 연관성이나 부족연합 국가로서의 특성을 뚜렷하게 발견할 수 있다. 〈오제본기〉에 따르면 "요는 일월성신의 운행 법칙을 헤아려서 백성에게 농사의 적기를 신중히 가르쳐주도록 했다." 또한 부족 간의 협의와 화합을 중시했다. "요는 큰 덕을 밝히어 구족을 친하게 하였다. 구족이 화목하게 되자 백관의 직분을 분명히 구분하였고, 백관이 공명정대하니 모든 제후국이 화합했다." 순임금 역시 마찬가지여서 "모든 제후에게 나라를 다스리는 방법을 말해주었으며, 제후들의 정치 실적을 분명히 살펴서 공로에 따라서 수레와 의복을 상으로 주었다." 요임금에서 순임금으로의 권력 이동 과정은 세습이 아닌 신하나 제후국의 의견을 모아 추천하는 방식이었다. 요임금이 후계자에 대해 언급하자, 모두입을 모아 한 사람을 천거했는데 이름이 순舜이라고 했다. 순임금은 이후 3년 동안 요임금과 함께 정치 경험을 쌓고 제위에 오른다.

기원전 2070년경부터 기원전 771년에 이르는 부족연합 체제를 흔히 하·상·주 시대라 부른다. 하夏나라, 상商나라, 주周나라로 이어지면서 영토가 점차 확장된다. 하나라 왕에 관련한 기록은 주로 치수 사업에 집중된다. 《사기》의 〈하본기〉에 따르면 "요임금 때에 홍수가 하늘에까지 흘러넘쳐 광대하게 산을 둘러싸고 높은 언덕을 침수시켜서 백성들은 매우 근심했다." 이에 곤을 치수에 등용했지만 9년 동안 홍수가 끊이지 않고 일어나자, 순임금이 각지를 시찰하여 상황을 점검하고 곤을 추방한 후 치수 사업을 바로잡는다. 우임금 시대에도 언덕에 이르기까지 토지를 침수시키는 홍수가 가장 큰 골칫거리였다. 이에 "구천을 뚫어 바다로 흐르게 하고, 크고 작은 도랑을 준설하여 강으로 흐르게" 했다. 철저한 현지 조사를 거쳐 강바닥에 쌓인 토사를 제거하는 방법으로 관개수로를 정비하여 백성의 삶을 안정시켰다. 이로써 천하가 잘 다스려졌고 영토도 황하 유역에서 장강 유역으로 확대되었다. 우임금도 만년에 이르러 각 부락장의 의견을 수렴하여 후계자를 정했다.

하나라는 걸왕에 이르러 몰락한다. 걸왕은 대외 원정을 남발하여 주변의 작은 나라들을 약탈했고, 농업을 등한시하여 백성의 삶이 피폐해졌다. 매희라는 여자에게 빠져 화려한 궁전을 짓고 향락에 빠져들었다. 뜻있는 신하들이 요순의 정치를 상기시켰으나 듣기는커녕 내쫓거나 죽였다. 매일 향락을 즐기느라 백성의 부담이 컸고, 부족의 지지 기반과 민심을 잃었다. 이때 하나라 안의 상商 부락은 탕왕의 통치하에서 나날이 번성했다. 탕왕이 군대를 일으켜 걸왕을 정벌함으로써 500년가량의 하시대가 막을 내린다.

기원전 1600년경, 탕왕이 상나라를 세운 후 세금을 줄이고 치수에 힘을 써 민심을 얻었다. 그 결과 상나라는 세력이 황하 상류까지 뻗었다. 평화로운 나날이 지속되다가 주왕에 이르러 큰 변동을 겪는다. 주왕은 초기에 외부 세력을 공격하여 회하와 장강 유역까지 지배함으로써 대국의 면모를 갖추는 데 기여했다. 하지만 곧 향락에 빠지고 폭정을 일삼으면서 상나라는 쇠락하기 시작했다. 주왕은 흔히 하나라 걸왕

중국 역사화 〈주지육림〉, 1996년

에 비유된다. 특히 주지육림의 고사로 유명하다. 《사기》의 〈은본기〉에
따르면 주왕은 걸왕보다 더한 사치와 향락을 일삼았다. "수많은 악공
과 광대를 불러들이고, 술로 연못을 만들고, 빽빽하게 들어찬 나무들처
럼 고기를 매달아놓고서 벌거벗은 남녀들이 그 안에서 서로 쫓아다니
게 하면서 밤이 새도록 술을 마시며 놀았다." 궁중에 연못을 파서 바닥
에 자갈을 평평하게 깔고 그 안에 술을 가득 부어두었기에 주지酒池, 연
못 사방에 비단을 감은 나뭇가지에 고기를 매달아두었기에 육림肉林이
라 부른다.

　중국 역사화 〈주지육림〉은 당시의 상황을 상상하여 재현한 그림
이다. 궁 앞의 연못에 술이 가득 차 있다. 주변에는 술에 거나하게 취한
수많은 남녀의 흐트러진 모습이 보인다. 옷을 다 벗거나 반쯤 걸친 사

람들도 있다. 저마다 옆에 술동이나 술잔을 놓고 환락의 시간을 보내는 중이다. 술동이를 들고 입에 들이붓거나 아예 술이 가득 담긴 연못에 들어가 있는 사람도 보인다. 몇몇 여인은 술기운이 온몸에 퍼졌는지, 바닥에 누워 정신을 차리지 못한다. 오른편과 왼편의 나무에는 고기 조각이 걸려 있다.

향락에 소요되는 막대한 비용을 충당하느라 백성을 혹독하게 착취했기에 원성이 높아갔다. "주왕의 행동 때문에 백성의 원망이 높아가고 배신하는 제후들도 나타나자, 주왕은 형벌을 강화하여 포격炮格이라는 형벌까지 만들어냈다." 주왕의 학정에 시달린 신하와 백성의 원망이 커질수록 충신들이 곁을 떠나고 배반의 기운도 짙어졌다. 하지만 주왕은 가혹한 처벌로 신하나 제후의 반발을 억누르고자 했다. 포격은 기름을 칠한 기둥 아래 불을 피워놓고, 죄인에게 기둥 위를 걷게 하여 떨어지면 불에 타죽게 하던 형벌이다. 포락炮烙이라는 형벌 도구도 만들었는데, 속이 빈 청동 기둥을 만든 다음 그 안에 벌겋게 달아오른 숯불을 집어넣었다. 불만을 품은 신하와 백성은 옷을 발가벗겨서 청동 기둥에 묶어놓고 무참하게 태워 죽였다. 폭정이 극에 다다랐을 때 주의 무왕이 대군을 거느리고 쳐들어와 상나라를 멸망시켰다. "주는 성으로 도망쳐 들어와 보옥으로 장식한 옷을 뒤집어쓰고 불 속으로 뛰어들어 자살했다. 무왕은 주의 목을 베어 매달았다."

기원전 1046년경에서 춘추전국시대로 접어드는 기원전 771년까지 주나라 통치 시기가 이어진다. 주나라는 문왕에 이르러 영향력이 확대되었다. 문왕은 50년 동안 부족의 장을 지내면서 농업과 목축업에 힘을 썼고, 사람들에게 관대하여 민심을 얻었다. 상의 주왕은 강성해진 주 세력에 위협을 느끼고 그를 가두기도 했다. 문왕은 강태공姜太公을 국상國相에 임명하고 정치와 군사를 맡겼다. 이후 주나라는 발전을 거듭하여 막강한 군사력을 갖추었다. 이어 무왕은 문왕의 유지를 받들어 상 주왕을 토벌하기 위한 준비에 박차를 가했다. 상나라를 무너뜨린 후 주 왕실의 세력을 강화하기 위해 공公, 후侯, 백伯, 자子, 남男 등 다섯 등급으로 작위를 나누어 친족과 공신을 책봉하고 제후국을 세우도록 했다.

무왕 이후 주나라는 널리 번성했고, 점차 왕의 권한을 강화하는 조치를 취했다. 이에 기존 부족 체제에 기반을 둔 제후국들이 반발하자 다시 형벌을 강화했다. 《사기》의 〈주본기〉에 따르면 제후 가운데 따르지 않는 자들이 생기자 목왕은 형법을 제정하고 다음과 같이 고하였다. "무엇을 삼가 받들 것인가, 형법이 아니겠는가? (……) 경형에 해당하는 법조항은 천 가지이고, 의형은 천 가지, 빈형의 종류는 500가지이고, 궁형의 종류는 300가지이며, 대벽형의 종류는 200가지요. 이에 5형에 속하는 법조항은 모두 3천 가지요." 형법 체계를 강화해 사회 안정을 꾀했지만, 3천 개나 되는 많은 죄목 때문에 오히려 제후나 백성의 반감을 샀다.

주나라 12대 왕인 유왕이 즉위하면서 극심한 동요가 생겼다. 유왕은 포사라는 애첩을 총애했는데, 태자와 왕후를 폐하고 포사를 왕후로, 포사가 낳은 아들을 태자로 삼았다. 유왕은 웃지 않는 포사를 웃기기 위하여 온갖 횡포를 저질렀다. 매일 비단 100필을 찢었지만 포사가 웃지 않자 거짓으로 봉화를 올려 제후들이 허겁지겁 달려오게 했다. 이를 보고 포사가 드디어 웃음을 터뜨렸다. 유왕은 그 후에도 포사를 웃게 하려고 여러 차례 봉화를 올렸다. 그 즈음 기존 왕후의 아버지 신후가 서쪽 이민족인 견융犬戎을 끌어들여 주나라를 침공했다. 유왕이 봉화를 피워도 아무도 오지 않았다. 유왕은 죽고 주나라의 재물들은 약탈당했다. 이후 견융이 수도를 자주 침범하자 수도를 낙양으로 옮기면서 주나라 시대는 사실상 막을 내린다. 이후 기원전 770년부터 진시황이 중국을 통일하는 기원전 221년까지 각 지역 제후들이 힘을 과시하며 세력을 키워 서로 패자가 되고자 충돌하는, 춘추전국시대로 들어간다.

진시황, 중국을 통일하다

《사기》의 〈진시황본기〉에 따르면 "진시황제는 진 장양왕의 아들이다. 장양왕이 조나라에 있을 때 여불위의 첩 조희를 보고 반하여 그녀를 아내로 맞이하여 시황을 낳았다." 여불위는 장사를 하여 큰 부자가 되었고, 이를 디딤돌 삼아 한 시대를 풍미하는 정치가로 발돋움한다. 진나라로 돌아온 장양왕은 즉위와 동시에 여불위를 승상으로 임명했다. 하지만 즉위 3년 만에 죽자 여불위는 태자 정政이 왕위에 오르도록 했는데, 바로 진시황이다. 정은 여불위를 상국에 임명하고, 그를 중부仲父, 즉 작은아버지라고 불렀다. 진나라 왕이 고작 열세 살에 불과한 어린 나이였기에 여불위가 정치와 외교의 전권을 쥐었다. 여불위의 집에는 하인이 만 명이나 되었고, 태후는 몰래 여불위와 사통했다.

태후와의 비정상적 관계가 탄로 날 것을 두려워한 여불위는 태후의 음행을 충족시켜줄 다른 남자를 찾아냈다. "여불위는 발각되어 화가 자기에게 미칠까 봐 두려웠고, 이에 음경이 큰 노애라는 사람을 몰래 찾아내어 (······) 태후를 유인하려 했다."(《여불위열전》) 태후의 총애에 힘입어 장신후에 봉해진 노애는 궁실, 거마, 의복, 사냥 등을 마음대로 했으며, 크고 작은 일을 좌지우지했다. 태후와의 사이에서 두 아들이 태어나자, 노애는 자신의 아들이 권력을 잇게 하기 위해 반란을 도모한다. 왕과 왕태후의 옥새를 위조해 군대를 동원하려 했으나, 사전에 발각되어 왕의 군대에 제압되었다. "9월에 노애의 삼족을 멸했고, 태후가 낳은 두 아들을 죽였으며, 마침내 태후를 옹 땅으로 추방했다." 반란을 주도한 인물 20여 명의 머리가 잘려 높은 곳에 매달렸고, 사지는 찢겨서 사람들에게 본보기로 전시되었으며, 그들의 일족은 모조리 주살되었다. 여불위도 다음 해 황제의 압박에 못 이겨 자살한다.

　　노애와 황후, 여불위를 처리한 후 진왕은 정치와 군사에 관한 권한을 한 손에 틀어쥐게 된다. 이미 승상 이사李斯는 왕에게 춘추전국시대에 중원의 권력을 나누어 갖고 있던 6개 나라를 침략해 천하통일을 권하던 중이었다. "대저 진나라의 강대함과 대왕의 현명하심이라면 부뚜막을 청소하듯이 제후국들을 멸망시키고, 황제의 대업을 성취하면서 천하를 통일할 수 있습니다."(《이사열전》) 제후국의 명사 가운데 뇌물로 움직일 수 있는 자에게는 후한 예물을 보내 결탁하고 넘어오지 않는 자는 날카로운 칼로 찔러 죽였다. 사전 정비 작업이 끝나자 진왕은 기원전 230년에서 기원전 221년 사이에 한韓, 위魏, 초楚, 연燕, 조趙, 제齊 나

진시황 병마용갱 〈토용1〉, 기원전 210년경

라를 차례로 멸망시키고 중국 대륙을 통일한다.

진시황 병마용갱에서 발견된 〈토용1〉은 당시 진나라 군대의 위용을 느낄 수 있게 해준다. 흙을 구워 만든 병사의 모습이다. 거의 실제 크기에 가깝게 만들었을 뿐만 아니라 병사의 복장까지 생생하게 묘사했다. 특히 병사들의 표정이 제각각 달라 마치 살아 있는 진나라 군대를 마주한 느낌을 준다. 말과 전차까지 있어서 군대 배치 상황을 엿볼 수 있다. 현재도 발굴 중이어서 전체 규모가 얼마인지조차 정확히 가늠하기 어려울 정도로 거대하다.

《사기》에 따르면 진왕이 6국을 겸병하고 천하를 통일하고 나자 이렇게 명령을 내렸다. "이제 호칭을 바꾸지 않는다면 그동안 이루어놓은 공업을 드러낼 수 없고 후세에 전할 수도 없을 것이다. 그대들은 황제의 호칭을 논의하도록 하라. (……) 황皇자를 취하고, 상고시대의 제帝라는 호칭을 채택하여 황제라고 칭할 것이다."(《진시황본기》) 주 시대까지만 해도 왕이라는 호칭은 주나라 천자만이 칭할 수 있었다. 하지만 주나라가 망하고 사실상 춘추전국시대로 돌입하면서 각 나라의 우두머리들이 당당하게 스스로를 왕이라 불렀다. 진왕은 자신이 멸망시킨 6국의 왕과 동일한 호칭을 쓰는 데 만족할 수 없었다. "이제부터 짐을 시황제始皇帝라고 부르시오. 다음부터는 2세, 3세라고 하면 되오. 이렇게 만세까지 이어질 수 있도록 합시다." 황皇은 '하늘이 낸 사람의 통칭'인데, 진시황은 자신을 신성한 존재로 높임으로써 중앙집권화된 강력한 왕의 권위를 확립하고자 했다.

진시황은 법가로 잘 알려진 한비韓非(기원전 280~233)의 사상을 통치 이념으로 삼아 왕권 강화에 나섰다. 그는 중국 통일 이전에 한비의 저서를 보고 "아! 과인이 이 사람을 만나 그와 사귈 수 있다면 죽어도 여한이 없을 것이다"(《한비열전》)라고 했다. 하지만 한비는 이사의 모함으로 죽임을 당했다. 진왕은 자신의 결정을 후회하고 사신을 보내 한비를 사면하려 했으나 이미 죽은 뒤였다. 비록 한비는 살아서 뜻을 펼치지 못했으나 그의 생각은 진시황의 통치에 상당 부분 녹아들어 있다. 사마천은 "한비자는 법률에 의거하여 모든 세상사를 결단하고 시비를 분명히 하였으나 너무나 가혹하여 은덕이 결핍되어 있다"라고 평한다.

진시황은 6국을 멸망시킨 뒤에도 안심할 수 없었다. 그가 천하의 패자가 되고자 했기 때문에 당연히 제후국들의 반발이 뒤따랐다. 저항의 움직임이 계속 나타났고, 몇 차례 암살 시도가 있었다. 먼저 과거 진시황의 친구였던 태자 단에게 고용된 형가라는 자객이 진나라 망명자의 목과 연나라 군사 지도를 빌미로 접근해 칼을 몇 차례 휘둘렀으나 천운으로 목숨을 건졌다. 다음으로 형가의 친구이자, 형가의 암살 음모에 가담한 혐의로 두 눈을 잃은 고점리가 궁중 악사 신분을 이용해, 축이라는 악기에 납덩어리를 가득 넣어 진시황의 머리를 부수고자 했으나 실패했다. 과거 한나라의 귀족 자손으로 훗날 유방의 참모가 되는 장량도 암살을 시도했다. 그는 힘이 센 암살자를 고용해 진시황의 행차를 기다렸다가 육중한 바위를 수레 위로 던졌다. 하지만 진시황은 암살에 대비해 여러 대의 수레를 마련해둔 덕분에 위기를 모면했다. 대부분 진나라에 의해 멸망한 6국 세력이 암살을 시도했다는 점에서 전제 왕권에 대한 저항으로 이해할 수 있다.

절대권력을
위하여

일사불란한 정치체제와 엄격한 법 집행

진시황은 6국을 멸망시킨 후 곧바로 분봉分封제도를 폐지한다. 하·상
·주 시대에 자리 잡은 분봉제도는 부족연합의 성격을 가진 국가체제
를 말한다. 중앙에 왕이 있고, 각 지역에 제후가 있어서 그 지역의 백성
을 통치하며 세습하는 제도다. 예禮와 형刑, 두 가지 규범을 중심으로 질
서를 유지했다. 왕과 제후의 관계는 윤리 규범인 예를 통해 유지되었다.
제후는 각 지역에서 형벌의 의미를 갖는 형을 통해 백성을 다스렸다. 진
시황이 중국을 통일한 후 몇몇 신하가 "제후들을 이제 막 평정했지만,
연, 제, 초나라의 땅이 너무 멀어서 왕을 두지 않으면 그들을 제압할 수
없습니다. 황자들을 왕으로 세울 것을 허락해주옵소서"(〈진시황본기〉)
라고 했다. 관례대로 진나라에 병합된 연, 제, 초나라에는 왕을 봉해 지

켜야 한다는 주장이다.

하지만 진시황은 전쟁이 멈추지 않아 천하가 고통 받고 있는 것은 모두 제후 왕이 있기 때문이라고 질타했다. "이제 또다시 제후국을 세우면 다시 전쟁을 조성하는 것이니, 안녕과 평정을 구하는 것이 어찌 어렵지 않겠는가!"라면서 천하를 36개 군으로 나누었다. 군현제 실시를 명령한 것이다. 진시황은 자신에게 모든 권한이 집중된 일사불란한 정치체제를 확립하고자 했다. 군현제는 원래 전국시대 진나라에서 처음 실시된 제도다. 이를 확대해 중국 전체를 군과 현으로 나누고 군의 장은 수守로, 현의 장은 영令으로 불렀다. 이들 모두를 진시황이 임명함으로써 왕권을 강화하는 계기로 삼았다.

진시황의 결정은 한비의 주장과도 일치하는 것이었다. 한비는《한비자》에서 "제후들이 강성하면 천자의 근심거리가 되며, 신하들이 지나치게 부유하면 군주가 패망하는 것"이라고 했다. 옛날 은나라 주왕이 망한 것이나 주나라가 쇠약해진 것은 모두 제후가 강대해졌기 때문이다. 따라서 군주에게 권력이 집중되어야 한다. 군주는 권력을 자신의 손에 움켜쥐고 있어야지 제후나 신하에게 나누어서는 안 된다. "군주의 권세는 다른 사람에게 빌려줄 수 없다. 군주가 자신이 가진 권력 가운데 하나라도 잃게 되면 신하는 그것을 백배로 휘두르게 될 것이다." 한비는 군주에게 권력이 집중되는 것을 방해하는 요소로 신하가 군주의 눈과 귀를 가리는 것, 신하가 나라의 재정을 장악하는 것, 신하가 마음대로 명령을 내리는 것, 신하가 백성에게 선행을 베푸는 것, 신하가 개인적으로 동지들을 모으는 것 등을 꼽고 군주가 이를 척결해야 한다고 주장했다. 진시황은 《한비자》에 제시된 충고를 그대로 따랐고, 제후와 신하의 권한을 철저하게 무력화해 권력을 독점했다.

진시황이 강조한 엄격한 법 적용과 가혹한 처벌도 한비와 일맥상통하는 면이 있다. 과거 하·상·주 시대에도 예와 형이라는 규범으로 국가 질서를 유지했지만, 구체적인 형벌에서 제후의 재량권을 인정하는 방식이었다. 진시황은 스스로 법률을 제정하고 공표하여 모든 신하와 백성이 그 법을 따르도록 했다. 자신을 제외한 모든 백성들에게 통일된 구속력을 갖는 법은 군주의 힘을 더욱더 막강하게 만들었다.

한비도 법의 제정과 처벌 권한을 군주가 독점해야 한다고 강조했다. "권위를 신하에게 빌려주거나 명령을 신하가 공포하도록 맡겨서는 안 된다. 신하가 권위와 명령을 함께 사용할 경우 사악한 행동이 나타나고, 법률이 신의를 잃으면 군주의 행동이 위태로워지며, 형벌이 결단력을 잃으면 사악한 행동을 막을 수 없다." 상과 벌은 나라를 다스리는 유효한 도구이므로 군주가 장악해야 한다. 또한 법 집행은 가혹할 필요가 있다. 강력하게 처벌하면 감히 죄를 짓는 사람이 없을 것이고, 그 결과 다스림은 수월해진다. "가벼운 죄를 무겁게 벌하면 가벼운 죄를 저지르는 자가 없게 되고, 무거운 죄를 저지르는 자가 나오지 않게 된다. 이것이 형벌로써 형벌을 없앤다는 말이다."

책을 불태워 사상을 통제하다

진시황의 왕권 강화 조치 가운데 빼놓을 수 없는 것이 이른바 분서갱유 焚書坑儒다. 진시황이 후대에 가장 큰 비난을 받았던 조치이기도 하다. 사건은 진시황 34년, 제나라 출신 순우월의 간언에서 시작되었다. 순우월은 연회에서 진시황이 반란 방지를 명분으로 실시한 분봉제도 폐지와 군현제를 재고해달라고 요청한다. "은나라와 주나라가 천여 년 동안 통치할 수 있었던 것은 자제와 공신에게 지역을 하사하여 왕실을 돕는 제후가 되게 했기 때문입니다. (……) 급작스러운 환란이 생기면, 보필할 신하가 없으니 어떻게 나라를 구할 수 있겠습니까? 옛것을 본받지 않고 오래 지속될 수 있다는 말은 들은 바 없습니다."(〈이사열전〉) 진나라가 각 제후의 아들과 공신을 봉하지 않을 경우 은나라와 주나라처럼 멸망할 것이라는 비판이다. 군현제 폐지와 분봉제도의 회복을 주장하는 내용이다.

승상 이사는 그의 견해가 잘못이라며 즉각 상소를 올렸다. "제후들이 서로 군사를 일으키고, 옛것을 말하여 지금을 비난하고, 허망한 말로 실질적인 것을 어지럽게 하고, 개인적으로 배운 것을 찬양하여 조정에서 건립한 제도를 비난했던 것입니다. (……)《시경》,《서경》및 제자백가의 저작들을 모두 태우게 하며, 감히 이 책을 이야기하는 자는 저잣거리에서 사형시켜 백성에게 본보기를 보이며, 옛것으로 지금을 비난하는 자는 모두 멸족시키고, 이 같은 자들을 보고서도 검거하지 않는 관리는 같은 죄로 다스리소서."(〈진시황본기〉) 오직 황제만이 흑백을 가리도록 했는데, 개인적인 학문으로 법과 제도를 의논하거나 비난하는 것은 무거운 죄에 해당한다는 내용이다. 불태워 없애지 않아도 되는 서적은 의학, 점술, 농업에 관계된 서적뿐이며, 나머지는 즉각 없애야 한다는 주장이다. 이에 진시황이 "그렇게 하라"고 명령했다. 전국적으로 제자백가를 비롯해 각종 책을 태우는 분서가 시행되었다.

유학자들을 생매장했다는 뜻의 갱유坑儒는 분서와는 시차를 두고 벌어진 일이다. 진시황의 총애를 받던 방술사 후생이 노생과 함께 모의하여 황제를 비판했다. "황제는 형벌과 살육으로써 자신의 위엄을 세우기를 좋아하니 천하가 죄를 두려워하며 자신의 봉록만을 유지하려고 할 뿐이며 감히 충성을 다하려고 하지 않소. (……) 권세를 탐하는 것이 이 정도니 그를 위해 선약을 구해서는 안 될 것이오." 그러고는 바로 도망쳐버렸다.

진시황은 이 소식을 듣고 크게 분노했다. "방사들을 시켜 각지를 찾아다니며 선약을 구하라 하였거늘, 한중이 한번 가더니 소식이 없고, 서불 등은 막대한 금액을 낭비하고서도 결국 선약을 구하지 못한 채 이익을 챙긴다는 소식을 듣고 있다. (……) 요망한 말로 백성을 혼란시키고 있다." 이에 어사를 시켜서 이런 자들을 조사하자, 그들은 서로가 서로를 고발했다. 진시황이 친히 법령으로 금지한 것을 범한 자 460명을 사형으로 판결하여 모두 함양에 생매장하고 그것을 천하에 알려서 후세 사람들을 경계시켰다.

〈분서갱유도〉는 시차를 두고 벌어진 분서와 갱유 두 사건을 하나의 그림 안에 담아놓았다. 왼편에서는 분서 명령에 의해 제자백가를 비

파리 국립도서관 〈분서갱유도〉, 한대

롯한 각종 서적이 불에 타고 있다. 그림에서는 종이로 만들어진 책 모
양으로 표현되어 있지만 사건이 일어난 시기에는 주로 죽간(중국에서
종이가 발명되기 전에 글자를 기록하던 대나무 조각)에 기록된 글이었다.
오른편에서는 진시황의 명령으로 잡아들인 방술사들을 구덩이 안으로
던지고 있다. 진나라 병사들에게 잡혀온 이들이 생매장을 당하지 않기
위해 도망가려 하지만 질질 끌려 구덩이로 향하는 모습도 보인다. 생뚱
맞게도 뒤편으로 번듯한 궁궐이 나오는데, 이는 진시황에 의한 명령임
을 드러내려는 의도일 것이다.

　　분서에 비해 갱유에 대한 표현이나 기록은 과장되고 왜곡된 면이
있다. 분서는 궁궐 내 박사관博士官에 보관된 서적과 의학, 약학, 점술, 농

업 서적 이외에 민간에서 소장한 모든 서적을 불태우라는 조치 그대로였다. 하지만 궁궐 안에 보관되었던 책까지 사라진 것은 항우 때문이다. 나중에 진이 멸망하고 함양을 점령한 항우는 대규모 방화를 저질렀는데, 《사기》의 〈항우본기〉에 따르면 3개월 동안 타고도 꺼지지 않았다고 한다. 물론 3개월 동안 탔다는 내용은 과장이겠지만, 적어도 대규모 방화였음을 알 수 있다. 일차로 진시황의 분서 조치에 의해 많은 책이 사라졌고, 다시 항우에 의해 궁궐 안에 보관되어 있던, 정본이라 할 수 있는 책들이 사라졌다. 《시경》, 《서경》을 비롯해 제자백가의 책을 후대의 사람들이 다시 볼 수 있게 된 것은 대부분 민가에서 위험을 무릅쓰고 몰래 소장해왔기 때문이다.

갱유는 사정이 다르다. 갱유는 유학자들을 생매장했다는 뜻인데 《사기》에도 유학자를 생매장했다는 내용은 나오지 않는다. "방술사들을 시켜 각지를 찾아다니며 선약을 구하라 하였거늘"이라는 대목에서 알 수 있듯이 방술사들이 처벌 대상이었다. 방술사는 유생들 중에서 음양오행 학설을 주장하는 사람들을 가리킨다. 황제가 불로장생에 관심이 많다는 소식을 듣고, 불로장생의 비법을 안다는 방술사들이 함양으로 몰려들었다. 그들은 진시황제에게 불로장생에 효험이 있는 비책을 건의했다. 하지만 선약은 일종의 사기였고, 결국 돈만 챙기고 도망갔다. 진시황은 자신을 속인 방술사들을 처벌하고자 했던 것이다. 이후 한나라 때 유학이 부활하면서 유학에 대한 탄압의 의미를 지닌 갱유로 와전되었을 가능성이 크다.

과장이나 왜곡이 있다 하더라도 진시황이 왕권을 강화하기 위해 사상 통제 조치를 취했다는 점에서는 변함이 없다. 진시황은 통일 국가 체제와 왕권 강화를 확고하게 다지기 위해 이전 6국의 사상, 즉 제자백가 사상을 탄압할 필요가 있었다. 황제가 지배하는 단일한 국가체제를 유지하기 위해서는 사상과 규범의 획일화가 무엇보다 중요했던 것이다. 단지 우발적인 사건을 계기로 일어난 에피소드는 아니었다. 분서갱유가 진시황이 추구했던 한비의 사상과도 상당 부분 일맥상통한다는 점에서도 그러하다.

한비는《한비자》에서 옛것으로 현재를 혼란케 하는 학자들을 신랄하게 비판했다. "세상의 어리석은 학자들은 나라가 잘 다스려지고 어지러워지는 것의 본질을 알지 못하면서 옛 서적들만 많이 읽으라고 시끄럽게 떠들고 있으니 이는 시대의 치세를 어지럽히는 짓이다. 그들의 지식이나 생각만으로는 인간사의 재난을 피하기에 부족한데도, 통치술을 익힌 인사들을 헐뜯고 있다. (……) 이것은 가장 큰 어리석음이며 최대의 혼란이다." 옛 서적을 들먹이는 학자들이란, 유학자를 비롯한 제자백가 지식인을 가리킨다. 한비는 통치에 대해서는 무지하면서 옛것으로 현실에 간섭하는 학자들을 위험한 존재로 여겼다. 이들 학자들을 존중하면 전쟁터의 병사들은 나태해지고, 농부들은 그것을 부러워하며 밭에서 게으름을 피우게 된다는 것이다. 병사가 적에게 약하고 안으로 백성이 가난하면 나라가 망할 수밖에 없다. 그러므로 군주는 이들을 경계하고 멀리해야 한다는 주문이다. 분서 조치를 촉구한 이사의 논리와 일맥상통한다.

하지만 이후의 사태를 보더라도 진시황의 의도는 그다지 성공적

이라고 할 수 없다. 오히려 기존 6국 세력의 반발을 더 키웠고, 진나라 내부의 균열은 더 깊어졌다. 분서갱유는 후대에 이르기까지 2천 년이 넘도록 진시황을 잔혹하고 포악한 독재자로 각인시킨 사건이 되었다. 당나라의 장갈章碣이 쓴 〈분서갱焚書坑〉이라는 시는 진시황의 분서를 다음과 같이 조롱한다. "죽백竹帛이 연기로 타올라 사라져 제업帝業이 허사가 되어버리니, 관하도 조룡祖龍의 기가 어린 땅을 지켜주지 못하는구나. 책을 태운 구덩이의 재가 아직 차가워지지 않았음에도 산동에서 변란이 일어나니, 유방과 항우는 원래 글을 읽는 사람이 아니었거늘." 죽백이란 죽간에 기록된 제자백가 사상을 말한다. 제업은 우민화를 통한 왕권 강화일 것이다. 진시황이 분서를 통해 이루고자 한 목표는 허망하게 무너지고 말았다는 논조다. 불타버린 책의 재가 식기도 전이라는 말이 그다지 과장으로 들리지 않는 것은, 분서 조치 이후 7년 만에 진이 멸망했기 때문이다. 심지어 글 읽는 일과는 별로 인연도 없는 항우와 유방에게 당했으니 분서 조치는 완전히 번지수를 잘못 찾은 일이라는 조롱이다.

만리장성을 쌓은 또 다른 목적

나라와 왕권을 안정화하기 위한 진시황의 조치는 여러 방면으로 나타났다. 그중 하나가 각종 토목·건설 사업이다. 만리장성은 외부로부터 진나라를 지킴과 동시에 내부적으로 정권을 안정화하기 위한 방편이

〈만리장성〉

었다. 먼저 흉노를 비롯한 북방 민족의 위협에 대응하려는 목적이 있었다. 진시황이 6국을 멸망시키고 중국을 통일한 시기는 흉노족을 중심으로 한 북방 유목민족이 몽골 고원을 통일하고 세력을 확장하던 시기였다. 이미 진나라 변경 곳곳을 공격하면서 약탈을 일삼았다. 6국 시절부터 북방 유목민족은 골칫거리였기에 연, 조, 진나라는 일정한 범위 내에서 장성을 쌓아두고 있었다. 진시황은 중국을 통일한 후 전력을 다해 기존의 성을 연결하고 보완하는 대대적인 공사를 벌였다.

고작 4년 만에 만 리에 이르는 장성을 쌓을 수 있었던 것은 기존에 연·조·진나라가 축성한 성이 있었고, 중국 통일 이후 엄청난 인력 동원이 가능해졌기 때문이다. 기록에 따르면 장성을 연결하고 쌓기 위해 거의 100만 명에 이르는 노동력을 동원했다고 한다. 진나라 법이 너무나 가혹해 공사에 동원된 인부들이 조금만 실수를 해도 가차 없이 죽었다. 사진에서 볼 수 있듯이 만리장성은 사람들이 접근하기 용이한 평지에 쌓은 것이 아니다. 북방의 높고 험준한 산등성이를 타고 끝없이 이어지는 성이다. 또한 성곽의 폭도 위로 난 길을 따라 군사와 전투 장비가 이동할 수 있을 정도로 넓어서 얼마나 많은 물자와 장비가 필요했는지 짐작할 수 있다. 노동 강도를 덜어줄 별다른 기계나 장비도 없었으므로 육중한 돌을 높은 산꼭대기까지 옮겨와 쌓는 과정에서 수많은 백성이 죽어갔다. 당시 민간에서는 "아들을 낳으면 절대로 키우지 말아야 하나, 딸을 낳으면 고기 등의 산해진미를 먹여 키워라! 그대는 장성 아래에 산더미처럼 쌓여 죽어 있는 사람들이 서로 어우러져 한 더미를 이루는 것을 모르는가"라는 노래가 나올 정도였다.

하지만 만리장성을 쌓은 목적이 외부의 적을 막기 위한 것이라고만 보는 것은 단견일 수 있다. 중국 역사에서 북방 민족에 대한 대비는 내부의 왕권 강화 목적과 분리될 수 없기 때문이다. 만리장성을 쌓아 흉노족의 침입을 막는 것은 진나라를 안정시키고 나아가서는 남방 정복을 위한 발판이었다. 진시황은 만리장성을 쌓아 등 뒤를 안정시킨 다음 남쪽으로 향해서 광동성과 해남도에 이르는 지역까지 진의 영역으로 삼았다.

또한 만리장성을 쌓는 와중에 진나라 내부를 관통하는 도로를 체계적으로 정비했다. "도로를 수축하여 구원을 지나서 운양까지 산을 깎고 골짜기를 메워서 곧바로 통하게 했다."(《진시황본기》) 진시황이 심혈을 기울여 만든 직도直道는 요즘으로 치면 고속도로처럼 넓고 곧은길을 말한다. 진나라 수도인 함양에서 각 지역으로 교통로를 연결했다. 직도는 분봉제도 폐지, 군현제 실시와도 긴밀한 관련이 있다. 각각의 제후국이 아니라 중앙과 지방이라는 일사불란한 수직적 체계를 만들기 위해서는 군대와 물자가 신속하게 이동할 수 있는 체계적인 교통망이 필요했다.

진시황은 이 길을 따라 각 지역을 순회하면서 권력의 기반을 안정시키고자 했다. 현장 지도만이 불로장생의 길이라는 방술사들의 말을 믿고 잦은 순행길에 올랐다는 말이 있지만, 이는 상식적으로 납득하기 어려운 해석이다. 진시황이 바보가 아닌 이상 그런 황당한 처방을 믿고 행동했을 리는 없다. 로마가 제국의 확대와 안정을 위해 로마를 중심으로 뻗어나가는 도로를 건설했듯이 진시황 역시 대규모 제국에 가까운 통일 중국의 기반을 다지기 위해 직도를 건설했다고 봐야 한다. 진시황릉 봉토 서쪽에서 출토된 두 대의 〈청동마차〉는 진시황의 순행을 머릿속에 그려볼 수 있게 한다. 각각 네 마리의 말이 끄는 마차다. 하나는 개방된 공간에서 말을 끌게 되어 있고, 다른 하나는 사방이 막힌 전형적인 모양의 마차다. 앞에서도 언급했듯이 진시황은 혹시 있을지 모르는 암살에 대비하기 위해 같은 모양의 마차를 여러 대 준비해서 함께 움직였을 것이다.

아방궁과 진시황릉도 빠질 수 없는 건설 공사였다. 자신을 신성화하고 절대권력자로서의 면모를 만천하에 과시하기 위한 사업이었다. 《사기》에 따르면 아방궁은 크기와 화려함에서 이전의 어떤 왕도 시도

진시황릉 〈청동마차〉, 기원전 210년경

하지 못했던 공사였다. "아방궁에 전전前殿을 건축했는데, 동서의 넓이가 500보며 남북의 길이가 50장으로 위쪽에는 1만 명이 앉을 수 있으며, 아래쪽에는 5장 높이의 깃발을 꽂을 수 있었다. (……) 궁형, 도형을 받은 70만여 명을 나누어 아방궁을 짓게 하거나 여산을 조립하게 했다."(〈진시황본기〉) 이는 아방궁 전체가 아닌 전전, 즉 전면에 있는 궁전 하나에 대한 설명이다. 진시황은 사방으로 구름다리를 만들어 궁전 아래부터 남산까지 통하게 했으며, 남산 봉우리에 누각을 세워 표지로 삼았다. 70만 명을 동원했다는 것은 당시 상황을 고려할 때 과장이겠지만, 어마어마한 규모라는 점은 알 수 있다.

진시황릉은 이보다 더하면 더했지 조금도 덜하지 않았다. "전국에서 이송되어온 죄인 70만여 명을 시켜서 깊이 파고 구리물을 부어 틈새를 메워서 외관을 설치했으며, 모형으로 만든 궁관, 백관, 기기, 일용품과 장신구 등을 그 안에 가득 보관했다. (……) 수은으로 천, 강, 바다를 만들고, 기계로 수은을 주입하여 흘러가도록 했다." 진시황은 이 공사가 다 끝나기 전에 죽었는데, 그를 이은 2세 황제는 "선제의 후궁 가운데 자식이 없는 자를 궁궐 밖으로 내쫓는 것은 옳지 않다"라며 모두 순장시켜버렸다. 무덤 위에 풀과 나무를 심어서 마치 산과 같이 만들었다고 기록되어 있다.

진시황릉은 지금도 발굴 중에 있다. 능묘는 38년이 걸려 완공되었는데 무덤의 높이 76미터, 둘레 2킬로미터다. 측량 조사 결과 능원은 내외 두 성곽으로 둘러졌고 내성의 둘레 2.525킬로미터, 외성의 둘레 6.264킬로미터다. 어느 정도 발굴이 진척된 병마용갱만 보더라도 《사기》의 내용이 과장만은 아니라는 점을 알 수 있다. 자신의 무덤을 지키게 할 목적으로 진시황릉 근처에 만든 지하갱도인데, 길이 210미터, 너비 60미터, 깊이 5~6미터 정도에 군사 8천여 명과 말 500여 필, 전차 130여 대가 11줄로 늘어서 대기하고 있다. 10만여 개의 병기도 발굴되었는데 대부분이 실제 무기다. 학자들은 발견된 3개의 갱 외에도 진시황릉 근처에 아직 발굴되지 않은 병마용갱이 더 묻혀 있을 것이라 추측한다.

도량형과 화폐의 통일 역시 진시황이 역점을 둔 일이었다. 도량형은 세 가지 기구를 의미한다. 길이, 부피, 중량을 재는 용도다. 춘추전국시대에는 나라마다 도량형 기준과 기구가 달랐다. 진시황은 중국을 통

〈진나라 시대의 무게추〉, 기원전 3세기 후반

일하자마자 진나라의 제도를 기준으로 삼아 모든 지역의 도량형을 통일했다. 동시에 이 조서를 국가에서 제조한 표준 도량형 기구와 일상생활에 사용하는 기구에 새겨 넣었다. 〈진나라 시대의 무게추〉는 그 일부를 보여준다. 무게를 재는 데 쓰는 기구 중 하나인데, 여러 개를 만들어 각 지역에 보급하여 통일적인 기준으로 사용하도록 했다. 표면에는 조서의 핵심 내용을 기록해서 누구나 사용 방법을 알 수 있게 했다.

또한 6국에서 저마다 다른 기준으로 통용되던 화폐를 통일했다. 중국의 정치적 통일을 위해서는 경제적 통일이 동반되어야 하기 때문이다. 하나의 중국을 뒷받침하는 단일한 경제 구조를 만들려면 무엇보다도 먼저 화폐를 통일해야 했다. 개인이나 사적인 집단의 화폐 제조를 금지하여 엄벌로 다스렸고, 중앙정부에서 화폐 주조를 독점했다. 이를 통해 과거의 제후를 비롯해 지방 귀족들이 독자적인 세력을 유지하거나 키우는 데 필요한 경제적 근거를 약화했다.

왕권 강화는
언제나 선한가

단명으로 허무하게 끝난 진나라

진시황은 기원전 210년에 급작스러운 죽음을 맞이했다. "진시황이 평원진平原津에 이르러서 병이 생겼다. 진시황은 죽는다는 말을 싫어했기 때문에 군신들도 감히 그런 말을 입 밖에 꺼내지 못했다. 황제는 병이 날로 심해지자 공자公子 부소에게 보내는 편지를 써서 말하기를, '돌아와서 상에 참여하고, 함양에 안장하라'고 한 뒤 봉인하여 관부에 놓아 둔 채, 사자에게 주지는 않았다."(《진시황본기》) 진시황이 왜 죽었는지에 대해서는 마땅한 기록이 없다. 그저 병이 생겨서 죽었다는 것이 전부다. 어떤 병이었는지, 그전에도 앓았는지에 대한 기록이 없다. 이 때문에 은밀한 방법에 의한 내부 암살이 아니냐는 추측이 끊임없이 나왔다. 현재로서는 알 수 없는 일이니 역사적 검토에서는 그리 중요하지

진시황 병마용갱 〈토용2〉, 기원전 210년경

않다.

　진시황은 권력을 한 손에 틀어쥐려 한 나머지 후사를 대비하지 못
했다. 공식 황후와 태자를 세우지 않은 일, 공자 부소를 후계자로 지정
한 그의 조서도 제때 전달하지 못한 채 세상을 떴다. 그 결과 극심한 혼
란이 찾아왔다. 공식 후계자 부소가 죽었고, 승상 이사를 비롯한 중신
과 대장군이 피살되었다. 20여 명에 이르는 진시황의 자녀들 역시 죽
음을 맞이했다.

　2세 황제를 내세웠으나 오래 가지 못했다. 기존 6국의 제후들은
저마다 새로운 시대의 패자가 되고자 군대를 일으켰다. "제후들의 병

력이 당도했는데, 항우는 진나라의 여러 공자를 비롯한 왕족을 살해하
더니, 끝내는 함양의 백성을 살육하고, 궁실을 불태우고, 자녀들을 사
로잡고, 진귀한 보화와 재물을 몰수하여 제후들과 함께 나누어 가졌다.
진나라를 정벌한 다음, 국토를 삼분하여 이를 삼진三秦이라고 불렀다.
항우가 서초패왕이 되어 정령政令을 주관하고 천하를 나누어 제후왕을
봉하니, 진나라는 드디어 멸망했다. 그 후 5년이 지나서 천하는 한漢나
라에 의해 통일되었다."

　　진시황은 오랜 기간 공들여 만들던 자신의 무덤이 완성되는 것도
보지 못하고 죽었다. 그는 병마용갱의 〈토용-2〉처럼 무덤에까지 엄청난
규모의 군대를 두고 살아서든 죽어서든 강력한 권력을 유지하고자 했
다. 흙으로 구워 만든 병사들조차 강인하길 원했던 것 같다. 실제보다
20센티미터 정도 더 크게 만들어서 위용 있게 보이게 했다. 지금은 토
용들의 손이 비어 있지만 원래는 실제 사용하는 무기들이 쥐어져 있었
다. 수백 대의 전차부대까지 지하에 두었으니 웬만한 규모의 제후국을
상대할 만한 무장을 갖추고 있었다고 해도 과언이 아니다. 하지만 진시
황의 죽음과 함께 천년왕국일 것 같던 권력은 허무할 정도로 쉽게 무너
졌고, 후세의 영광도 그의 것이 아니었다.

21세기에 드리운 진시황의 그림자

우리가 역사에 관심을 갖는 것은 그로부터 현재와 미래를 향한 교훈을

이끌어내기 위해서다. 진시황의 중국 통일과 왕권 강화 시도에서 후대 사람들은 어떤 교훈을 얻었을까? 과연 진시황이 저지른 오류를 되풀이하지 않으려 노력했을까? 아쉽게도 교훈을 이끌어내기는커녕 동일한 오류를 되풀이해온 역사에 가깝다고 봐야 한다. 심지어 21세기를 살고 있는 현재에 이르기까지 진시황의 그림자가 국가 권력을 장악한 개인이나 세력에 드리워져 있다. 문제는 권력을 쥔 세력만이 아니라 우리 대다수의 내면에 또 다른 진시황이 똬리를 틀고 앉아 있다는 점이다.

학교에서 역사를 배울 때 어떤 인물을 중심으로 배우는가? 대체로 왕에서 왕으로 이어지는 제왕의 역사를 배운다. 수많은 왕 중에서 어떤 왕을 위대하게 여기고, 후대의 모범으로 제시되는가? 왕권 강화에 성공했거나 최소한 이를 시도한 왕들이다. 교과서 내용의 상당 부분이 이들의 이야기로 가득하다. 영화나 TV 드라마도 마찬가지다. 대체로 통일 왕국을 건설했거나 유지하는 과정에서 왕권 강화에 공을 세운 왕이나 장군이다.

어린 시절부터 우리는 교과서를 통해, 책이나 TV 등을 통해 전통사회에서 왕권을 강화하는 이론이나 행위가 선이고, 이를 해치는 일체의 시도는 악이라고 배워왔다. 그 결과 왕에게 정치적, 군사적 권한이 집중될 때 나라가 안정되고, 백성이 편안한 삶을 누릴 수 있다는 생각이 마치 상식처럼 되었다. 그러한 상식이 옳고 그른지는 물론이고 심지어 역사적 사실인지는 의심하지 않았다.

하지만 전통사회 조건에서 왕권 강화의 전형을 보여준 진시황을 통해 과연 그러한 상식이 사실에 기초한 것인지, 또한 올바른 것인지를 진지하게 고민할 필요가 있다. 대제국의 건설과 강력한 왕권이 세상을 안정시키고 백성의 삶을 안락하게 만들었는지를 말이다. 왕이 모든 권력을 장악했을 때 거의 공식처럼 이어지는 이후의 과정을 우리는 여러 차례 확인할 수 있었다. 밖으로는 대규모 정복전쟁이 뒤를 이었다. 이 과정에서 수많은 백성이 가족과 멀리 떨어진 전쟁터의 거친 흙바닥 위에서 싸늘한 주검으로 삶을 마감해야 했다. 내부적으로는 자신의 지위를 절대화하고 우상화하기 위해 왕궁과 왕릉, 거대한 성을 축조하느라 백성의 일상을 파괴하고 삶을 나락으로 떨어뜨렸다.

이는 비단 중국 진시황에 국한된 사례가 아니다. 우리는 앞에서 그리스와 로마의 역사적 사례를 자세히 살펴보았다. 그리스 시민의 삶이 언제 안정을 누렸는가? 우여곡절이 많았지만 민주정 사회에서 가장 안정된 삶을 유지했다. 소수 귀족이 더 많은 부를 축적하고, 과두정을 세우기 위한 반란을 거듭 시도하면서 피바람이 불고 시민의 힘은 약화되었으며 국가가 혼란에 빠졌다. 로마제국도 큰 맥락에서 볼 때 비슷한 교훈을 준다. 로마제국의 황금시대는 황제가 권력을 틀어쥔 제정시대가 아니었다. 오히려 공화정 시대에 이룩한 정치적 안정과 시민의 삶을 갉아먹는 과정이었다. 지나간 역사에 '만약'이라는 가정이 허용된다면, '만약' 그리스와 로마 시민이 자신의 토지와 정치적 영향력을 계속 유지했다면 적어도 실제 벌어진 역사보다는 훨씬 나은 모습일 것이다.

물론 그리스와 로마의 경우를 중국에 그대로 적용할 수는 없다. 당시 중국에서 민주정이나 공화정을 기대할 수 있는 역사적 상황이 아니기 때문이다. 우리는 당시 중국의 구체적 조건을 무시한 채 역사의 교훈을 이끌어내서는 안 된다. 그렇다고 해서 이미 벌어진 일을 어쩔 수 없는 것으로, 심지어 시대의 흐름과 함께 역사가 진보한 것으로, 좀 더 구체적으로는 부족에서 국가로의 확대, 부족연합 국가에서 단일하고 거대한 단일 왕정체제로의 변화를 발전의 과정으로만 이해하는 것은 편견에 지나지 않는다.

우리는 지난 2천 년 가까이 유가나 도가에서 하·상·주 시대와 진시황의 진나라를 비롯해 이후의 통일 국가를 비교하는 경우를 자주 접한다. 이를 단순히 먹물들의 비현실적인 관념이나 일부 철없는 사람들의 복고적 취향으로 치부할 필요도 없고, 그렇게 해서도 안 된다. 구체적인 현실의 역사 속에서 나온 그들의 문제의식을 무시하는 우리의 시각이야말로 실제의 역사에서 벗어나 자신의 비뚤어진 이해관계를 역사에 투영하는 오류를 저지르는 것일 수 있다.

하·상·주 시대는 제후의 통치라는 한계가 있지만 다양한 세력이 균형을 이루며 비교적 평화로웠고 사람들도 안정된 생활을 누렸다. 때로 꽤 긴 기간의 균형, 때로는 불안한 균형, 혹은 일시적으로 충돌이 생기기도 했지만 전체 중국을 놓고 단일한 패권을 다투던 시기에 비해서는 훨씬 바람직한 상태였다고 보아야 하지 않을까? 천하의 패권과 왕권 강화를 위한 시도가 초래했던 수많은 재앙보다는 하·상·주 시대의 균형을 향한 긴장이 더 바람직한 상태가 아닐까?

균형이 유지되던 시기에는 외부와 전쟁을 벌이는 일에도 한결 신중했다. 《사기》에 따르면 주나라 목왕이 견융을 정벌하려고 하자 제공 모보가 간하였다. "안 됩니다. 선왕께서는 덕을 밝혔을 뿐 무력을 과시하지 않으셨습니다. (……) 때문에 주 문공의 노래에도 '창과 방패를 거두어들이고 활과 화살을 자루에 넣었네. 아름다운 덕을 닦아서 온 나라에 실행하고, 왕도로써 천하를 보존하리라'고 했습니다."(《주본기》)

또한 사마천이 가생賈生의 논평을 빌려 진시황을 평가한 대목도 경청할 만하다. "홀로 고립되어 천하를 소유했으므로 그의 멸망은 서서 기다릴 수 있을 정도로 빨리 도래했다. 만약 진시황이 전대의 일을 고려하고 은나라와 주나라의 경험을 본보기로 삼아서 정책을 결정하고 시행했다면 후에 설사 방자하고 교만한 임금이 있었다고 하더라도 나라가 기울고 위태해지는 환난은 없었을 것이다."

06

십자군 전쟁은
종교전쟁인가

필사본 삽화 〈롤랑의 노래〉, 12세기

중세 봉건제와
십자군 전쟁

중세 유럽 봉건사회의 모습

유럽 중세는 서로마제국이 멸망한 5세기부터 르네상스와 종교개혁의 바람이 유럽을 강타한 15세기까지의 시기를 일컫는다. 천 년에 이르는 중세는 흔히 봉건제 사회로 불린다. 유럽 봉건제는 영주와 봉신, 농노 사이의 지배 관계로 이루어진 체제를 말한다. 기본적으로 영주, 봉신, 농노로 신분이 나뉘지만, 내부로 들어가면 훨씬 더 많은 계층으로 구분되었다.

먼저 영주와 농노의 관계를 살펴보면, 영주에게 토지를 빌려 쓰는 대가로 농노는 지대를 내야 했다. 하지만 영주와 농노의 관계는 단순히 지대를 둘러싼 계약 관계에 한정되지 않았다. 영주는 인격적·정치적 예속 등 경제 외적인 영역에서도 농노를 지배했으며, 농노는 일상적으로 공동체의 규제를 받았다. 또한 영주는 봉신에게 봉사와 충성 서약을 받는 대가로 토지를 양여함으로써 주종 관계를 맺었다. 신분에 따라 직무나 직업도 계층화되었다. 일상적 무력은 기사에 의해 뒷받침되었다. 귀족사회에서 이는 기사도라는 문화적 특색으로 나타났다. 농노는 영주와 귀족, 성직자의 착취와 억압을 받으며 평생 땅을 갈고 등골 빠지게 일하며 자급자족의 장원 경제에 필요한 물건을 만들어야 했다.

영주가 지배하는 장원은 하나의 마을 공동체를 이루었다. 개인은 신분에 따라 집단적 소유와 생활의 예속을 강요하는 장원 체제에 흡수되었다. 봉신과 농노는 지위의 차이는 있지만 모두 장원의 주인인 영주에게 예속된 존재였다. 영주는 재판에 대한 권한을 비롯해 모든 정치적, 법적 권한을 가졌다. 농노는 노동과 세금 등의 의무를 졌다.

장원 형식의 농촌 공동체와 다른 형태의 도시가 공존했지만, 큰 규모는 아니었다. 이름이 알려진 도시도 인구가 2만~4만여 명 정도였고, 특히 중세 초기에는 농촌의 삶과 인간관계가 깊숙이 배어 있었다. 몇몇 역사학자는 경제적으로 교환이 미미하고 임금 노동자가 거의 없었기 때문에 대체로 안정된 농촌 공동체를 이루었던 11세기까지를 1차 봉건시대로 규정한다. 그 이후의 시기를 대대적인 개간 운동, 상업의 부활, 화폐 경제의 확산, 생산자에 대한 상인의 우위 증가를 특징으로 하는 2차 봉건시대로 설정한다.

유럽 중세를 이야기할 때 빼놓을 수 없는 것이 교회와 기독교 신앙이다. 중세를 특징짓는 신분제는 기독교 교리를 통해 합리화, 정당화되었다. 신과 천사, 신과 인간의 대리인, 인간으로 이어지는 신학적 구조는 신분 사회를 불가피한 것으로 설명하는 훌륭한 수단이었다. 또한 농노의 고된 노동과 궁핍한 생활에서 오는 고통은 원죄를 갖고 태어난 인간이 감수해야 하는 신의 형벌로 여겨졌다. 중세 봉건제 질서에 대한 의문이나 저항은 신의 뜻을 거스르는 죄악으로 규정되었다.

필사본 삽화 〈롤랑의 노래〉는 중세 봉건제의 특징을 한 화면 안에 집약적으로 담아내고 있다. 중세 기사도 문학의 대표적 작품인 《롤랑의 노래》를 표현한 그림이다. 대략의 줄거리는 이렇다. 778년에 샤를마뉴 대제가 이슬람 세력에게 빼앗긴 스페인 영토를 회복하기 위해 피레네 원정을 떠난다. 사라센 세력은 더 버틸 수 없다고 생각하여 프랑스에 충성 서약과 평화를 약속했다. 기사 롤랑은 뿌리째 정복해야 한다고 주장했으나, 가늘롱은 평화 수용을 주장했다. 평화 조약의 사자로 파견된 가늘롱은 프랑스를 배반하고 이슬람 세력과 한 패가 된다. 프랑스군은 롤랑에게 후방을 지키게 하고 귀국길에 오르지만, 롤랑의 부대는 피레네 산맥 골짜기에서 사라센 군대의 공격을 받는다. 롤랑은 "피와 살을 잃는 것이 신하의 도리다. 나는 대왕이 내려주신 이 칼로 공격하리라. 내가 전사하면 이 칼을 얻는 자는 그것을 훌륭한 무사의 유품이라고 할 것이다"라며 싸우다 죽는다. 샤를마뉴 대제가 도착했을 때는 이미 부대가 전멸한 후였다. 대왕이 이교도들을 추적하여 죽이고 반역자 가늘롱을 능지처참하면서 서사시는 막을 내린다.

그림에는 서사시에 등장하는 여러 이야기가 동시에 들어 있다. 전면의 왼편에는 가늘롱이 이슬람 왕에게 큰 보상을 약속받으며 배신하는 장면이 나온다. 중앙의 나무 아래 쓰러진 기사는 사라센 군대의 공격을 받고 죽은 롤랑이다. 언덕 너머에는 전쟁이 끝난 후 반역자 가늘롱의 사지를 말에 묶어 찢는 모습이 나온다. 하늘에서는 신이 보낸 천사가 지상을 내려다보고, 오른편 아래 교회에서는 성직자가 성서를 펼쳐놓고 기도하는 중이다. 롤랑은 봉건 영주에 대한 봉신의 절대적 충성을 상징한다. 천사와 교회 성직자는 세상에서 일어나는 모든 일이 신의 명령과 예정에 의한 것임을 증명한다.

〈롤랑의 노래〉는 영주 권력과 교회 권력이라는 이중적 권력을 보여주기도 한다. 샤를마뉴 대제는 영주를 중심으로 한 지상 권력을 대표한다. 하지만 그림 속 하늘의 천사에서 볼 수 있듯이 전쟁의 승리는 신의 뜻을 증명하는 것이며, 교회와 성직자를 통해 실현된다. 두 권력은 때로는 타협하고 때로는 갈등했다. 중세 중기와 후기로 가면서 세속 권력과 교회 세력의 갈등은 여러 차례 부침을 겪는다. 성직자들은 세속적인 검을 영적인 검에 굴복시켜 영주와 황제에게서 주교를 임명하는 서임권을 박탈하려 했다.

두 권력이 충돌했던 상징적 사건이 '카노사의 굴욕'이다. 10세기 후반에 클뤼니 수도원을 중심으로 교회 개혁 운동이 일어났다. 개혁파 수도사들은 성직자의 결혼과 성직 매매 등 타락 현상의 근본 원인이 세속 군주의 성직자 임명에 있다고 보았다. 1075년에 교황 그레고리오 7세가 황제의 주교 서임권을 금지하자 신성로마제국 황제 하인리히 4세는 교황의 폐위를 결정했다. 그러자 교황은 로마회의를 열어 황제의 파문과 폐위를 선언했다. 파문을 당하면 봉건 제후들의 충성을 받을 수 없기 때문에 황제는 카노사 성에 체재 중인 교황을 찾아가 눈이 내리는 성 밖에 3일 동안 서 있고 나서야 사면을 받았다. 하지만 영주와 황제를 중심으로 한 세속 권력은 십자군 원정이 시작되면서 권한을 확대해 나가게 된다.

〈롤랑의 노래〉는 중세 중기에서 후기에 이르기까지 유럽과 이슬람 세계를 뒤흔든 십자군 전쟁의 신호탄을 암시하기도 한다. 그림에 나타난 스페인 이슬람 세력과 서유럽 기독교 세력의 격돌은 일회적 사건이 아니었다. 이후에도 서유럽은 스페인 남부의 이슬람 세력이 여차하면 피레네 산맥을 넘어올 수 있다는 공포감을 가지고 있었다. 〈롤랑의 노래〉는 중세 기사들을 찬양하는 내용이지만, 수백 년 이상 십자군 전쟁을 부추기는 용도로 사용되었다. 이 서사시가 십자군 전쟁이 한창이던 12세기 초에 만들어졌다는 점도 이를 뒷받침한다.

평범한 사람이 어떻게 학살자가 되는가

들라크루아Eugène Delacroix의 〈십자군의 콘스탄티노플 입성〉은 중세 십자군 전쟁을 묘사한 그림이다. 4차 십자군 원정에서 십자군이 콘스탄티노플에 입성하는 장면이다. 중앙에 말을 타고 있는 십자군 장교들이 위풍당당한 모습으로 성을 누비고 있다. 뒤편으로 펼쳐진 콘스탄티노플 시가지에서 검은 연기가 피어오르는 것으로 보아 아직도 전투가 진행 중이다. 전면과 좌우로는 성안에 있던 노인과 여성, 어린이들이 겁에 질린 표정을 짓거나 가족을 잃은 슬픔에 고개를 숙이고 있다. 바닥에는 약탈

들라크루아, 〈십자군의 콘스탄티노플 입성〉, 1840년

을 상징하듯 집 안에 있어야 할 물건들이 나뒹군다.

십자군 전쟁은 이슬람교도에게 빼앗긴 성지 예루살렘을 탈환하기 위해 11세기부터 14세기에 걸쳐 교회와 황제가 주도한 여러 차례의 원정 전쟁을 말한다. 예루살렘은 유대인, 기독교도, 이슬람교도 공통의 성지였다. 유대인에게는 다윗의 우물이 있는 곳, 기독교도에겐 예수가 죽어 부활한 곳, 이슬람교도에겐 예언자 무함마드가 머문 곳이었다.

당시 이슬람은 종교적 일치와 아랍어 사용이라는 유리한 조건을 통해 동쪽으로는 인도에서 서쪽으로는 스페인에 이르는 광대한 지역을 지배하고 있었다. 이슬람권의 모든 지역은 종교적, 정치적 최고권자인 칼리프의 체제 아래 있었다. 상당 기간 이슬람과 콘스탄티노플을 중심으로 한 동로마제국은 비교적 평화로운 관계를 유지했다. 전쟁과 평화가 교차했지만, 지속적으로 무역을 했으며 서로를 이해하며 친밀한 관계를 맺었다.

638년 이슬람 세력이 예루살렘을 점령하여 이슬람 성역으로 선포한 후 기독교인의 성지 순례를 방해하지 않았지만, 셀주크투르크족이 지배하면서 금지 조치가 내려졌다. 이에 동로마제국 황제는 교황에게 파병을 요청했고, 위급한 상황을 전해들은 교황 우르바누스 2세는 1095년 공의회를 소집하여 예수의 무덤을 되찾고 동방의 그리스도인을 구출하기 위해 원정군을 보내자고 호소했다. 이로써 1차 십자군 원정(1096~1099년)이 시작되었다. 교황은 성지 해방전쟁을 성전聖戰이라고 명명하고 종군하는 병사에게 신의 구원을 약속했다. 그리고 교황의 호소를 전하기 위해 각지에 사람을 파견했다.

삽화 〈십자군 원정을 호소하는 교황〉은 1095년 11월 27일 클레르몽 공의회에서 교황이 성지 해방전쟁을 최초로 호소하는 장면을 담았다. 중앙 연단에서 교황이 십자군 조직의 필요성을 역설하고 있다. 유럽 각지에서 참석한 진지한 표정의 주교와 신부들이 자리를 가득 메우고, 으리으리한 성당의 기둥마다 거의 사람 크기로 조각된 성인들이 내려다보고 있다. 우르바누스 교황은 이 연설에서 다음과 같이 호소한다.

"페르시아에서 온 종족인 투르크인들이 형제들의 나라를 침략했습니다. 그들은 지중해까지 진격해 들어갔습니다. (······) 많은 이들이 그들의 습격으로 죽어갔으며 노예로 전락했습니다. 투르크인들은 교회를 파괴하고 있습니다. 그들은 신의 왕국을 약탈한 것입니다. (······) 지금까지 신도들에게 손해를 끼치며 약탈하고 기만하는 전쟁에만 참가해온 사람들은 이교도와의 전쟁, 즉 나설 가치가 있는 전쟁, 마땅히 승리로 끝내야 할 전쟁에 부디 출정하십시오! 악당에 불과했던 이들은 이제부터 부디 그리스도의 기사들이 되십시오! 그들의 형제, 부모들과 다투던 이들은 지금부터는 야만인들과 싸우십시오! 몇 푼 안 되는 돈을 받고 용병이 된 이들, 그들은 앞으로 불멸의 보상을 받을 것입니다. 무익한 일로 심신을 해치던 이들, 그들은 앞으로 갑절의 영광을 위해 일하게 될 것입니다."

교황의 호소에 먼저 화답한 것은 평민들로 구성된 십자군이었다. 은둔 수도사인 페테르가 추종자들을 모아 민병대 성격의 십자군을 조직했다. 십자군에 참가하여 전사하면 순교자가 된다는 교황의 선언은 열성적 신자들을 불러 모으는 좋은 무기였다. 많은 농민과 일반 신도가 가담했으나, 그리스도가 함께하는 전쟁이기에 반드시 승리할 것이라는 믿음만 있었을 뿐 지휘 체계도 없고 훈련도 제대로 받지 못한 오합지졸이었다. 이들은 그저 교황이 나눠준 십자가가 그려진 하얀 가운을 걸치고 예루살렘을 향해 출발했다.

19세기 프랑스를 대표하는 삽화가 폴 귀스타브 도레Paul Gustave Doré의 동판화 〈십자군에게 설교하는 은자 페테르〉는 십자군을 모집하는 페테르의 모습을 담았다. 수도복 차림의 페테르가 한 손에 십자가를 들고

삽화 〈십자군 원정을 호소하는 교황〉,
1490년

도레, 〈십자군에게 설교하는 은자
페테르〉, 1877년

주변에 빼곡하게 모인 사람들에게 열렬하게 성전 참여를 호소하고 있다. 앞에는 어린아이까지 방패를 들고 십자군에 참여하려는 듯 페테르를 향해 걸어가고 있다.

페테르는 여러 지역을 돌아다니며 연설을 했고, 순식간에 그는 성인의 이미지로 탈바꿈했다. 프랑스에서만 약 1만 5천 명이 그와 함께 떠났다. 하지만 이 군대는 오합지졸이었다. 평민 십자군이 지나가는 곳마다 약탈이 이어졌다. 당시 유럽은 흉작으로 굶주리는 사람이 많았는데, 식량 보급에 대한 대책도 없이 출발한 평민 십자군은 동쪽으로 이동하는 도중에 약탈을 일삼았다. "여기서는 침울하고 가난했지만, 그곳에서는 유쾌하고 부유해질 것입니다. 여기서는 예수의 적이었지만, 그곳에서는 주 예수의 친구들이 될 것입니다"라는 교황의 연설은 이들에게 약탈을 통한 부의 획득을 신의 이름으로 보장해주는 것이었기에 거리낌 없이 약탈을 저질렀다.

동쪽으로 이동하는 첫 지역인 헝가리에서 대규모 약탈과 함께 4천여 명의 민간인을 학살했다. 발칸 지역을 지나 콘스탄티노플로 가는 경로를 따라가면서 마을을 마음대로 약탈하고 도시를 불태우며 주민을 학살하는 등 온갖 만행을 저질렀다. 성전을 빌미로 한 십자군 원정은 종교적 광란 심리를 부채질했고, 특히 예수를 십자가에 매달아 죽게 한 유대인에 대한 증오가 커지면서 박해와 학살을 자행했다.

1096년 가을, 평민 십자군이 콘스탄티노플 근처 지역에 당도했다. 하지만 정작 전투가 벌어지자 부실한 준비에 전쟁 경험도 없는 십자군은 몇 차례의 공격에 맥없이 쓰러졌다. 콘스탄티노플 인근의 니케아를 점령하러 갔다가 오히려 이슬람 군대에게 전멸당하고 페테르만 간신히 살아 돌아왔다.

정규 십자군은 1096년 여름부터 4개 부대로 나뉘어 출발해 육지와 바다 양로를 지나 이듬해 봄 콘스탄티노플에 집결했다. 비전투원을 포함하여 5만 명의 군대였는데, 당시에는 매우 큰 규모였다. 십자군의 첫 번째 목표는 니케아였다. 당시 투르크 술탄이 자리를 비운 틈을 타서 공격하기 시작했다. 1097년 십자군은 니케아를 함락시켰다. 다음 공격 목표는 안티오크였다. 한여름에 행군하느라 많은 병사와 말이 희생되었고, 안티오크는 황폐한 땅이라 식량과 물이 거의 없었다. 또한 안티오크는 견고하고 거대한 성이었다. 10킬로미터가 넘는 기나긴 성벽을 따라서 거의 400개에 이르는 망루가 세워져 있었고, 도시 위로 성채가 400미터 이상 불쑥 치솟아 있어 함락하기 어려운 요새였다.

십자군에게 안티오크 공격은 최종 목적지인 예루살렘으로 가는 분기점이 되는 중요한 전투였다. 하지만 보급 물자가 부족해 7개월이 넘도록 도시를 제대로 공략하지 못했다. 장-조제프 다시Jean-Joseph Dassy의 〈안티오크 공격〉은 당시의 전투 장면을 담고 있다. 갑옷과 방패로 무장한 십자군 기병이 창으로 이슬람 기병의 목을 막 꿰뚫는 순간이다. 말 아래에는 이슬람 병사 시체들이 나뒹군다. 뒤편으로는 안티오크의 견고한 성이 보인다. 실제 전투에서 이슬람 군대는 지원군을 기다리며 성 안에서 십자군의 공격을 방어하는 데 주력했다. 하지만 이슬람 군대 역시 어려운 사정이었다. 7개월이 넘도록 십자군의 포위 공격에 대항하여 싸우느라 아사 직전이었다. 내부 반역자가 십자군의 돌파를 도운 후

다시, 〈안티오크 공격〉, 1850년

에 결국 도시는 함락되었다.

안티오크 함락과 동시에 기사단 중심의 정규 십자군은 더욱 노골적이고 대대적인 약탈과 학살에 나섰다. 부녀자와 어린아이와 노인들까지 무차별적으로 참살하는 만행을 저질렀다. 도레의 〈십자군의 안티오크 학살〉은 당시 자행된 학살 장면을 담았다. 안티오크 성을 점령하는 과정에서 벌어진 참혹한 민간인 학살 장면이다. 성안에 진입한 십자군이 남녀노소를 가리지 않고 이슬람교도를 성벽 아래로 밀어 떨어뜨린다. 난간을 붙잡고 버티는 사람들을 칼로 찌른다. 한 여인은 갓난아

도레, 〈십자군의 안티오크 학살〉, 1877년

기를 안은 채 성벽에 매달려 있다. 하지만 성벽 아래로 떨어지는 이들을 기다리는 것은 십자군의 날선 창이다. 건물 밖에서도 무차별적인 도륙이 진행 중이다. 워낙 생생하게 묘사해서 마치 비명소리가 들리는 듯하다.

이슬람 역사가 아민 말루프는 《아랍인의 눈으로 본 십자군 전쟁》에서 당시의 처참한 상황을 이렇게 전한다. "도시는 화염과 피비린내로 아수라장이었다. 남녀노소 할 것 없이 진창이 된 골목길로 도망치려 했으나 기사들은 이들을 붙잡는 대로 가차 없이 그 자리에서 목을 잘랐다. 살아남은 자들의 비명마저 점점 잦아들자 벌써부터 술에 취한 프랑크 약탈자들의 고르지 못한 노랫소리가 이를 대신했다. 불타버린 수많은 집에서는 연기만이 피어오르고 있었다. 정오 무렵, 도시는 이미 거대한 초상집이었다.”

특히 안티오크 점령 후 인근 도시인 마라에서 일어난 학살은 광기와 참혹함으로 가장 유명하다. 안티오크 함락 직후인 1098년 7월 십자군은 식량 징발 원정을 떠나 마라를 습격했다. 튼튼한 성벽과 깊은 해자로 둘러싸인 성을 공격하는 일이 쉽지 않았지만 12월에 이슬람 민병 및 시민들은 결국 항복하고 마라를 내주었다. 마라는 풍요로운 도시가 아니었고, 이미 겨울에 접어들었기에 식량이 부족했다. 급기야 십자군은 인육을 먹는 대대적인 카니발리즘을 자행했다. 십자군 군대의 연대기 저자 라울조차 “마라에서 우리들은 이교도 어른들을 커다란 솥에 넣고 삶았다. 또 그들의 아이들을 꼬챙이에 꿰어 불에 구웠다”라고 기록할 정도였다. 또 다른 연대기 저자 알베르 덱스도 “우리들은 사라센인들의 인육을 먹는 일은 물론이거니와 심지어 개를 먹는 일도 마다하지 않았다”라고 당시의 소름 끼치는 상황을 전했다.

중요한 전투에서 승리하여 사기가 오른 십자군은 최종 목적지인 예루살렘으로 진격했다. 1099년 6월에 예루살렘에 도착해서 공격을 퍼부은 끝에, 마침내 성을 함락시키고 예루살렘을 점령했다. 이곳에서도 부녀자와 어린아이와 노인들까지 무차별적으로 참살하는 만행을 저질렀다. 예루살렘의 대규모 학살에 대해 당시 무슬림 역사가 이븐 알-아시르는 《완전한 역사》에 다음과 같이 기록했다. “성지 주민들은 그들의 칼날 아래 쓰러졌다. 프랑크인은 일주일 동안 수많은 사람을 학살했다. 알아크사 사원에서 7만 명이 넘는 사람이 죽었다. 그들 중에는 고향을 떠나와 인근에 살던 무슬림 종교 지도자, 학자, 신자들이 있었다." 또 다른 기록에는 "많은 사람들이 죽었다. 프랑크인은 유대인을 교회당에 몰아놓고 산 채로 태워 죽였다. 그들은 또한 성스러운 유적과 아브라함의 무덤을 파괴했다"고 나온다.

이슬람 역사가의 기록만이 아니라 1차 십자군 원정대 일원이었던 작가가 쓴 《게스타 프란코룸Gesta Francorum》이라는 책도 끔찍한 학살을 증언했다. "도시 대부분은 거의 죽은 시체로 가득 찼으므로, 썩는 악취 때문에 지휘관들은 사라센인의 시체를 전부 도시 밖으로 던져버리도록 명령했다. 그래서 살아 있는 사라센인이 성문 앞으로 죽은 시체를 끌고 와 집채만 하게 쌓아올렸다. 이전에는 어느 누구도 이교도를 그렇게 학살한 광경을 보지도 듣지도 못했다. 시신이 피라미드처럼 쌓아올린 화장대에서 불태워졌으므로 신을 제외하고는 그 수가 얼마나 되는지 아무도 헤아릴 수 없었다." 역사가들은 폭이 채 800미터도 안 되는 예루살렘에서 14만 명이 목숨을 잃었을 것으로 추정한다.

십자군은 일주일 내내 학살극을 벌였다. 심지어 기독교의 뿌리인 유대교 사원도 약탈과 학살의 대상이었는데, 알아크사 사원 한 곳에서만 7만 명이 넘는 사람들을 죽였다. 유대인들은 조상들이 했던 대로 기도를 올리려고 교회당으로 모여들었다. 그러자 십자군은 출구를 봉쇄한 다음, 주위에 나뭇가지를 쌓아올리고 불을 질렀다. 당시의 이슬람 역사가 이븐 알-칼라니시는 "많은 이들이 죽었다. 프랑크인들은 유대인들을 교회당에 몰아넣고 산 채로 태워 죽였다. 그들은 또한 성스러운 유적들과 아브라함의 무덤을 파괴했다"라고 적었다. 기독교도가 숭배하는 성스러운 아브라함의 무덤조차 파괴했다.

2차 십자군 원정(1147~1149)은 이슬람 세력의 반격으로 에데사가 함락되면서 시작되었다. 십자군에 의해 분열되었던 이슬람 세력은 지하드(성전) 이념에 따라 조직된 군사력을 기반으로 광범위한 통합에 나섰다. 1146년에는 에데사 지역을 정복하는 성과를 올렸다. 새로운 십자군이 일어났는데, 1차 때와는 달리 교황이 아니라 프랑스 왕 루이 7세와 독일 황제 콘라트 3세 같은 군주들이 조직했다. 출발 당시 2만 5천 명이던 십자군이 1148년 봄 시리아에 도착했을 때는 5천여 명에 불과했다. 독일 군대는 소아시아를 횡단하며 거의 몰살당했고, 프랑스군은 연안 지대를 따라오며 집요하게 공격하는 적과 여러 차례 전투를 벌였으나 패배를 거듭하면서 2차 십자군은 실패로 막을 내렸다.

3차 십자군 원정(1188~1192)은 프리드리히 황제가 정예 군대를 직접 지휘하며 승전보를 울렸다. 하지만 황제가 불의의 사고로 죽으면서 더 진군하지 못하고 중단되었다. 예루살렘 재탈환에는 실패했지만 술탄과 화해하여 기독교인의 예루살렘 순례가 허용되었다. 3차 십자군 전쟁 중 이슬람 군대가 항복한 적에게 보여준 행위는 십자군과 극과 극일 정도로 대조적이었다.

이슬람 지도자 살라딘은 예루살렘을 탈환한 후 상당히 관대한 조치를 베풀었다. 그는 과거 십자군에게 빼앗긴 성채와 도시들을 하나씩 포위하고, 유리한 조건을 제시하여 투항을 유도하는 방식으로 점령 지역을 확대했다. 과거 십자군이 예루살렘을 탈환하고도 대규모 학살을 저지른 것과는 달리 몸값을 받고 풀어주었다. 남자는 여자보다 몸값이 높았고, 빈민들은 단체 가격을 적용했다. 8천 명이 몸값을 치르고 석방되었고, 1만 명은 무상으로 풀려났다. 또 1만~1만 5천 명 정도가 노예로 팔렸으며, 그중 5천여 명은 요새 건설을 위해 이집트로 보내졌다.

살라딘이 거둔 대규모 승리에 대응하기 위해 3차 십자군 원정이 시작되었다. 이번에도 십자군은 교황만이 아니라, 독일 황제, 그리고 프랑스와 영국의 왕들이 주도했다. 십자군이 점령한 성채와 도시에서는 살라딘의 관대한 조치와는 대조적으로 다시 대규모 학살이 벌어졌다. 삽화 〈리처드 왕의 무슬림 처벌〉은 3차 원정 과정에서 수시로 벌어진 끔찍한 처형 장면을 사실적으로 묘사하고 있다. 궁궐에서 영국 리처드 사자심왕이 신하들과 함께 처형 장면을 보고 있다. 아래로 사자 그림이 새겨진 휘장이 걸려 있어서 그가 사자의 심장을 가진 왕, 즉 사자심왕임을 알려준다. 왼편으로는 셀 수 없이 많은 이슬람인들이 꼬리를 물고 처형장으로 끌려나오는 중이다. 커다란 처형대 위에도 다음 순서를 기다리는 이슬람인들로 가득하다. 막 눈을 가린 한 명의 목이 잘리려는 순간이다. 처형대 밑으로는 이미 목이 잘린 시체가 산처럼 쌓여 있다. 주변에는 신기한 구경을 하듯 유럽인들이 둘러서 있다.

프리드리히 황제가 죽으면서 원정은 중단되고, 1192년 9월에 십자군이 사실상 항복하는 강화조약이 체결되었다. 한 아랍인 화가가 그린 〈살라딘에게 항복하는 십자군〉은 조약 체결 장면을 담고 있다. 중앙의 살라딘은 다리 사이로 세운 칼에 손을 댄 채 몸을 꼿꼿이 세운 당당

삽화 〈리처드 왕의 무슬림 처벌〉, 12세기

작자 미상, 〈살라딘에게 항복하는 십자군〉, 1954년

한 모습이다. 오른편의 리처드 사자심왕은 약간 허리를 굽혀 머리를 조아리는 모습이다. 주변으로 이슬람 군대가 무기를 들고 도열해 있는 반면, 십자군은 살라딘의 발밑으로 무기를 내려놓고 있다.

4차 십자군 원정(1202~1204)에서 가장 큰 사건은 십자군의 콘스탄티노플 점령과 라틴제국의 수립이다. 1203년 6월, 베네치아 함대가 콘스탄티노플에 나타났다. 콘스탄티노플의 동로마제국은 로마 교황청과 함께 기독교를 대표하는 두 기둥이었다. 십자군은 이슬람 세력과의 전투를 위해 같은 그리스도인의 땅을 평화적으로 통과하겠다고 약속했지만 실제로는 약탈과 살육을 일삼았다.

야코포 팔마Jacopo Palma의 〈콘스탄티노플 점령〉에 묘사된 십자군은 우방 동맹군이 아닌 점령군의 모습이다. 배에서 내린 십자군이 물밀듯이 쏟아져 나와 성을 공략하는 중이다. 왼편에서는 사다리를 대고 성벽을 기어오르고, 열린 성문으로도 대규모 병력이 진격하고 있다. 성 안 여기저기에서 연기가 가득 피어오르는 것으로 보아 약탈과 살육이 한창 벌어지고 있다.

사흘 동안 콘스탄티노플은 약탈과 살육에 내던져졌다. 그리스와 비잔티움 문명을 증언하는 셀 수 없이 많은 성상과 동상, 서적과 예술품이 강탈당하고 파괴되었다. 곳곳에서 신성모독이 자행되었고, 베네치아인들은 약탈한 문화재와 보물을 자신들의 도시로 빼돌렸다. 심지어 십자가와 메시아 성상에 박힌 보석까지 떼어냈다. 존 줄리어스 노리치는 당시의 상황을《비잔티움 연대기》에서 다음과 같이 서술한다. "프랑크군은 사흘 동안 약탈 기회가 주어지자 메뚜기 떼처럼 달려들었

팔마, 〈콘스탄티노플 점령〉, 16세기 후반

다. 수백 년 전 야만족들이 침략했을 때를 제외하고는 유럽에서 그와 같은 대대적인 파괴의 향연이 벌어진 적은 없었다. 또한 그처럼 아름답고 훌륭한 예술작품들이 그처럼 무지막지하게, 단기간에 파괴된 적도 없었다. (……) 심지어 250년 뒤에 오스만 술탄에게 함락될 때조차도 그때만큼 암울하지는 않았다.”

또한 수천 명의 시민들이 학살당했다. 모술의 역사가는 다음과 같은 기록을 남겼다. “약탈당하지 않은 사람이 없었다. 프랑크인들에게

쫓기던 유력 인사들 일부가 소피아 성당으로 막 대피하려고 했을 때였다. 성당에서 사제와 수도사들이 십자가와 복음서를 들고 나와서 공격자들에게 목숨을 살려달라고 애원했다. 그러나 프랑크인들은 그들의 애원을 무시했다. 그들을 모조리 죽이고 성당을 약탈했다." 이로 인해 서로마와 동로마 사이의 분열이 결정적으로 격화되었다.

5차 십자군 원정(1217~1221)은 동유럽 신흥 기독교 국가의 군사력으로 십자군을 편성하여 이집트 일부 지역을 공격하는 정도에 그쳤다. 6차 원정(1228~1229)은 4차 원정 불참으로 파문당한 프리드리히 2세 황제의 개인적 원정이었다. 7차 원정(1248~1254)과 8차 원정(1270)이 있었지만 성지 정복 전초전으로 치러진 이집트와의 전투에서 참패하는 등 실패로 끝남으로써 십자군 전쟁은 막을 내렸다.

십자군 전쟁은
과연 종교전쟁인가

문명 충돌 관점의 한계

흔히 십자군 전쟁을 지중해 양편의 기독교 문명과 이슬람 문명이 충돌한 대표적 문명 충돌로 꼽는다. 물론 그전에도 두 세력의 대규모 전쟁이 있었다. 기원전 5세기에 아테네를 중심으로 한 그리스 연합군과 페르시아 제국이 몇 차례에 걸쳐 전쟁을 치렀다. 이 역시 문명 충돌로 이해하지만, 전 유럽이 동원되어 무려 여덟 차례에 걸친 원정 전쟁이 벌어졌고, 기독교와 이슬람이라는 종교적 대립을 동반한다는 점에서 십자군 전쟁을 문명 충돌의 전형적 양상으로 거론하곤 한다.

이들은 미국의 이라크와 아프가니스탄 침공 역시 현대판 문명 충돌로 꼽는다. 지난 수십 년간 미국과 서유럽 열강을 상대로 되풀이된 이슬람 세력의 테러와 이에 대한 보복 공격도 그 연장선상에 있다. 좀 더 거슬러 올라가서 1948년 이스라엘이 건국된 이후, 30년간 네 차례에 걸쳐 아랍 국가와 이스라엘 사이에 벌어진 중동 전쟁도 사실상 이스라엘을 지원한 기독교 중심의 서구 열강과 중동의 이슬람 국가 사이의 전쟁이라는 점에서 같은 맥락으로 이해한다.

미국의 이라크 침공 당시 부시 대통령은 "이슬람교는 가짜 종교", "미국과 이라크의 전쟁은 제2의 십자군 전쟁"이라는 발언을 서슴지 않았다. 그 이전에 레이건 대통령도 "악의 리비아와 선의 이스라엘의 갈등이 이미 구약에 예언돼 있었다"고 말한 뒤 리비아에 무자비한 폭격을 지시했다. 기독교 중심의 미국이나 서구를 절대적 선으로, 이슬람이 지배하는 아랍을 절대적 악으로 규정하면서 사실상 현대판 십자군 전쟁을 전개하는 태도를 노골적으로 보여주었다. 그렇기 때문에 기독교 문명과 이슬람 문명 사이의 충돌이라는 분석이 상당한 설득력을 얻었다.

서구와 아랍 사이의 충돌은 미술 영역에서도 나타난다. 미술 작품이 종교 극단주의의 선전수단으로 사용되면서 그 자체가 또 하나의 갈등을 불러일으키기도 한다. 예수와 무함마드를 묘사한 그림도 그런 갈등이 표출된 것이다. 먼저 무함마드 풍자만평이 도화선 역할을 했다. 심지에 불이 붙은 폭탄 모양의 터번을 쓴 무함마드의 그림이 덴마크 최대 일간지인《월란스 포스텐》에 실렸다. 터번에는 이슬람 종교의 핵심 문구인 "알라 외에는 신이 없고 무함마드는 알라의 사도다"라는 아랍어가 적혀 있다. 무함마드를 자살폭탄 테러범으로 묘사한 그림이다. 이슬람 종교와 무슬림 전체를 테러 집단으로 규정하는 분위기가 물씬 풍긴다. 이슬람권은 당연히 강력하게 반발했고, 유럽 신문은 언론과 표현의 자유를 내세우며 7개국 12개 매체에 확대 게재했다. 뒤이어 유럽에서 충돌과 폭력 사태가 일어났다.

그러자 이번에는 스페인의 한 미술 전시회에 예수가 미국의 피닉스 장거리 미사일을 들고 있는 그림이 걸렸다. 2차 세계대전 이후 대부분의 굵직굵직한 전쟁을 일으켰던 미국과 예수를 일체화시켜 전쟁의 화신으로 묘사했다. 뉴욕의 미술 전시회에서는 오사마 빈 라덴의 얼굴을 닮은 예수 그림이 걸려 논란이 벌어지기도 했다. 예수의 머리가 아래를 향하고 있는 이 그림에는 이슬람 전사를 의미하는 '무자헤딘'이라는 단어가 적혀 있었다. 당연히 기독교인들이 반발했다.

이러한 갈등과 충돌을 근거로 인류 역사의 큰 흐름과 변화 요인으로 문명의 충돌을 강조하는 이론이 인기를 끌고 있다. 새뮤얼 헌팅턴의 문명 충돌론이 가장 유명하다. 하버드 대학 교수이자 정치학자인 헌팅턴은 21세기 세계 정세는 평화적 협조 체제가 아니라 문명 간 갈등이 증폭되는 형태로 이어질 것이라고 예측하면서 문명의 역할을 강조했다. 그는 저서《문명의 충돌》에서 서구에 대한 비서구의 도전이라는 측면에 주목하면서 문명 충돌의 양상과 의미를 다음과 같이 설명한다.

"국민국가의 활동은 권력과 부의 추구로 규정하지만, 한편으로는 문화 선호, 동질성, 이질성 따위로 규정하기도 한다. 가장 중요한 국가군은 세계의 7개 또는 8개에 이르는 주요 문명이다. (……) 토착화 과정은 세계 전역의 종교 부활에서, 특히 경제와 인구의 활력이 낮은 아시아와 이슬람의 문화적 부활에서 광범위하게 확인된다. (……) 이념의 자리에 종교가 들어앉았다. 종교적 민족주의는 세속적 민족주의를 밀어내고 있다. (……) 냉전 종식은 분쟁을 종식시킨 것이 아니라, 문화에 뿌리를 둔 새로운 정체성, 가장 광범위한 수준에서는 문명을 형성하게 될 상이한 문화에서 유래한 집단들 사이의 새로운 갈등 양상을 낳았다.”

헌팅턴은 1980년대 말 공산 세계가 무너지면서 냉전 체제는 역사의 뒤로 사라졌다고 진단한다. 탈냉전 시대에는 이념, 정치, 경제보다 문화가 중요한 기준이 된다. 사람들은 조상, 종교, 언어, 역사, 가치관, 관습, 국민 등 가장 포괄적 차원에서는 문명이라고 하는 문화적 집단에 자신을 귀속시킨다. 문명은 가장 광범위한 수준의 문화적 동질성으로 개인은 강력한 귀속감을 느낀다. 오늘날 세계는 문명 단위를 중심으로 적게는 7~8개, 크게는 서구 문명, 중화 문명, 이슬람 문명으로 나눌 수 있다고 보았다.

헌팅턴은 지난 수백 년간 서구 문명의 영향력이 아무리 커졌다고 해도 보편문명의 지위를 지닐 수는 없다고 주장한다. 무엇보다 근대 이래로 탄탄대로를 걸었던 서구의 눈부신 발전이 이제 서서히 쇠락의 길을 걷고 있는 점이 중요한 원인으로 작용한다. 또한 전 세계에서 팝문화나 맥버거, 소비재를 누린다는 사실이 서구 문명의 승리를 의미하지는 않는다. 고유한 문화를 가진 동아시아 중화 문명은 급속한 경제 성장을 이루면서, 장기적으로 볼 때 서구에 대한 가장 강력한 위협으로 등장했다. 중동의 젊은이들도 청바지를 입고 코카콜라를 마시면서 랩을 듣지만, 메카를 향해 기도하고 미국 항공기를 폭파시키는 것도 바로 그들이다.

특히 헌팅턴은 최근 확대되는 이슬람 근본주의의 부상을 우려한다. 근본주의의 전 세계적 부상은 서구적 사회·정치제도, 세속주의, 과학 지향적 문화의 급속한 유입 등에 대한 반작용이다. 20세기에 도입된 사회주의와 마르크스주의는 그 지역의 상황과 조건에 맞게 변형되고 민족주의와 결합되어 서구 제국주의에 맞서는 견인차 역할을 했지만 동유럽 사회주의 국가가 무너지면서 이념 공백이 생겼다. 그 틈을 뚫고 서구 문명에 대한 저항을 담은 종교 근본주의가 강화되고 있다. 이슬람 근본주의는 문명 충돌을 가장 설득력 있게 논증하는 근거이고, 이슬람 세력을 탈냉전 시대의 평화를 해치는 첫 번째 원인으로 지목한다.

헌팅턴이 보기에 오늘날 세계 정치는 근대화의 자극을 받으면서 문화의 경계선을 따라 재편되고 있다. 비슷한 문화를 가진 민족과 국가끼리 뭉치는 현상이 나타난다. 이념과 강대국을 중심으로 정의되던 제휴 관계가 문화와 문명으로 정의되는 제휴 관계로 바뀌고 있다. 정치적 경계선이 문화적 경계선, 곧 민족적·종교적·문명적 경계선과 일치해가는 추세다. 요컨대 한편으로 서구의 쇠퇴, 다른 한편으로 아시아와 이슬람의 부상은 새로운 국제관계의 질서와 윤리를 요구하고 있다. 냉전시대의 블록을 대신하여 문화적 결속이 등장하였으며 문명과 문명의 단층선이 주요 분쟁선으로 변모하는 중이다. 서구가 비서구 지역을 정복하고 계몽하려는 태도를 여전히 고수한다면 세계는 갈등과 충돌을 피해갈 수 없으며 전쟁까지 불사하는 상황이 빚어질 것이라고 경고한다.

이제 문명 공존을 이야기할 때

십자군 전쟁은 표면적으로는 기독교와 이슬람교의 충돌로 나타났다. 역사적으로 두 세력이 서로 충돌한 일이 몇 차례 있었고, 이 과정에서 종교적 갈등으로 확대된 것도 사실이다. 하지만 겉보기에 종교적 결정으로 나타난 그 이면에는 경제적·사회적 요인과, 교회 권력과 세속 권력 사이의 주도권 다툼이라는 정치적 요인이 있었다.

성지 회복이라는 명분과 달리 실질적으로는 교회, 세속 군주의 정치적·경제적 이권 획득과 영토 확장을 위한 전쟁이었다. 교황의 권위를 더욱 확고하게 세우고자 했던 교회, 영토 확장에 따른 이익을 추구한 영주, 새로운 시장을 희망한 도시 상인의 의도가 맞물린 침략·약탈 전쟁이었다. 이에 따라 원래 목적인 성지 탈환은 뒷전이고 전리품 노획과 약탈이 우선시되었던 것이다. 심지어 4차 원정에서는 기독교 국가인 비잔티움 제국을 몰아내고 라틴제국을 건설한 사실에서도 표면적 명분과는 매우 다른 십자군 전쟁의 본질을 확인할 수 있다.

중세 사회가 안정되면서 행정적 지배의 역할이 커지고 이에 따라 세속 국가의 역할이 중요해졌다. 여기에 더해 십자군 전쟁은 전쟁의 특성상 세속 국가의 역할을 강화한다. 십자군 전쟁의 이념적 기초는 종교였으나 실질적 군사력을 담당하는 세속 군주의 역할이 커질 수밖에 없었다. 교권을 확고히 하기 위해서 교황의 주도로 시작된 십자군 전쟁이 세속 국가와 영주의 비중을 더욱 늘리는 역설적 상황이다. 그렇기 때문에 십자군 전쟁을 단순하게 종교전쟁이나 문명의 충돌로 규정하는 역사관이나 통념은 수정되어야 할 것이다.

헌팅턴의 관점에 대해 여러 측면에서 비판이 제기되었다. 그 가운데는 문명 충돌론의 이분법적 사고를 비판하며 문명 공존을 주장하는 관점도 있다. 독일 프랑크푸르트 대학 교수인 하랄트 뮐러는 《문명의 공존》에서 헌팅턴의 관점이 적대적, 이분법적 사고를 강조하면서 문명 간 갈등을 더욱 부각시키는 역할을 한다고 비판한다. 그는 "탈냉전 시대에 서구는 훨씬 안전해졌지만, 일상적 삶은 더 안전해지지 않았고, 미래는 불확실하다. 이 틈새를 《문명의 충돌》이 파고들었다"고 했다. 인간은 경계를 나누고 정체성을 찾는 경향이 있는데, 변혁, 위기, 곤경의 시기에 불안이 증가하면서 낯선 자를 희생양으로 찾는 심리가 발동한다. 문명 충돌론은 세계 정세에 대한 객관적 분석이라기보다는 불안한 시기에 사람들의 심리를 파고드는 논리에 지나지 않는다는 것이다. "문명 간 차이점을 강조하며 경계를 긋는 헌팅턴식 '편 가르기'는 간편하고 이해하기 쉬울 뿐"이다.

이슬람을 위험 세력으로 지목하는 논리도 강하게 비판한다. "이슬람 문명은 다른 어떤 종교와 비교해도 육로 경계가 현격히 길다. 헌팅턴은 오래전부터 잘 알려진 사실, 즉 육로 경계를 사이에 둔 국가들은 갈등에 빠질 가능성이 매우 높다는 사실을 확인해줄 뿐 새로운 사실이 없다." 지리적, 사회적 조건으로 인해 발생하는 갈등을 과도하게 일반화하는 오류를 저지르고 있다는 것이다. 또한 "헌팅턴 교수는 중국과 북한이 이슬람 국가에 무기를 판매하고 있다는 이유로 '이슬람·유교 동맹'에 우려를 표하는데 이는 미국의 무기 판매를 간과한 것"이다.

인류가 전쟁과 평화 중 어느 방향으로 갈지는 이슬람 근본주의나 중국의 도전이 아니라 서구의 문제에 달려 있다. 서구가 지금까지 그래 왔듯이 이슬람 세력을 비롯한 비서구 세력을 억압하고 강제한다면 갈등과 폭력은 증폭될 수밖에 없다. 문제 해결을 위해서는 대립이 아닌 대화가 필요하다. "인류에게 절실하고 유용한 것은 여러 문명의 공통점과 공감대를 찾는 대화와 협력"이다. 그리고 현실에서 어느 정도 그 가능성을 찾을 수 있다고 진단한다. "여러 사회가 자립적으로 서로 연결해나가고 있다. CNN 방송과 인터넷, 초국적 비정부기구들은 이런 발전을 가장 잘 보여준다. (……) 지구화의 발전이 내보이는 계기는 상이한 문명권 사회 간에 공통점이 줄어들기보다는 확산되리라는 기대를 품게 한다."

문명 공존을 보여주는 상징물로 흔히 거론하는 것이 터키 이스탄불의 소피아 성당이다. 이 대성당은 비잔티움 제국의 기독교 건축을 대표한다. 콘스탄티누스 대제가 '새로운 도시의 큰 사원'으로 325년에 건립했으나 소실되었다가, 537년 유스티니아누스 1세에 의해 다시 건립되었다. 거대한 규모를 자랑하는데, 전면부만 보더라도 사람을 압도하는 위압감이 느껴진다. 중간에 기둥을 받치지 않고 올린 중앙 돔은 높이가 55.6미터, 지름이 33미터에 이른다. 지금은 많이 쇠락한 모습이지만, 원래는 눈부실 정도로 화려했다고 한다. 유스티니아누스 황제 시기에는 중앙에 황금으로 덮여 찬란하게 빛나는 황제의 문이 있었고, 금으로 된 천장의 모자이크와 제기 등으로 치장하여 화려함의 극치를 이루었다고 한다. 현존하는 교회 중 가장 오래되었으며, 세계 교회 중 네 번

이스탄불 〈소피아 성당〉, 537년경

째로 크다.

　소피아 성당이 문명 공존의 상징물이 된 것은 이 지역의 지배자
가 기독교 세력에서 이슬람 세력으로 바뀌는 과정에서 파괴가 아니라
두 문명이 공존하는 모습을 보여주었기 때문이다. 비잔티움 제국을 점
령한 직후 오스만투르크는 파괴와 약탈을 금했다. 당시 술탄 메흐메
드 2세는 콘스탄티노플을 함락시키자마자 곧바로 소피아 성당으로 말
을 몰아 성당의 파괴를 금했다고 한다. 포교 명목으로 점령한 뒤 살육
과 약탈을 자행했던 기독교 군대와는 대조되는 모습이다. 심지어 십자
군은 이곳을 점령했을 때 같은 기독교 제국임에도 서로마제국과 다른
양식으로 그려진 성화를 무참히 파괴했다. 이슬람은 서구 기독교의 상

징이던 소피아 성당을 '같은 하느님을 모신 성전'이라며 보존하도록 명했다. 이후 성당은 무슬림 교회인 모스크로 사용되었다. 또한 이교도에게는 종교와 관습을 그대로 유지할 수 있도록 배려했다. 무슬림이 아닌 사람은 세금을 더 내면 되었고, 그나마 비잔티움 제국 시절보다 가벼웠기에 환영받을 만한 일이었다.

성당 외관만 하더라도 비잔티움 양식 그대로 유지한 채 이슬람을 상징하는 높은 첨탑을 외부에 네 군데 세웠을 뿐이다. 그리고 성당 안에 메카를 향하는 경배 장소를 추가했다. 성당 내부는 모자이크나 프레스코화로 제작된 기독교 성화를 회칠로 덮고 부분적으로 이슬람 문양을 덧입히거나 꾸란 문구를 적어놓은 정도였다. 이는 성상과 성화를 우상숭배로 여기는 이슬람 전통에 따른 것이다.

1935년 이슬람 사원을 박물관으로 개조하면서 벽면의 회칠을 벗겨내자 500년 동안 잠자고 있던 모자이크와 프레스코화로 된 성화들이 거의 손상되지 않은 채 본래의 모습을 드러냈다. 지금은 벽면과 천장에 그려진 예수와 제자, 성모자상 등 기독교 성화와 이슬람 꾸란 문구가 함께 공존하는 공간이 되었다. 그래서 많은 사람들이 소피아 성당을 문명 공존의 상징으로 여긴다.

문명 공존의 필요성에 대해서는 많은 사람들이 동의한다. 문명 공존을 가로막는 적을 제거하거나 완화해나가야 하는데, 그러려면 먼저 문명 간 갈등을 부추기는 것이 무엇인지를 분명히 밝혀야 한다. 문명의 다양성과 상대성을 부정하고 특정 사회의 보편적, 절대적 가치를 획일적으로 강제하려는 모든 시도가 여기에 해당한다. 대표적으로 제국주의, 인종주의, 종교 근본주의 등을 꼽을 수 있다.

먼저 제국주의는 문명 공존의 가장 큰 적이다. 이슬람 세력의 테러 공격이 주로 미국에 집중되는 것은 갈등이 문명 간의 횡적 충돌이 아니라 전 세계를 지배하려는 미국을 그 표적으로 삼고 있음을 보여준다. 즉 서구와 이슬람의 충돌이 문화적 정체성이나 종교적 자존심을 지키기 위한 목적보다는 세계를 경제적, 정치적, 군사적으로 지배하려는 미국의 제국주의적 행위에 저항하는 성격이 강하다. 탈냉전 세계화 시대에도 여전히 세계는 미국이나 유럽 선진국의 민족국가와 같은 정치적 행위자 혹은 초국적 자본과 같은 경제적 행위자에 의해 좌우되고 있다. 미국을 중심으로 한 서구 선진국이 경제적 이익을 독점하고, 중동 내 친미정권과 이를 지탱하는 소수 세력에게 부와 권력을 나누어줄 뿐, 대부분의 이슬람 민중들은 빈곤 상태에 빠져 있는 현실에 대한 저항으로 이해해야 한다.

즉 문명 충돌론이 주장하는 문화나 문명보다는 여전히 정치와 경제가 더 핵심적 요소인 것이다. 사실 따지고 보면 십자군 전쟁도 겉으로는 종교적 갈등이 부각되지만 내적으로 시장 개척을 희망한 이탈리아 도시 상인의 의도와 영토 확장에 따른 이익을 추구한 영주의 욕구가 중요하게 작용했다. 이러한 경제적, 정치적 이해관계에 인종주의가 결합하면서 지역 간 충돌이 심화된 것으로 봐야 한다. 그러므로 문명 공존의 길은 일차적으로 제국주의라는 인류 공동의 적을 견제하여 제거하거나 최소한 약화시키는 데서 찾아야 한다.

제국주의가 문명 공존을 가로막는 주범이라면 절대선과 절대악의 이분법에 기초한 종교 근본주의는 사태를 악화시키는 종범이다. 종교 근본주의의 바탕에는 앞에서 보았듯이 탐욕스러운 제국주의적 이해와 이에 대한 왜곡된 방식의 저항이 깔려 있다. "이슬람교는 가짜 종교", "미국과 이라크의 전쟁은 제2의 십자군 전쟁"이라는 발언으로 물의를 일으켰던 부시 미국 대통령은 기독교 근본주의의 전형을 보여준다. 여기에 '9·11 테러'처럼 민간인의 대규모 희생을 통해서라도 성전을 완수해야 한다는 이슬람 근본주의가 대응하는 쌍으로 나타난다. 단순히 미국과 이슬람 저항 세력만이 아니라 전 세계적으로 종교 근본주의가 맹렬히 확산되고 있다.

박노자 교수는 종교 근본주의의 확대 및 강화가 초래하는 문제를 이렇게 지적한다. "미국에서 교육을 받고 활동해본 외국 성직자는 근본주의의 영향을 쉽게 받을 수 있다. 전 세계에 퍼지는 근본주의의 독은 종교 본연의 가치를 모독하는 한편, 집단 히스테리 분위기를 조작해 아프가니스탄, 이라크 등에 대한 미국의 침략과 학살을 더 수월하게 하고 있다. (……) 미국 기독교의 영향을 받는 기독교인은, 무엇보다 근본주의의 반민주적, 퇴영적, 어용적 실체를 파헤쳐 일상의 신앙에서부터 근본주의적 요소를 없애는 것이 바람직할 것이다."

한국도 종교 근본주의에서 자유롭지 못하다. 어떤 사람들은 한국의 기독교가 미국보다 더 근본주의적이라고 말한다. 이러한 우려가 과장으로 느껴지지 않는다. 종교가 노골적인 정치 도구로 쓰이는 것이 미국이나 유럽 혹은 중동의 현상만은 아니다. 한국에서도 종종 발견할 수 있다. 특정 종교와 인사들이 정부 요직에 포진하고, 근본주의적 선교

행위를 경쟁적으로 펼치기도 한다. 정태복 교수는 〈종교와 정치의 긴장과 타협〉이라는 글에서 최근 한국 사회에서 기독교 근본주의 세력이 공격적인 대사회적 자세를 취하기 시작했다고 지적한다. "미국을 신의 축복을 받은 나라로 간주하고 반미적 행태를 악으로 규정하며 미국이 표방하는 경제정책, 경제 패권주의적 행태를 무조건 승인하는 쪽으로 기울었다"면서 근본주의적 성향의 강화를 비판한다.

한국 기독교 근본주의 세력의 이데올로기 편향은 여러 차례 행동으로 드러났다. 특히 미국에 대한 일방적 지지는 도를 넘어 거의 찬양에 가까울 정도다. 미군의 범죄나 일방적 통상 압력 등을 계기로 미국에 대한 사회적 비판과 저항이 확대될 때마다 예수 그리스도의 이름 아래 대규모 친미 '구국금식기도회'가 열리곤 한다. "우리는 미국을 사랑합니다"라는 플래카드가 내걸리고 심지어 성조기를 흔드는 모습도 볼 수 있다. 한미 동맹의 중요성을 강조하면서 "성조기여, 영원하라"를 목 놓아 외치기도 한다.

이들에게 종교적 관용과 공존의 시각을 바라는 것은 헛된 기대일까? 기독교 탄생 2천 년을 맞아 기독교가 과거 인류에 끼친 각종 해악을 자기 과오 형태로 솔직하게 인정하고 고백한 로마 교황청의 중대 발표를 보면서 종교의 개방성과 자기정화에 대한 기대를 가졌다. 교황청은 〈교회의 과거 범죄〉라는 부제를 단 이 문건에서 피로 얼룩진 십자군 원정, 중세의 각종 가혹한 형벌, 선교를 가장한 신대륙 원주민 말살, 교회의 유대인 학살 방조 등 가톨릭의 역사적 치부에 해당하는 과오를 인정하고 있다. 하지만 최근 기독교와 이슬람 모두에게서 두드러지게 나타나는, 절대선과 절대악이라는 이분법에 기초한 종교 근본주의 부흥은 역사의 수레바퀴를 과거로 되돌리고 있다.

항상 억압받는 사람의 편이었던 예수가 다시 살아나 최근의 미국과 중동 사이의 충돌과 전쟁을 보면 어떤 상념에 빠질까? 이스라엘이 무차별 폭격으로 레바논의 대규모 민간인을 학살한 일에 대해 과연 예수는 어느 쪽에 채찍을 휘두르면서 쫓아낼까? 전 세계에 전쟁을 수출하는 대규모 군수산업체와 무기 상인들에게는 뭐라 말할까? 너무나 궁금하다.

07

몽골제국은 어떻게
세계를 제패했는가

〈칭기즈 칸 초상화〉, 14세기

칭기즈 칸,
가장 큰 제국을 건설하다

칭기즈 칸의 통일 전략

중국 황제 초상관에 있는 〈칭기즈 칸 초상화〉는 한눈에 봐도 중국 대륙을 통치한 다른 황제의 모습과는 사뭇 다르다. 대제국을 건설한 통치자치고는 참으로 수수한 모습이다. 모자나 의복 모두 북방 유목종족의 일반적인 예복 정도에 불과하다. 중국을 지배하고 유라시아 대륙 대부분을 동서로 횡단하는 대제국을 거느리면서도 유목민족의 정체성을 간직한 모습이다. 유목민의 삶과 정체성을 유지하면서 어떻게 대제국을 건설하고, 짧지 않은 기간 동안 유지할 수 있었을까. 유목에 비해 농경을 통한 정착이 우월하다는 통념에 비추어 볼 때 의아한 일이 아닐 수 없다. 유목을 원시적, 야만적 생활로 치부하는 고정관념을 버리지 않는 한 몽골제국의 세계 제패는 한낱 역사의 기이한 현상으로 남을 수밖에 없다.

칭기즈 칸(1167~1227)은 인류가 생긴 이래 가장 큰 대제국을 건설했다. 제국의 영토가 777만 제곱킬로미터에 이른다. 그 이전 시대에 가장 넓은 제국을 건설했던 알렉산드로스 대왕에 비해서도 무려 2배 이상 넓은 지역을 몽골제국의 통치 아래 두었다. 칭기즈 칸이 죽은 후에는 그의 손자인 쿠빌라이 칸이 유라시아 대륙을 횡으로는 고려에서 헝가리까지, 종으로는 시베리아에서 베트남까지 영토를 확장했다. 국가와 국가, 지역과 지역 사이에 균형이 깨져 생긴 일시적 현상이라고 보기 어렵다. 몽골제국이 12세기 후반부터 14세기 중반까지 여러 대에 걸쳐 무려 150여 년이나 존속했다는 점에서 돌발적, 우연적으로 나타난 현상은 아닌 것이다.

몽골은 북방 대초원 지대 동쪽 끝에서 말, 양, 염소 같은 가축을 키워 생활하는 전형적인 유목민족이었다. 나무가 자라지 않는 초원 지대여서 농사를 짓기에는 어려움이 있으나, 소나 양 떼를 방목하기에는 최적의 조건이었다. 유목의 특징상 소규모 공동체 단위로 생활했다. 그렇다고 해서 혈연관계로만 이루어진 씨족이라고 볼 수는 없지만, 적어도 각 부족별로는 혈연적 친근성을 지녔을 것으로 보인다.

칭기즈 칸이 몽골을 통일하기 전의 상황에 대해서는 자세한 기록이 없어 어느 정도 추측에 의지할 수밖에 없다. 보통때는 부족끼리 독립적인 공동체 생활을 하다가 특정한 상황이 생기면 일시적으로 연합을 했을 것이다. 주로 중국 내부의 세력 관계 변화에 따라 충돌하는 경우 또는 외부 세력의 공격을 받을 때 부족 연합이 형성되었을 것이다.

칭기즈 칸이 언제 태어났는지는 정확히 알려지지 않았지만 1167년으로 보는 견해가 많다. 작은 부족장의 아들로 태어났으며, 어릴 적 이름은 테무친이다. 한 부족을 대표하는 지도자가 된 후 테무친은 1206년까지 몽골 지역의 부족들을 정복하는 작업에 매진했다. 마르코 폴로(1254~1324)는 《동방견문록》에서 몽골 부족의 통일 과정을 다음과 같이 서술했다.

"칭기즈 칸은 자신의 휘하에 모여든 부족을 이끌고 주변 부족 토벌에 나섰다. 당시 이들 제국은 민중이 자치적으로 정부를 옹립하든가 그렇지 않으면 나라마다 군주를 모시고 있었기 때문에, 유사시 단결이 튼튼하지 못하여 칭기즈 칸의 대군 앞에 모두 격파되었다. 칭기즈 칸은 그러나 이들 제국을 평정해도 살육하거나 약탈하지 않고, 단지 이들을 이끌고 계속되는 정벌에 종군시켰을 뿐이었다. 정복된 나라의 수많은 백성은 그의 훌륭한 통치와 선량한 군주로서의 자세에 탄복하여 기꺼이 정벌에 종사했다."

마르코 폴로는 칭기즈 칸 사후 거의 반세기가 지났을 때, 몽골제국 최고 전성기인 쿠빌라이 칸 시대에 10여 년 동안 원나라에 머물거나 몽골제국의 지배를 받던 여러 지역을 여행했다. 중국에서는 관직에 오르기도 했다. 《동방견문록》에 나오는 이야기를 전부 신뢰할 수는 없다. 역사적 사실과 동떨어진 허무맹랑한 이야기도 상당히 많기 때문이다. 그래서 그가 원나라에 머물지 않았고, 여행자들의 이야기를 듣고 짜깁기해 기록했을 뿐이라고 말하는 사람도 있다. 하지만 책을 꼼꼼하게 읽어보면 당시의 상황을 직접 경험하지 않고는 서술할 수 없는, 역사적

라시드 앗-딘, 〈칭기즈 칸 즉위식〉, 14세기 초반

근거와 상당히 일치하는 구체적인 이야기들이 나온다. 또한 몽골제국은 중국을 통치하는 데 서양인을 관리로 등용하기도 했음을 사료를 통해 확인할 수 있다. 그러므로 역사 기록과 비교하며 내용을 가려서 허구와 사실을 구분하면 유용한 정보를 얻을 수 있다.

몽골 부족은 여러 단계의 공동체가 혼재되어 있었다. "민중이 자치적으로 정부를 옹립"한 경우는 아직 씨족 공동체 모습이 짙게 남아 있는 부족이다. 자치 성격이 강하고 부족의 대표를 관습에 따라 부족민들이 추대하는 방식으로 운영하는 느슨한 공동체다. "나라마다 군주를 모시고" 있는 경우는 이미 제후국 수준에 이른, 상당히 규모가 있고 체계화된 부족을 의미한다. 다양한 규모의 공동체가 뒤섞여 있었기 때문에 비교적 손쉽게 병합할 수 있었다. 하지만 각 부족의 전통과 정체성을 그대로 보장함으로써 정벌 이후 전체 몽골 부족의 통일성을 유지하는 데 힘썼던 것으로 보인다.

몽골 고원을 통일한 테무친은 1206년 오난 강변에서 전체 지도자를 선출하는 쿠릴타이를 열었다. 여기에서 테무친은 모든 몽골족을 이끄는 최고의 칸으로 인정을 받았다. 이때부터 칭기즈 칸으로 불렸다. 라시드 앗-딘의 필사본 삽화인 〈칭기즈 칸의 즉위식〉은 이날의 즉위식을 묘사하고 있다. 쿠릴타이는 유목민족답게 궁전이 아닌 강변의 들판에서 열렸다. 뒤편으로 나무가 늘어서 있고, 앞으로는 들판에 흔하게 피는 꽃과 들풀이 보인다. 몽골 부족 특유의 게르 안에 칭기즈 칸이 앉아 있다. 주변으로 각 부족을 대표하는 부족장들이 칭기즈 칸의 최고 권위를 인정하는 자세를 보인다. 이제 공동 운명체가 되었음을 표시하기 위해 술잔을 돌리는 중인 듯하다.

중국 정복에 나서다

칭기즈 칸은 1209년, 중국 정복에 앞서 몽골족과 인접한 서하西夏를 손에 넣었다. 중국을 공격하기 전에 먼저 서하의 탕구트인들을 정복해 불안 요소를 없앨 필요가 있었기 때문이다. 모자라는 물자를 획득하려는 목적도 있었다. 몽골군은 칭기즈 칸의 지휘 아래 약 360킬로미터의 고비사막을 거쳐 서하의 수도 중흥부를 포위했다. 서하는 금나라에 구원을 요청했으나 금은 응하지 않았다. 1210년 1월에 서하의 항복을 받아내고 조공을 바치도록 했다.

측면의 위협을 제거한 직후인 1211년에 칭기즈 칸은 본격적인 중국 원정을 시작했다. 당시 중국에는 여진족이 세운 금나라가 있었다. 군대를 좌익군과 우익군, 중앙군으로 나누어 동생들과 아들들에게 맡기고 동시 공격에 나섰다. 중앙 부대는 칭기즈 칸 자신과 막내아들이 맡았다. 좌익군은 산동 지역, 우익군은 하북 지방, 중앙군은 산서 지방을 거쳐 금의 수도 중도로 진격했다. 북경의 서북쪽 관문에서 큰 전투가 벌어져 금나라 군대 30만 명을 몰살시키고 대승을 거두었다. 세 방면에서 공격을 받아 고립된 금 황제는 항복하고, 조공과 공주를 바치겠다는 약속을 했다.

이때까지만 해도 칭기즈 칸은 중국을 정복하여 직접 통치하겠다는 생각이 없었던 듯하다. 그냥 조공을 바치고 공주를 보내주겠다는 약속을 받아내고 군대를 철수해 돌아갔기 때문이다. 직접 통치가 아닌 주종관계를 확인하는 선에서 전쟁을 마무리할 때 보통 조공과 왕의 자식을 인질로 보내는 정도로 그친다.

페르시아 세밀화 〈칭기즈 칸과 중국 사신〉은 이러한 상황을 보여준다. 오른편 게르 앞에서 칭기즈 칸이 사신을 맞이하고 있다. 앞의 중국 사신은 왕의 서한과 보물이 담긴 공물을 들었다. 뒤편의 말에는 인

페르시아 세밀화 〈칭기즈 칸과 중국 사신〉, 15세기

질로 보내온 공주가 타고 있다. 만약 공물과 공주를 보내지 않는다면 주종관계에 대한 부정과 도전으로 간주하고 군사적 응징과 대규모 학살이 뒤따른다.

　금나라의 경우가 그러했다. 1214년에 몽골군이 철수하자 금 황제는 곧바로 황하 이남의 변경으로 수도를 옮겼다. 칭기즈 칸은 1215년에 다시 총공격을 펼쳐 산동과 하북 지역을 약탈하며 초토화했다. 중도를 다시 점령하고 이어서 황하 이남 지역을 공격했다. 하지만 이후 전투는 생각만큼 만만하지 않았다. 일단 1차 공격 때와 달리 금 황제는 항복할 의사가 없었고, 완강하게 저항했다. 남쪽은 더 광활한 지역이었기 때문에 곳곳에서 전투가 벌어졌고, 제한된 수의 몽골군은 이 모든 전투에서 싸우기가 쉽지 않았다. 당연히 전쟁 기간이 길어졌고, 그럴수록 피로가 누적되었다.

또한 몽골군의 입장에서는 새로운 형태의 전투에 대응해야 하는 것도 골칫거리였다. 특히 황하라는 큰 강이 가로막고 있었기 때문에 기마병 중심의 몽골군이 새로운 방식의 전투에 익숙해지는 데 상당한 시간과 시행착오를 겪어야 했다. 특히 문제가 된 것은 성을 공격하는 전투, 즉 공성攻城이었다. 기마 군대는 드넓은 평원에서 전개되는 전투에서는 기동력을 발휘하며 가공할 만한 위력을 보여주었지만, 성벽으로 둘러싸인 중국의 도시를 공격하는 데는 상당히 애를 먹었다. 결국 칭기즈 칸은 중국을 완전히 정복하지 못하고 죽었다. 그가 사망한 지 몇 년 후인 1234년에야 최종적으로 중국을 완전히 정복했다.

이슬람 정복

중국과의 전쟁이 길어진 또 다른 이유는 예기치 못한 사건이 일어나 동시에 이슬람 정복전쟁이 벌어졌기 때문이다. 당시 몽골제국의 서쪽 국경과 맞닿은 지역은 투르크계의 호라즘 왕국(1077~1231)의 지배를 받고 있었다. 서아시아에서 바그다드까지 통치하던 강력한 나라였다. 칭기즈 칸은 중국과 전쟁하는 상황에서 서방 원정은 생각하지 않고 있었다. 자신은 동쪽의 지배자이고, 호라즘 왕은 서쪽의 지배자라며 두 나라가 서로 군사적 평화를 유지하고 교역을 늘리기를 바랐다.

중국과의 전쟁이 한창이던 1218년에 450명의 상인으로 구성된 대상隊商이 몽골 영토를 출발하여 호라즘 국경 도시 우트라르에 도착했다. 하지만 이들을 첩자라고 생각한 도시의 총독은 상인들을 모조리 죽이고 물건도 몰수했다. 칭기즈 칸은 배상과 총독 처벌을 요구하기 위해 3명의 사신을 호라즘 왕에게 파견했다. 하지만 호라즘 왕은 사신 한 사람을 죽이고, 다른 두 사람의 수염을 밀어버리는 것으로 응답했다. 칭기즈 칸은 "호라즘의 왕은 군주가 아니라 도적이다. 만약 그가 군주라면 내 상인과 사신을 죽이지 않았을 것이다. 군주는 사신을 죽이지 않는 법이다"라며 전쟁을 선언했다.

칭기즈 칸은 금나라와 전쟁을 계속할 일부 군대를 중국에 남겨놓고, 1219년에 직접 군사를 이끌고 서방 원정에 나섰다. 중국을 공격할 때와 마찬가지로 부대를 동생들과 아들들에게 좌익과 우익, 중앙으로 나누어 맡긴 후 세 갈래로 파상적인 공격을 퍼부었다. 여러 방면에서 공격해오는 몽골 기마부대의 위력 앞에 호라즘 왕은 혼비백산했고, 여러 요새에 분산시킨 군대가 각개격파로 궤멸당하자 재빨리 도주했다. 칭기즈 칸은 자신이 이끌던 중앙군을 다시 둘로 나눠 한 부대로 하여금 도주한 왕을 추격하게 했다. 추격하는 몽골 군대는 이란으로 들어갔고, 카스피해를 따라 아제르바이잔까지 진격했다. 호라즘 왕은 1220년 12월에 카스피해의 섬으로 피신했으나 그곳 원주민들에게 죽임을 당했다.

메르브, 니샤푸르, 헤라트 등 주요 도시를 점령한 칭기즈 칸은 서방 원정을 계속할 생각이었으나 의외의 반격을 받게 된다. 호라즘 왕의 태자인 잘랄 앗-딘이 아프가니스탄으로 가서 군사를 재조직하여 몽골군을 격파한 사건이 일어났다. 칭기즈 칸은 자신의 양자가 이끄는 부대가 패하자 이를 위로하고 곧바로 직접 부대를 이끌고 잘랄 앗-딘의 세력을 뒤쫓아 힌두쿠시 산맥을 넘어 인더스 강 상류까지 들어갔다. 1221년 11월 25일에 인더스 강변에서 결전이 벌어졌고, 몽골군 본대의 위력적인 공격에 이슬람군은 처참한 패배를 맛보아야 했다. 인더스 강을 등지고 몽골군 특유의 3면 공격으로 포위당한 잘랄 앗-딘은 말을 탄 채 절벽에서 강으로 뛰어들어 건너편으로 헤엄쳐 도주했다.

페르시아 세밀화 〈인더스 강을 건너는 잘랄 앗-딘〉은 호라즘의 태자가 절벽에서 말을 몰아 인더스 강을 건너는 극적인 장면을 보여준다. 왼편으로 강을 건너 황급히 도주하는 모습이 보인다. 강에는 물고기가 튀어 오르고 급류가 굽이쳐 흐르고 있다. 오른편 강기슭에는 몽골 군대가 계속 추격하려 하자 중앙에 있는 칭기즈 칸이 손을 들어 제지하는 모습이 보인다. 기록에 따르면 칭기즈 칸은 말을 몰아 강을 건너려는 병사들을 제지한 후, "아버지라면 마땅히 저런 아들을 두어야 한다"며 적의 용맹을 칭찬했다고 한다.

호라즘 왕을 뒤쫓아 카스피해를 따라 아제르바이잔까지 진격했던 몽골군은 그대로 산맥을 따라 러시아로 넘어가, 거기서 전투를 벌여 러시아마저 괴멸시킨다. 하지만 더는 진격하지 않고 1225년에 몽골로 돌아온다. 다시 서방 원정이 시작된 것은 칭기즈 칸 사후인 1258년의 일이다. 칭기즈 칸의 손자인 훌라구 칸 군대의 포위 공격 앞에 혼란에 휩

페르시아 세밀화 〈인더스 강을 건너는 잘랄 앗 - 딘〉, 1596년

싸인 바그다드는 결국 포위된 지 열흘 만에 칼리프의 항복으로 점령당
한다. 칼리프는 아바스 왕조가 37대 508년을 내려오는 동안 비밀리에
쌓아온 보물의 위치까지 자백하며 자비를 구했지만 훌라구는 듣지 않
았다. 대신 적장에 대한 몽골의 전통적 예우에 따라 자루에 씌운 채 말
로 밟아 죽이도록 했다. 칼리프의 죽음에 대해 마르코 폴로는《동방견
문록》에서 조금 다른 기록을 남겼다.

"훌라구는 금고용 탑에 있는 엄청난 금은보화를 보고 경탄하여 칼리프를 자기 앞에 연행하여 힐문했다. '그대 자신과 이 도시를 방위하기 위해 왜 재물을 장병에게 나누어주어 사기를 높이려 하지 않았는가? (……) 그대는 재물을 한없이 사랑하는 모양이군. 그럼 마음 놓고 실컷 그대의 재물과 함께 있도록 하라.' 칼리프를 그 금고 속에 가두고 음식을 주지 말라고 명령했다. 금고 속에 갇힌 칼리프는 마침내 그 속에서 굶어 죽고 말았다."

1260년에 홀라구 칸은 시리아를 향해 진격했다. 시리아의 아이유브 왕조 술탄을 포로로 삼았고, 알레포와 다마스쿠스를 점령했다. 안티오크와 트리폴리의 십자군은 항복한 후 몽골군의 정복전쟁에 협조했다는 이유로 나중에 로마 교황청에 의해 파문당했다. 과거 1차 서방 원정에서는 중앙아시아와 서아시아에서 번영을 구가하던 많은 도시를 파괴하고 돌아갔지만, 2차 원정은 성격이 달랐다. 항구적 지배를 위한 정복전쟁으로 바뀌었고, 점령 후 서아시아에 별도의 몽골제국 국가인 일한국을 건설하고 칸을 두었다.

러시아와 동유럽 정복

1차 서아시아 원정 당시 몽골군은 1221년 봄 지금의 조지아 지역을 치고 캅카스 산맥을 넘어 남러시아 초원 지대로 들어가 유목민인 킵차크족을 공격했다. 이들은 러시아 제후들에게 구원을 요청했고, 1223년 여름에 몽골군과 러시아-킵차크 연합군이 격돌했지만 연합군의 대패로 끝났다. 키예프, 체르니고프, 페레소프니츠, 볼리니 지역 등의 제후가 포로가 되어 처형당했다. 이후 크림 반도를 비롯해 동북 방면의 볼가 강 유역까지 정복한 후 몽골 본토로 귀환하는 칭기즈 칸 군대와 합류했다.

몽골제국은 각 지역을 괴멸시킨 후 철수했지만, 이후 대대적인 정복 원정에 필요한 정보를 얻을 수 있었다. 몽골제국에게 러시아 지역은 탐이 나는 곳이었다. 흑해의 북쪽 평원에 자리 잡은 킵차크 스텝 지대는 유목민에게 이상적인 초원이었기 때문이다. 러시아와 동유럽을 향한 2차 원정은 그로부터 20~30년 뒤, 칭기즈 칸의 손자인 바투 칸에 의해 전개되었다. 1237년에 러시아 공국들의 동쪽 지역인 볼가 강 유역을 점령했다. 그 후 1240년까지 북쪽으로 불가르에서 남쪽으로 키예프까지 러시아 지역의 점령지를 넓혔다.

삽화 〈바투 칸의 수즈달 원정〉은 몽골군이 러시아 수즈달 지역을 공격하는 장면이다. 러시아 과학원에 소장된 그림으로, 당연히 침략당한 러시아인의 입장에서 몽골군을 약탈자로 묘사했다. 앞에는 말을 탄 몽골군 병사들이 여성을 포함하여 비무장 상태의 민간인을 학살하는 장면이 나온다. 중간에는 몽골 병사들이 도시의 값나가는 물건들을 약탈하는 모습이 보인다. 뒤편에서는 교회에 불을 지르는 중이다. 방화와 약탈과 학살로 점철된, 파괴자로서의 몽골제국을 드러내고 있다.

1241년에는 두 갈래로 나뉜 몽골군의 진격으로 동유럽이 유린당했다. 한 갈래의 부대는 폴란드로 나아갔고, 폴란드 군대와 슐레지엔 군대를 전멸시켰다. 폴란드를 점령한 후 독일 동부를 향해 진격했다. 또 한 갈래의 부대는 헝가리를 점령했다. 특히 헝가리 평원의 목초지는

삽화 〈바투 칸의 수즈달 원정〉, 16세기

유목생활에 매우 적합한 조건을 갖추었기에 오래전부터 몽골제국의
영토로 편입시키고자 했던 지역이었다. 바투 칸의 2차 원정으로 러시
아와 동유럽의 상당 부분이 몽골제국의 지배 아래 놓이게 되었다.

저물어가는 세계 제국

1227년에 칭기즈 칸이 죽은 뒤에도 몽골제국의 정복 활동은 계속되었다. 1260년경에 서아시아, 1279년경에 극동까지 제국의 최종 경계가 확정되었다. 몽골제국의 지배를 인정하는 정권에 대해서는 몇 가지 의무를 이행하는 조건으로 일정한 통치 권리를 인정했다. 주요 의무는 국왕 친조, 볼모 파견, 호적 제출, 역참 설치, 병력 파견, 물자 공출 등을 비롯해 제국의 감독관인 다루가치의 주재를 인정하는 것이었다. 의무에 불응할 경우 가혹한 파괴와 약탈로 응징했다.

또한 1차 원정과 달리 2차 원정 이후에는 몽골 지역으로 철수하지 않고 점령지에 상주하며 항구적 지배체제를 확립했다. 1260년 이후에는 제국이 통치하는 주요 지역을 4개로 구분하여 칸국을 두고 각각 칸을 추대했다. 하지만 전체의 통일성을 유지하기 위해 기존의 칸은 칸국 설치 이후의 칸과 구별하기 위해 '카안'이라는 명칭을 사용했다. 카안은 여러 명의 칸을 휘하에 거느리는 군주를 가리키는 칭호가 되었다. '칸 중의 칸' 혹은 '대칸' 정도로 이해하면 된다. '카안'은 한 사람이었고, 여러 칸은 비록 명목상일지라도 카안의 정치적 우위를 인정했다. 세계 제국으로서의 성격을 분명히 한 것이다.

몽골제국은 쿠빌라이 칸 시기에 정점을 찍은 뒤 점차 쇠퇴하기 시작했다. 쿠빌라이가 죽은 후 30년 동안은 꽤 평화로웠다. 하지만 칭기즈 칸이나 쿠빌라이 칸만큼의 역량을 지닌 인물이 나타나지 않았다. 정체의 시기를 겪다가 1323년에 시데발라 칸이 암살된 이후 파벌 다툼과 내전 등이 이어지면서 제국에 혼란이 찾아왔다. 불과 10년 사이에 네 댓 명의 대칸이 자리를 바꿀 정도로 제국의 응집력이 약해졌다. 1333년에 열세 살의 소년 테무르가 즉위하여 상당히 오랜 기간 통치했지만 결국 마지막 대칸의 운명을 맞이해야 했다. 테무르 칸이 통치하던 기간에는 지방의 몽골족 군벌들이 권력을 휘두르면서 파벌 다툼이 일상적으로 벌어졌다.

몽골제국이 약해진 틈을 타서 1340년대부터 남부를 중심으로 대규모 반란이 연달아 발생했다. 이 가운데 농민군 지도자 중 한 사람이자, 나중에 명나라를 세운 주원장朱元璋이 다른 제후국들을 물리치고 패권을 장악하게 된다. 테무르 칸과 몽골군이 1368년에 북경에서 축출되면서 중국은 다시 한족 왕조의 통치 아래 놓이고, 몽골제국은 역사 무대에서 사라지게 된다.

몽골은 어떻게 단기간에
세계 제국을 형성했는가

200만 명 정도에 불과한 인구를 가진 몽골이 어떻게 그토록 짧은 기간에 인류 역사를 통틀어 어느 세력도 가져보지 못한 거대한 제국을 지배할 수 있었는가? 또한 150여 년 동안이나 제국의 골격을 유지할 수 있었는가?

농업혁명과 함께 정착생활을 시작한 농경민족만이 문명을 만들 수 있고, 인류의 역사는 정착민이 유목민을 축출하고 발전해온 과정이라는 게 지배적인 통념이다. 유목민에 대한 오만과 멸시는 최근까지도 지속되었다. 때문에 칭기즈 칸이 건설한 몽골제국을 '야만적이고 혐오스러운 유목민'이 만들어낸 일시적 현상으로 치부했다. 이러한 편견을 가진 사람들은 알렉산드로스나 로마의 세계 제국 건설은 역사의 정상적인 과정으로, 몽골제국은 역사적 돌연변이 정도로 무시하곤 했다. 몽골제국이 가능했던 이유도 오로지 군사적 능력을 바탕으로 한 야만적인 폭력과 학살에서 찾으려 한다. 제국을 만들고 유지하는 데 필요한 일체의 합리적 요소를 몽골제국에서는 배제하고자 했다.

기동력을 갖춘 강력한 군대

강력한 군사력이 몽골제국을 가능케 했다는 점은 분명하다. 몽골군은 대략 10만~15만 명으로 추측되는데 전혀 많은 수가 아니다. 10만여 명 정도의 군사를 10명, 100명, 천 명, 만 명 단위로 나누어 조직했다. 그리고 각 단위마다 책임자를 한 명씩 두어 일사불란한 지휘체계를 갖추었다. 만 명의 기병을 이끄는 기장은 10명의 천기장을 지휘하고, 그 아래의 단위에도 마찬가지로 적용되었다. 이렇게 해서 저마다 자신의 직속장을 책임지는 방식이다.

병사의 수로 보면 몽골군은 중국의 상대가 되지 않았다. 몽골군의 위력은 병사의 수보다 기마군대의 능력에 있었다. 유목민의 생활은 그 자체로 군사훈련 과정이나 다름없었다. 사냥과 목축을 위해 몽골족은 어릴 때부터 말 타는 법을 배웠고, 성인이 되었을 때는 자유자재로 말을 다룰 줄 알았다. 말을 타며 일상생활을 하기 때문에 유사시에 빠르게 움직이는 병사가 될 수 있었다. 60세 이하의 성인 남성은 모두 군역의 의무를 졌다.

특히 말을 빠르게 몰면서 활을 쏘는 기마 궁술은 적의 군대를 혼란과 공포에 빠뜨렸다. 그렇기에 몽골군의 가장 중요한 전투력은 기마

궁수를 중심으로 편성된 기병대에 있었다. 몽골 기마병이 사용하는 활은 달리는 말 위에서도 편리하게 사용할 수 있는 복합궁複合弓이었다. 움직이는 말 위에서 몸을 돌려 사용하기 힘든 서양의 장궁長弓과 달리 복합궁은 짧지만 목재 활대에 여러 겹의 뿔과 힘줄을 덧대어 만들었기 때문에 전투에서 대단한 위력과 사정거리를 자랑했다.

한마디로 기동력이 몽골 군대의 가장 중요한 힘이었다. 이와 관련하여 마르코 폴로는 《동방견문록》에서 다음과 같이 설명한다. "몽골인은 퇴각을 조금도 부끄럽게 여기지 않으며, 한쪽을 공격해서 성공하지 못하면 곧 다른 면을 공격하는 식으로 여기저기에서 적을 마구 공격한다. 승마는 아주 잘 훈련되어 있어서 날쌔게 자유로이 어느 쪽으로도 방향을 돌릴 수 있다. 격퇴되어 퇴각하는 경우에도 적에게 공격을 가하여 다수의 적을 살상한다. 적이 몽골군을 격파했다고 생각했을 때야말로 도리어 수많은 병사와 말을 잃고 패배를 맛보게 되는 것이다. 즉 패주 중에 있으면서도 적의 사상이 많다고 추측되면, 몽골군은 곧 발길을 되돌려 전군이 한데 뭉쳐 치열한 공격을 가하므로 적군은 압도되어 분쇄되고 만다."

하지만 중국이나 서아시아에서 전쟁을 벌일 때는 초원에서 벗어나 성을 공격해야 하는 일이 많아지면서 새로운 공성전 전문 부대를 양성했다. 몽골 부족을 중심으로 구성된 기병만으로는 거대한 성으로 둘러싸인 도시를 공략하기 어려웠기 때문에 중국을 침략하던 시기부터는 점령한 지역의 한족 출신 부대를 대규모로 활용했다. 이어서 서아시아를 점령할 때도 마찬가지로 토착민들을 공성전 부대와 보병부대로

유산, 〈성을 공격하는 몽골군〉, 2003년

충원하여 군사력을 확충했다.

중국 화가 유산俞山의 〈성을 공격하는 몽골군〉은 칭기즈 칸의 1차 중국 원정을 실감나게 묘사하고 있다. 세 갈래로 진격하던 몽골군 중의 한 부대가 북경에 이르러 성을 포위 공격하는 장면이다. 거대한 절벽처럼 버티고 서 있는 성 앞에서 몽골의 기마병은 무력할 수밖에 없었다. 그림에서도 볼 수 있듯이 기마병은 말을 타고 성벽에서 멀찍이 떨어진 채 활을 쏘거나 주위를 서성거리는 일 말고는 별다른 공격을 할 수 없다. 성벽에 근접하면 당장 성벽 위에서 돌이 날아오고 펄펄 끓는 기름

세례를 받아야 했다. 몽골군은 그 이전의 전투에서 공성부대의 필요성을 절감했고, 점령지의 포로들로 공성부대를 구성하여 투석기를 이용한 성 파괴와 사다리를 이용한 보병부대의 활약을 이용했다. 그림 전면에 보이는 여러 대의 투석기를 통해 돌이나 기름이 담긴 불 폭탄을 성으로 쏘아 올리고 있다. 성에서는 공격으로 불길이 피어오른다. 성벽에는 긴 사다리를 여기저기 걸쳐놓고 보병부대가 기어오르는 중이다.

특히 칭기즈 칸을 비롯해 대칸을 호위하는 친위대의 위력이 유명했다. 칭기즈 칸은 특수 친위부대를 조직해 자신의 신변을 보호했다. 1만 명에 달하는 친위대 병사들에게는 천 명의 기병대를 이끄는 책임자 이상의 특권을 부여했다. 칸의 허락 없이는 어떠한 처벌도 받지 않는 그들은 오직 칸에게만 절대 충성하는 정예부대였다. 이들은 보통 세 갈래로 부대를 편성할 때 중앙 부대를 맡는 칸을 호위하며 적진을 돌파하는 역할을 담당했다.

친위대는 병사의 임무만이 아니라 칸의 명령을 집행하는 관료의 기능도 수행했다. 전쟁터에서 칸에게 필요한 여러 가지 업무를 신속하게 처리하는 행정 기능을 담당함으로써 부대 간의 연락과 일사불란한 지휘 계통을 유지할 수 있었다. 그리하여 군사적 측면만이 아니라 정치적으로도 칸의 권력을 보필하는 중추 역할을 담당했다.

라시드 앗-딘이 〈칭기즈 칸과 친위대〉라는 그림에서 별도로 묘사했을 정도로 전쟁터에서 친위대는 크게 활약했다. 선두에서 칭기즈 칸이 검은 말을 타고 적을 향해 돌진하고 있다. 친위대들이 칭기즈 칸을 둘러싸고 보호하면서 한편으로는 적을 공격하고 있다. 이미 근접한 거

라시드 앗-딘, 〈칭기즈 칸과 친위대〉, 14세기 초반

리어서 활을 사용하지 않고 칼로 적군을 제압하고 있다. 전의를 상실한 적군은 말 머리를 돌려 도주하는 모습이다. 바닥에 모자와 방패가 나뒹굴어 얼마나 다급하게 도망가는 중인지를 강조하려 한 듯하다.

무자비한 파괴와 학살?

몽골제국의 세계 제패를 언급할 때 자주 나오는 것이 파괴와 학살이다. 서아시아와 동유럽, 그리고 중국의 사료에는 몽골군의 무자비한 파괴와 학살을 다룬 내용이 많다. 먼저 서아시아에서 벌어진 일부터 살펴보자. 칭기즈 칸은 저항하는 도시는 가차 없이 응징했다. 특히 1차 원정 당시에는 상주하며 통치할 생각이 없었기 때문에 파괴와 살육이 심했다. 당시 이슬람 역사가들의 기록에서 전하는 사망자 수는 상상을 초월한다. 헤라트 지역에서 160만 명, 니샤푸르 지역에서 170만 명이 살해되었다고 한다. 하지만 이는 지나친 과장이다. 당시 번창하던 중국 남송의 수도 항주의 인구가 100만 명이었음을 고려할 때 서아시아 도시에 그 정도로 많은 인구가 있었다고 보기 어렵기 때문이다.

칭기즈 칸의 서아시아 1차 원정 당시 몽골군이 휩쓸고 지나간 현장을 직접 체험했던 아랍 역사가 이븐 알-아시르(1169~1233)는 《완전한 역사》에서 다음과 같이 기록했다. "이 사건은 모든 인류에게 덮쳤던 가장 거대한 재난이자 가장 무시무시한 재앙이었다. (……) 적그리스도라 할지라도 자기를 반대하는 사람은 파괴해도 추종자들의 목숨은 살려두겠지만, 이 타타르인들은 아무도 남겨두지 않았다. 남자와 여자, 어린아이까지 학살하고, 임신한 여자의 배를 갈라 아직 태어나지도 않은 아이를 죽였다. (……) 이 재앙이 일으킨 불꽃은 멀리 또 넓게 날아가서 그것이 입힌 상처가 사방을 덮쳤다. 그것은 마치 바람에 휘몰려가는 구름처럼 대지를 덮고 지나갔다."

학살만큼이나 심각한 피해를 입힌 것은 농업 시설이었다. 페르시아 고원에는 큰 강이 없기 때문에 멀리 떨어진 지역에서 물을 끌어오는 지하수로 방식의 인공 관개시설이 이들에게는 생명줄이었다. 하지만 유목민인 몽골족은 이를 중요하게 여기지 않았고, 특히 항구적으로 지배하려는 목적 없이 벌인 보복 전쟁이었기 때문에 상당한 파괴가 잇달았다. 심지어 몽골군은 도시를 공격하기 위해 강둑을 막고 제방을 터뜨리는 전술까지 사용했다. 침략 과정에서 관개시설이 파괴되면서 대부분의 농경지가 사막으로 변했다. 번영하던 도시가 파괴되고 주민들은 고향을 떠났다.

2차 원정 때는 바그다드에서 저지른 학살이 자주 거론된다. 역시 과장이 상당히 섞여 있지만, 이슬람 역사가는 사망자 수를 80만 명으로 집계했다. 당시 바그다드를 공격했던 훌라구 칸은 1262년에 프랑스의 루이 9세에게 보낸 서신에서 바그다드에서 20만 명 이상을 살해했다고 말했다. 고대부터 내려온 운하가 메워지고 도서관도 불탔다.

중앙아시아와 동유럽에서 저지른 파괴와 학살 기록도 당시의 공포를 전해준다. 당시의 역사가 알라우드-딘 주와이니가 쓴《세계 정복자의 역사》에는 실크로드의 요충지였던 메르브에서 일어난 학살이 실려 있다. 몽골군은 성을 함락시킨 뒤 주민들을 모두 성 밖으로 끌고 나왔다. 장인과 노예로 쓸 만한 소수의 사람을 제외하고 나머지는 모두 죽였다. 몽골군 한 사람당 300~400명씩 할당하여 그 자리에서 목을 베었다. 주와이니에 따르면 사망자 수가 130만 명에 이르렀다고 하지만 이 역시 과장된 것이다.

독일 화가 마테우스 메리안Matthäus Merian의 〈몽골군의 폴란드 침략〉은 침략 당시의 참상을 생생하게 전한다. 동유럽에 대한 2차 원정 당시 한 갈래의 부대가 폴란드로 진격했다. 1241년 4월에 폴란드군이 패배한 후 벌어진 대규모 학살 장면이다. 앞에는 학살당한 폴란드인의 시체

메리안, 〈몽골군의 폴란드 침략〉, 1630년

가 즐비하다. 몽골군이 이들의 귀를 자르고 있다. 여기저기 놓인 큰 바구니에는 잘린 귀로 가득하다. 바로 뒤에는 넘칠 정도로 찬 바구니를 2명의 병사가 끙끙대며 옮기는 중이다. 자신들의 전공을 확인하기 위해 귀를 잘랐을 것이다. 한 기병은 폴란드인의 머리를 창에 꽂아 들고 있다. 뒤쪽으로 보이는 꽤 큰 규모의 도시는 온통 불바다가 된 상태다.

몽골군의 대량학살은 중국 문헌에도 나타난다. 칭기즈 칸의 금나라 1차 원정 당시 90여 개 군을 파괴하고 집을 전부 불태웠다고 한다. 하북의 보주(保州)에서는 주민들을 성 밖으로 끌고 나가 남녀노소를 불문하고 모조리 도륙했는데, 수십만 명의 시체가 쌓여 성벽과 거의 같은 높이가 되었다고 한다. 금나라의 1207년 통계에 따르면 하북 3성과 섬서, 하남 인구가 모두 768만 호였는데, 금이 멸망한 직후 몽골의 호구 조사에서는 100여만 호로 집계되었다. 따라서 이 모두가 살해당했다고 볼 수는 없다. 전쟁을 피해 유민이 되어 뿔뿔이 흩어진 인구도 상당할 것이기 때문이다. 하지만 인구의 대규모 변동이 생겨날 정도로 몽골군의 침략으로 인한 피해가 엄청났다는 점은 부인할 수 없다.

몽골군이 대규모 파괴와 학살을 저질렀다는 것은 사실일 것이다. 하지만 이를 몽골제국의 가장 중요한 특징으로 보는 것은 지나친 편견이다. 무엇보다 학살의 규모가 과장되고 왜곡되었음을 고려해야 한다. 서아시아만 하더라도 지역의 특성상 이들 도시의 인구는 그리 많지 않았다. 그렇기 때문에 역사가들은 이슬람 역사서가 전하는 숫자 표기는 한 자리 또는 두 자리 정도 부풀려졌다고 지적한다. 훌라구 칸이 루이 9세에게 보낸 서신에 20만 명을 죽였다고 적은 것도 사망자 수를 부풀려 상대방을 위협하려던 것으로 보아야 한다. 특히 몽골군은 공포 이미지를 광범위하게 퍼뜨려 항복을 받아내는 전술을 자주 사용했다. 또한 고대나 중세의 전쟁에서 대규모 학살이 일어나는 것은 몽골제국만의 일이 아니었다. 로마제국이 벌인 전쟁이나 십자군 전쟁도 대규모 학살을 동반했다.

문화적 포용 정책

군대의 힘과 학살만으로는 그토록 넓은 지역을 단기간에 제국에 편입시키지 못했을 것이다. 더욱이 150여 년에 이르는 기간 동안 제국을 유지할 수도 없었을 것이다. 아무리 기동력이 뛰어난 기병대를 보유했다고 해도 몽골 정예군은 10만여 명 수준에 불과했다. 광활한 규모의 대제국을 유지하기 위해 4개의 칸국으로 구분되었고, 병력도 이에 따라 불가피하게 분산된 상태였다. 아무리 가혹한 응징과 학살이라 하더라도 폭력 일변도의 지배는 거센 저항을 불러오게 마련임을 우리는 역사 속의 수많은 사건을 통해 확인해왔다. 몽골제국의 확장과 유지에는 군사력과 응징 이외의 다른 요소가 있다.

그중 하나가 문화적 포용 정책이다. 특히 13~14세기는 종교적 대립이 심한 시대였다. 몽골제국은 지구상에 나타났던 그 어떤 제국보다 다른 종교에 대해서 관용적이었다. 하나의 종교로 통일하려 하지 않고, 다양한 종교 관습을 인정했다. 몽골 부족의 고유 신앙은 샤머니즘에 가까웠다. 이를 정복지의 다른 세력에게 강요하지 않았을 뿐만 아니라 종교를 차별하지도 않았다. 페르시아와 킵차크한국에서는 이슬람교, 동유럽에서는 기독교, 중국에서는 티베트 불교의 다양한 종파를 받아들였다.

이와 관련해서 마르코 폴로의 《동방견문록》은 흥미로운 이야기를 들려준다. 대칸은 이슬람교도, 우상숭배자, 유대교도의 성절에도 마찬가지로 성대하게 의식을 베풀어주었다. 누가 그 이유를 묻자 대칸은 이렇게 대답했다. "온 세계 사람에게 찬탄을 받고 숭앙되는 네 사람의 예언자가 있다. 그리스도교도는 예수를 자기들의 신이라 하고, 이슬람교도는 무함마드라고 한다. 유대인은 모세라고 하고, 우상숭배자는 석가 모니를 든다. 나는 이 네 사람을 모두 골고루 존경하고 숭앙한다."

오히려 각 지역에 세워진 칸국에서 지배 세력인 몽골인들이 그 지역의 종교로 개종하는 경우도 많았다. 아랍 지역의 일한국 왕조가 대표적이다. 훌라구 칸의 어머니와 주변 사람의 상당 부분이 기독교도였다. 하지만 그의 뒤를 이은 칸들은 중동 지역을 지배하면서 차츰 이슬람교를 받아들이기 시작했다. 일한국의 7대 칸 가잔은 이슬람교로 개종하고, 이름을 마무드 가잔으로 바꾸었다. 라시드 앗-딘의 〈가잔 칸의 이슬람 개종〉은 이 상황을 담고 있다. 왼편으로 이슬람 사원과 터번을 쓰고 한 손에 율법 책을 들고 있는 이슬람 종교 지도자의 모습이 보인다. 가잔 칸은 사원에서 이슬람교로 개종하는 의식을 치른 후 자신이 거처하는 게르로 돌아가는 중이다. 집에서는 부인이 그를 맞이하고 있어서 가족 전체가 이슬람교를 받아들이고 있음을 상징적으로 나타낸다. 그의 뒤를 이은 아들도 이슬람교도로서 이 지역을 통치했다.

종교만이 아니라 언어와 문자, 나아가서는 몽골제국의 지배를 거부하지 않는 한 관습과 규범 등 각 지역 고유의 문화를 인정했다. 문자와 언어도 하나로 통일하지 않았고, 몽골 고유의 문자가 없었기에 해당 지역의 문자를 그대로 사용하는 경우도 적지 않았다. 몽골제국의 문화를 고집하지 않고 고유의 명절과 풍습을 인정함으로써 제국의 통치에 대한 반감을 줄이고 동참할 수 있는 기회를 넓혔다.

인재 등용에서도 개방적이었다. 일한국 전 시기에 걸쳐 옛 페르시아 관료들이 주도적으로 행정을 맡았다. 행정 전반을 책임지는 재상이나 지방 총독은 물론이고 이들의 지휘 아래 있는 주요 관리직에도 다

라시드 앗-딘, 〈가잔 칸의 이슬람 개종〉, 14세기 초반

수가 진출했다. 군대에서도 공을 세운 현지인들을 중요한 직책에 임명했다. 특히 새로운 물자와 무기를 공급할 수 있는 기술자를 우대해 그들이 능력을 발휘할 수 있도록 격려했다. 하지만 중국에 대해서는 다른 정책을 썼다. 고위직에서 한족 출신의 관료들을 배제했다. 중국에서 전통적으로 실시해오던 과거제도를 없애고 대신 서아시아와 중앙아시아, 유럽의 외부 인사들을 등용했다. 몽골제국에게 중국은 가장 중요한 지역이었고, 한족 중심의 강력한 통일 국가를 세웠던 만큼 구심력이 컸기

때문에 이를 경계했던 것 같다.

13~14세기의 상황은, 근대 이후 정치적 목적으로 조장되고 확대된 민족주의 감정이 사람들의 내면을 지배하는 지금의 상황과는 상당히 다르다는 점을 고려해야 한다. 거대한 국가체제가 만들어졌어도 일상생활에서는 중소 규모의 전통적인 공동체가 여전히 큰 힘을 발휘했기에, 몽골인들이 최종적인 통치 권한을 가지고 있다 하더라도 우리가 생각하는 것처럼 이질감을 주는 것은 아니었다. 공동체 입장에서는 종교와 관습, 문화적 요소가 오히려 더 민감한 문제였다. 통치에 관한 정치적 권위를 행사하는 대신 고유한 문화를 인정해주는 다원적 정책은 몽골제국을 확장하고 꽤 오랜 기간 유지하게 해준 요소였다.

합리적인 제도와 정책

유목종족의 특징을 기본 뼈대로 삼은 몽골제국의 체제와 운영이 허술하고 거칠기만 했으리라 생각한다면 이 역시 편견이다. 그들은 제국을 형성하는 과정에서 상황에 맞게 제도나 정책을 융통성 있게 시행했다. 점령지가 늘어나고 통치 영역이 확대되는 상황에 맞추어 새로운 체제를 만들거나 정비하고 변형하여 효율적으로 통치했다. 이는 제국의 안정적 통치 기반을 형성하는 데 큰 기여를 했다.

몽골이 느슨하고 고립적인 부족 공동체를 통합해 국가체제를 형성하고 이후 대제국을 건설할 기본 뼈대를 제공한 것은 천호제千戶制였다. 칭기즈 칸은 1206년 흩어진 몽골 부족들을 하나로 통일하면서 1천호를 단위로 하는 새로운 행정체계를 수립했다. 95개의 천호를 조직하고, 각 천호에 천호장을 임명했다. 천호는 다시 백호百戸로, 십호十戸로 나누고 각 단위마다 책임자를 두었다. 각 천호는 가장 큰 단위인 만호萬戸로 재조직하고, 이를 3개 지역으로 나누어 각각 몽골 지역, 만주와의 경계 지역, 중앙아시아와의 경계 지역을 담당하게 했다. 천호제는 군사 조직에도 적용되었다.

분봉제도는 유라시아까지 제국의 영역이 뻗어나가면서 광활한 영토를 효과적으로 통치하기 위해 칭기즈 칸이 만든 것이다. 몽골 본토는 칭기즈 칸 자신의 직할지로 삼았다. 나머지는 자신의 자식과 동생의 자식을 중심으로 주요 지역을 분할했다. 아랄해와 카스피해의 북방 킵차크 초원, 추 강 유역의 중앙아시아 지역, 외몽골 서부에서 천산 산맥에 이르는 몽골 고원 일대 등으로 구분했다. 분할된 이들 각 지역은 나중에 킵차크한국, 차가타이한국, 오고타이한국이 된다. 이외에 중국의 원나라와 서아시아의 일한국이 마찬가지로 상대적 독립성을 가지고 해당 지역을 관리했다.

인도 무굴제국 시대의 궁중화가 바사완Basawan의 채색 세밀화인 〈제국을 나누는 칭기즈 칸〉은 칭기즈 칸이 제국을 나누는 장면을 담고 있다. 중앙에 칭기즈 칸과 그의 부인이 있고 주변으로 9명의 동생들과 자식들이 빙 둘러 앉아 있다. 맏아들 주치의 아들 바투, 둘째 아들 차가타이, 셋째 아들 오고타이, 큰동생 카사르의 여러 아들 등이다. 장남 주치나 동생 카사르는 칭기즈 칸보다 일찍 죽었기 때문에 그들의 아들들이

바사완, 〈제국을 나누는 칭기즈 칸〉, 1596년

참석했다. 칭기즈 칸이 한 손을 펼치며 각 지역을 이들에게 나누겠다고 말하는 중이다. 주변에는 시중을 드는 여인들이 음식과 술을 나르고 있다.

천호제와 분봉제가 몽골제국의 기본 뼈대를 형성했다면 역참제도는 제국의 각 지역을 연결하는 핏줄 역할을 했다. 광범위하게 분포하고 신속하게 움직이는 통신망이 없이는 광대한 제국을 효율적으로 관리할 수 없었을 것이다. 몽골제국은 '잠'이라고 불리는 역참제도를 두어 대칸과 칸의 명령이 제국 곳곳에 전달될 수 있도록 했다. 마찬가지로 각 지역의 상황과 유용한 정보를 중앙으로 신속하게 집중시켜서 때를 놓치지 않고 필요한 정책과 조치를 결정할 수 있도록 했다.

마르코 폴로도 《동방견문록》에서 몽골제국의 역참제도를 자세히 소개하고 있다. "대칸이 시설한 역참제도는 나무랄 데 없는 방법으로 정비되어 있다. 공도를 40킬로미터 나아가면 이 역로 한 구간의 종점에 다다른다. 이 역로의 종점을 '잠'이라고 한다. 이 역참에는 언제나 충분한 수의 말이 사육되고 있다. (……) 국내 여러 지방으로 통하는 주요 도로에 40~50킬로미터마다 이 같은 역참이 배치되어 있다. 사신이 민가도 여관도 없는 산간 황야를 갈 때도 미리 그 땅에 역참을 설치하여 숙박 시설과 말, 마구에 이르기까지 모든 물건을 갖추어놓았다. 이 경우 역참의 거리가 길어지며 56~64킬로미터가 넘는 곳도 있다."

역참 사이에는 5킬로미터마다 40호가량의 부락이 있어, 거기에 대칸에게 보내는 통신 문서를 전달하는 파발꾼이 살고 있었다. 파발꾼은 폭이 넓은 띠를 매고 띠 둘레에 여러 개의 방울을 매달았다. 따라서 파발꾼이 달려오면 먼 데서도 방울 소리를 듣고 곧바로 다른 파발꾼이 우편물을 넘겨받아, 서기관에게 전표를 받아 쥐고 전속력으로 질주했다. 서기관은 파발꾼의 도착과 출발 일시를 기록했다. 관리가 매달 역참을 순회하여 감독하고, 직무를 소홀히 하는 파발꾼은 처벌함으로써 잠이 원활하게 운영되도록 했다.

몽골제국이 영토를 넓혀감에 따라 역참의 범위도 더욱 확장되어 나중에는 서쪽으로는 볼가 강 서안에서부터 시베리아를 거쳐 동쪽으로는 만주에 이르기까지 유라시아 대륙의 거의 대부분을 포괄할 정도였다. 중국을 중심으로 하는 대칸의 직할령에서만 모두 6만 킬로미터에 걸쳐 1400개가 넘는 역참이 있었다고 한다. 여기에 여러 칸국의 역참까지 포함하면 얼마나 광범위하고 촘촘하게 역참 망을 두었는지 짐작할 수 있을 것이다. 참고로 고대 페르시아 제국에는 2757킬로미터에 걸쳐 111개의 역참이 설치되었고, 이집트 왕조는 3천 킬로미터에 이르는 구간에 약 200개의 역참을 두었다고 한다.

08

이슬람 문명의
빛과 그림자

가가린, 〈설교하는 무함마드〉, 1840년

이슬람의
어제와 오늘

이슬람에 대한 오랜 편견

러시아 화가 그리고리 가가린Grigory Gagarin의 〈설교하는 무함마드〉는 이슬람의 승리 순간을 담은 그림이지만 이슬람에 대한 전형적 편견을 드러내 보인다. 산 중턱 바위 위에서 손을 치켜들고 설교하는 사람이 예언자 무함마드다. 주위에는 평범한 복장 차림의 무슬림들이 그의 말을 경청하고 있다. 한 손으로 하늘을 가리키는 것으로 봐서 이슬람에서 유일한 신으로 여기는 알라의 뜻을 전하고 있는 듯하다.

무함마드의 마지막 설교 장면인데, 이슬람의 승리를 상징한다. 무함마드는 박해를 받으며 포교 활동을 하다 드디어 630년에 무슬림 군대를 이끌고 중심 도시인 메카에 입성했다. 그러자 여러 부족들이 사절단을 보내 이슬람으로 개종할 것을 서약했다. 그림은 632년 무함마드가 무슬림을 이끌고 메카 순례에 나서 아라파트 산에서 마지막 고별 연설을 하는 장면이다. 이날 설교에서 이슬람의 승리를 세상에 공식으로 선포했다. 그해 6월에 무함마드는 세상을 떠났다.

하지만 그림의 아랫부분은 이슬람에 대한 서구인의 오랜 편견을 그대로 드러낸다. 왼편에 있는 화려한 복장을 한 사람은 이슬람 세력의 지도자 술탄으로 보인다. 오른편으로는 가슴을 드러내거나 거의 나체의 여성들이 술을 마시며 관능을 한껏 뽐내는 중이다. 다분히 서구인들에게 지난 수백 년 이상 성적 환상을 불러일으킨 하렘의 오달리스크를 떠올리게 한다. 이슬람 여인을 성적인 관능의 대상으로 바라보는 태도는 서구인이 고질적으로 가지고 있는 왜곡된 시각 중의 하나다.

서양 회화에는 하렘이라 불리는 처첩의 생활 공간에서 시중을 드는 여성 노예인 오달리스크를 묘사한 그림이 셀 수 없이 많다. 거의 예외 없이 알몸이거나 몸의 은밀한 부분을 드러내고 남자를 유혹하는 모습으로 나온다. 악사의 음악을 듣거나 술을 마시며 나른하고 요염한 표정을 짓는 요부의 이미지다. 수백 개가 넘는 방에서 관능으로 똘똘 뭉친 여자 노예들이 목욕을 하고 사치스러운 보석과 화장으로 치장한 후에 음란한 향연을 벌인다는 설정이다. 이슬람의 술탄이나 귀족들은 허구한 날 하렘에서 성적 욕망을 불사르며 지낸 것처럼 묘사된다.

하지만 이는 역사적 사실과 거리가 먼 황당한 왜곡일 뿐이다. 하렘은 '금지된 장소'라는 뜻으로 술탄의 아내와 여인들, 술탄의 어머니, 술탄의 누이와 딸, 가까운 여성 친척, 환관, 여성 노예가 거주하던 공간이다. 술탄의 어머니가 하렘에 대한 모든 통제권을 갖고 있었다. 술탄이라고 해서 마음대로 드나들 수 있는 장소가 아니었다. 하물며 술탄의 처나 첩에게 시중을 드는 오달리스크들이 함부로 옷을 벗고 남자를 유혹하는 일은 생각도 할 수 없다. 만약 그랬다가는 그날로 목숨을 잃을 것이다. 궁궐이나 집에서 남녀의 거주 공간을 구별해 여인의 공간에 다른 남성들이 함부로 들어갈 수 없도록 한 것은 동서양을 막론하고 과거에 흔히 볼 수 있는 관례였다. 결국 하렘이나 오달리스크에 대한 왜곡은 이슬람을 비합리적, 비이성적, 비정상적 집단으로 묘사하려는 서구의 비뚤어진 제국주의적 시각을 그대로 드러낸 것이라 하겠다.

이슬람에 대한 지독한 편견 가운데 대표적인 것이 폭력성이다. 미국이나 유럽은 물론이고 한국에서조차 이슬람교도를 뜻하는 무슬림은 테러리스트와 거의 동의어로 취급한다. 노암 촘스키가 《불량국가》에서 지적했듯이 몇몇 이슬람 국가들은 마치 세계 평화를 해치는 '악의 축'으로 이해되어온 것이 현실이다. "불량국가라는 개념은 오늘날 정책을 수립하거나 분석할 때 핵심적 역할을 한다. 워싱턴과 런던은 이라크를 불량국가, 즉 이웃 국가들과 전 세계에 대한 위협, 세계 질서의 수호자인 미국과 그 주니어 파트너들에 의해 봉쇄되어야 할 히틀러의 화신에 의해 주도되는 불법국가로 선포했다."

이슬람에 대한 편견은 서구에서만 나타나는 현상이 아니다. 서구 언론과 학문의 영향을 받은 우리도 그러한 편견을 가지고 있다. 한국 언론에서도 이슬람은 주로 테러나 인권 탄압 등 비정상적 사건과 연관된 보도에 주로 등장한다. 이슬람 세계에서 적극적인 정치적 행동이 나타나면 곧바로 이슬람 근본주의라는 딱지를 붙인다. 이에 대해 한국의 이슬람 연구 선구자라 할 수 있는 정수일은《이슬람 문명》에서 그 허구성을 비판한다. "계기마다 입에 오르내리는 이슬람 근본주의란 사실 얼토당토않은 일종의 허상이요 유령이다. 원래 근본주의는 미국의 프로테스탄트 내에서 일어난 보수주의 종교운동이다. (……) 원래부터 이슬람에 없는 개념이라서 이슬람 경전 언어인 아랍어에는 '근본주의'라는 단어가 없다."

아예 인류의 역사 변화를 문명 충돌, 특히 서양의 기독교 문명과 아랍의 이슬람 문명 사이의 충돌로 바라보는 시각이 인기를 끌기도 한다. 새뮤얼 헌팅턴의《문명의 충돌》이 대표적인 경우다. "서구에 대한 반감이 지배적 추세로 자리 잡았다. 이러한 추세는 원리주의의 부상, 이슬람 각국에서 나타나는 친서방 정권에서 반서방 정권으로의 권력 교체, 일부 이슬람 집단과 서구의 준전시 상태 돌입, 일부 이슬람 국가와 미국 사이에 존재했던 냉전적 안보 결속의 약화에 반영되고 있다." 이러한 대립이 향후 세계에서 어떤 영향을 미칠지, 누가 세계를 주도할 것인지를 놓고 기독교 문명과 이슬람 문명 사이의 충돌 성격을 가진다는 것이다. 이슬람 문명을 차이를 중심으로 파악하고 분리시키려는 발상이다.

이슬람이라는 말에는 인간이 유일신인 알라에게 절대적으로 순종함으로써 몸과 마음이 진정한 평화에 도달할 수 있다는 종교적 의미가 들어 있다. 현재 전 세계 이슬람교도의 수는 약 13억~16억 명에 달한다. 전 세계 인구의 23퍼센트를 차지하며, 54개국에서 다수파 종교다. 종교가 정치, 경제, 사회, 문화 등 사회생활 전반과 합일된 생활양식을 갖고 있기 때문에 이슬람 세계를 이해하기 위해서는 이슬람 신앙에 대한 이해가 필수적이다.

"알라 외에 신은 없다"

이슬람교 창시자는 신의 사도, 선지자 등으로 불리는 무함마드(570~632)다. 무함마드는 《구약성경》에 등장하는, 아브라함의 아들 이스마일의 자손이라고 주장하는 부족 가문에서 유복자로 태어났다. 어머니마저 여의고 고아로 자란 그는 어린 시절에는 양치기를 하고, 청년 시절에는 시리아를 왕래하는 무역상이 되었다. 상인으로 북쪽 시리아 지방을 자주 오가면서 기독교를 비롯한 여러 종교를 접했다.

　25세에 결혼을 하고 생활이 안정되자, 메카 부근의 히라 산 동굴에 들어가 명상과 사색에 잠겼다. 당시 세상에서 나타나는 온갖 문제, 즉 부족 간의 전쟁이나 빈곤, 무분별한 우상숭배 등에 절망하며 절대자의 힘을 통해 구원의 길을 찾고자 했다. 15년의 수도 정진 끝에 마침내 40세 되던 해에 천사 가브리엘에게서 알라 신의 첫 계시를 받았다. 〈첫 번째 계시를 받는 무함마드〉는 첫 계시 장면을 묘사한 그림이다. 이슬람은 신이나 무함마드의 모습을 그림이나 조각으로 새기는 행위를 우상숭배로 여겨 금기시했다. 다양한 조각과 회화를 통해 신과 예수의 형상을 담았던 기독교와 큰 차이가 있다. 이 때문에 이슬람 미술은 주로 추상적 문양 중심으로 발달해왔다. 무함마드와 관련한 이미지는 주로

삽화 〈첫 번째 계시를 받는 무함마드〉, 1307년

교육을 위해 만들어진 필사본 책자에 실린 삽화를 통해 확인할 수 있
다. 대부분 누가 그렸는지 알 수 없는 작가 미상의 작품이다.

원편에서는 천사 가브리엘이 무함마드를 손가락으로 가리키며 신
의 계시를 전한다. 가브리엘은 모든 천사를 관장하는 수좌 천사다. 무
함마드는 공손한 자세로 천사가 전하는 알라의 계시를 받아들이고 있
다. 첫 계시는 "창조주이신 알라는 한 방울의 정액으로 인간을 창조하
셨다"는 내용이다. 인간과 이 세상을 창조한 것은 오직 알라뿐이라는
말이다. "알라 외에는 신이 없다"는 유일신 신앙을 담은 계시다.

이는 두 가지 점에서 기존의 종교 및 신의 뜻과 구별된다. 하나는
당시 아랍 지역에 폭넓게 퍼져 있던 다신교를 부정하기 때문이다. 다

른 하나는 기독교와 이슬람을 가르는 가장 중요한 분기점이 되기 때문이다. 사실 기독교와 이슬람은 《구약성경》의 내용에서 거의 일치한다. 하지만 기독교가 예수를 신의 아들로서, 신과 인간의 특징을 모두 지닌 존재로 보는 것에 반대한다. 신은 오직 하나일 뿐이다. 예수를 신의 자리에 놓는 순간 유일신 사상은 성립하기 어렵다. 예수가 자신을 신의 아들로 지칭했다면, 무함마드는 자신을 인간으로 한정한다. 이슬람 경전 《꾸란》에는 "나는 너희와 똑같은 인간으로서 나에게 너희의 신이 유일신이라는 계시가 내렸을 뿐"이라면서 자신이 다른 이들과 똑같은 사람이라고 말한다.

삽화 〈무함마드의 야행승천〉은 동굴에서 오랜 기간 수도 정진을 하던 중 겪은 기적 체험을 담고 있다. 어느 날 밤 무함마드에게 천사 가브리엘이 다시 찾아온다. 무함마드는 천사의 안내로 날개 돋친 천마를 타고 메카에서 예루살렘까지 일순간에 날아간다. 예루살렘에서 빛에 실려 승천한 후, 일곱 단계를 거쳐 알라의 어좌를 참배하고 돌아오는 체험을 한 것이다. 밤에 하늘로 올라가는 야행승천夜行昇天의 기적이 일어난 것이다. 신으로부터 권위를 인정받았음을 증명하는 이야기다. 기적 체험을 통해 의심할 수 없는 신의 사도임을 드러내는 용도라 할 수 있다.

그림 중앙에 무함마드가 천마를 타고 하늘을 나는 장면이 나온다. 천사들이 그를 둘러싸고 기뻐하고 있다. 무함마드를 불길이 에워싼 모습도 특징적이다. 동양에서 부처 등 뒤로 타오르는 불꽃을 묘사했던 것과 유사하여 중국 회화의 영향을 짐작할 수 있다.

15년간의 명상과 수행으로 신의 계시를 받고 깨달음에 도달한 무

삽화 〈무함마드의 야행승천〉, 1550년

함마드는 613년경부터 이후 20년 가까이 신의 뜻을 전하기 위한 포교 활동에 나선다. 그가 펼치는 유일신 사상의 핵심은 모든 인간이 신 앞에 평등하다는 주장이었고, 이는 사회적 약자였던 사람들의 호응을 받았다. 그래서 처음에는 메카에서 경제적으로 어려운 하층민과 중소상인이 주요 지지층이었다. 점차 추종자가 늘어나 메카의 지배 세력과 대상인의 이해관계를 위협하는 수준에 이르자 무함마드의 포교 활동을 박해하기 시작했다.

무함마드는 탄압을 피해 메카에서 북쪽으로 400킬로미터 떨어진 메디나로 포교 활동의 중심 무대를 옮겼다. 메디나도 부족 간의 분쟁과 복수 행위로 유혈 사태가 끊이지 않는 상태였다. 무함마드와 그의 종교가 소모적 분쟁을 해결해줄 수 있다고 여긴 두 부족의 대표 12명이 충성 서약을 했다. 무함마드는 오랜 내분을 수습하는 정치 지도자로서 역량을 인정받았고, 그다음 해에는 75명의 대표가 이슬람으로 개종하면서 교세를 확장했다. 이즈음 무함마드는 정교합일의 이슬람 공동체인 움마의 모체를 건설하고 메카에 대항할 수 있는 군대를 양성했다.

624년에 무함마드는 메카의 상인 대열을 습격하는 등 메카 정복의 의지를 나타내기 시작했다. 이 사건을 계기로 메카 지배 세력과 무력 충돌이 일어났고, 이 전투에서 수적으로 우세한 메카 세력을 격파하면서 승기를 잡았다. 이후 627년까지 두 차례 큰 전투가 더 벌어졌는데, 메카 세력을 제압하면서 무함마드와 이슬람교의 위세는 계속 확장되었다.

630년에 무함마드는 메카를 향한 총공격에 나섰다. 약간의 저항에 부딪혔지만 이미 대세가 기울었음을 인정한 주요 메카 부족들이 항복을 하면서 무혈 입성하는 데 성공했다. 이후 이슬람 역사가들은 630년을 '정복의 해'라고 부른다. 메카의 여러 부족은 메디나에 사절단을 보내 이슬람 개종을 서약했다. 무함마드는 메카를 정복한 후 이슬람교가 표방하는 관용의 정신을 정치적으로 실천했다. 과거 메카에서 포교 활동을 벌이던 초기부터 줄곧 박해를 일삼아왔던 메카 지배 세력과 그를 비방하던 메카 시민들을 처벌하지 않고 관대하게 포용하는 정책을 취했다. 관용 정책은 메카 사람들이 이슬람교로 개종하는 데도 적지 않은 영향을 미쳤다.

하지만 종교적으로는 엄격한 태도를 취했다. 메카로 입성한 이후 기존 다신교 우상들에 대해서는 단호한 조치를 취했다. 메카의 카바 신전에 있는 우상의 형상을 담은 조각상들을 부수고 벽에 그려진 우상의 그림도 지워버렸다. 메카에서 우상을 파괴하던 상황을 《꾸란》에서는 "진리가 와서 허위는 망해 없어졌다"라는 말로 표현하고 있다.

〈우상을 파괴하는 무함마드〉는 630년에 메카에서 벌어진 우상 파괴 모습을 보여준다. 오른편 중앙에는 말을 타고 부대를 지휘하며 성으로 들어오는 무함마드의 모습이 보인다. 다만 이슬람에서는 우상숭배라는 이유로 무함마드의 얼굴 묘사를 금기시하기 때문에 타오르는 불꽃 상징으로 대체되어 있다. 그 주위를 이슬람으로 개종한 부족 지도자들과 군사들이 에워싸고 있다. 그림 상단과 왼편으로는 당시 신전에 있던 다양한 신의 모습을 담은 조각상이 보인다. 이미 여러 개가 형체를 알아볼 수 없게 파괴되어 있다. 조각상이 사라진 채 받침대만 남은 것

삽화 〈우상을 파괴하는 무함마드〉, 1808년

도 보인다. 그 앞에서는 이슬람교도들이 몽둥이나 창으로 이를 훼손하고 있다.

　이후 메카만이 아니라 주변 지역과 도시의 각 부족이 이슬람교를 받아들이면서 이슬람 공동체가 확대되었다. 무함마드는 정치와 종교가 일치된 이슬람 공동체를 대표하는 절대적 지위에 올랐으나 군주로서 군림하기보다는 신 앞에 동등한 한 인간으로서 이슬람 세계를 통치하는 모습을 보이려 했다. 그는 왕관을 쓰지 않았을 뿐만 아니라 직접 옷과 신발을 신고, 대추야자와 보리빵을 즐겨 먹는 검소한 생활을 했으며, 옥좌 대신 마룻바닥에 앉아 통치했다. 632년 3월에는 무함마드가 메카 순례를 직접 지휘하여 예배를 드렸다. 이어서 아라파트 산의 마지막 고별 연설에서 이슬람의 승리를 선언했다. 하지만 건강이 날로 악화되어 그해 6월에 세상을 떠났다.

점점 커지는 이슬람 세력

무함마드가 죽은 뒤, 정통 칼리파 시대(632~661)에는 대대적인 정복사업을 전개하여 아라비아 반도는 물론, 그 주변국들을 점차 이슬람화했다. 이를 통해 우마이야 왕조(661~750) 아랍제국 시대를 거쳐, 이슬람이라는 공통된 이념에 기초하여 통일된 아바스 왕조(750~1258) 이슬람제국을 건설했다. 이 과정에서 비잔티움 제국을 무력으로 제압함으로써 지중해와 동유럽으로 이슬람을 확산하는 계기를 마련했다. 동아프리카에서는 9세기부터 무슬림 상인들이 예멘과 이집트를 거쳐 소말리아에서 모잠비크에 이르는 연해 일대에 무역 거점을 마련하면서 이슬람을 전파했다. 또한 인도 대륙을 공략해 13세기에 이르러서는 이슬람 왕조를 출범시켰다. 아바스 왕조 이슬람제국 시대부터 무슬림 상인들이 중국을 왕래하면서 경유지인 동남아시아에 이슬람이 전파되었다. 13세기 중엽 칭기즈 칸과 그 후계자들의 침략으로 아바스 왕조가 붕괴되면서 이슬람 통일제국이 와해되었지만 오히려 이슬람교는 주변 지역으로 폭넓게 전파되면서 종교적 영향력이 더욱 확대되었다.

무함마드에 의해 정립된 이슬람 교리는 이후 여러 이슬람 왕조를 거쳐 현재에 이르기까지 큰 틀을 계속 유지하고 있다. "알라 외에는 신이 없고, 무함마드는 알라의 사도다"라는 신앙 고백은 이슬람교의 5대 기본 교리 중 첫 번째 교리다. 무슬림은 어릴 때부터 이 신앙 고백을 하고 개종자는 신앙 고백으로 이슬람교에 귀의했음을 선언한다. 기독교의 예수가 신의 일부이며 아들이라면, 이슬람교의 선지자 무함마드는 인간이다. 신이 아닌 단지 존경하고 모방하는 대상일 뿐이다. 무슬림이 숭배하는 것은 알라뿐이다.

신앙 고백 이외에도 4개의 핵심 교리가 요구된다. 두 번째로 매일 예배를 드리는 것이다. 무슬림은 하루에 다섯 번씩 예배를 드리는데, 새벽 예배, 정오 예배, 오후 예배, 일몰 예배, 저녁 예배가 있다. 세 번째 교리는 희사, 즉 자선활동을 베푸는 일이다. 《꾸란》은 "가난한 자에게 베풀어라. 남에게 베풀지 않는 자는 독실한 신도가 아니다"라고 했다. 또한 무함마드는 "이웃이 굶주릴 때 혼자 배를 채우는 사람은 진정한 신도가 아니다. 알라는 경배하나 인색한 사람보다, 무지하나 관대한 사람이 알라의 사랑을 받는다"라고 했다. 한 해 수입을 계산해서 총자산의 2.5퍼센트 정도를 자선활동에 기부하는데, 이는 부의 재분배를 의미한다. 네 번째는 매년 한 달 동안 해 뜰 때부터 해 질 때까지 단식을 하는 의무다. 마지막으로 평생 한 번은 메카와 메디나로 성지순례를 떠나는 것을 의무로 삼는다.

모든 무슬림은 《꾸란》을 알라가 20여 년간 천사 가브리엘을 통해 무함마드에게 내린 마지막 계시가 담긴 경전으로 믿고 이에 따라야 한다. 다음으로 무함마드의 평소 언행과 관행을 기록한 신앙적 규범서 《하디스》의 권위를 인정한다.

테러와 보복 전쟁의 악순환

20세기 들어서 대부분의 아랍 지역은 유럽 제국주의 국가의 식민 지배를 받게 된다. 터키가 독일의 편을 들어 1차 세계대전에 가담하면서 전쟁 직후 아랍 지역 대부분은 영국과 프랑스의 점령지가 된다. 영국과 프랑스는 기존 오스만투르크 제국의 영토였던 시리아, 이라크, 레바논, 이스라엘, 요르단, 팔레스타인 등을 식민지로 재편한다. 식민 지배의 편의를 위해 쿠웨이트와 나이지리아 등 새로운 국가를 만들어내기도 했다.

1차 세계대전 이후 지금까지 끊임없는 분쟁 지역이 된 팔레스타인 문제가 생겨난다. 영국은 미국 유대인의 협력을 얻어 미국을 전쟁에 끌어들이기 위해 팔레스타인에 유대국가 수립을 지지하는 '밸푸어 선언'을 발표했다. 팔레스타인 사람들은 이를 저지하기 위해 폭동을 일으켰지만 유대인은 영국군의 보호를 받으며 이 지역으로 이주하기 시작했다. 특히 1930년대 히틀러의 유대인 박해 이후 대거 이주하면서 40만 명 이상의 유대인이 살게 되었다.

2차 세계대전 직후에는 미국까지 적극적으로 나서서 유대인들의 국가를 세우는 데 박차를 가했다. 1947년에 유엔은 팔레스타인을 둘로 분리한다는 결정을 내렸고, 그 이듬해 이스라엘 건국 선언이 이어졌다. 이에 이집트, 요르단 등 아랍 국가들의 연합국인 아랍 해방군이 팔레스타인으로 몰려들어 1차 중동 전쟁이 터졌다. 하지만 미국의 지원을 받는 이스라엘이 승리했다.

이후 미국과 유럽이 이스라엘을 대아랍 정책의 교두보로 삼으면서 분쟁이 확대되었다. 1952년에 혁명으로 집권한 이집트의 나세르 대통령이 수에즈 운하의 국유화를 선언했다. 운하 봉쇄로 이스라엘 선박이 통제되고 충돌이 빈번해지자 1956년에 이스라엘군은 시나이 반도를 가로질러 수에즈 운하로 진격했다. 미국과 유럽의 선봉부대 역할을 한 것이다. 이어서 영국과 프랑스 군대가 운하 입구에 있는 도시 포트사이드를 공격하면서 이스라엘의 승리를 뒷받침해주었다. 1967년에도 이스라엘이 이집트를 기습공격해 아랍 지역은 전쟁의 회오리에 휘말렸고, 이스라엘이 시나이 반도를 점령했다.

미국과 유럽의 전면적인 개입에 반발하며, 1971년에 미국 정부와 석유 회사의 이익을 수호하던 팔레비 왕조를 축출한 이란 혁명이 일어났다. 혁명을 주도한 호메이니를 중심으로 강력한 이슬람 국가가 출현한 것이다. 미국은 이라크 독재자 후세인에게 군사적 지원을 하며 이란 혁명이 파급되는 것을 막았다. 아랍 지역에 대한 미국의 지배력, 석유자원의 장악, 미국 군수산업체의 이익 등이 맞물리면서 이란과 이라크의 오랜 전쟁(1980~1988)이 이어졌다. 이즈음 미국과 유럽이 이스라엘의 실질적 조종자라는 점과 이들의 아랍 지역에 대한 군사적, 경제적 개입에 반발하면서 팔레스타인을 비롯한 아랍 내 이슬람 집단의 테러 공격이 여러 차례 벌어졌다. 이후 수십 년간 테러, 이스라엘과 미국에 의한 보복 공격의 악순환이 생겨났다.

이란 - 이라크 전쟁이 막을 내리면서 1990년에 이라크의 후세인이 미국으로부터 구입한 무기로 쿠웨이트를 점령하는 일이 벌어졌다. 미국이 유엔 연합군을 이끌고 이라크를 공격하면서 1차 미국 – 이라크 전쟁이 벌어졌다. 미국은 이후 10여 년 동안 이라크에 대해 무역 제재를 비롯한 고립 정책을 폈다. 2001년 9·11 테러 사건으로 2900여 명이 목숨을 잃는 사건이 벌어졌다. 이를 계기로 미국이 테러와의 전쟁을 선포하면서 이라크는 미국의 대규모 군사 공격 앞에 점령당했고, 같은 시기에 아프가니스탄이 테러 지원 혐의를 이유로 미군에 의해 쑥대밭이 되었다.

이슬람에 대한
두 가지 시각

이슬람에 대한 서구인의 시각은 기본적으로 에드워드 사이드가 《오리엔탈리즘》에서 지적했듯이 우월과 열등이라는 이분법적 사고에서 비롯한다. "동양 대 서양이라고 하는 경계 개념, 여러 가지 차원에 투영된 열등과 우월, 행해진 작업의 정도, 동양에 특유한 것으로 인정된 여러 가지 특징, 이러한 모든 것들은 동양과 서양을 나누고 상상 속의 또는 지리상의 구분선이 의도적으로 그어지고, 나아가 그것이 몇 세기에 걸쳐 존속되어온 것을 증명하고 있다." 우월과 열등의 이분법에는 문명과 야만, 이성과 관능, 강력함과 유약함, 지배와 종속, 질서와 혼돈, 정상과 비정상, 도덕과 비도덕, 민주주의와 전체주의 등이 포함된다. 당연히 서양은 일체의 긍정적 가치를, 동양은 부정적이거나 기껏해야 마법적이거나 신비로운 가치를 대변할 뿐이다.

식민주의와 프랑스 제국주의를 옹호하는 쥘 아르망Jules Harmand의 사고방식이 대표적이다. "인종과 문명에는 서열이 있으며, 우리는 우월한 인종과 문명에 속해 있다는 것을 (……) 원칙과 출발점으로 받아들이는 것이 필요하다. 토착민들의 정복을 합법화해주는 것은 곧 우리의 우월성, 단순히 기계적, 경제적, 군사적 우월성뿐만 아니라 도덕적 우월성에 대한 확신이다." 서구의 위엄은 바로 이러한 우월성에서 나온다는 주장이다. 우월한 서구가 열등한 비서구를 지배할 권리가 있다는 것이다.

문명 충돌이라는 편견을 갖고 인류의 역사를 꿰어 맞추려 했던 헌팅턴조차도 이슬람을 바라보는 서구의 사고방식이 비서구인이 보기에는 얼마나 위선적일 수 있는지를 완전히 무시할 수 없었다. "민주주의가 이슬람 원리주의자들의 집권을 돕는다면 재고의 대상이 되고, 이란과 이라크에게는 군축을 요구하지만 이스라엘은 방치하고, (……) 중국의 인권은 문제 삼아도 사우디아라비아의 인권은 문제 삼지 않고, 석유자원을 가진 쿠웨이트에 대한 침공은 기를 쓰고 막아도 보스니아가 공격을 받으면 나 몰라라 한다. 이중 잣대는 어설픈 보편주의가 불가피하게 치러야 할 대가다."《문명의 충돌》

이슬람에 대한 서구인의 시각, 미국이나 유럽 언론과 학문의 영향을 받아 한국 사회에서도 상당 부분 통념으로 자리 잡은 편향된 시각 몇 가지를 살펴보자. 또한 편향을 비판하는 과정에서 생기는 역편향에 대해서도 신중한 검토가 필요하다.

이슬람은 테러 세력인가

이슬람에 대한 편견 가운데 가장 대표적인 것이 근본적인 폭력성, 심지어 테러 세력이라는 인식이다. "한 손에는 꾸란, 다른 손에는 검"이라는 말이 《꾸란》에 나온 이슬람 교리인 것처럼 착각한다. 파키스탄 회화 〈무함마드와 이슬람의 승리〉는 언뜻 이슬람의 폭력성을 뒷받침하는 그림처럼 보인다. 화면 가득히 무함마드가 한 손에는 말고삐, 다른 손에는 칼을 쥐고 적진을 향해 돌진하고 있다. 바로 앞에는 그의 칼을 맞은 상대편 병사가 공포로 가득한 표정으로 피를 흘리고 있다. 누가 봐도 피비린내 나는 무자비한 살육전 현장이다. 이 그림만이 아니라 이슬람 삽화에는 말 위에서 칼을 들고 전진하는 무함마드의 모습이 자주 나온다. 배경지식 없이 보면 어느 용맹한 장군의 승전을 기념하는 그림처럼

삽화 〈무함마드와 이슬람의 승리〉, 19세기

보인다.

　다른 누구도 아닌, 이슬람교의 창시자인 무함마드가 전쟁터에서 칼을 휘두르는 지휘관이었다는 사실이 색다르기는 하다. 하긴 주요 종교 창시자 가운데 직접 칼을 든 경우는 찾아보기 어렵다. 예수는 군사적 이미지는커녕 십자가를 지고 골고다 언덕을 오르는 희생자의 모습이다. 부처는 보리수나무 아래서 고행하며 명상을 통해 깨달음에 이르는 모습이다. 그래서 이슬람교는 이미 그 뿌리에서부터 폭력성을 가지고 태어났다는 식으로 단정해버리는 경우가 많다. 헌팅턴의 "전투성, 화합 불가능성, 비이슬람 집단과의 물리적 근접성은 이슬람의 지속적 특성이다. 그리고 이것들로 역사적으로 나타나는 이슬람교도의 분쟁 성향을 설명할 수 있다"《문명의 충돌》는 주장도 비슷한 맥락이다. 이슬람 세력과 다른 집단의 분쟁은 이슬람이라는 종교가 근본적으로 갖고 있는 전투성의 산물이라는 시각이다.

　미국의 정치인이나 종교인의 시각은 더 노골적이다. 이라크 전쟁 당시 부시 미국 대통령은 "이슬람교는 가짜 종교"라고 해서 물의를 일으키기도 했다. 이는 우발적 발언이라고 볼 수 없다. 부시 대통령의 영적 조언자 역할을 하는 프랭클린 그레이엄 목사는 이슬람교는 "사악하고 악랄한 종교"라고 했고, TV 복음 설교자인 패트 로버트슨 목사도 이슬람교는 폭력적 종교, 무함마드는 "과격한 광신도"일 뿐이라고 규정했다. 미국의 보수 정치가들과 종교 지도자들의 시각이 다분히 그렇다.

　하지만 편견을 버리고 〈무함마드와 이슬람의 승리〉를 꼼꼼히 보면 다른 장면이 눈에 들어온다. 왼편으로는 무함마드가 가브리엘에게 계시를 받기 전의 상황이 묘사되어 있다. 위로 무함마드의 출생과 이를 축복하는 성인들의 모습이 보인다. 청년 시절에 낙타를 타고 대상에 참여하던 시절의 이야기도 보인다. 결혼을 하고 아이를 낳고, 안타깝게도 부인을 저세상으로 먼저 보내기도 한다. 오른편으로는 새 모양의 천사 가브리엘로부터 계시를 받고 포교 활동에 나선 모습, 이에 대한 메카 세력의 박해, 부족 지도자들의 충성 서약, 우상숭배자들이 지옥에 빠지는 모습 등이 펼쳐진다. 무함마드의 일생, 이슬람교의 탄생과 승리 과정을 묘사한 그림이다.

무함마드의 초기 포교 활동은 평화적인 방식이었다. 하지만 메카 지배 세력의 박해를 겪으면서 스스로를 보호하고 포교하기 위해서 무장의 필요성을 느꼈다. 이를 위해 정교합일의 이슬람 공동체를 만들고 군대를 조직했다. 사실 고대사회에서는 제사장으로서의 종교적 역할과 정치 지도자의 역할을 구분하기 어려웠다. 인류 역사에서 종교는 정치적 이데올로기와 뗄 수 없는 관계였다는 점을 고려해야 한다. 중세 기독교의 십자군 전쟁에서도 살펴보았듯이 군대를 모집하고 사실상 정복전쟁 명령을 내린 것은 신의 대리인을 자처하는 교황이었다. 고대와 중세를 통틀어 폭력성으로부터 자유로운 종교는 거의 없을 것이다. 그럼에도 유독 이슬람에 폭력성의 딱지를 붙이는 것은 종교적 편견이나 정치적 이해관계 말고는 다른 요인을 찾기 어렵다.

특히 이슬람에 대해 테러 국가나 불량국가 딱지를 붙이는 것은 촘스키가 적절하게 비판했듯이 정치적 목적과 직접 연관된다. "민주국가 대중을 위협하고 조종하기 위해 사용되는 상징 가운데 테러와 테러리즘보다 더 중요한 것은 없다. (……) 테러에 관한 개념의 축소도 또한 현실 문제에 대한 관심을 분산시키는 피뢰침 구실을 하며, 국가 활동에 보다 큰 자유를 부여하는 감각과 감정을 불러일으키는 데 도움을 준다."《미국의 제3세계 침략정책》) 테러에 대한 공포를 조장하는 것은 자국의 대중을 위협하여 권위주의적 통치를 정당화하기 위한 수단이다. 이를 통해 다른 사회문제들에 대한 무관심을 조장하고 강압적 통치가 불가피하다는 대중적 심리를 만들어낸다는 것이다.

촘스키에 따르면 미국에서 즐겨 사용하는 '불량국가'라는 표현은 제국주의적 성격을 노골적으로 드러낸다. "불량국가라는 용어는 선별된 적국들에 대해 적용하는 프로파간다로서의 용법"《불량국가》)으로 사용된다. 그 결과 몇몇 이슬람 국가를 비롯해 미국의 이익에 반하는 국가에 대한 군사적 공격을 정당화하는 역할을 한다. "1993년에 클린턴은 이라크에 대한 미사일 공격을 명령했다. 이로 인해 민간인들이 목숨을 잃었지만 대통령은 커다란 찬사를 한 몸에 받았으며, 의회의 온건파와 언론은 이라크에 대한 공격이 '적절하고, 이성적이며, 필요한 것'이었다고 지지를 보냈다." 심지어 희생자가 아랍인이고 가해자가 이스라엘 사람인 경우 미국의 진보주의를 표방하는 유수한 신문에 고문을 옹호하는 기사가 실린다는 것은 이제 놀랄 일도 아니다.

이러한 논리에 따라 미국은 자국인 피해는 끊임없이 강조하는 반면에 미국의 공격으로 이슬람을 비롯한 적대 국가가 입은 더 큰 피해에 대해서는 거의 무시한다. 예를 들어 2001년에 9·11 테러로 2900여 명의 미국인이 목숨을 잃었다. 하지만 미국의 이라크 공격으로 얼마나 많은 민간인이 살해당했는지에 대해서는 아무런 관심이 없다. 몇몇 대학 연구소와 여론조사 기관이 조사 표본에 속하는 집을 일일이 돌아다니며 사망자가 있는지를 묻는 방법을 사용했을 때, 대략 60만 명에서 100만 명 사이로 집계되었다. 9·11 테러 사망자의 200~300배가 넘는 숫자다. 만약 진정한 의미에서 테러와 불량국가라는 표현을 적용해야 한다면 그 대상은 일차적으로 미국이 되어야 할 것이다.

이슬람 전체를 테러분자나 불량국가 취급을 하는 것은 유럽 언론에서도 일상적으로 나타나는 현상이다. 유럽 신문에서 무함마드를 테러분자로 묘사한 만평이 드물지 않게 보인다. 덴마크 최대 일간지 《윌란스 포스텐》이 심지에 불이 붙은 폭탄 모양의 터번을 쓴 무함마드의 그림을 실은 것이 대표적이다. 터번에는 무슬림의 신앙고백인 "알라 외에는 신이 없고, 무함마드는 알라의 사도다"라는 아랍어가 적혀 있다. 무함마드를 자살폭탄 테러범으로 묘사한 그림이다. 이슬람교와 무슬림 전체를 테러 집단으로 규정하는 분위기가 물씬 풍긴다. 이슬람권은 당연히 강력하게 반발했지만, 덴마크뿐만이 아니라 유럽 여러 나라의 대표적 신문들이 언론과 표현의 자유를 내걸며 확대 게재했다. 유럽에서 충돌과 폭력 사태가 뒤를 이었다.

그러자 이번에는 스페인의 한 미술 전시장에 미국의 대형 장거리 미사일인 피닉스 미사일을 들고 있는 예수 그림이 걸렸다. 2차 세계대전 이후 대부분의 굵직굵직한 전쟁을 일으켰던 미국과 예수를 일체화시켜 사랑과 평화의 예수가 아닌 전쟁의 화신으로 예수를 묘사했다. 또한 뉴욕의 어느 미술 전시회에서는 타파Tafa라는 화가가 그린 오사마 빈

《윌란스 포스텐》에 실린 〈무함마드〉, 2005년

타파, 〈예수〉, 2006년

라덴 형상의 〈예수〉 그림이 걸려 논란이 벌어지기도 했다. 예수의 머리
가 아래로 향하고 있는 이 그림에는 이슬람 전사를 의미하는 '무자혜
딘'이라는 단어가 적혀 있다. 예수가 무력 분쟁의 원인 제공자라는 이
미지를 담고 있다. 또한 과거에 민주주의 인사까지 공산주의자로 몰아
처벌했던 미국의 정치적 억압을 상징하는 '매카시즘'이라는 단어도 있
어서 기독교가 이데올로기적 공격 수단임을 암시한다.

　　근대 이후 대규모로 일어난 전쟁의 대부분이 유럽과 미국 등 서구
에 의해 자행되어왔고, 또한 현재 국제사회에서 전쟁을 부추기는 가장

큰 위협 세력이 미국, 영국, 프랑스 등의 군수산업체라는 점에서 촘스키의 지적은 경청할 만하다. "최악의 인권 유린 범죄자가 세계의 침략자이자 무기 확산을 조장하는 사람들이라면, 세계의 주요 무기상에 대해 어떤 결론을 내려야 하는가? 무기 판매국은 판매량의 절반이 훨씬 넘는 무기를 제3세계의 사악한 독재자에게 판매하고 있다. (……) 미국과 그 동업자인 영국과 프랑스 또한 인도네시아와 르완다의 대량 살인자에게 무기를 공급하여 이름을 떨치지 않았던가?"《불량국가》)

이슬람이 표방하는 지하드를 신의 이름으로 자행되는 전쟁인 성전聖戰으로 해석하여 이슬람으로부터 테러리즘의 뿌리를 발견하고자 하는 시도도 설득력이 떨어진다. 지하드는 종교적으로 '신의 길에서 헌신적으로 노력함'이라는 뜻이다. 개인적 신앙 차원의 노력과 이슬람 세계 전체의 방어 및 확대를 위한 헌신 개념인 것이다. 오히려 성전 개념에 딱 들어맞는 것은 기독교의 십자군 전쟁이라고 봐야 한다.

또한 테러가 민족해방 투쟁 과정에서 사용되는 투쟁 방법일 수 있다는 점도 고려해야 한다. 우리 역시 일제강점기에 안중근이나 윤봉길이 일제에 항거하여 폭력적인 방법을 썼지만 그들을 '의사'라고 표현하지 테러범이라고 부르지 않는다. 민족적 억압 상황에서 약자가 선택할 수 있는 투쟁 수단이라는 점은 인정해야 할 것이다. 물론 그렇다고 해서 무슬림의 테러 행위가 모두 정당한 것은 아니다. 특히 민간인을 상대로 무차별적으로 벌이는 테러는 용납될 수 없다. 또한 순교자의 지위를 보장하는 방식으로 테러 가담자를 모집하는 것도 사실상의 강제라는 점에서 인정될 수 없다.

이슬람은 여성의 인권을 탄압하는가

이슬람에 대한 비판 가운데 빠질 수 없는 것이 인권 문제다. 특히 여성에 대한 차별은 항상 논란의 중심에 있었다. 이슬람 국가에서 여성의 사회적 지위가 열악함을 보여주는 여러 사례가 있다. 대표적으로 무슬림 여성의 히잡이 있다. 히잡은 얼굴이나 몸을 가리기 위해 착용하는 겉옷이나 베일 등을 통칭한다. 일반적으로 히잡이라고 통칭하지만 여러 종류가 있다. 히잡은 주로 다양한 모양의 머릿수건을 가리킨다. 니캅은 눈을 제외한 얼굴 전체를 덮는 가리개다. 부르카는 눈 부위에만 구멍이 뚫려 있고, 머리에서 발끝까지 덮는 외투다. 이 모든 종류의 히잡은 결국 여성의 바깥출입을 통제하려는 의도가 있다.

아프가니스탄과 파키스탄에서는 여성에게 부르카를 착용하라는 요구가 강하다. 사우디아라비아에서도 여성이 밖에 나갈 때 검은색 부르카로 머리에서 발끝까지 가려야 한다. 남자 가족과 함께 다니지 않으면 그나마 나갈 수조차 없다. 2001년 메카의 한 학교에서 불이 났는데 종교 경찰이 여학생들이 옷을 제대로 갖추어 입지 않았다는 이유로 내보내주지 않아서 여학생 15명이 불에 타서 죽었다고 한다. 이란 여성은 사람들 앞에서 남자와 악수하면 안 된다. 집안의 최고 어른이 허락하지 않으면 외국에 나갈 수도 없다.

이란에 전해지는 이슬람 삽화인 〈아담과 이브〉는 최초의 여성인 이브가 히잡을 두른 모습으로 나온다. 《꾸란》은 기독교의 《구약성서》와 겹치는 내용이 많은데, 최초의 인간인 아담과 이브 이야기도 나온

이슬람 삽화 〈아담과 이브〉, 1294년　　　　　미켈란젤로, 〈아담과 이브〉, 1540년

다. 인간이 부끄러움을 알게 되자 여성에게 최초로 요구된 것이 히잡이
라는 말이다. 최초의 여성부터 내려온 전통이니만큼 무슬림 여성은 반
드시 히잡을 착용해야 한다는 것을 상징적으로 보여주는 그림이다.

　여아 할례도 여성 차별의 사례로 악명을 떨친다. 아직도 상당수 이
슬람 부족에서는 국가의 허용 여부와는 무관하게 관습이라는 이름으
로 여아 할례를 시행하고 있다. 여아 할례는 성기의 음핵을 제거하여
성적인 감각을 제대로 못 느끼게 함으로써 결혼 전과 후에 순결을 지키
도록 하는 방법으로 사용되어왔다. 여성이 성행위의 주체가 되는 것을
봉쇄하고 오직 출산의 기능만을 남겨놓는다는 점에서 여성 인권 탄압
사례로 거론된다.

　여성에 대한 순결 요구는 명예살인이라는 끔찍한 행위를 초래한

다. 여성이 순결이나 정조를 잃은 경우 또는 간통한 경우 가문의 명예를 더럽혔다고 하여 가족의 손에 죽임을 당하는 명예살인이 해마다 500여 건씩 발생한다고 한다. 요르단을 비롯한 일부 이슬람 국가에서 '반反명예살인' 운동이 일어나고 있기는 하나 여전히 보수적 색채가 강한 국가, 혹은 국가에서는 허용하지 않지만 부족 내에서 공공연히 끔찍한 명예살인이 이루어지고 있다.

일부다처제도 이슬람 사회에서 여성의 열악한 지위를 보여주는 증거로 자주 거론된다. 미개사회에서나 있었던 차별적 가족제도가 21세기 사회에서도 존속하는 것은 이슬람 종교의 후진성을 극명하게 보여준다는 비판이다. 여러 여성을 동시에 소유하려는 남성들의 무분별한 욕망을 종교의 이름으로 충족시켜주는 관습으로 여긴다.

이에 대한 반론은 주로 종교적 측면에서 나타난다. 무슬림의 절대적 경전인 《꾸란》에서는 여성 차별의 근거를 찾아보기 어렵다는 점을 주로 지적한다. 실제로 《꾸란》은 여성 차별과 상당히 다른 내용을 보여준다. 아담과 이브 이야기도 그러하다. 오히려 기독교 《성경》에서 드러나는 여성 차별적 특성과 상당히 대조적인 느낌을 준다.

미켈란젤로의 〈아담과 이브〉는 《성경》의 〈창세기〉 내용을 거의 그대로 묘사하고 있다. 시스티나 성당 천장화인 〈천지창조〉 중 한 장면이다. 애초에 신은 인간을 창조하고 불사의 몸으로 에덴동산에 살게 했다. 하지만 신은 선악과를 따먹어서는 안 된다는 금기를 만들었다. 신의 계획을 파괴하고 싶었던 사탄이 이브를 유혹한다. 그림은 이 장면을 담았다. 왼편으로 아담과 이브가 있다. 오른편으로는 뱀의 모습을 한 사탄이 이브에게 선악과를 넘긴다. 이브는 호기심 어린 눈으로 선악과를 받는다. 아담은 신과 인간의 계약을 무산시키려는 사탄에게 분노의 표정과 거친 몸짓으로 항의한다. 오른편으로는 선악과를 먹은 후 부끄러움을 알게 된 아담과 이브를 에덴추방에서 추방하는 장면이 나온다. 신은 노여워하며 천사를 시켜 칼을 들고 두 사람을 낙원에서 내쫓고, 아담과 이브는 죄인의 표정으로 추방의 길에 오른다. 아담과 이브의 이야기가 기독교의 핵심 교리인 원죄설의 근거로 작용한다. 신을 거역하여 에덴동산에서 쫓겨남으로써 인류를 영원한 죄에 빠지게 했다.

하지만《꾸란》은 상당히 다른 내용을 보여준다. 인간이 죄를 지어 에덴동산에서 쫓겨났지만 이는 이브의 죄가 아니다. 이브가 사탄의 유혹에 빠져 아담까지 죄에 빠뜨리는《성경》의 설정과는 상당히 다르다. 미켈란젤로의 〈아담과 이브〉에서도 사탄으로부터 선악과를 넘겨받는 것은 이브다. 아담은 이를 내켜하지 않은 것은 물론이고, 마치 유혹에 반대한 것처럼 사탄에게 격렬하게 저항하는 모습으로 나온다. 그리스 신화에서 상자를 열어 인간에게 죄를 안겨준 여인 판도라처럼 여성 때문에 죄가 생겼음을 극명하게 보여준다.

《꾸란》은 여성을 탓하지 않는다. 이브는 아담을 꼬여내지 않았고, 아담과 이브는 똑같이 죄를 저질렀다. 인간에게 죄가 있다면 그것은 남성과 여성 모두의 잘못으로 생긴 것이다. 또한《성경》에서는 아담의 갈비뼈로 이브를 만들었다고 함으로써 여성이 남성에 속한 것으로, 남성보다 지위가 낮은 것으로 묘사한다. 하지만《꾸란》에는 그런 구절이 없다. 심지어 알라를 아버지에 비유하지 말라고 한다. 아버지를 신성한 존

307

08 이슬람 문명의 빛과 그림자

재로 취급하지도 않는다. 신을 아버지에 비유하는 것은 가부장제 사고와 위계를 그대로 적용하는 발상인데 오히려 이를 경계하는 내용이다.

히잡이나 여성 할례, 일부다처제를 이슬람의 여성 차별로 보는 시각에 대해 반발하는 논리도 만만치 않다. 한국 사회에서 이슬람에 대한 편견을 없애는 데 앞장서고 있는 정수일은 《이슬람 문명》에서 히잡을 다른 시각으로 볼 것을 주문한다. "히잡은 여성을 보호하고, 또 여성의 노출로 인해 생겨날 수 있는 사회적 문란과 비리로부터 사회를 보호하기 위한 일종의 관행으로 해석한다. 원래 히잡은 여성과 사회 보호의 차원에서 비롯된 일종의 관행이지 결코 어떤 구속력을 가진 제도나 규정은 아니다." 히잡은 여성의 생활관습으로서 여성 보호와 나아가서는 이를 통한 사회 보호의 목적이 있다는 것이다. 또한 오늘날 이슬람 나라들에서는 히잡의 착용 여부를 자유에 맡기는 등 서로 다른 태도를 취하고 있기 때문에 여성 차별 조치로 볼 수 없다는 주장이다.

여성 할례에 대해서는 무함마드가 당시 유행하던 할례 관습을 반대했다는 점을 들어 이슬람 종교와의 연관성을 부인한다. 또한 일부다처제는 특정한 역사적 상황에서 파악해야 한다고 지적한다. 《꾸란》에서 "만일 너희가 고아들을 공평하게 대해줄 수 없을 것 같은 두려움이 있다면 결혼을 할 것이니 너희가 마음에 드는 여인으로 둘, 셋 또는 넷을 취할 것이다"라는 구절이 유일하게 일부다처제의 허용을 시사한다. 이슬람 초창기에 두 번의 힘겨운 전투에서 수많은 과부와 고아가 생겨났고, 이를 구제하는 방법으로 한 남자가 여러 아내를 맞아들이도록 허용했다는 것이다. 특수한 상황에서 제한적으로 허용한 것이기 때문에 이를 이슬람 전체의 가족제도로 일반화할 수 없다는 설명이다. 또한 실제로 이슬람 사회에서는 일부일처제가 일반적이며 절대 다수의 남성은 아내를 한 명만 두고 있다고 한다.

확실히 이슬람교와 현실의 이슬람 사회를 여성 차별의 온상으로 여기는 시각은 부당한 면이 있다. 먼저 종교적 측면에서 《꾸란》의 내용은 우리의 통념과 매우 다르다. 아담과 이브의 이야기만이 아니라 다른 측면에서도 그러하다. "여성은 남성의 옷이고, 남성은 여성의 옷"이라는 구절에서도 알 수 있듯이 여성을 남성의 보조 역할로 한정하지 않는다. 남녀는 동등하게 서로의 보호자, 관리자, 협력자다. 또한 상속권을 통해 여성의 경제적 권리를 보장한다. "여자에게도 부모와 가까운 친척이 남긴 재산의 몫이 있나니, 각자에게는 적건 많건 간에 규정된 몫이 있다." 이슬람 법에 의해 여성은 상속권을 보장받고, 사유재산에 대해 절대적 권리를 행사함으로써 동등성과 자립성을 확보할 수 있다는 것이다.

특히 《꾸란》은 종교적 구원에 있어서 남성과 여성을 차별하지 않는다. 여성도 남성과 마찬가지로 알라에게 복종하는 존재이므로 남성과 동등한 종교적 권리를 가진다. 알라 앞에서 신앙에 충실하기만 하면 여성은 남성과 동일하게 보상을 받는다. 죄악에 따른 벌도 마찬가지다.

이란의 회화인 〈최후의 심판〉은 신 앞에 동등한 남녀의 지위를 상징적으로 보여준다. 기독교 성화에서도 흔히 볼 수 있는 최후의 심판 장면이다. 왼편 아래로는 죄를 지어 지옥에 떨어진 영혼들이 그려져 있다. 괴물에 잡아먹히기도 하고, 지옥의 불구덩이 속에서 몸부림치고 있

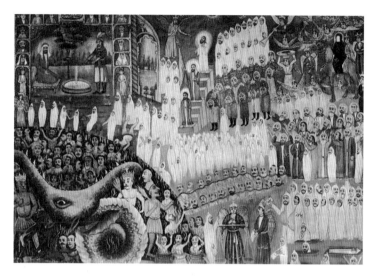

이란 회화 〈최후의 심판〉, 19세기 후반

다. 오른편으로는 신에게 구원받은 영혼들이 환한 빛 속에 있다. 낙타를 타고 이들을 구원으로 이끄는 무함마드가 보인다. 이들 중에는 목이 잘린 순교자도 있다. 천사들이 나팔을 불며 이들의 구원을 환영한다. 두 세계의 중간 지점에서 천사가 죽은 이가 어느 쪽으로 갈지 영혼의 무게를 재는 저울을 들고 있다.

특징적인 것은 구원을 받은 영혼 중에 여성과 남성이 거의 비슷한 비율이라는 점이다. 이슬람 사회에서 남성은 수염이 난 모습으로 묘사된다. 꼼꼼하게 그림을 보면 천국이든 지옥이든 수염이 없는 여성이 남성과 거의 비슷한 정도로 분포되어 있다. 이에 비해 동일한 주제를 그린 미켈란젤로의 〈최후의 심판〉에서는 신으로부터 구원을 받은 영혼의 압도적 다수가 남성이다. 경전에 나타난 종교적 교리를 본다면 이슬람이 기독교에 비해 여성에 대해 더 동등한 시각을 보여준다고 할 수 있다.

종교적 측면만이 아니라 현실에서도 우리의 고정관념과 다른 점을 발견할 수 있다. 파키스탄 연방의회의 여성 의원 비율은 약 20퍼센트로, 전 세계 평균의 거의 2배다. 여성 의석 할당제를 도입한 시 의회에서는 여성이 의석의 3분의 1을 차지한다. 인도네시아의 여성 의원 비율은 세계 평균과 거의 비슷하다. 또한 사우디아라비아 대학에서는 여자 졸업생이 더 많고, 이란에서도 여학생의 대학교 및 대학원 진학률이 더 높으며 교수의 3분의 1이 여성이라고 한다.

하지만 우리는 이슬람에 대한 편견을 바로잡는 과정에서 역편향에 빠지는 오류를 경계해야 한다. 예를 들어 히잡은 무슬림의 오랜 종교적 전통이자 관습이므로 인정해야 하는가? 만약 오랜 전통이기 때문에 문화의 다양성 차원에서 인정해야 한다면 수천 년 동안 신분제와 가부장제에 기초하여 여성이나 사회적 약자를 차별해온 온갖 제도나 관행도 시민권을 얻을 권리가 생길 것이다. 여성을 보호하고, 또 여성의 노출로 인해 생겨날 수 있는 사회적 문란과 타락으로부터 사회를 보호한다는 논리도 억지이기는 마찬가지다. 사회적 문란이 여성의 노출 때문에 생긴다면 여성의 노출에 관대한 북유럽은 성범죄가 가장 극심해야 하고, 대부분의 구성원이 거의 알몸으로 살아가는 밀림의 원주민들은 지옥에서 사는 셈이다.

이슬람 여성 다수가 동의하므로 강제가 아닌 자율적 판단으로 봐야 한다고 말한다면 참으로 안이한 생각이다. 국가에 의한 법적 강제 이상으로 무서운 것이 도덕적 강제다. 특히 그 도덕이 관습에 따른 처벌을 동반할 때 더욱 그러하다. 종교와 부족의 관습이라는 이름으로 여성 차별을 강제하는 상황에서 자율적 판단 운운하는 것은 무책임한 변명에 지나지 않는다. 히잡을 착용하지 않는다는 이유로 위협을 하거나 제재를 하는 일체의 행위를 법으로 엄격히 금지하고 처벌하지 않는 이상 차별은 매우 끈질기게 유지될 것이다.

또한 무함마드가 여성 할례 관습에 반대했다는 점을 들어 이슬람 종교와의 연관성을 부인한다고 해서 현실에서 일어나는 문제를 눈감을 수는 없는 노릇이다. 상당수 아랍 국가에서 여성 할례를 법으로 금지하고 있지만 여전히 많은 여성이 할례로 극심한 고통을 겪고 있다. 중부 이북 아프리카에서 리비아, 알제리, 튀니지, 서부 사하라를 제외한 국가들과 아라비아 반도의 남부 지역 그리고 인도, 인도네시아와 말레이시아에서 여전히 여성 할례가 행해지고 있다. 유니세프 등에 따르면 이집트나 소말리아 등에서 90퍼센트에 이르는 여성들이 할례를 당했다. 또한 전체적으로 향후 10년 이내에 3천만 명에 이르는 여성이 할례를 받을 것으로 추정한다.《꾸란》에 나와 있지 않고, 무함마드도 과거에 반대했다는 말로 넘어갈 수 있는 문제가 아닌 것이다. 이슬람 종교와 무관하다는 말로 끝날 것이 아니라 해당 국가에서 강력한 처벌 조항을 두고 이를 제대로 실행하지 않는 국가에 대해서는 국제적 차원에서 제재를 해야 할 것이다.

09

프랑스 혁명과
나폴레옹의 반란

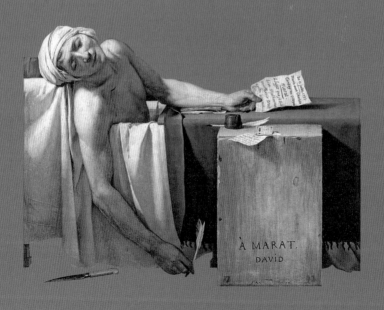

들라크루아, 〈민중을 이끄는 자유의 여신〉, 1830년

프랑스 혁명의
이면

프랑스 혁명, 근대사회를 열어젖히다

들라크루아의 〈민중을 이끄는 자유의 여신〉은 프랑스 혁명을 상징하는 그림으로 유명하다. 한 여인이 삼색기를 들고 선두에 서서 민중을 이끌고 있다. 온몸에 힘이 불끈 솟아오르고 거칠 것이 없을 것만 같다. 한 손에 든 긴 소총도 별로 버거워 보이지 않는다. 시체 더미를 딛고 포연을 헤치며 전진하는 모습은 위풍당당하다. 흔히 프랑스 혁명이나 프랑스 공화정을 묘사한 그림에서 주인공으로 등장하는 여인은 마리안으로 불린다. 혁명 지도자들은 자유, 평등, 박애 정신으로 프랑스인을 통합하고, 민중 투쟁을 고무하기 위해 마리안을 혁명의 상징으로 만들었다. 대부분 들라크루아의 그림처럼 이상을 향해 나아가는 건강하고 투지에 넘친 서민 여성으로 묘사된다.

마리안이 치켜들고 있는 삼색기는 자유, 평등, 박애를 대표한다. 맨 왼편의 허름한 옷차림의 남성은 도시 노동자, 그 옆의 모자와 신사복 차림의 남성은 시민계급으로 불리는 부르주아지를 상징한다. 구체제(앙시앵 레짐, 프랑스 혁명이 일어나기 전 부르봉 왕가가 지배했던 체제)를 지배했던 귀족과 성직자에 맞서 시민계급과 민중이 함께 선두에 선 모습이다. 옆에 권총을 들고 따르는 소년은 지금의 정서로는 과장된 느낌을 줄지 모르겠지만 당시만 해도 흔히 볼 수 있는 모습이었다. 어린 시절부터 아동노동으로 착취를 당하던 소년들은 시대의 아픔을 온몸에 간직한 노동자의 일부였기 때문이다.

　　프랑스 혁명은 자유, 평등, 박애라는 기치를 전면에 내걸고 구체제를 무너뜨렸다. 1789년 혁명 직후 발표된 〈인간과 시민의 권리 선언〉 제1조 "인간은 권리에 있어 자유로우며 평등하게 태어나고 생존한다"는 프랑스 혁명 정신을 대표한다. 프랑스 혁명은 유럽 근대사회를 열어젖힌 신호탄이었고, 이후 유럽 민주주의와 자유주의 확산의 기반을 마련한 역사적 사건이었다.

　　프랑스 혁명이 무너뜨리고자 했던 구체제는 3개의 신분으로 구분된 신분제를 토대로 삼고 있었다. 제1신분은 중세 사회부터 권력을 장악하고 있던 성직자를 지칭한다. 제2신분인 귀족은 교회와 함께 대부분의 토지를 소유하며 경제적, 정치적 특권을 누렸다. 제3신분은 귀족과 성직자를 제외한 나머지 계급·계층으로 시민, 농민, 노동자 등이 속한다. 하지만 정치적으로는 시민계급인 부르주아지가 제3신분을 대표했다.

이미 구체제 내부에서 사회혁명으로 나아갈 수밖에 없는 사회적, 경제적 갈등이 꿈틀거리고 있었다. 농민과 도시 노동자의 삶은 도화선에 불이 붙으면 언제든지 타오를 정도로 참담한 상태였고, 새롭게 등장한 부르주아지 세력과 기존 지배 세력의 갈등도 봉합하기 어려울 정도로 커지고 있었다. 혁명의 도화선은 절대왕정의 재정 적자와 이와 연관된 삼부회 소집을 둘러싼 충돌이었다. 루이 16세는 국가 파산 상태를 막기 위해 삼부회를 소집해 세금 부과 동의를 얻으려 했다. 1789년 5월에 소집된 삼부회에서 성직자와 귀족은 신분별 표결을 요구했지만, 압도적으로 수가 많은 제3신분은 머릿수 표결을 주장하며 별도의 국민의회를 결성했다. 루이 16세가 국민의회를 무력으로 진압하려 하자, 1789년 7월 14일 밤에 파리 민중이 절대왕정의 억압의 상징인 바스티유 감옥을 습격함으로써 프랑스 혁명의 봉화가 올랐다.

혁명 세력은 1789년 8월에 구체제의 붕괴를 알리는 〈봉건제 폐지 선언〉과 자유, 평등, 국민주권 등 혁명의 기본 이념을 담은 〈인간과 시민의 권리 선언〉(이하 〈권리 선언〉)을 발표했다. 국민의회가 1791년에 입헌군주제를 골자로 하는 헌법을 제정했지만, 외부적으로 프로이센, 오스트리아, 영국의 위협과 내부적으로 왕당파의 반혁명 기도가 이어지면서 혼란에 휩싸였다. 혁명정부는 안팎의 위협을 제거하기 위해 프로이센, 오스트리아, 영국을 상대로 혁명전쟁을 벌였다. 이 와중에 루이 16세가 오스트리아로 망명하려다 국경에서 붙잡히는 일이 벌어지자, 분노한 민중들은 왕궁과 의회를 습격했다. 왕권을 정지시키고 의회 온건파를 제거하여 최초의 공화정인 제1공화정이 선포되었다.

1793년에 들어서자 이른바 '공포정치'가 시작되었다. 공포정치 주도 세력은 로베스피에르, 마라, 당통 등 시민계급 내에서 민중과 좀 더 밀접하게 연대하여 공화정을 추구하고, 중산층 및 소생산층의 요구를 반영하는 자코뱅파였다. 상층 부르주아 세력을 중심으로 입헌군주제와 자유주의적 경제체제를 지향하는 지롱드파가 이에 반발하면서 내부 분열이 일어났다. 자코뱅파는 혁명정부를 수립하고 혁명에 반대하거나 부정적 입장을 가진 잔존 왕당파나 지롱드파 숙청에 나섰다. 1793년부터 1년여의 기간에 걸친 공포정치 와중에 루이 16세와, 사치향락에 젖어 적자부인으로 불렸던 앙투아네트 왕비, 지롱드파 인사들을 포함하여 1만여 명이 처형되었다. 이 기간에 소생산자를 보호하고 도시 서민의 몰락을 막기 위해 생필품 가격과 노동자 임금 등을 통제하는 정책을 실시했다.

　　신고전주의 미술의 창시자로 유명한 자크-루이 다비드Jacques-Louis David의 〈마라의 죽음〉은 공포정치와 통제정책에 반대하는 지롱드파에 의해 마라가 암살당한 장면을 담았다. 공화주의자였으나 급진주의를 혐오했던 샤를로트 코르데라는 여인이 공포정치의 상징적 인물인 마라를 식칼로 살해했다. 마라는 지롱드파 지도자 중에서도 일체의 특권계급을 일소하고 농민과 노동자를 중심으로 한 민중 중심의 정치체제 수립을 주장하던 강경파였다. 당시 마라는 심한 피부병 때문에 유황을 넣은 욕조 안에 몸을 담근 채 옆에 나무 상자를 두고 집필을 하거나 업무를 보는 일이 많았다. 코르데는 마라를 찾아와 중대한 정보가 있다면서 면회를 요청했다. 둘만 남게 되자 그녀는 품에서 칼을 꺼내 마라의

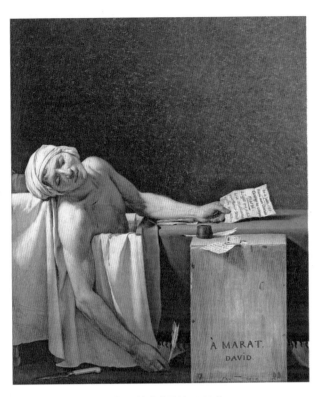

다비드, 〈마라의 죽음〉, 1793년

가슴 깊이 꽂았다가 빼내고는 바닥에 던져버렸다. 칼은 폐를 관통했고,
마라는 그 자리에서 즉사했다.

그림은 살해 직후의 모습을 담았다. 그런데 마라의 표정이 고개를
갸우뚱하게 만든다. 불의의 기습을 당한 사람의 모습이 아니다. 어딘지
편안해 보이기조차 하는 표정이다. 식칼로 여러 차례 찔렸고, 공포와
고통 속에서 숨을 거두었을 텐데도 마치 잠을 자는 듯하다. 마라를 순

교자로 표현하고자 했던 다비드와 자코뱅의 의도가 만들어낸 표정이다. 그림을 통해 현실 정치 상황에 대해 발언하고자 했던 다비드의 생각이 그대로 드러나 있다. 다비드는 자코뱅 당원으로서 프랑스 혁명에 참여하고, 루이 16세의 처형에 찬성표를 던졌던 화가다. "사람들은 나에게 '다비드, 붓을 들어 마라의 원수를 갚으시오. 죽음으로 변모한 마라의 얼굴을 보고 원수들의 얼굴이 창백해지도록 하시오'라고 권고했습니다"라는 그의 말에 비추어보면 다분히 혁명의 분위기를 고취하려는 목적의 그림이다.

자코뱅파의 통제 경제정책이 실패하고 공포정치에 대한 반발이 확대되면서 혁명에 위기가 찾아온다. 특히 경제정책의 실패로 도시 서민의 불만이 커졌고, 농민도 혁명전쟁을 위해 강제된 낮은 곡물 가격과 농산물 수용정책에 불만이 많았다. 자코뱅파 내부에서도 분열이 일어나서 지롱드파가 로베스피에르를 공격하기 위한 행동에 나섰을 때 제대로 대응할 수 없었다. 로베스피에르는 7월 28일에 18명의 동료와 함께 단두대에서 처형당했고, 혁명의 주도권을 지롱드파가 장악하면서 5명의 총재가 행정부를 관장하는 총재정부를 수립했다. 이후 프랑스 혁명은 상층 부르주아지의 이해를 대변하며 반동과 보수화의 길을 걸었다. 극심한 인플레이션까지 겹쳐 더 궁핍해진 생활 때문에 몇 차례 민중 봉기가 일어났지만 진압되었다.

총재정부가 왕당파의 압력과 민중의 반발이라는 양쪽의 도전을 군사력에 의존하여 대응하는 사이에 군대의 영향력이 강화되었다. 1799년 11월에 독자적인 힘을 마련한 나폴레옹이 군사 쿠데타를 일으킴으로써 1789년에 터진 프랑스 혁명은 일단 막을 내렸다. 왕당파의 거듭되는 권력 찬탈 시도에 불안해진 나폴레옹은 세습적 지위 확보를 통해 안위를 보장받을 수 있다고 판단하고 제국 법안을 제출했다. 법안이 1804년 5월에 국민투표를 거쳐 통과됨으로써 황제의 지위에 올라 나폴레옹 1세가 되었다. 유럽의 전통적 왕족들은 나폴레옹을 '찬탈자'라 부르며 더욱 증오했다.

다비드의 〈나폴레옹 대관식〉은 나폴레옹이 황제의 자리에 오르는 순간을 담았다. 대관식은 교황이 주재하는 가운데 1804년 12월 2일에 파리 노트르담에서 열렸다. 프랑스 혁명 정신을 배반한 나폴레옹은 황제의 자리에 오르고, 다비드는 대관식을 찬양하는 웅장한 그림을 그려 그에게 선사한다. 나폴레옹이 황제의 관을 쓴 후에 황후가 되는 조세핀에게 관을 씌워주는 장면이다. 이 두 사람 사이에 교황이 위축된 모습으로 대관을 축복하고 있다. 나폴레옹의 권력이 신이나 타인으로부터 수여받은 것이 아님을 나타내려 한 듯하다. 나폴레옹은 실제로 교황으로부터 황제의 관을 받아 스스로 자신의 머리에 썼다고 한다. 그의 의중을 다비드가 충실히 그림으로 반영하고 있다.

이 그림은 가로 길이가 거의 10미터에 이를 정도로 거대하다. 나폴레옹의 주문을 받고 제작했는데, 이렇게 크게 그린 것은 나폴레옹이 크지 않으면 아름다울 수 없다고 했기 때문이라고 한다. 〈마라의 죽음〉을 통해 혁명과 공화정의 이상을 계승하려 했던 다비드가 나폴레옹을 찬양하는 그림을 그렸다는 사실이 뜻밖이다. 다비드는 1794년 로베스피에르의 실각 이후 투옥되었다. 하지만 감옥에서 나온 이후 공화정을

다비드, 〈나폴레옹 대관식〉, 1807년

추구한 자코뱅파의 길을 그만두고 나폴레옹의 열렬한 지지자가 되었다. 다비드는 '프랑스 화단의 나폴레옹'으로 불릴 정도로 막강한 영향력을 행사했다.

　나폴레옹은 황제의 자리에 오른 것에 머물지 않고, 프랑스 혁명 이념을 전파한다는 명분을 내세워 군사적 야심을 드러냈다. 전 유럽을 상대로 한 정복전쟁에 나선 것이다. 국력을 전쟁에 쏟아 부으면서 1808년경에 이르러서는 영국을 제외한 유럽 대륙을 제패했다. 나폴레옹의 야욕은 끝이 없었고, 러시아 원정을 무모하게 시도하다가 결국 패하면서 몰락했다.

누구를 위한 자유였는가

프랑스 혁명이 가장 중요하게 내세운 가치는 자유였다. 조르주 뒤비가 《프랑스 문명사》에서 "1789년의 〈권리 선언〉은 17개 조항의 대다수를 자유에 바치지 않았던가? (……) 새로운 체제는 파리로부터 전 유럽에 자신의 장점과 선한 사명을 제시했다"고 강조한 것은 과장이 아니다. 〈권리 선언〉은 자유의 의미를 "다른 사람에게 해를 끼치지 않는 모든 것"으로 정의한다. 이는 자유의 제한 조건을 타인에게 직접 해를 끼치는 것으로 국한함으로써 자유의 폭을 확대하고자 한 열망의 표현이다. 프랑스 혁명에 이르기까지 구체제에 의한 온갖 박해와 억압, 규제에서 벗어나려는 의도를 보여준다.

　존 스튜어트 밀이 《자유론》에서 정의했던 자유권도 〈권리 선언〉의 정신과 상당 부분 통한다. "다른 사람들에게 해를 끼치지 않는 한, 어떠한 목적을 위해서건 서로 결합할 수 있는 자유가 생기는 것이다. 이러한 자유가 절대적, 무조건적으로 존재하지 않는 사회는 절대로 자유를 누리는 사회가 될 수 없다. 각 개인으로 하여금 스스로 좋다고 생각하는 대로 생활하게 하는 편이, 다른 사람들이 좋다고 생각하는 것을 각 개인에게 강요하는 것보다는 인류를 위해서 얻는 바가 훨씬 많을 것이다."

　〈권리 선언〉은 "아무도 자신의 견해, 심지어는 종교적 견해로 인해서도 불안해해서는 안 된다"라면서 양심의 자유를 옹호했고, 나아가서는 "모든 시민은 자유롭게 말하고 쓰고 인쇄할 수 있다"는 조항을 통해 표현의 자유를 보장하고자 했다. 언뜻 보면 자유에 대한 찬사이지만 그 이면에 담긴 뜻을 신중하게 읽어야 한다. 제헌의회에서 이 선언을 작성한 사람들이 부르주아 세력이었음을 잊지 말아야 한다. 상당한 부를 축적해 새로운 특권 계급으로 성장하고 있던 부르주아 세력이 노동자를 비롯해 모든 사람의 전면적인 자유를 보장하라고 요구할 리 없기 때문이다.

앞에서 살펴본 자유에 대한 일반적 정의는 대부분 막연하다. 다른 사람에게 끼치지 말아야 할 '해'가 어디까지인지조차 명확하지 않아서 해석의 여지가 지나치게 넓다. 화려한 말의 잔치에서 벗어나서 냉정하게 살펴보면 이 선언이 강조하는 게 무엇인지 알 수 있다. 선언의 핵심적 문제의식을 제시하는 전문에서 "인간이 갖는 빼앗길 수 없는 신성한 자연권을 선언하기로 결정했다"면서 자유를 자연권과 연결시킨다. 문제는 이 자연권이 무엇인가이다.

모든 인간에게 평등하게 주어지는 자유권을 강조한 제1조에 이어 제2조에서 자연권의 정체가 드러난다. "모든 정치적 단결의 목적은 소멸될 수 없는 인간의 자연권을 보존하기 위한 것이다. 이들 권리란 자유 재산권, 안전 및 억압에 대한 저항을 뜻한다." 추상적인 말의 성찬에서 매우 예외적으로 자연권의 구체적 내용을 '재산권'으로 명백하게 못을 박는다. 또한 이것만으로는 만족하지 못했는지, 선언을 마무리하는 제17조에서 다시 한 번 확인시켜준다. "재산권은 신성 불가침한 것이므로, 누구도 공익을 위해 필요하고 법에 의해 규정된 경우, 또한 소유자가 사전에 정당한 보상을 받는다는 조건이 아니고는 빼앗기지 않는다."

부르주아 세력이 강조하고자 했고, 또한 프랑스 혁명을 통해 쟁취하고자 했던 가장 중요한 자유는 경제적 자유, 즉 재산권이었다. 어떠한 간섭과 규제도 받지 않고 이윤을 확대할 수 있는 자유 말이다. 신분적, 정치적 자유도 최종 목적지는 재산권을 중심으로 한 경제적 자유였다. 신분제를 포함해서 구체제의 경제 외적인 여러 강제는 시민계급의 부 축적을 가로막는 장애물이기 때문이다. 또한 법적, 제도적 장치를 통해 이윤 활동을 보장받기 위해서도 정치적 자유가 필요했다. 서로 목적은 다를지라도 신분적, 정치적 자유는 농민과 노동자를 비롯한 민중의 이해와도 맞물리는 것이었기에 프랑스 혁명에서 성직자와 귀족을 상대로 동맹을 형성한 것이다.

하지만 혁명으로 신분적 자유를 확보한 시민계급, 특히 상층 부르주아 세력은 경제적 자유라는 본래 목표를 향해 나아갔다. 조르주 뒤프가《프랑스 사회사》에서 강조한 내용은 당시의 현실을 잘 반영하고 있다. "오히려 혁명 시기의 의회들은 소유권을 최대한 확대함으로써 소작 농민의 조건을 악화시켰다. (……) 소작 농민이 임금 노동자로 전락했다."

프랑스만이 아니라 유럽에는 공유지가 있었다. 가축에게 필요한 풀이나 땔감 등을 제공하는 공동 소유의 땅이다. 또한 농사를 짓는 땅도 지금처럼 특정인의 배타적 소유권을 보장하지는 않았고, 지주라고 해서 땅을 자기 맘대로 처분할 수는 없었다. 지주에게서 땅을 빌려 쓰는 농노에게도 사용권이 있었다. 소작 농민에게 그 땅을 사용할 수 있는 일종의 사용권을 보장함으로써 안정적 농업 생산이 가능하도록 했다. 하지만 프랑스 혁명 이후 의회에서는 구체제의 모든 봉건적 관계를 청산한다는 명목으로 정말 자신들이 없애고 싶었던 것을 폐지했다. 토지의 사적 소유권만을 남겨놓음으로써 공유지가 사라졌으며, 토지에 대한 어떠한 권한도 갖지 못한 농민들은 농업 노동자로 전락하거나 도시로 몰려와 빈민층을 형성했다.

프랑스 민중은 프랑스 혁명과 함께 과거의 고통스러운 나날이 막을 내릴 것이라고 생각했다. 신분적 자유만 획득하면 그동안의 암울했던 삶을 보상받을 수 있으리라 기대했다. 하지만 시민계급이 주도한 혁명의 본질을 확인하는 데는 그리 오랜 기간이 걸리지 않았다. 그것은 머리로 이해할 필요도 없이, 여전히 지속되는 빈곤한 삶이 그들이 처한 현실을 말해주었다.

정치적 자유를 얻었다고는 하나 민중은 과거와 아무런 차이를 느낄 수 없었다. 의회 내에서 민중에게 주어진 정치적 역할은 사실상 없었다. 프랑스 혁명으로 정치적 자유가 보장되면서 노동자와 농민들도 선거권, 피선거권을 갖게 되었을 것이라 생각하기 쉽다. 하지만 〈권리 선언〉에서 자유를 규정짓는 자연권의 핵심적 의미가 재산권이었듯이 선거권도 재산이 있어야 가질 수 있었다. 납세 금액을 기준으로 선거권을 부여했다. 선거권 제한 조건으로 인해 당시 프랑스인 중 유권자 수는 겨우 9만 명이었고, 그중에서 피선거권을 가진 사람은 1만 6천 명에 불과했다. 법에 규정된 세금을 낼 수 있는 사람은 사실상 귀족과 시민계급뿐이었다. 그나마 여성은 재산과 무관하게 20세기 초까지 선거권을 갖지 못했다.

납세 유권자 선거제도는 다수의 시민계급이 의회에 진출할 수 있는 기회를 열어주었고, 귀족들도 상당한 정치적 영향력을 유지했다. 토지세가 선거권을 얻기 위한 납세 금액의 핵심이었기 때문에 토지 재산이 많은 귀족이 유리했다. 특히 프랑스 혁명이 나폴레옹에 의해 좌절된 이후에는 더 많은 귀족이 의회로 진출했다. 1816년 초에 하원 의원 총 381명 가운데 176명이 귀족이었는데, 그중에서 73명이 전에 망명했던 사람들이며, 1821년에는 귀족 비율이 58퍼센트를 넘어서기까지 했다. 차츰 시민계급의 세력이 커져 1871년 선거에서는 귀족 34퍼센트, 대부르주아지 36퍼센트, 중부르주아지 19퍼센트, 소부르주아지 8퍼센트, 노동계급 3퍼센트였다. 1893년 선거에서는 귀족 23퍼센트, 대부르주아지 32퍼센트, 중부르주아지 30퍼센트, 소부르주아지 10퍼센트, 노동계급 5퍼센트였다.

이러한 사정은 1789년 혁명만이 아니라 1848년 2월 혁명에서도 크게 달라지지 않았다. 앙리-펠릭스 필리포토Henri-Félix Philippoteaux의 〈1848년, 적색기를 거부하는 라마르틴〉은 이를 상징적으로 잘 보여준다. 라마르틴은 마라를 암살한 지롱드파 코르데에게 '암살의 천사'라는 칭호를 준 낭만파 시인이자 1848년 혁명 직후 임시정부에서 중심적 역할을 한 정치가다. 2월 혁명 직후 부르주아지 세력은 혁명을 인정하면서도 자신의 이익을 침해하려는 노동자들을 극도로 경계했다.

혁명 다음 날 시청 광장에 수많은 노동자가 모여들었다. 노동자들은 1789년 혁명 이후 이미 몇 차례 부르주아지 중심의 공화정이 노동자에게 보인 기만적 태도에 불만을 갖고 있었다. 그래서 파리 시청 광

필리포토, 〈1848년, 적색기를 거부하는 라마르틴〉, 1849년

장에 집결하여 새로운 권력으로 노동자 중심의 공화정을 수립할 것과 그동안 혁명을 대표했던 삼색기 대신에 평등의 가치를 상징하는 적색기를 사용할 것을 요구했다. 라마르틴은 군중 앞에 나서서 노동자의 입장을 반대하는 단호한 태도를 보였다.

그림은 시청 앞에서 분노한 군중과 대치하는 라마르틴의 당당한 모습을 담았다. 광장을 메운 군중의 한가운데 라마르틴이 있다. 좌측으로 며칠 동안 전개된 전투의 흥분이 가시지 않은 노동자들이 거칠게 요구 사항을 외치고 있다. 여성 노동자가 적색기를 치켜들었고, 노동자들은 적색기를 새로운 혁명정부의 상징으로 사용하자고 요구하고 있다.

대열 곳곳에는 왕궁에서 가져온, 금과 은으로 만들어진 온갖 귀중품이 쌓여 있어서 평등 분배를 주장하는 노동자의 이해를 보여준다. 오른편으로는 삼색기와 부르주아 중심의 공화정 유지를 지지하는 세력이 맞서고 있다. 라마르틴은 의자를 단상으로 삼아 노동자 군중을 상대로 연설하는 중이다. 꼿꼿한 자세로 오른손을 들어 노동자의 요구를 거부하는 의지를 드러내는 듯하다.

그나마 1848년 혁명이 좌절된 후 뒤비가 지적하듯이 형식적 자유마저 다시 박탈당했다. "신문들은 폐간되고 정치 클럽들은 폐쇄되었으며 투쟁에서 믿을 만하다고 증명된 국민방위대를 제외하고는 인민은 모두 무장해제를 당했다."《프랑스 문명사》 또한 시민계급 내에서도 상층 부르주아지의 경제적, 정치적 영향력이 더욱 강화되었다. 카를 마르크스가 《프랑스에서의 계급투쟁》에서 지적했듯이 프랑스는 상층 부르주아지 중심의 사회로 재편되고 있었다. "7월 혁명 후 은행가 라피트는 '이제부터는 은행가들이 지배할 것입니다'라고 말했다. 혁명의 비밀을 무심코 드러낸 것이다. 프랑스를 지배했던 사람들은 소생산자를 포함한 부르주아지 세력 전체가 아니라 (……) 소위 금융 귀족들이었다." 이들은 의회에서도 막강한 영향력을 행사했으며, 자신의 이해에 맞도록 법을 만들었다. 또한 내각을 비롯하여 하다못해 전매청에 이르기까지 온갖 관직을 독차지했다. 노동자와 농민 그리고 소부르주아지는 정치권력에서 배제되었다.

무엇이 평등해진 것인가

평등이 프랑스 혁명의 주요 가치였던 것은 사실이다. 1789년 8월의 〈봉건제 폐지 선언〉 이후 11월의 토지 분배 조치는 평등을 향한 발걸음으로 보였다. 교회 토지를 국유화하고 그 토지를 부르주아와 농민층에게 매각했다. 전국 토지 면적의 15퍼센트 정도를 재분배한 결과 토지 소유농이 증가했다. 이는 일정 기간 변화를 열망하며 프랑스 혁명에 참여했던 농민을 혁명 지도부에 묶어두는 효과를 거두었다.

하지만 사실상의 평등 조치는 거기까지였다. 로베스피에르가 처형되고 혁명이 보수화되면서 이조차 흐지부지되었다. 농민의 삶이 갈수록 피폐해지는 상태에서 다시 귀족이나 부르주아지의 토지로 팔리는 것은 시간문제였다. 특히 나폴레옹이 황제의 자리에 오른 이후 장기간 지속되는 전쟁에 필요한 세금의 상당 부분이 농민 부담으로 강제되면서 농민의 처지는 더욱 악화되었다.

도시 노동자도 비참한 생활에서 벗어날 수 없었다. 당시 파리에는 산업혁명의 진전과 함께 농촌을 떠나 도시로 몰려든 노동자가 대규모 빈곤층을 형성했다. 노동자들은 하루 13~15시간이라는 장시간 노동에 시달려야 했고, 주 1회의 휴일도 없었으며 옛날에는 누렸던 축제일 휴업도 더 이상 없었다. 그렇게 고되게 일했지만 최소한의 생계 유지도 어려운 저임금을 받으며 빈민가에서 힘든 생활을 했다. 마루도 없고 가구도 없으며 난방도 안 되는 지하실에서 온 식구가 비좁게 살았다. 짚더미 위에서 잤으며 내의를 갈아입을 수도 없었다. 엎친 데 덮친 격으로 경제위기가 닥쳐 실업이 늘고 물가는 천정부지로 올랐다.

가족을 먹여 살리기 힘들 정도로 임금이 낮았기 때문에 어쩔 수 없이 아내와 심지어 어린 자식까지 공장에 나가 일해야 했다. 여성은 남성에 비해 절반이나 3분의 1밖에 안 되는 임금을 받았고, 아동들은 말할 것도 없었다. 당시 통계에 따르면 1847년부터 10명 이상을 거느리고 있는 공장에서 67만 명의 남성 노동자와 나란히, 25만 4천 명의 여성과 13만 명의 아동이 일했다. 아동 학대도 적지 않아서, 소의 힘줄로 만든 채찍으로 아이들을 때리는 일도 종종 있었다. 6세에서 8세 사이의 아동에게 노동은 차라리 고문에 가까웠다.

자유주의 경제학자 아돌프 블랑키Adolphe Blanqui조차 아동의 참상을 다음과 같이 토로할 정도였다. "아이들 대다수는 거의 헐벗은 상태며 가장 나은 아이들도 누더기를 걸치고 있는 정도다. (……) 이들은 아무것도 깔지 않은 땅바닥이나 지푸라기 더미, 혹은 모래, 하루의 노동으로 힘들게 모은 누더기 위해서 잠을 잔다." 아동 노동자들의 4분의 3은 성인이 되기 전에 죽었다.

인간은 평등하게 태어나고 생존한다는 1789년의 〈권리 선언〉이 경제적 평등과는 상당한 거리가 있었던 것이다. 평등은 제6조에서 강조하는 신분의 평등, 법 앞의 평등에 국한되었다. "모든 시민은 법 앞에 평등하며, 그들의 품성이나 능력을 제외하고는 아무런 차별 없이 능력에 따라 직업을 택하고, 공직을 맡고, 모든 지위를 얻을 수 있는 동등한 자격을 가진다." 신분과 법 앞에서 평등하므로 누구나 직업과 지위를 얻을 수 있는 자격을 인정하는 것이었다. 과거 귀족이 독점했던 군대 장교직, 행정관직 등이 개방되었다. 문제는 말 그대로 '자격'만 주어졌다는 점이다. 이로 인한 수혜자는 사실상 지식과 재산을 가진 상층 부르주아지였다. 가난한 노동자나 농민에게는 그림의 떡일 뿐이었다. 공장에서도 자본가와 노동자는 신분적으로 동등한 존재였지만, 현실에서 고용주와 노동력을 제공하는 노동자는 결코 동등한 존재가 될 수 없었다. 차별의 근거가 신분에서 부의 정도로 바뀌었을 뿐 사회적 차별이 사라진 것은 아니었다.

1789년의 혁명은 기대와 다르게 노동자의 절대 빈곤을 해결해주지 못했고, 심지어 정치적 선거권조차 보장해주지 못했다. 이런 상황에서 노동자를 중심으로 1848년 6월에 혁명이 일어났다. 그렇기 때문에 1848년의 혁명은 1789년 혁명과는 상당히 다른 성격을 지녔다. 1789년 혁명은 시민계급과 노동자가 힘을 합쳐 절대왕정에 저항한 전형적인 부르주아 혁명이었다. 하지만 1848년 혁명은 노동자의 생존권과 정치적 권리를 요구했다는 점에서 민중혁명의 성격을 띠었다. 노동자들이 주체가 되어 부르주아지 세력에 저항한 계급혁명으로 전화한 것이다. 분노가 폭발한 노동자들이 도시 곳곳에 바리케이드를 치고 전투 태세에 돌입했다. 하지만 시민계급은 여전히 노동자, 농민의 생존권 보장에 별 관심이 없었고, 제한 없는 선거권 부여도 거부했다.

시민계급이 주도하는 공화파 중심의 정부가 봉기를 진압했다. 1만여 명 이상의 노동자가 처형되거나 추방당했다. 1848년 혁명 후의 정부 성격에 대한 마르크스의 날카로운 통찰은 경청할 만하다. "확실히 6월 봉기의 패배는 부르주아 공화국이 건립될 수 있는 길을 열어주었으며 그 기반을 다져주었지만, 동시에 유럽에서 가장 부각되고 있던 문제가 '공화정이냐 군주정이냐'의 문제가 아니었음을 보여주었다. 6월 봉기의 실패는 부르주아 공화정이 유럽에서는 노동자 계급에 대한 자본가 계급의 무한정한 독재를 의미한다는 것을 밝혀주었다."(《프랑스에서의 계급투쟁》)

우리는 흔히 프랑스 혁명의 성격을 군주정이 붕괴하고 공화정이 실현된 것으로 이해한다. 하지만 노동자 중심의 6월 봉기를 공화파가 무자비하게 진압한 것은 프랑스 혁명이 단순히 군주정과 공화정을 둘러싼 정부 형태의 문제에 머물지 않는다는 점을 보여주었다. 노동자·농민을 비롯한 민중을 권력에서 철저히 배제·억압하고 자본가 계급이 배타적으로 권력을 독차지하는 과정임을 보여준 것이다.

이즈음 노동자의 이해를 대변하는 사회주의 사상이 태동하고 있었다. 프랑스 혁명의 기만성이 드러나면서 1830~1834년 사이에 로버트 오언과 그 추종자들은 부르주아 중심의 자본주의 사회를 극복하는 대안을 제시했다. 오언은 자본가를 수탈자로 간주하고, 가능한 한 빨리 노동자에 의해 선출된 대표들로 대체되어야 한다고 보았다. 그는 노동조합이 모든 산업을 경영해야 한다는 주장을 폈다. 농업 노동자조합은 땅을, 광부조합은 광산을, 섬유조합은 섬유공장을 소유하고 하나의 본부가 전체를 지휘한다는 계획이었다. 1830년에서 1840년 사이에 오언의 사상에 영향을 받은 노동자들이 과격한 파업을 일으켰다.

절대 빈곤에 허덕이던 노동자의 분노는 1871년 혁명으로 다시 분출했다. 1870년에 나폴레옹 3세는 프로이센에 선전포고를 하지만 비스마르크의 덫에 걸려 항복했다. 하지만 파리 시민은 자치정부인 코뮌을 구성하고 시민군을 조직했다. 1871년 3월 18일부터 5월 28일까지 노동자 중심의 혁명 세력이 파리를 통치했다. 이 기간 동안 코뮌 지도부의 정책 가운데 상당 부분은 경제적 평등을 촉진하기 위한 조치였다. "농민에게 토지를, 노동자에게는 도구를, 모두에게는 노동을!"이라는 구호는 코뮌의 성격을 잘 보여준다. 노동자와 농민이 직접 토지나 공장 같은 생산수단을 소유하고 운영해야 한다는 것이었다.

1871년 노동자들이 파리를 점령하고 모든 국가기구를 장악하자 자본가들은 즉각 다른 지방이나 국외로 도망쳤다. 코뮌의 노동자들은 공장을 접수하고 생산의 통제와 관리를 실시했다. 인민에 의한 인민의 통치를 실현한 코뮌은 공장주들에 의해 폐쇄된 공장에 대한 통계표 작성을 명했고, 노동자에 의한 공장 경영 계획과 이들 협동조합을 하나의 거대한 연합체로 조직하는 계획을 세우라고 명했다. 또한 전당포가 노동의 사적 착취이며 노동자의 노동 도구 및 신용에 대한 권리에 배치된다고 하여 전당포의 폐업 조치를 내렸다. 혁명 이전까지 6개월의 집세 전액을 면제하는 조치도 취했다. 아동에게 무상교육을 실시했으며, 전쟁 미망인에게 생계비를 지급했다.

마르크스에 따르면 1848년 혁명이 정부와 국가의 성격을 보여주었다면, 1871년 혁명은 "노동자들은 조국이 없다"(《공산당 선언》)는 것을 보여주었다. 조국은 노동자가 부르주아 계급의 이익을 침해할 경우 적으로 간주했다. 처음에는 점잖게 교화하지만, 결정적으로 자신의 이해에 반한다고 여겨지면 국가의 이익과 안전을 구실로 폭력적 탄압에

메소니에, 〈포위된 파리〉, 1876년

나섰다. 프랑스 시민계급은 프로이센에 항복하는 것은 받아들일 수 있었지만 파리가 노동자의 손안에 들어가는 현실은 도저히 용납할 수 없었다. 부르주아들은 적국인 독일과 비밀 협상을 했다. 독일군이 파리 외곽을 포위한 가운데, 부르주아 정권은 프로이센에게 돌려받은 군대로 같은 국민인 프랑스 시민군을 학살했다.

에르네스트 메소니에Jean-Louis-Ernest Meissonier의 〈포위된 파리〉는 노동자에게는 조국이 없다는 마르크스의 말이 과장이 아님을 잘 보여준다. 1871년 파리 코뮌 당시의 상황이다. 자국 군대에게 학살당하는 프랑스 민중의 처참한 모습을 담았다. 시체들이 여기저기에 널려 있다. 죽은 남편을 부여잡고 울부짖는 여인도 보인다. 심지어 어린 아기조차 학살의 대상이 되었다. 한 어머니가 죽은 아이를 안고 넋이 나간 얼굴로 하늘을 원망하듯 쳐다본다. 중앙에 삼색기를 배경으로 서 있는 전쟁의 여신이 하늘에서 내려오는 죽음의 악마를 두 눈 부릅뜨고 노려보지만 이미 전세는 돌이킬 수 없는 상황이다. 수만 명에 이르는 민중이 학살당하고 10여만 명이 체포되었다. 노동자에게는 조국이 없었다.

박애의 실종을 보여준 프랑스 혁명

프랑스 혁명의 정신인 박애도 현실에서는 껍데기에 불과했다. 모든 사람을 평등하게 사랑해야 한다는 인류애 정신인 박애는 특히 혁명을 진압하는 과정에서, 시민계급에 의해 자행된 노동자 학살에서 눈곱만큼도 찾아볼 수 없었다. "공권력은 권력을 위임받은 사람들의 이익이 아니라, 모든 사람의 이익을 위해 확립되어야 한다"는 〈권리 선언〉의 조항은 아무런 의미도 없었다.

1848년 혁명 이후 시민계급이 주도권을 장악한 정부군에 맞서 노동자들은 바리케이드를 치고 시가전을 벌였다. 노동자들은 파리 동부 지역의 주요 골목에 바리케이드를 쌓고 저항했다. 하지만 막강한 화력으로 무장한 정부군을 당해낼 수 없었다. 결국 돌로 쌓아올린 바리케이드는 파괴되고 대규모 학살이 이어졌다. 이때 희생된 사람이 1만 명을 넘었고, 파리 동부 지역은 며칠 동안 시체로 뒤덮였다. 2만 5천 명이 체포되고 수천 명이 유형에 처해졌다.

무정부주의의 선구자로 잘 알려진 프루동은 당시의 상황을 이렇게 전했다. "이 봉기는 이전 60년 동안 일어난 모든 봉기들을 합한 것보다 더 끔찍한 것이었다. 의회의 악한 의도가 그 원인이었다. 기동대와 군대, 국민방위대 측은 참혹한 학살을 저질렀다. 승리 이후 48시간 동안 콩시에르주 감옥과 시청에서 총살이 있었다. 포로와 부상자, 무장하지 않은 자들이 학살되었다. 반도들에 대한 복수심을 불러일으키기 위해 가장 추악한 중상들을 퍼뜨렸다. 끔찍하고 끔찍한 사태였다."

메소니에의 〈바리케이드〉는 1848년의 노동자 학살 현장을 생생하게 보여준다. 그림은 파리의 모르텔리 거리에서 정부군에 의해 바리케이드가 무너지고 봉기에 참여한 노동자들이 학살당한 직후의 광경이다. 길가의 보도블록을 빼서 만든 바리케이드가 무너져 있고, 그 뒤로 10여 구의 주검이 나뒹군다. 맨 앞의 남성은 바리케이드 위에서 저항하다 일격을 당했는지 머리를 아래쪽으로 향하고 있다. 왼편의 남성 가슴에는 총상으로 인해 생긴 출혈 흔적이 아직도 선명하다. 중앙으로는 외마디 비명을 지르다 죽었는지 입을 벌린 시신이 보인다. 골목을 따라 뒤편으로 다닥다닥 이어진 집조차 학살 당시의 상황을 기억하는 듯 검붉은 핏빛으로 묘사되어 있다. 화가는 몇몇 시신을 흰색과 푸른색 셔츠, 붉은색 바지를 입은 모습으로 그려서 프랑스 국기의 이미지를 담았

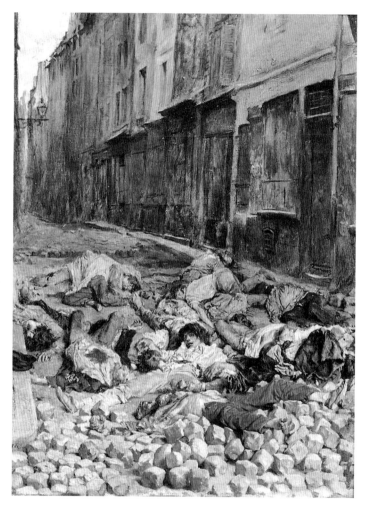

메소니에, 〈바리케이드〉, 1850년

다. 당시 국민방위군 장교였던 메소니에는 파리 시청을 지키는 임무를 맡고 있었다. 시청 주변 골목에서 목격한 대량학살 장면에 충격을 받아서 이 그림을 제작한 듯하다. 정부군의 무자비한 살육 장면을 통해 부르주아에 기반을 둔 정부의 폭력성과 추악함을 드러낸다.

1871년의 학살은 더 참담했다. 시민계급이 주도하는 프랑스 정부의 군대가 프로이센과 결탁하고 유럽 각국의 지원을 받아 파리로 진격했다. 이후 일주일 동안 치열한 시가전이 벌어진 끝에 파리 코뮌은 붕괴되고 말았다. 5월 21일부터 시작된 '피의 주간'이라 불리는 학살 기간에 3만~4만 명 이상이 학살당되었다. 코뮌을 연구한 역사가 중에는 10만 명 정도가 학살당했다고 추정하는 사람도 많다. 중상인 상태로 생매장당한 경우도 많았다. 10만여 명이 체포되었으며, 4만여 명이 군사법정에 회부되었다. 그 이후에도 백색테러가 계속되었다. 당시 정부군이 저지른 무자비한 학살을 경험한,《레미제라블》의 작가 빅토르 위고는 〈바리케이드 위에서〉라는 시를 남겼다.

죄 있는 피와 죄 없는 피로, 씻기고 붉게 물든 포석 사이의 바리케이드 위에서 열두 살 소년이 동료들과 함께 체포되었다.

"이 촌놈, 너도 이 녀석들과 한패냐?"

아이는 대답했다. "우리는 동지다."

"좋아!" 하고 사관이 말했다. "총살시켜줄 테니 네 차례를 기다리고 있어."

아이는 보았다. 총구가 확 불을 뿜고, 동지들이 모두 담벼락 앞에 스러지는 것을. 그때 아이는 사관에게 말했다. "이 시계를 집에 계시는 어머니에게 갖다드리고 와도 될까요?"

"도망갈 참이군."

"돌아올게요."

"이 녀석 겁먹었군. 네 집이 어딘데?"

"저기예요. 저기 분수 옆이요. 바로 돌아올게요. 대위님."

"가봐. 건방진 놈."

아이는 달려갔다. 뻔한 속임수라고 생각하며 병사들은 사관들과 함께 웃었다. 이 웃음소리가 섞여드는 사이로, 죽어가는 사람들의 마지막 숨소리가 들렸다. 그러나 웃음소리가 급히 멎었다. 갑자기 그 창백한 아이가 불쑥 모습을 보였기 때문이다. 씩씩하게 벽에 등을 대고 아이는 소리쳤다. "나는 여기 있을래요."

정작 노동자와 민중이 파리를 직접 통치한 코뮌 기간에는 학살은 물론 범죄도 거의 찾아볼 수 없었다. 마르크스는《프랑스에서의 계급투쟁》에서 코뮌 당시의 상황을 다음과 같이 전했다. "코뮌이 파리에 가져온 변화는 진정 놀라운 것이었다. (……) 시체 공시소에는 더 이상 시체가 없었으며, 강도 범죄가 없었고, 좀도둑질도 거의 찾아볼 수 없었다. 처음으로 파리의 거리는 안전했는데, 아무런 경찰력도 없이 이루어진 것이다."

자유, 평등, 박애는 지금 우리의 과제

오노레 도미에Honoré Daumier의 〈공화국〉을 보고 있으면 "국가의 목적은 개인의 안전이다"라는 토머스 홉스의 말이 떠오른다. 외부 위협으로부터 개인을 보호하기 위해 국가가 필요하다고 했던 홉스의 생각이 도미에의 그림 속에 들어 있는 듯하다. 개인의 의식주를 마련해줄 필요 때문에 국가가 필요하다는 플라톤의 생각이나 홉스 모두 개인의 보호 장치로서 국가를 상정한다. 물론 도미에는 극소수에 의한 '철인통치'를 주장했던 플라톤이나 군주의 절대권력을 옹호하며 '사회계약'을 주장한 홉스와는 아주 다른 생각을 가진 화가였다. 그는 근대 시민혁명의 정신에 공감했던 것 같다. 다수 민중의 의지에 의해 건설되는 공화국을 묘사하려는 의도가 역력하게 드러난다. 하지만 적어도 국가를 개인의 보호자로 묘사했다는 점에서는 플라톤이나 홉스와 공통점이 있다고 봐야 할 것 같다.

그림 속에서 공화국은 자애롭고 강인한 어머니의 모습으로 나온다. 공화국 어머니의 품에서 '개인'은 어린아이다. 어머니의 품에 안겨 젖을 먹고 있다. 어머니의 보호 아래에서 편안하고 안전하게 책을 읽는 아이도 있다. 어머니는 모든 외부 위협으로부터 지켜줄 것만 같은 건강함을 지니고 있다. 공화국 삼색기를 움켜쥔 손은 정의의 상징처럼 보인다. 한 손은 어린아이를 어루만지고 있다. 표정은 이상을 향한 투지로 불타는 듯하다.

시사 풍자만화의 아버지로 불리는 도미에는 부르주아 상류층에

도미에, 〈공화국〉, 1848년

대한 풍자와 가난한 사람들의 일상을 그린 양심적인 예술가였다. 그는 풍자화를 통해 당시 프랑스 사회의 부패와 권력의 허위를 폭로했다. 공화국 체제를 인류의 희망으로 보았던 것 같다. 하긴 당시 사람들에게 자유, 평등, 박애의 기치를 내건 프랑스 혁명과 공화국은 구체제의 억압과 부패의 사슬을 끊을 수 있는 유일한 희망으로 보였을 것이다.

하지만 우리가 앞에서 확인했듯이 자유, 평등, 박애는 실현되지 않았다. 프랑스 혁명이 가져다준 신분적 자유는 시민계급에게는 이윤 획득을 위한 무한한 자유를 준 반면 노동자에게는, 만약 그것에 자유라는 말을 붙일 수 있다면 자유롭게 노동을 판매할 자유를 주었을 뿐이다. 노동자를 비롯한 대다수 민중에게 평등은 직업을 선택하거나 법적 권리를 보장받을 수 있는 기회, 말 그대로 알량한 '기회'의 평등일 뿐이었다. 박애는 오직 시민계급의 이익을 해치지 않는 한에서만 처벌받지 않을 임시 면허장에 불과했다. 결국 자유, 평등, 박애는 인류가 실현해야 할 과제로 남겨졌다. 도미에의 〈공화국〉도 현실이 아닌 미래의 희망을 담은 것이 아닐까 싶다.

제국주의라는
괴물의 탄생

민족이라는 개념이 등장하다

프랑스 혁명은 자유, 평등, 박애라는 가치와 함께 민족이라는 개념을 각성시키기 시작한 사건이다. 그 이전까지 프랑스, 이탈리아, 스페인 등을 비롯하여 유럽 대부분의 국가는 수많은 제후국 형태로 존립했고, 각 구성원은 민족이나 국민으로서의 정체성이 거의 희박한 상태였다. 사람들은 각각 특정 왕이나 제후에 속해 있었을 뿐이다. 프랑스 혁명을 전후하여 사회계약론이 대두되고 사회 구성원 전체로 시야가 확대되면서 민족이라는 단위를 언급하기 시작했다. 귀족과 왕이 아닌 프랑스에 사는 구성원 전체를 지칭하는 민족 개념을 강조했다. 여기에서의 민족은 한국인이 흔히 생각하는 혈통 개념과는 차이가 있다. 거대한 규모의 근대국가를 구성하는 단위로서 국민과 연관된 의미의 민족 개념이었다.

특히 시민계급은 신분제를 비판하는 입장이기에 민족 대표임을 자임하는 데서 자기 존립 근거를 찾았다. 당시 시민계급의 이해를 대변하던 프랑스 정치가 에마뉘엘 조제프 시에예스는 《제3신분이란 무엇인가》에서 "시민계급은 인구 대다수와 가장 중요한 사회적 이해관계를 대변하므로 민족의 진실한 대표"라고 주장했다. 시민계급은 삼부회 명칭을 '국민의회'로 바꾸고 스스로를 민족 대표로 자임했다. 1789년의 〈권리 선언〉은 제3조에서 "모든 주권의 원리는 국민에게 있다. 어떤 단체나 개인도 국민에게서 나오지 않는 한 그 권위를 행사할 수 없다"라고 규정한다. 거대하고 강력한 근대국가를 유지하기 위해서도 민족국가의 구성원이라는 의미를 갖는 국민 개념을 더욱 부각시켰다. 당통이 "프랑스 민족은 결코 나누어질 수 없는 실체"라고 주장했듯이, 민족 단일체임을 내세워 프랑스의 분열을 막고 강력한 국가체제를 구축하고자 했다.

앙투안-장 그로Antoine-Jean Baron de Gros의 〈공화국〉은 여러 상징을 통해 공화국이 지향하는 바를 나타낸다. 창끝에 매달린 붉은색 모자는 프리지아라고 하는, 자유를 상징하는 모자다. 로마시대에 해방 노예가 썼던 모자인데, 프랑스 혁명 당시 자코뱅파 시민들이 착용했다. 젖가슴을 드러낸 여인 마리안은 자식을 위해 젖을 물리는 어머니처럼 국민을 보호하는 공화국을 의미한다. 머리에 쓴 투구는 권력을, 왼손에 쥔 삼각형은 평등을, 여성이 입고 있는 그리스 복장은 이성을 나타낸다.

우리가 주목해서 보아야 할 것은 마리안 옆에 세워둔, 언뜻 보면

그로, 〈공화국〉, 1793년

잘린 통나무처럼 생긴 물건이다. 자세히 보면 하나의 통나무가 아니다. 여러 개의 나무 막대기를 넝쿨로 튼튼하게 묶어 세운 기둥이다. 이 단단히 묶여 있는 막대 다발은 하나이자 분리될 수 없는 통일된 공화국을 상징한다. 다양하고 복잡하게 흩어져 있던 지역과 문화 등을 뛰어넘어 거대하고 단일한 근대 민족국가 수립을 지향하는 상징이다.

이를 위해 프랑스어를 중심으로 언어 교육을 대폭 강화했다. 1790년의 언어 조사에 따르면 프랑스어를 정확히 사용하는 사람은 전체 인구 2500만 명 가운데 파리 인근 지역에 거주하던 300만 명 정도에 불과했다. 따라서 혁명기의 많은 문서는 각 지역 언어로 다시 번역되어야 했다. 언어는 문화의 핵심적 기반이다. 언어의 현격한 차이는 그만큼 지역에 따라 매우 상이한 문화를 가졌음을 의미한다. 그러므로 공동의 문화에 기초한 민족의 동일성 관념은 당시 프랑스 사람들에게서 찾아보기 힘들었다. 유럽의 다른 나라에 비해 통일성 정도가 상대적으로 높았던 프랑스가 이 정도였으니 이탈리아, 독일, 스페인 등 다른 나라의 사정은 말할 필요도 없다.

심지어 다른 언어를 사용하는 지배 세력이 들어서도 그다지 심각한 문제는 아니었다. 1006년에 잉글랜드를 정복한 프랑스의 노르망디 공 기욤은 윌리엄 왕으로 군림했고, 그 후예들은 수백 년 동안 프랑스어만 썼지만 지배하는 데 별 지장이 없었다. 에스파냐 제국의 카를로스 1세는 동시에 신성로마제국 황제 노릇도 했다. 그런데 정작 카를로스는 네덜란드에서 태어났고, 스페인어에 서툴지만 통치에 문제될 것이 없었다. 심지어 민족 구성원에 의한 자기 방위라는 관념도 낯설었다.

프랑스 혁명 이전만 해도 전쟁은 주로 고용된 용병에 의존했다. 용병은 애국심은커녕 어느 나라 출신이라는 소속감조차 없었고, 오직 돈에 의해서만 움직였다. 어떤 혈통의 왕가가 지배하느냐가 중요하지, 민족의 정체성이나 자주성이라는 관념은 형성되어 있지 않았다.

그만큼 당시 유럽인은 민족의 일원이라는 의식이 거의 없었다. 그나마 도시 부르주아지 계급은 자신의 필요에 의해 민족의식을 형성했지만 인구의 대부분을 차지하는 농민은 그런 의식이 없었다. 그래서 근대적 민족국가를 수립한 이후 각 국가는 공식 언어를 하나로 통일하려는 노력을 기울였다. 이를 계기로 표준어라는 개념이 나타났다. 그리하여 프랑스 혁명 이후 약 100년이 지난 1880년경에는 프랑스 사람 대부분이 프랑스어를 모국어로 구사하게 되었다. 현대 독일어도 1871년 독일 통일 이후 다양한 지방 언어를 하나로 통합해 만든 '인공 언어'임은 잘 알려져 있다.

민족의 이름으로 벌어지는 전쟁

프랑스 혁명에서 태동한 민족주의는 나폴레옹의 정복전쟁을 통해 유럽의 다른 지역으로 확대되었다. 나폴레옹은 1799년 11월의 쿠데타로 수석 집정관에 취임한 뒤 프랑스 병사들에게 심상치 않은 포고문을 발표했다. "문제는 더 이상 제군들의 국토 방어가 아니라 적국의 침공이다." 단순히 스스로를 지키는 과제를 넘어서 주변 국가와의 전쟁을 주요 과제로 제시한 것이다.

프랑스 민족주의는 정복전쟁 양상으로 전개되었다. 처음에는 혁명을 방위하기 위해 시작한 전쟁이 정복전쟁으로 변질되자, 침략에 대응하는 과정에서 민족이라는 화두가 전 유럽으로 확대되고 바야흐로 민족주의 시대로 나아갔다. 당연히 한쪽의 민족주의는 다른 쪽의 민족주의를 자극하게 마련이다. 나폴레옹은 프랑스 제국에 편입된 지역에 자신의 친족들을 왕으로 임명했고, 이는 독일, 스페인, 프랑스 등 각 지역의 반발을 불러일으켰다.

그로의 〈마드리드의 항복을 받는 나폴레옹〉은 나폴레옹 전쟁을 공화주의 보급을 위한 행동으로 정당화할 목적으로 그려졌다. 다비드의 수제자이자 신고전파의 마지막 거장으로 불리는 그로는 나폴레옹 시대의 전쟁화를 많이 그렸다. 선두에 서서 전투를 진두지휘하는 나폴레옹의 모습을 영웅적으로 그리곤 했다. 신고전파 화가를 비롯하여 적지 않은 지식인들이 나폴레옹을 프랑스 혁명과 공화주의의 상징으로 이해했다. 그가 스스로를 황제라 칭하자 회의적 시각이 급속히 확대되었지만, 상당 기간 많은 사람들이 나폴레옹과 그의 전쟁을 공화주의를 전파하기 위한 영웅적 행위로 이해했다.

프랑스 혁명을 계기로 근대 민족국가의 기반을 다진 프랑스는 전쟁을 통해 영향력을 확대해나갔다. 이 그림은 파죽지세로 승전보를 울리던 나폴레옹 전쟁 가운데 마드리드를 굴복시킨 장면을 담았다. 오른편의 나폴레옹이 당당한 자세로 마드리드 제후의 항복을 받아들이고 있다. 제후는 침통한 표정으로 고개를 떨어뜨린 채 나폴레옹에게 자비

그로, 〈마드리드의 항복을 받는 나폴레옹〉, 1810년

를 구하는 중이다. 휘하의 장군이나 신하로 보이는 사람들도 무릎을 꿇
거나 처량한 표정으로 용서를 구한다. 뒤편으로는 여전히 전쟁터의 불
길이 솟아오른다.

나폴레옹에게 무릎을 꿇은 마드리드를 비롯하여 유럽 전역의 제
후국은 분열된 제후국 체제의 허약함을 절감하고 프랑스가 그러했듯
이 민족 단위의 거대한 근대국가 체제를 확립함으로써 강대한 힘을 키
우려는 욕구를 갖게 되었다. 당장은 나폴레옹 앞에 무릎을 꿇었지만 동
일한 방식으로 대응하려는 경향이 확대되었다.

스페인 미술을 대표하는 화가인 고야Francisco Goya의 〈1808년 5월 3일

고야, 〈1808년 5월 3일의 처형〉, 1814년

의 처형〉은 나폴레옹의 정복전쟁 과정에서 주변 국가로 민족주의가 확대되는 과정을 잘 보여준다. 나폴레옹 군대가 스페인을 침략했을 때 저지른 민간인 학살을 다룬 그림이다. 절대왕정에 시달리던 스페인 민중은 공화정을 선언한 프랑스 혁명에 초기에는 호의적이었다. 하지만 전쟁이 벌어지자 프랑스 군대는 침략자일 뿐이었다. 프랑스군은 농민을 집단 학살하기도 했다.

그림을 보면 오른편에 학살자들이 총을 겨누고 있다. 왼편에는 공포에 떠는 민간인의 모습이 보인다. 이미 살해당한 농민이 붉은 피를 흘리며 쓰러져 있다. 주위의 사람은 겁에 질린 채 두 손으로 얼굴을 가린다. 다음 차례로 언덕을 올라오는 사람들도 손으로 머리를 감싸 쥐고 괴로워한다. 하지만 흰 셔츠를 입은 청년은 총살 직전에 호기롭게 스페인의 영광을 외치는 듯 두 팔을 벌리고 무언가를 외친다. 이 청년에게 마치 무대처럼 한 줄기 환한 빛이 비친다. 고야는 학살에 굴복하지 않는 스페인 민중의 기개를 표현함으로써 프랑스에 맞서는 민족적 단결을 보여주고 싶었던 것 같다. 스페인의 저항을 기념하기 위해 1814년 페르디난드 7세의 요청으로 제작된 역사 기록화라는 점을 고려할 때 다분히 민족의식 고취를 위한 의도적 설정임을 알 수 있다.

프랑스 혁명 이후 미술, 음악, 문학 등 예술 영역에서 나타난 낭만주의 부흥도 민족주의 분출과 연관이 깊다. 낭만주의 이전의 고전주의는 고대 그리스·로마 예술에 근거한 절대적, 보편적 미의 기준에 충실하려 했다. 이성을 중심으로 보편적 미를 강조하는 흐름 속에서는 각 지역의 특수성이 반영될 여지가 극히 적었다. 프랑스 혁명과 나폴레옹의 정복전쟁을 기점으로 각 지역에서 민족주의를 부각시키려는 흐름과 고전주의는 충돌이 불가피했다. 다양한 집단이 가진 문화적 특성을 비교적 자유로운 형식에 담아 표현한 낭만주의는 부상하는 민족주의에 적합한 예술 양식이었다. 중세 예술에서 고전주의 예술에 이르기까지 절대적으로 고정화된 양식이 전 유럽을 지배했다면, 낭만주의가 확대되면서 개성적인 표현을 통해 각 지역의 고유한 감정과 삶을 담아내기 시작했다.

민족주의와 자본주의의 관계

기본적으로 민족주의는 시민계급의 이익을 대변하기 위한 이데올로기적 성격을 지녔다. 그만큼 자본주의 성장 과정과 궤를 같이한다. 자본주의와 민족주의가 서로를 강화하는 방향으로 나아갔다. 자본주의 발달 과정에서 형성된 부르주아지 계급이 자신의 사회적, 정치적 기반을 민족 단위에서 찾음으로써 민족주의를 부각시켰다면, 다른 한편으로 민족의식 고양은 자본주의 발달의 전제조건인 막대한 부의 축적을 가능케 하는 기반으로 작용했다.

자본주의가 발달하기 위해서는 부의 축적이 필수적이다. 이를 위해서는 중세의 장원 단위를 넘어서는 넓고 안정된 국내 시장이 필요했다. 민족주의 성립은 이윤 확대의 절대적 조건인 거대한 국내 시장, 즉 근대국가 체제에 기초한 국내 시장을 만들어내는 원동력이었다. 더 나아가서 대량생산된 상품을 판매하기 위해서 해외 시장의 개척이 절실한데, 여기에는 민족의 이익을 위한 식민지 개척이라는 명분이 제공되어야 했다. 식민지로부터의 자원 약탈과 강제 판매라는 폭력적 방식의 시장 개척에는 군비 확대가 필수적인데, 이를 위해서는 국민 전체를 하나의 이해로 묶어낼 수 있는 강력한 이데올로기가 필요했다. 민족주의는 국민 총동원 체제를 뒷받침하기에 더없이 훌륭한 무기를 제공했다. 그 결과 민족주의와 자본주의의 결합 및 상호 강화는 점점 더 폭력적인 형태를 띠었고, 결국 제국주의라는 괴물을 만들어냈다.

19세기 근대국가를 건설하는 과정에서 형성된 민족주의의 가장 추악한 얼굴을 보여준 경우가 나치즘과 결합된 독일 민족주의다. 민족주의가 제국주의와 결합하면서 민족국가의 이익을 위해서라면 어떠한 폭력도 정당화될 수 있다는 신념을 대중적으로 제공했다. 영국, 프랑스 등 선발 자본주의 국가는 이미 전 세계의 식민지화를 통해 민족주의와 제국주의의 결합을 실현했다. 세계 대부분의 지역이 이들의 식민지로 구획된 상황에서 후발 자본주의 국가인 독일은 이들과 경쟁하기 위해 더욱 극단적 형태의 민족주의와 제국주의의 결합으로 나아갈 수밖에 없었다.

먼저 영국, 프랑스로부터 식민지를 빼앗아오기 위해서는 대규모 전쟁이 불가피했고, 이를 성공적으로 이행하기 위해서는 국가를 병영화하는 전시체제로 돌입해야 했다. 유럽을 휩쓸던 제국주의 가운데서도 가장 극단적 방식을 취해야만 후발 주자의 불리함을 극복할 수 있기 때문이다. 그리고 극단적 병영 체제와 전쟁 수행에 수반되는 가혹한 희생을 전 국민이 감내하도록 강제하는 동시에 국가에 대한 무조건적 충성을 요구하려면 그만큼 더 민족의식을 자극할 필요가 있었다.

그 결과 독일에서 민족주의는 게르만 혈통의 우월성을 강조하면서 단일한 민족 공동체로서의 강력한 전체주의 체제와 침략전쟁을 정당화하는 데 이용되었다. 히틀러는 "혈연과 땅"의 단일성 개념을 강조하면서, "게르만 종족을 보존하고 증식시키기 위해서는 토지가 필요한데, 토지는 단지 영웅적 덕성을 보여주는 강한 자에게만 주어지는 것이 자연의 법칙"이라고 주장했다. 분할될 수 없는 통일된 민족국가를 강화하고 우월한 혈통을 가진 게르만 민족이 인류를 지배해야 한다는 것이다. 큰 키와 긴 두개골, 갸름한 얼굴, 우뚝 솟은 턱, 높고 뾰족한 코, 부드러운 직모의 머리카락, 큼직하고 연한 색깔의 눈, 하얀 연분홍색 피부 등은 게르만 민족의 우수한 혈통을 보여주는 외모로 선전되었다.

이러한 역사적 과정을 고려할 때 에릭 홉스봄이 《1780년 이후의 민족과 민족주의》에서 주장한 내용은 상당한 설득력이 있다. "민족은 원초적이거나 불변의 사회적 실체가 아니다. 민족은 역사적으로 최근의 특정 시기에만 나타난다. 그것은 특정한 종류의 근대적 영토국가, 즉 민족국가에 관련될 때에 한해서만 사회적 실체다. 따라서 민족을 민족국가와 관련시키지 않고 논의하는 것은 의미가 없다. 민족을 인간을 분류하는 자연적 신법, 다시 말해 본래적, 정치적 운명으로 보는 것은 신화다. (……) 민족이 국가와 민족주의를 만드는 것이 아니라 그 반대다."

혈통, 언어, 문화의 공통성을 가진 실체로서의 민족이라는 전통적 주장은 만들어진 신화에 불과하다. 유럽에서 18세기 후반부터 본격화된 민족 개념의 형성과 근대 민족국가 수립, 그리고 민족주의 고양 등에 주목해야 한다. 민족이 국가와 민족주의를 만드는 것이 아니라, 근대국가 형성을 위해 민족주의를 만들었고, 이를 통해 민족 개념이 등장했다. 물론 매우 상이한 성격을 가진 수많은 집단이 오랜 기간 장원 형식으로 난립해 있던 유럽과, 오랜 기간 혈연, 언어, 문화의 여러 영역에서 근접성을 지녔던 우리의 경우를 동일한 기준으로 규정하기에는 곤란한 점이 있다. 그럼에도 현대사회에서 통용되는 민족 개념은 상당 부분 서구적 의미에서의 내용이라는 점, 그리고 서구적 민족주의는 홉스봄이 주장한 내용에서 별로 벗어나지 않는다는 점은 분명하다.

10

대공황과
2차 세계대전의 원인

그라백, 〈다섯 번째 해〉, 1934년

세계 대공황은
왜 일어났는가

존 그라백_{John R. Grabach}의 〈다섯 번째 해〉는 1929년 미국과 유럽에서 대공황이 터지고 다섯 번째 해가 되는 1934년의 상황을 담은 그림이다. 맨 앞에 거의 누더기 차림의 옷을 걸친 실업자가 지칠 대로 지친 몸을 이끌고 발걸음을 옮긴다. 삶의 고단한 무게를 나누어지고 있는 아내가 절망스러운 몸짓으로 그의 뒤를 따른다. 그 뒤로 끝이 보이지 않는 실업자 대열이 이어진다. 이들의 발밑으로는 자본주의 아성인 뉴욕의 고층빌딩 숲이 펼쳐진다. 하지만 여기저기 연기가 피어오르고 있어 이미 심상치 않은 상태임을 보여준다. 맨 앞의 남성은 단지 고통과 실의에 일그러진 표정만은 아니다. 굳게 다문 입을 볼 때 모자로 가려진 그림자 안에 분노로 이글거리는 눈빛이 숨어 있을 것 같다.

1800년대에도 몇 차례 불황이 있었지만 이는 1929년 대공황의 전주곡에 불과했다. 대공황은 1930년대 10년 동안 이어지면서 자본주의가 약속하는 장밋빛 미래를 기대하던 수많은 사람들의 삶을 철저하게 파괴했다. 하루아침에 직장을 잃은 노동자와 땅을 빼앗긴 농민 등이 거리의 부랑자로 내몰렸다. 그림 속 실업자들처럼 일자리를 찾아 길거리를 떠돌아야 했고, 아이들은 집에서 굶주린 배를 움켜쥐고 있어야 했다. 하지만 높은 건물로 가득한 도시, 경작할 토지로 가득한 농촌은 이들에게 최소한의 삶조차 제대로 보장해주지 못했다.

거품의 붕괴

1920년대 대부분의 기간 동안 미국인은 물질적 풍요가 지속되리라는 점을 믿어 의심치 않았다. 18세기 영국에서 시작된 산업혁명을 발판으로 거대한 물질적 부와 사회적 변화를 몰고 온 자본주의 체제는 몇 차례의 불황과 1차 세계대전 등의 우여곡절을 겪었으나 20세기 초반에 이르기까지 외형적 발전을 거듭해왔다. 1차 세계대전이 끝난 후 자본주의는 10여 년 동안 그리 심각한 불황을 겪지 않았다. 전쟁의 상처를 씻고 자본주의는 영원히 번영할 것 같았다. 특히 전쟁의 피해를 직접 입지 않은 미국 경제는 번영의 정점에 올라 있었다. 미국 대통령 선거에 공화당 후보로 출마한 후버는 1928년 선거운동 기간 동안 국민들이 매 끼니마다 닭고기를 먹고, 누구나 자동차를 소유할 수 있도록 하겠다는 약속을 했다. 또한 당선 후 1929년 3월 취임 연설에서 미국이 "가난으로부터 해방"되었다고 선언했다.

20세기 초반까지 자본주의 경제를 지배한 것은 애덤 스미스를 중심으로 한 자유주의 경제학이었다. 정부는 시장에 개입하지 않았고, 기업은 이윤 활동에 거의 제한을 받지 않으며 왕성한 투자를 통해 몸집을 불려나갔다. 기술 발달에 힘입어 새로운 제품이 시장에 쏟아져 나왔고, 생산 속도도 비약적으로 증가했다. 미국은 1920년대 내내 고도의 경제 성장을 이루었다.

미국의 가파른 경제 성장을 선도한 것은 자동차 공업이었다. 1919년에 165만 8천 대를 생산하던 자동차 회사는 1929년에는 생산량이 거의 3배나 증가하여 458만 7천 대를 생산했다. 1919년 4가구당 1.12대이던 자동차 등록 대수는 10년 후에 4가구당 3.15대에 이르렀다. 10년 사이에 거의 3배 가까이 늘었으니, 누구나 자동차를 소유할 수 있도록 하겠다는 후버의 약속이 그리 허황되게 들리지 않았다.

자동차 붐에 힘입어 타이어, 부품, 도로, 주유소, 정비소 등 관련 산업과 제품도 호황을 누리며 경제 확대와 물질적 풍요에 대한 기대감을 한껏 높였다. 여기에 가전제품 시장이 커지면서 기대는 흔들리지 않는 현실이 되는 듯했다. 1920년대 중반부터 라디오, 냉장고, 진공청소기 같은 전기 제품이 대량생산되면서 많은 가정이 자본주의 기계문명이 주는 편리함을 누렸다.

금융시장의 비약적 확대는 마치 축제의 절정에서 하늘을 화려하게 수놓는 폭죽처럼 느껴졌다. 주식 투자가 미국을 휩쓸었고, 뉴욕은 그 심장부였다. 1920년대 후반 증권사 지점망이 급속도로 늘어났다. 1928년에서 1929년, 단 1년 사이에 약 600개의 지점이 개설되어 80퍼센트의 증가율을 보였다. 당시 〈뉴욕 타임스〉 금융편집장은 금융 투기가 호황을 맞은 상황을 다음과 같이 설명했다. "미국인들은 새 시대에 살고 있다. 과거의 금융 관행과 원칙, 규정들은 의미가 없다. 과거에는 위험하고 불가능했던 일을 이제는 안심하고 추진할 수 있다는 관념이 생겼다."

미국 정부는 소득세를 65퍼센트에서 32퍼센트로, 법인세를 2.5퍼센트로 낮춰 기업과 부유층의 이익을 보장해주었다. 기업 실적과 별도로 부가 축적되면서 대폭 늘어난 여유 자금이 금융 투기로 몰렸다. 1925년부터 1928년 사이에 제너럴모터스의 주가는 10배 이상 올라 투자자들에게 대박을 안겨주었다. 당시 상황을 에드워드 챈슬러는 《금융 투기의 역사》에서 "신기술에 대한 투기꾼의 환상은 주식시장이 호황을 유지하는 동안 지속되었다. 경제적 번영의 원동력과 투기 대상으로서 자동차가 철도를 대체했고, 미국의 문화와 지도를 바꾸어놓았다"라고 설명한다.

토머스 벤턴Thomas Benton의 〈신흥 도시〉는 자동차 산업의 부상으로 자동차가 동네 골목까지 가득 들어선 풍경을 보여준다. 산업의 확대는 기존 도시의 경계를 외곽으로 대폭 넓혔고, 새로운 도시가 생겨났다. 그림을 보면 그리 큰 도시가 아닌데도 골목마다 자동차가 가득하다. 당시 미국은 자동차가 약 2300만 대를 넘어섰으니 생활필수품이 되었다 해도 과언이 아니었다. 건물 뒤편으로 줄지어 서 있는 거대한 송전탑을 통해 집집마다 전기가 공급되었고, 가전제품 구매가 유행했다. 뒤편으로 치솟은 검은 연기는 오른편에 큰 저장탱크가 있는 것으로 보아 유전

벤턴, 〈신흥 도시〉, 1928년

에서 나온 연기다. 새로운 유전 개발과 쏟아져 나오는 석유 역시 산업 시설 가동이나 자동차 증가의 원동력이 되었다.

하지만 미국 경제의 성장이 누구에게나 부의 증가를 의미하는 것은 아니었다. 전체 인구의 20퍼센트가 90퍼센트의 부를 차지할 정도로 빈부 격차가 극심했다. 노동조합을 비롯한 노동 세력이 무력화된 상태였고, 심지어 기업주들은 총으로 무장한 불량배들을 공장에 두어 노동자의 저항을 봉쇄했다. 소비할 여유가 없는 사람들도 신용 할부 구매가 활성화되면서 자동차, 냉장고 등을 빚으로 구매하는 경우가 많았다. 미국의 경제학자 찰스 킨들버거에 따르면 "월부 구입 또는 오늘날의 미국에서는 신용 할부라고 하는 방식이 이 당시 도입되어 값비싼 상품의 판매가 촉진되었다. 그에 따른 미결제 할부 어음의 잔고가 1925년에 13억 5500만 달러, 1929년에는 30억 달러에 달했다."《대공황의 세계》)

미국 경제의 표면이 풍요에 대한 믿음 속에서 흥청거릴 때 안에서는 균열의 틈이 조금씩 커지고 있었다. 빈부 격차 확대로 대량생산을 가능케 할 구매 능력은 점차 바닥을 향해 떨어지는 중이었다. 다만 월부 구입 형태의 빚으로 풍요가 이어질 것이라는 착각을 가졌을 뿐이다. 미래를 당겨 소비함으로써 각 개인 생활에 두터운 거품이 끼었다. 나아가서는 금융시장 전체가 거품 투성이였다. 이른바 차입 투기가 횡행했기 때문이다. 투기 열풍 속에서 비싼 이자로 빚을 내어 주식 투자를 하는 사람이 많았다. 또한 전 세계적으로 1차 산업 생산물에서 구매 능력 대비 초과 공급으로 가격 하락과 재고 누적 현상이 나타났다. 면화, 소맥 하락이 버터, 쇠고기, 양고기, 달걀 등의 가격을 끌어내리면서 농촌

경제에도 침체 조짐이 나타났다. 나아가서 농촌의 하락이 점차 도시의 숨통을 죄어오던 중이었다.

세계를 휩쓴 10년 동안의 대공황

1929년 10월 24일에 이른바 '검은 목요일'이라 불리는, 사람들을 거대한 충격과 공포로 몰아넣은 대공황이 시작되었다. 대재앙의 시작은 뉴욕 주식시장 폭락으로 나타났다. 불안함을 느낀 은행들은 곧바로 대출해주었던 투기 자금 회수에 나섰고, 10월 29일 주식 시장이 열리자마자 투기꾼들은 상환을 위해 보유 주식을 시장에 대규모로 내놓았다. 투매가 뉴욕 증권거래소를 휩쓸었고, 다우지수가 하루아침에 30퍼센트 이상 추락했다. 주식 가격은 하루가 멀다 하고 곤두박질치면서 세계 증시 사상 최악, 최장의 폭락이 이어졌다.

주가가 몇 년 넘게 내려가면서 1932년 7월 9일의 다우지수는 1929년 고점을 기준으로 90퍼센트 이상 폭락했다. 1929년 870억 달러에 달하던 뉴욕 증시의 주가총액은 1933년에 190억 달러로 줄어들었다. 곧이어 런던, 파리, 베를린, 도쿄 등으로 주가 폭락 사태가 이어졌다.

제임스 로젠버그James Rosenberg의 〈분노의 날〉은 1929년 10월 29일의 경악과 공포를 생생하게 보여준다. 오른편 위의 'DIES IRAE'는 진혼곡에서 불리는 라틴어 성가로, '진노의 날'이라는 의미다. 마치 하늘이 진

로젠버그, 〈진노의 날〉, 1929년

노하여 지상에 재앙을 내린 것처럼 이날의 주가 폭락은 전 세계를 뒤흔들어버렸다. 하늘을 뒤덮을 듯이 먹구름이 몰려오고 번개가 내려친다. 뉴욕 증권가 건물이 흔들리고 일부는 무너져 내리는 중이다. 그 아래로 겁에 질린 사람들이 도망치려 하지만, 이미 늦은 듯하다. 무너지는 고층 건물이 곧 이들을 덮칠 기세다.

주식시장 붕괴로 재산과 예금 계좌를 날려버린 사람들은 소비를 극도로 축소했다. 이는 재고 증가, 상품 가격 하락, 생산 감소, 수입 감소 등 마치 도미노처럼 연쇄 폭발음을 냈다. 증권 가격과 상품 가격의 하락은 기업 이윤의 급속한 하락과 도산으로 이어졌다. 이로 인해 많은 대부 자금이 회수 불능 상태가 되면서 은행 파산을 재촉했다. 은행에서 거액을 빌린 사람들은 주식을 다 팔아도 빚을 갚을 수가 없게 되자 은행에 땅과 집을 빼앗겼다. 은행의 재정이 부실해지자 사람들은 예금한 돈을 찾기 위해 은행으로 몰려들었다. 하지만 은행은 지급 불능 상태였다. 예금된 돈의 일부만 남기고 대부분 기업에 투자하거나 개인에게 대출한 상태였기 때문이다. 단 며칠 사이에 45개 은행이 파산했다. 12월에는 뉴욕의 유나이티드스테이츠 은행이 파산했다. 1929년에서 1933년 사이에 미국에서 무려 9765개의 은행이 파산했다.

은행의 연쇄 파산으로 계정 거래가 중단되고, 예금자들은 예금액의 일부밖에 건지지 못했다. 대다수 예금자들은 사실상 휴지 조각이 된 예금통장을 보며 분노했고, 어쩔 수 없이 허리띠를 바짝 졸라매야 했다. 소비는 더욱 위축되었고, 기업들은 물건을 팔 수 없게 되자 생산을 감축하고 노동자를 대량 해고했다. 실업자가 늘어날수록 소비자의 구매 능력은 더 줄어들었고, 다시 기업가들은 더 많은 노동자를 해고했다. 자금이 부족한 중소기업부터 파산하더니 이어서 대기업으로 파급되었다. 말 그대로 악순환의 고리가 만들어져서 자본주의 경제를 나락으로 떨어뜨렸다.

1932년까지 미국 GDP(국내총생산)는 1929년 수준에서 60퍼센트가 줄어들었고, 노동자의 4분의 1이 실직했다. 유럽에도 여파가 미쳐 독일과 영국을 비롯한 산업국가에서 수백만 명의 노동자들이 일자리를 잃었다. 미국의 실업률은 27퍼센트까지 치솟았다. 농업 인구를 뺀 나머지 국민의 3분의 1에 해당하는 1250만 명이 일자리를 잃은 셈이었다.

불황은 미국에만 국한되지 않았다. 독일은 1928년부터 경기가 나빠졌고, 다른 나라들도 1929년부터 불황을 겪기 시작했다. 1930년이 되자 불황은 모든 선진국으로 파급되었다. 영국은 23퍼센트, 독일은 32퍼센트의 실업률을 기록했다. 실업자가 증가하고 빈곤이 확산되자 상품 판매가 더욱 어려워진 기업은 생산을 더 감축했다. 자금난에 빠져 수만 개의 기업이 문을 닫았다. 세계의 공업 생산은 20년이나 후퇴해버렸다. 대공황이 시작된 지 불과 3년 만에 주요 산업국가의 공업 생산액은 공황 이전의 60퍼센트 수준으로 떨어졌다.

전 세계를 강타한 대공황의 충격으로 국제무역은 증발해버렸다. 나라마다 금본위제를 포기하고 보호무역주의가 득세하면서 수입이 급감했다. 1932년 무렵 세계 무역의 총가치는 절반으로 줄었다. 각국이 경제 회복력을 잃으면서 1930년대 전체에 걸쳐 불황이 만성화되었다.

대공황은 특히 노동자와 농민 등 서민에게 큰 고통을 안겨주었다. 실업자들은 돈이 될 만한 것은 죄다 내다팔아 하루하루를 연명해야 했다. 이조차 바닥이 나자 거리에 나앉아야 했다. 헐벗고 굶주린 사람들이 쓰레기통을 뒤지며 돌아다녔다. 대도시 빈민구호소 앞에는 실업자와 그 가족들이 길게 줄을 서 있었다. 빈민가 어린이들은 영양실조로 죽어가는 일이 비일비재했다. 겨울이 찾아오면 고통은 더 극심해졌다.

드와이트, 〈군중〉, 1931년

야적장에는 석탄이 산더미처럼 쌓여 있는데 가난한 사람들은 제대로
된 난방시설도 없이 겨우내 극심한 추위를 견뎌야 했다.

　　마벨 드와이트Mabel Dwight의 〈군중〉은 대공황으로 인한 사람들의 불
안과 절망감을 잘 보여준다. 어느 사람에게서도 기대나 희망의 징조를
찾아볼 수 없다. 1930년 초중반만 하더라도 곧 경기가 회복될 거라는
실낱같은 희망을 가졌지만, 대공황이 2년을 경과하면서 절망감이 그
바닥을 알 수 없을 정도로 깊어진 표정이다. 앞으로 얼마나 더 비참한

상황이 닥쳐올지 몰라 불안감에 경계의 눈초리를 늦추지 않고 있다. 웃어본 기억이 언제인지 가물가물할 정도로 얼굴에는 그늘이 가득하고 주름이 깊이 파여 있다.

대공황이 깊어지자 '보이지 않는 손', 즉 시장이 수요와 공급을 조절해주기 때문에 경제는 장기적으로 균형 상태에 이른다는 애덤 스미스 이래 고전경제학의 신념에 의문을 던지는 학자들이 나타났다. 공황의 가능성을 부인한 신고전파 경제학은 대공황이라는 전대미문의 사태가 닥치자 아무것도 할 수 없었다. 대공황이 몰고 온 혼란과 고통이 너무나도 강력하고 광범위해 그들의 경제학은 쓸모없는 것으로 무시당했다. 급기야 여러 나라들이 금본위제를 폐기하는 사태가 벌어졌다.

오랜 기간 자본주의 체제는 금본위제를 통화제도의 기본 골격으로 삼았다. 통화 단위를 고정된 중량의 금으로 정하고, 고정된 가격으로 통화를 금으로 자유로이 태환하는 방식이다. 이는 통화의 안정성을 뒷받침했다. 대공황의 여파가 가장 취약한 고리인 독일 경제를 파산으로 몰아가자, 주요 국제통화 단위였던 파운드를 금으로 바꾸려는 사태가 확산되었다. 금본위제에 따르면, 영국과 미국은 파운드나 달러를 금으로 바꿔줄 준비가 되어 있어야 했다. 하지만 쇄도하는 파운드화를 더 이상 금으로 바꿔줄 수 없는 지경에 이르자, 영국은 1931년 9월 21일에 금본위제 포기를 발표했다. 미국 달러만이 국제통화로 남게 된 상황에서 불안감을 떨치지 못한 프랑스, 네덜란드, 벨기에, 스위스의 중앙은행은 달러를 금으로 바꾸기 시작했다. 불과 한두 달 사이에 미국에서 유출된 금은 7억 2500만 달러에 달할 정도였고, 결국 몇 년을 더 버티다 1934년에 들어서자마자 국제통화 제도의 마지막 보루였던 미국마저 금본위제를 폐지하기에 이르렀다.

미국의 경제학자들은 1933년을 기점으로 경제가 바닥을 치고 올라서는 듯하다고 진단했다. 특히 미국과 캐나다를 중심으로 경기 회복의 조짐이 나타났다. 1934~1935년에 물가, 수출, 공업 생산 및 국민소득이 상승세를 보였다. 경기가 회복되고 있다는 학자와 언론의 기대감 섞인 진단이 나왔지만, 4~5년째 참담한 처지에 있던 대다수 사람들에게 희망을 주지는 못했다. 현실은 여전히 암울했기 때문이다.

아서 더스턴Arthur Durston의 〈산업〉은 당시의 상반된 분위기를 묘하게 보여준다. 뒤편으로 늘어선 공장들의 굴뚝에서 흰 연기가 힘차게 하늘로 뻗어 올라가는 모습이 선명하다. 공장 입구에서는 웃통을 벗은 노동자들이 작업용 레일을 따라 물건을 안으로 실어 나르는 중이다. 기업의 생산활동이 활발하게 이루어지고 있음을 상징한다. 공장 안에서는 오랜만에 망치 소리며 기계 돌아가는 소리가 요란할 것이다. 하지만 전면에 보이는 여성들의 표정은 전혀 밝지 않다. 새 생명을 품에 안고 있지만 당장 오늘의 궁핍한 생활과 앞날의 불투명함 때문에 침울한 분위기다. 피부로 느끼는 현실의 생활이 전혀 나아지지 않은 상태에서 희망의 메시지는 공허할 뿐이다.

실제로 1934년을 전후한 미국의 경기 회복 조짐이 환상에 불과한 것임을 확인하는 데 그리 오랜 시간이 걸리지 않았다. 실업과 빈곤이 여전한 상태에서 소비는 회복되지 않았고, 다시 재고가 누적되면서 섬유산업과 철강산업에서 디플레이션 현상이 심화되었고 생산은 급격하

더스틴, 〈산업〉, 1934년

게 위축되었다. 급속한 하강 국면이 찾아와서 각종 경제지표가 절반 수준으로 떨어졌다. 또한 세계 경제도 깊은 수렁에서 벗어날 기미를 보이지 않았다. 금본위제는 폐지되었고, 각 나라들이 자기 발등에 떨어진 불조차 끄지 못하는 상태에서 세계 경제는 결합력을 상실한 채 산산조각이 나 있었다. 세계 자본시장은 회생할 기미를 보이지 않았고, 저개발국은 고질적인 채무 불이행에서 벗어나지 못했다.

대공황은 왜 일어났고, 어떻게 극복할 수 있는가

대공황은 애덤 스미스를 비롯한 자유주의 시장경제 이론가들의 '시장에 의한 균형'이 실현될 수 없음을 보여주었다. 각자가 자기의 이기심(즉 이윤)을 추구하더라도 '보이지 않는 손'에 의해 생산과 분배가 균형을 이루어 저절로 조화로운 사회가 된다는 믿음은 환상에 불과한 것으로 드러났다. 무작정 시장에 맡기자는 생각은 현실에서 둑에 금이 가고 구멍이 나서 물이 새고, 어떤 경우에는 둑이 무너져 소비자만이 아니라 생산자에게도 심각한 타격을 주고 있는데, 비가 그치면 나아질 것이라며 방치하는 것과 다름없었다. 자유 시장경제 이론이 공황의 방지와 해결에 무능하다는 것을 여실히 증명했다.

이때 자본주의 위기의 해결사로 나선 것이 존 메이너드 케인스였다. 케인스는 시장에 모든 것을 맡기는 자유방임주의 정책이 최선이라는 고전경제학 이론을 부정하고 정부의 적극적인 경제정책과 적절한 시장 관리를 통해 공황을 예방할 수 있다고 주장했다. 그는 공급에 비해 수요가 부족한 과잉생산이 공황의 원인이라고 진단하고, 정부가 나서서 고용을 창출하고 과감한 복지정책을 도입해 유효수요를 창출해야 한다고 주장했다. 그의 관점을《고용, 이자 및 화폐의 일반이론》을 통해 좀 더 자세히 살펴보면 다음과 같다.

생산은 소비와 떼려야 뗄 수 없는 관계이기 때문에 아무리 물건을 만들어봐야 소용이 없다. 생산은 유효수요, 즉 물건을 살 수 있는 소비자의 능력에 의존할 수밖에 없다. 그런데 자본주의의 결함은 완전고용을 성취하지 못한다는 점이다. 또한 시장에 모든 것을 맡기다 보니 부와 소득 분배의 극심한 불평등이 나타난다. 그 결과 상품을 사고 싶어도 살 형편이 안 되는 사람들이 많아지면서 소비가 위축된다. 이는 부메랑이 되어 생산의 위축으로 나타난다. 이 결함은 시장의 고유한 한계이므로 정부가 개입해 결함을 보완하고 시장을 지키는 것이 중요하다.

또한 사회를 경제주체들의 이익 추구에만 맡길 때 투기 성향이 증가하게 된다. 투기꾼은 시중의 자금이 생산적 투자로 전환되는 것을 막는다. 기업은 은행에서 돈을 빌려 투자해야 하는데, 이를 위해서는 이자율을 대폭 낮춰야 한다. 하지만 이는 투기꾼의 이해에 반하는 것이므로 현금을 쥐고 있게 된다. 투기꾼이 현금을 쥐고 있으면 시중에 자금이 모자라서 이자율이 상승하고, 따라서 기업가는 투자를 꺼리게 된다. 경제의 불확실성이 커지면서 유효수요, 즉 소비수요와 투자수요는 점점 낮아지는 현상이 벌어져 결국 불황으로 간다. 다시 말해 투기꾼과 기업가에게 모든 걸 맡겨두면 자본주의 경제는 불황에 빠지게 된다. 그러므로 정부가 개입해 이자율을 낮추고 정부의 소비와 정부의 투자를 늘려야만 기업가도 미래를 낙관적으로 전망하게 되어 투자를 늘리기 때문에 경제가 호황으로 전환할 수 있다는 주장이다.

실제로 투기 자본의 팽창은 대공황을 일으킨 주요 원인이었다. 김수행은 《세계대공황》에서 투기 자본의 영향을 다음과 같이 설명한다. "상공업 기업은 거대한 유휴자본을 증권에 투기하거나 상업은행에 저축했는데, 상업은행은 이 자금을 단기금융 시장인 콜 시장에 대출하여 증권의 투기적 거래를 지원했다. (……) 1929년에 상장한 기업들이 조달한 자금의 약 70퍼센트는 공장 설비나 고용에 투자되지 않고 증권 투기에 사용되었다. 그런데 소비자 수요가 객관적 한계에 이미 도달한 것을 잘 알고 있는 상공업기업은 미리 주식을 팔아버리고 콜 시장에 대한 자금을 회수해버렸고, 이로 인해 단기자금을 구할 수 없게 된 증권 투기업자들이 증권을 투매하기 시작하면서 뉴욕 증권시장이 1929년 10월 붕괴한 것이다."

대공황의 한가운데에서 대통령이 된 프랭클린 루스벨트도 투기 자본이 끼친 영향을 뼈저리게 느꼈던 것으로 보인다. 루스벨트는 1933년 취임 연설에서 다음과 같이 말했다. "시장경제가 자체의 결함 때문에 제대로 작동하지 않고 있습니다. 파렴치한 돈놀이꾼들은 사람들의 질타를 받고 여론재판에 회부되었습니다. (……) 탐욕에 찌들어 이 나라를 망친 그들이 이제는 눈물을 흘리면서 신뢰 회복을 탄원하고 있습니다. 오직 이기적 탐욕뿐인 그들에게서는 아무런 비전도 찾을 수 없습니다." 이후 루스벨트는 케인스의 해결책을 적극 수용하여 대공황 수습과 극복에 나섰다.

케인스의 해결책은 몇 가지로 압축할 수 있다. 결론부터 말하면, 이자율을 낮추고 정부가 직접 투자에 나섬으로써 국민의 소비 능력을 끌어올리고 생산을 활성화해야 한다는 것이다.

먼저 이자율 인하부터 살펴보자. 정부는 금융정책을 통해 이자율을 인하해야 한다. 이자율을 낮춤으로써 투기 행위를 자연스럽게 방지하고, 돈이 생산적 투자로 전환하도록 해야 한다. 하지만 이자율 조정은 한계가 있다. 이자율을 조정하는 금융정책만으로 고용을 획기적으로 늘리기 어렵기 때문이다. 고용을 획기적으로 늘리려면 광범위한 투자의 사회화가 이루어져야 한다. 이기심에 의해서만 움직이는 기업가나 투기꾼들이 투자를 기피하는 바람에 생산적 자금이 말라버렸으니 정부가 빚을 얻어서 대신 투자해야 한다. 정부의 투자는 곧 국민의 소득이 되어 소비를 촉진하고, 소비 증가는 민간 투자를 유발할 것이라는 제안이었다. 이를 위해 정부가 직접 도로, 항만, 공항, 철도, 학교, 병원, 공원 등의 사회 기반시설을 건설하거나 보조하는 공공사업에 투자하라고 권고했다. 정부가 투자함으로써 유효수요를 확장하는 것 자체가 중요했다.

케인스는 다음과 같이 과장을 섞어 말하기도 했다. "재무부가 헌 가죽부대에 지폐를 가득 담아 폐광에 적당한 깊이로 파묻고 나서 그 위를 마을의 쓰레기로 채운 다음, 자유방임 원리에 따라 사기업에게 그 지폐를 다시 파내도록 한다면 (……) 실업은 없어질 것이다. (……) 비록 정치적 실제적 난관에 부딪힌다 하더라도 이렇게 하는 것이 아무것도 하지 않는 것보다 낫다."

한마디로 정부가 돈을 풀어 일자리를 늘리라는 제안이다. 자본주의의 본질은 대량생산인데, 사람들이 돈이 없어 그것을 구매하지 않을 때 대공황이 일어난다. 그러므로 정부 지출을 늘려 사람들의 수요 능력을 높여주자는 것이다. 이를 위해 주택 건설 같은 공공사업을 벌여 고용을 창출하여 사람들이 돈을 쓰게 해야 한다는 주장이다. 투자를 기업에 전적으로 맡기는 것이 아니라 일정 영역에서 정부가 개입하여 직접 투자 주체가 된다는 점에서 투자의 사회화라 할 수 있다.

정부가 소비를 촉진하는 방법은 직접적인 투자의 사회화 이외에도 공무원 수를 늘리고 봉급을 인상하는 것, 사회보장제도를 확대해 빈민이나 저소득층에게 보조금을 지급하는 것 등이 있다. 사회보장제도는 저소득층의 지출을 줄여줌으로써 소비 능력을 향상시킨다. 다른 한편으로 사회복지제도 자체가 고용을 확대하는 역할도 한다.

케인스의 이론에 따라 루스벨트 대통령은 '뉴딜'이라고 불리는 시장에 대한 정부의 개입 정책을 사용했다. 정부는 거액의 공채를 발행해 막대한 투자 재원을 조달하려 했다. 이를 통해 케인스가 제안한 투자의 사회화 일환으로 대규모 공공사업에 투자했다. 공공사업국을 설립해 공공 고용을 통한 구제사업과 사회 기반시설 건설 사업을 벌였다. 공공사업국은 고속도로와 공공건물을 짓고 항구를 개선했다. 그리고 시립 발전소 건립에 투자했으며, 컬럼비아 강에 댐을 건설했다.

자유방임주의는 시장에 대한 정부의 간섭으로 대체되었다. 농산물의 경작 제한과 공산품의 경쟁 제한, 생산 제한에 대한 보상금 지급 등은 물론이고 광범위한 실업구제 사업을 벌였다. 또한 시장을 대신해 정부가 복지와 주택, 노동, 금융, 물가, 소득, 최저임금을 결정했다. 사회보장법을 제정하여 실업자, 저소득층, 노인을 보호했고, 노동조합의 권리를 옹호하여 단체협약을 맺게 했으며, 최장 노동시간과 최저임금을 법으로 규정했다.

찰스 퀘스트Charles Quest의 〈공사장 노동자들〉은 뉴딜정책의 특징을 잘 보여준다. 공사장에서 노동자들이 철근과 콘크리트 작업을 하는 장면이다. 앞에서는 시멘트와 자갈, 모래를 섞어 콘크리트 반죽을 하

퀘스트, 〈공사장 노동자들〉, 1934년

고 있다. 뒤에서는 철근을 어깨에 짊어지고 옮긴다. 정부의 공공사업
은 토목과 건축 사업에 집중되었다. 항만, 댐, 발전소 건설 등 공공사업
은 즉각적으로 광범위한 고용 효과를 내기에 용이하고, 사기업 영역과
도 마찰을 줄일 수 있기 때문이다. 또한 이 그림은 정부가 예술가들에
게 의뢰해 연방건물에 벽화, 회화, 조각 등을 제작하게 했던 WPA(Work
Project Administration, 공공사업진흥국) 프로그램의 일환으로 그려졌다
는 점에서도 시사하는 바가 크다. 정부의 고용과 유효수요 창출 정책이

예술계까지 확대되었음을 보여준다.

　정부의 적극적인 시장 개입과 수요 창출을 위한 정책과 맞물리면서 미국 경제는 1936년부터 조금씩 회복되는 조짐을 보였다. 정부가 사회 기반시설과 주택 건설사업 등에 실업자를 고용하고, 사회보장제도를 도입해 실업자, 저소득층, 노인들에게 수당을 제공하고, 새로운 단체협약에 의해 노동자 임금이 상승하면서 소비재에 대한 수요도 점차 증가했다. 1937년에는 산업 생산과 국민소득이 1929년의 수준을 회복했다. 이는 관련 부문에도 영향을 미쳐 미국 경제에서 큰 비중을 차지하는 자동차 판매량도 1929년의 수준을 능가하게 되었다. 각종 경제지표도 회복세가 강해지고 있음을 나타냈다.

　세계 각국의 정부도 시장에 적극적으로 개입해 공황을 극복하려는 시도를 했다. 정부가 적극적으로 개입한다는 케인스의 처방은 두 갈래로 나타났다. 하나는 미국의 뉴딜 방식이고, 다른 하나는 정부 지출을 군수산업과 전쟁 준비에 집중한 독일의 히틀러 방식이었다.

2차 세계대전은
왜 일어났는가

패전과 대공황 사이의 독일

1차 세계대전과 2차 세계대전 사이의 독일은 2개의 시기로 구분할 수 있다. 하나는 바이마르 공화국, 다른 하나는 히틀러 집권하의 독일이다. 1918년 11월, 패전과 더불어 혁명이 일어나 독일 제정帝政이 무너졌다. 이듬해 총선거에서 사회민주당을 중심으로 한 민주공화파가 승리하고 바이마르 헌법을 공포했다. 하지만 앞날이 순탄치 않았다. 패전으로 독일은 식민지를 잃고 베르사유 조약으로 1300억 마르크에 달하는 막대한 배상금을 물어야 했기 때문이다. 심각한 인플레이션과 실업으로 경제적 어려움이 이어졌다.

전쟁으로 독일 경제가 붕괴된 상황에서 배상금 지불은 사실상 불가능했기에 연합국에 지불유예를 요청했지만 거부당했다. 오히려 프랑스는 독일 최대 공업 지역인 루르 공업시설을 점령하고 석탄, 목재 등의 물자 제공을 요구했다. 이에 불응하는 독일 관리나 회사는 군사법률에 의해 처벌했다. 독일은 석탄 제공과 운송을 거부하는 '소극적 저항'을 벌였는데, 이로 인해 이 지역의 생산활동은 극도로 위축되었고, 독일 경제는 최악의 상황을 맞이해야 했다. 1923년의 하이퍼인플레이션은 독일 경제를 마비시켰다.

하이퍼인플레이션으로 노동자와 농민이 극단적인 궁핍 상태에 빠지자, 이에 저항하는 움직임이 사회주의 혁명으로 나아갈 것을 우려한 미국은 연합국을 설득하여 배상금을 탕감하고 배상 지불도 연장하는 조약을 체결했다. 또한 미국은 독일 경제 회복을 위해 막대한 자금을 투입했다. 외국 자본의 유입을 통한 공장 재정비 등으로 1925년부터는 안정기에 들어섰다. 1925년에는 유엔 안전보장이사회 상임이사국이 되었다. 이후 1928년까지 빠른 경제 성장을 이루어서 '황금의 20년대'라는 말까지 생겼다. 여러 경제지표가 정상으로 돌아왔다. 28퍼센트에 이르던 높은 실업률도 현저하게 줄어들고, 기계공업을 중심으로 산업 합리화 과정이 강화되면서 생산성이 25퍼센트나 향상되었다. 하지만 산업 합리화는 임금 삭감, 노동시간 연장 등을 동반했기에 노동자를 비롯한 민중은 어려운 생활을 해야 했다.

독일 인상파 화가 레서 우리Lesser Ury의 〈비 내리는 베를린〉을 보면 활기를 되찾고 있던 1925년의 독일을 느낄 수 있다. 제법 많은 비가 내리는지, 차도와 인도에 빗물이 흥건하다. 우산을 쓰고 비 내리는 도심을 걷는 두 여성이 보인다. 활짝 웃으며 대화를 나누는 모습이 당시 독

우리, 〈비 내리는 베를린〉, 1925년

일인의 새로운 희망과 활력을 보여주는 듯하다. 도로를 달리는 자동차들도 침체되어 있던 사회가 점차 기지개를 펴는 것을 느끼게 해준다. 차도든 인도든 왁자지껄한 소리가 들리는 것 같다.

하지만 1929년 10월에 미국 증권시장 붕괴와 함께 전면화된 대공황의 여파가 유럽으로 미쳤다. 미국은 자기 발등의 불을 끄기에 급급했기에 부랴부랴 독일에 투자한 자본을 회수하기 시작했다. 외자를 바탕으로 경제 부흥을 꾀했던 독일 경제는 직격탄을 맞았다. 미국 자본이 썰물처럼 빠져나가자 외국 자본 유입을 통해 산업 재정비에 나섰던 독일 경제는 곧바로 깊은 수렁으로 빠져들었다.

1929년 말에 실업이 폭발적으로 증가했다. 1930년 9월에는 실업자 수가 300만 명을 넘어섰고, 1931년 9월에는 430만 명, 1932년 9월에는 510만 명, 그리고 1933년 초에는 600만 명을 돌파했다. 노동자 3명 중 한 명이 직장을 잃고 생계가 막막한 상황이었다. 그나마 이조차 정부의 공식 통계여서 장기 실업으로 사회보험이 끊어진 사람의 수까지 감안하면 실제 상황은 훨씬 더 심각했다. 1932년 독일의 국민소득은 1929년에 비해 약 39퍼센트 떨어졌다.

히틀러는 독일인의 희망?

우리는 2차 세계대전을 히틀러의 야욕과 거의 동의어로 여긴다. 히틀러라는 미치광이 정치인이 나치당을 만들었고, 이로 인해 전 인류가 또다시 세계대전의 참화를 겪었다고 생각한다. 그리하여 2차 세계대전을 선과 악, 정의와 불의의 충돌로 여긴다. 당연히 히틀러는 악의 화신이고, 미국과 영국을 중심으로 한 연합국은 선의 표상이 된다.

하지만 우리는 히틀러가 쿠데타를 일으켜 무력으로 정권을 장악한 것이 아님을 기억해야 한다. 선거에서 독일 국민 다수의 지지를 받고 정권을 장악했으며, 또한 다수가 그의 전쟁 정책을 열광적으로 옹호했다. 왜 독일 국민은 히틀러와 전쟁을 희망으로 여겼을까?

2차 세계대전이 일어난 원인을 규명하려면 먼저 간략하게나마 1

차 세계대전(1914~1918)의 성격부터 살펴보아야 한다. 1차 세계대전은 유럽 제국주의 강대국 사이의 식민지 쟁탈전이었다. 자본주의는 태생적으로 식민지 지배를 통해서만 강대국으로 발돋움할 수 있는 내적 속성을 지닌다. 자본주의 체제에서 주도권을 잡기 위해서는 대규모 자본 축적이 필요하고, 이를 대외적으로 실현할 수 있는 가장 좋은 방법이 식민지 확대 정책이었다. 식민지는 자본주의 생산에 필요한 원료를 무상으로 수탈할 수 있는 확실한 공급처였다. 또한 대량생산된 물건을 강제로 판매할 수 있는 시장이었다.

이 때문에 자본주의 체제로의 진입 순서는 곧바로 식민지 지배를 실현한 국가의 순서이기도 했다. 산업혁명의 선두주자였던 영국이 식민지 개척의 선두에 섰고, 뒤이어 프랑스가 맹렬하게 식민지 쟁탈전에 뛰어들었다. 하지만 영국과 프랑스가 이미 대부분의 지역을 차지한 상태에서 후발 자본주의 국가였던 독일은 얻을 것이 별로 없었다. 식민지를 확대하는 유일한 방법은 영국과 프랑스에게서 식민지를 빼앗아오는 것이었다. 독일은 비슷한 처지에 있던 오스트리아와 손잡고 북아프리카에 이어 발칸 반도에서 영국, 프랑스와 식민지를 놓고 충돌했다. 독일과 손잡은 오스트리아가 세르비아에 선전 포고를 하면서 '유럽의 화약고'였던 발칸 반도에 불이 붙었다. 군사 동맹관계에 따라 전선이 형성되고, 유럽 전체가 전쟁에 휩싸이면서 1차 세계대전이 일어났다.

2차 세계대전은 기본적으로 식민지 쟁탈전이라는 제국주의 국가들 사이의 이해 충돌에 덧붙여, 대공황으로 위기에 빠진 자본주의 국가들이 전쟁을 통해 새로운 돌파구를 열려는 정책이 맞물리면서 터져 나왔다.

　공황의 그림자가 독일을 뒤덮으면서 임금 인하와 실업 증가로 생존의 벼랑에 선 노동자들의 저항이 거세지자 사회주의 혁명이 일어날지 모른다는 공포를 느낀 금융자본가, 대자본가, 지주계급, 왕당파, 보수주의자들이 극우파인 나치 주위로 결집했다. 여기에 중산층까지 가세하면서 히틀러는 1933년 1월 선거에서 내각을 장악했다. 1934년에 힌덴부르크 대통령이 사망하자 히틀러가 총통으로 집권하면서 바이마르 공화국은 종말을 고했다.

　히틀러는 집권하자마자 대공황 탈출을 가장 중요한 목표로 삼았다. 영국과 프랑스는 자국과 식민지, 종속국을 하나의 경제블록으로 묶어 자급자족하려는 보호무역 정책을 펴고 있었다. 또한 자국 통화의 평가절하를 통해 다른 국가를 희생시켜서라도 자국의 경제를 살리려 했다. 세계 무역은 얼어붙었고 환율을 둘러싼 충돌로 주요 강대국 사이에 균열이 날로 커지는 상황이었다. 식민지가 없는 독일과 이탈리아는 경제블록을 형성해 자국 경제를 보호할 여지도 없었기에 갈수록 상황이 악화되었다. 히틀러는 이 모든 어려움을 타개하는 방향을 전쟁에서 찾았다.

　미국이 정부의 공공사업 투자를 중심으로 한 유례없는 뉴딜정책으로 대공황 탈출을 모색했다면, 독일은 정부 지출을 늘려 고용과 유효수요를 창출하는 방안을 군수산업과 전쟁 준비에서 찾았다. 히틀러는 군수공장을 지어서 전투기, 전차, 대포 등의 무기부터 사병의 군복에 이르기까지 군수품을 대량생산했다. 늘어나는 산업 수요에 발맞추어 합성고무와 인조석유 생산에 열을 올림으로써 전쟁 물자를 축적했다. 또한 전국에 도로를 확충하고 비행장을 닦았다. 모든 정부 지출은 국민의 소득이 되었고, 소득의 향상은 소비 증가와 민간 투자의 증가로 이어졌다는 점에서 이는 케인스의 처방과 유사한 정책이다.

히틀러의 군수정책과 자급적 경제정책에서 혜택을 받은 산업 분야는 중공업을 비롯하여 석탄, 화학, 건설업 등으로 확대되었다. 군수산업을 활성화하는 정책에 힘입어 공업 생산은 활기를 띠기 시작했다. 점차 실업자가 줄어들었고 인플레이션이 잦아들면서 적어도 외형적으로는 경제가 활성화되었다. 군수정책은 히틀러 정부가 경제위기를 극복하기 위해 전력을 다하고 있다는 믿음을 심어주었다. 또한 각종 직책에 출신에 관계없이 충성스럽고 능력 있는 젊은이들을 대거 등용하는 소위 평등주의 정책을 폈다. 실직자의 재취업과 경제 호전, 평등주의에 대한 호감은 노동자의 자유와 제반 권리의 파괴를 은폐해주었다.

전쟁 경제를 통한 경제 회복을 보면서 독일 국민은 위대한 독일제국의 부활을 기대했고, 이는 2차 세계대전을 일으키는 중요한 원인으로 작용했다. 처음에는 자본가를 비롯한 보수층이, 이어서 중산층이 히틀러 주위로 모여들었다. 그런데 전쟁 경제가 인플레이션을 잡고 실업자를 줄이자 노동자 층에서도 점차 히틀러와 나치당을 대안으로 여기는 분위기가 형성되었다. 이러한 사정은 이탈리아와 일본도 비슷했다. 독일, 이탈리아, 일본에서도 군국주의적 파시즘을 통해 대공황 탈출을 모색하기 시작했다.

히틀러도 자신의 군수정책이 정치적으로 독일 국민에게 어떤 효

슈바이처, 〈마지막 희망, 히틀러〉, 1930년대 후반

과를 거둘지 잘 알고 있었다. 독일 화가 한스 슈바이처Hans Schweitzer의 포
스터 〈마지막 희망, 히틀러〉는 당시 히틀러의 계획과 독일 국민의 정서
를 잘 반영한다. 그림에 "우리의 마지막 희망, 히틀러"라는 문구가 선
명하게 박혀 있다. 그림에 등장하는 인물은 대부분 실업자다. 허름한
복장, 궁핍한 생활에 찌든, 희망을 잃은 노동자와 서민의 얼굴이다. 한
여성은 초췌한 모습으로 아이를 안고 있다. 히틀러라는 글자만 없다면
어떤 노동단체에서 내건 그림처럼 느껴질 정도다. 일자리와 배급을 받

기 위해 길게 늘어선 줄에서 자신들을 구원해줄 유일한 인물로 히틀러를 부각시키고 있다. 그리고 히틀러의 계획은 점차 현실로 이루어졌다. 군수산업으로 일자리가 늘어나고 생활 형편이 나아지면서, 차츰 1차 세계대전의 악몽은 사라지고 히틀러의 전쟁 준비 호소에 공감하기 시작했다.

대량생산은 언제나 대량소비를 전제로 한다. 군수산업이라 하더라도 이 원리에서 벗어날 수는 없다. 군수산업을 통한 경기 회복이 장기적이고 확실한 성과를 거두려면 생산된 군수용품이 대량으로 소비되어야 한다. 유일한 방법은 당연히 전쟁이다. 드디어 독일은 1935년의 에티오피아 전쟁, 스페인 내전 개입 등을 통해 전쟁을 향한 발걸음을 내딛었다. 1936년 라인란트 진주, 1938년 오스트리아 합병, 1939년 체코슬로바키아 점령, 리투아니아의 메메르 지방 합병 등에 이어 폴란드를 침공했다. 이에 영국과 프랑스가 독일에 선전포고를 하면서 마침내 2차 세계전쟁이 터졌다. 독일은 전쟁 시작 반년 만에 덴마크, 노르웨이, 프랑스, 네덜란드, 벨기에, 룩셈부르크를 점령했다. 독일, 일본, 이탈리아 진영과 영국, 미국, 소련, 프랑스 등의 연합국 진영으로 나뉘어 전쟁이 전 세계에 걸쳐 일어났다.

영국도 2차 세계대전이 터지기 전인 1937년부터 이미 군수산업 분야에 대규모 정부 지출을 단행했다. 1937년에 15억 파운드의 군비 지출 5개년 계획을 발표하고, 맹렬하게 군비 확충에 나섰다. 군수산업에 대한 막대한 정부 지출로 인해 각종 자원이 생산에 투입되면서 대공황이 초래한 고질적인 물가 하락에서 벗어났다. 독일의 폴란드 침공을

제크, 〈영국 여성이여, 공장으로 오라〉, 1941년

계기로 전면적인 세계대전이 벌어지자 전쟁 경제는 대폭 강화되었다.

영국 화가 필립 제크Phillip Zec의 〈영국 여성이여, 공장으로 오라〉는 군수산업을 중심으로 경제를 재편한 영국의 한 단면을 보여준다. 여성들이 앞장서서 군수품 생산에 만전을 기할 것을 호소하는 내용이다. 한 여성이 두 팔을 벌려 여성들의 참여를 독려하고 있다. 한창 기계가 돌아가는 듯 공장 굴뚝에서 연기가 피어오르고 그 공장으로부터 비행기가 꼬리를 물고 하늘을 뒤덮을 듯이 날아오르는 것으로 봐서 군용 전투

그로스, 〈지옥의 히틀러〉, 1944년

기를 만드는 공장임을 짐작할 수 있다.

　게오르게 그로스George Grosz는 〈지옥의 히틀러〉에서 전쟁을 일으키고 600만 명에 이르는 유대인을 학살한 주범인 히틀러를 고발한다. 히틀러가 불지옥에서 고통을 당하는 장면이다. 뒤편으로 포화에 휩싸인 전쟁터 모습이 스친다. 발아래에서는 히틀러에 의해 죽임을 당한 수많은 사람의 해골들이 기어오른다. 대공황 탈출과 식민지 초과 이윤 획득을 위한 전쟁의 희생양이 된 주검들이 복수를 하려는 듯 떼 지어 몰려든다. 히틀러는 자신에게 닥친 상황을 믿지 못하겠다는 듯 공포로 가득한 표정이다.

제국주의 전쟁의 추악함과 타락상을 충격적인 장면으로 그렸던 그로스에게 나치는 '문화 볼셰비키 제1호'라는 딱지를 붙였다. 그로스는 1차 세계대전 와중에 부상을 당했고, 탈영을 시도하다 군 수용소에 간히기도 했다. 전쟁 이후에 자본주의가 초래한 폭력과 탐욕, 부패 등 추악한 실상을 더욱 노골적으로 화폭에 담았다. 1919년에는 독일 공산당에 가입했고, 실업자, 불구자, 그리고 빈민굴과 매음굴의 가난하고 소외된 사람들의 고통을 예리하게 묘사했다. 히틀러가 권력을 휘두르고 유럽에 전운이 감돌자 독일을 떠났다. 나치는 독일 미술관과 화랑에서 수천 점의 퇴폐적 회화로 지목된 회화 및 드로잉을 몰수했는데, 그로스의 작품도 280여 점 포함되었다.

인류에게 더 이상의 세계대전은 없을까

미국이 독일과 다르게 정부 지출을 평화적 목적의 공공사업에 집중하는 뉴딜정책을 벌여 대공황에서 벗어났다고 판단한다면 단견일 수 있다. 엄밀하게 보자면 미국도 군수산업을 통한 고용 확대와 수요 창출이라는 점에서 예외가 아니었다. 물론 독일에 비해서는 평화적인 방식이지만, 군수산업에 대한 막대한 투자라는 점에서 크게 벗어나지는 않았다. 미국이 대공황의 그림자에서 완전히 빠져나오는 데 결정적 역할을 한 것이 2차 세계대전 발발에 따른 군수산업 확대였음은 이미 상식에 속하는 진단이다.

미국이 1937년에 들어서 1929년 수준의 산업 생산과 국민소득을 회복한 것은 사실이다. 경제와 관련된 여러 지수에서 회복세가 나타났지만 매우 완만하거나 불안정한 곡선을 그렸다. 10년이라는 장기간에 걸친 대공황의 그림자는 완전히 걷히지 않았다. 1942년부터 1945년까지 계속된 전쟁이 미국에 번영을 가져다주었다. 프랑스는 독일에 상당 부분 점령당한 상태였고, 영국도 독일군의 폭격으로 안정적인 군수품 생산이 어려웠다. 반면 미국은 연합국의 군수품 공장 역할을 하면서 막대한 이익을 챙겼다. 미국의 군수품 생산 규모는 상상을 초월할 정도였다. 수십만 대에 달하는 항공기와 탱크, 소형화기 수백만 정, 소구경탄약 수십억 발, 배 수천 척과 기타 군수물자 등을 생산하면서 연합국 진영의 무기고가 되었다.

미국은 전쟁 기간 동안 급격한 실업률 감소와 실질 소비지출의 증가, 실질 GNP의 빠른 증가 등을 통해 대공황의 긴 터널에서 완전히 벗어날 수 있었다. 케인스 이론이 실질적으로 가장 큰 효력을 발휘한 곳은 댐, 항만, 발전소, 주택 등의 공공사업이 아닌 군수산업이었다. 전쟁 기간에 대공황에서 벗어난 미국 경제는 전쟁 종료와 함께 호황기를 맞이했다. 전쟁이 끝나자 일상으로 돌아온 사람들은 자유로운 상황, 그리고 이미 전쟁 기간 중에 탄력을 받은 경제 상황 속에서 왕성한 소비 욕구를 보였다. 기업은 이에 발맞추어 투자를 대폭 늘렸고 생산량은 비약적으로 늘어났다.

두 차례 세계대전을 겪으면서 자본주의 강대국의 경제, 특히 미국

경제는 군수산업, 좀 더 정확히 말하자면 전쟁과 매우 긴밀한 관계를 갖게 되었다. 미국에서 군수산업을 통한 경제 활성화가 특정한 시기에 일시적으로 나타났으며, 부분적 영향을 미친 것 정도로 보는 견해가 많다. 하지만 이는 현대사의 흐름, 특히 주요 전쟁과 관련된 경험을 보면 막연한 기대에 지나지 않는다.

2차 세계대전 이후에 미국이 개입한 전쟁은 전혀 다른 사실을 우리에게 알려준다. 대표적으로 한국전쟁, 베트남 전쟁, 이라크 전쟁 등을 꼽을 수 있다. 미국의 전쟁 수행 방식은 대부분 엄청난 물량 공세였다. 아예 융단폭격이라는 전술을 만들어낼 정도였다. 일단 전쟁이 터지고 미국이 개입하면 대규모로 군수물자를 투입하고 그 덕분에 경기가 활성화되었다.

이처럼 미국은 2차 세계대전 이후에도 군수산업에 상당 부분 의존해 경제 성장을 이루었다. 또한 현재 미국의 전체 산업에서 군수산업과, 군수산업과 관련된 부분을 합하여 거의 40퍼센트에 이른다는 통계는 일상적, 구조적으로 전쟁 준비가 미국 경제를 뒷받침하는 주요 동력임을 보여주는 지표일 것이다. 미국의 현실을 볼 때 케인스 이론의 고용 확대를 위한 정부 개입이 반드시 평화로 가는 길을 연다고 볼 수 없으며, 오히려 전쟁 준비를 합리화하는 역할을 할 수도 있음을 날카로운 시선으로 볼 필요가 있다.

이제 인류에게 더 이상 세계대전은 없을까? 적어도 다시는 그런 비극이 없을 것이라고 확신하기는 어렵지 않을까. 20세기 초의 대공황 이후에도 몇 차례 심각한 불황이 세계 경제에 충격을 주었다. 다행히 아직까지는 과거 대공황만큼의 충격이 없었다. 하지만 당시와는 비교할 수 없을 정도로 투기자본의 규모가 커졌다는 점, 가장 중요한 기축통화인 달러가 안정적이라고 확신할 수 없다는 점, 세계화를 통해 국가 간 경제 관계가 과거 그 어느 때보다도 긴밀해서 한 나라의 위기가 곧바로 다른 나라의 위기로 전이될 가능성이 커졌다는 점, 세계화와 함께 천문학적 액수의 투기자본이 아무런 제한도 없이 국경을 넘나들고 있다는 점, 전 세계적 차원에서의 빈부 격차가 확대일로에 있다는 점 등을 고려할 때 과거의 대공황에 버금가거나 능가할 정도의 공황이 일어날 가능성을 배제하기 어렵다. 만약 그러한 상황이 발생한다면, 여전히 주요 강대국의 경제에서 군수산업 의존도가 매우 높은 상황임을 고려할 때 세계 전쟁의 어두운 그림자가 인류에게서 완전히 사라졌다고는 볼 수 없지 않을까.

11

사회주의는 우리에게
무엇을 남겼나

쿠스토디예프, 〈볼셰비키〉, 1920년

자본주의 품에서
자라난 사회주의

보리스 쿠스토디예프Boris Kustodiev의 〈볼셰비키〉는 아무런 배경지식 없이 보면 스위프트의《걸리버 여행기》에 나오는 소인국 이야기가 떠오른다. 평균 키 15센티미터인 사람들이 세운 나라 릴리푸트를 도와 전쟁에서 승리한 후 환영하는 인파를 뚫고 궁전으로 돌아오는 모습 같다. 하지만 '볼셰비키'라는 제목에서 러시아 혁명의 한 장면임을 알 수 있다. 볼셰비키는 러시아 혁명의 주역인 레닌(1870~1924) 중심의 사회주의 혁명 분파를 지칭하는 말이다. 볼셰비키는 노동자, 농민 중심의 무산계급을 이끌고 무장봉기를 일으켜 직접 사회주의 혁명으로 나아가는 전위부대 역할을 했다. 이 때문에 러시아 혁명 이후 러시아 사회주의 세력을 가리키는 대명사가 되었다.

  러시아 사회주의 혁명을 상징하는 거인이 붉은 깃발을 휘날리며 단호한 표정으로 크렘린 궁전을 향해 전진하는 중이다. 깃발이 하늘 전체를 휘감고 있어서 러시아 전역에 혁명의 회오리를 불러일으키려는 혁명 세력의 의지를 대변하는 듯하다. 노동자를 비롯한 민중이 건물과 건물 사이의 도로를 가득 메우고 승리의 함성을 지른다. 모두 혁명의 승리를 향한 마지막 발걸음을 옮기는 듯하다. 이제 곧 오랫동안 전제군주제의 상징이었고, 잠시 임시정부의 심장이었던 크렘린 궁전이 민중의 발아래 놓이게 될 운명이다. 혁명의 대상이 된 세력에게는 오금이 저릴 분위기를 자아낸다.

그렇게 20세기 벽두를 열어젖힌 러시아 혁명은 한 세기 가깝게 전 세계를 요동치게 했다. 자신이 서 있는 기반이 어디인지에 따라 극과 극의 반응이긴 했다. 어떤 사람들에게는 수천 년 이상 지속되어온 억압과 착취를 끝낼 희망으로 다가왔고, 또 다른 사람들에게는 야만적인 폭력과 악의 상징으로 다가왔다. 특히 2차 세계대전 이후 자본주의 체제와 사회주의 체제로 세계가 양분되고 양 체제 사이의 냉전이 지속되면서 이러한 상반된 반응은 더 극단화되었다.

하지만 20세기 후반에 소련을 비롯해 동유럽 사회주의 국가들이 연이어 몰락한 후 체제로서의 사회주의는 역사 무대의 뒤편으로 물러난 듯하고, 이념으로서의 사회주의는 흘러간 옛 노래 취급을 받고 있다. 미국의 미래정치학자 프랜시스 후쿠야마는 《역사의 종말》에서 사회주의를 아예 관 속에 넣고 못을 박았다. "우리가 지금 목격하고 있는 것은 단순한 냉전의 종식도 아니고 전후 역사의 어느 한 단계의 완료도 아닌 바로 역사의 종말이다. 인류의 이데올로기적 진화의 종착점이자 국가체제의 최종 형태인 서구 자유민주주의의 보편적 수용이다."

하지만 사회주의 체제는 역사 속의 고립된 섬이 아니었다. 사회주의는 이미 19세기부터 자본주의 태내에서 자라났고, 서유럽에서 일어난 여러 혁명과 사회제도에 짙은 흔적을 남겼다. 특히 러시아 혁명으로 사회주의가 전 세계로 확산되자 체제 경쟁을 하는 과정에서 현실 자본주의에 여러모로 영향을 미쳤다. 어찌 보면 사회주의 경험은 자본주의의 본래 모습을 바꾸어놓았고, 현재 우리의 삶에 깊숙이 들어와 있다. 그러므로 사회주의 역사에 대한 검토는 자본주의 체제의 현실을 제대로 이해하기 위해서도 꼭 필요한 일이다.

사회주의가 등장하다

러시아 혁명은 유럽 전체를 전쟁으로 몰아넣은 1차 세계대전 와중에 터져 나왔다. 1915년에 독일이 월등한 화력을 앞세우고 국경을 넘자 러시아는 끊임없는 후퇴를 해야 했다. 당시 러시아는 독일에 비해 산업화가 뒤처져 있었고, 그 결과 군수산업은 물론이고 운송 및 통신설비 등 각 분야에서 열등했다. 거듭되는 후퇴로 러시아군의 사기는 떨어졌고, 노동자, 농민을 비롯한 민중의 삶은 피폐할 대로 피폐했다. 특히 식량 부족 사태가 겹치면서 차르 체제와 전쟁에 대한 불만이 극에 달했다.

전쟁으로 인해 차르 체제가 약해진 틈을 뚫고, 1917년 2월에 궁핍한 삶을 더는 견딜 수 없던 러시아 민중이 폭동을 일으켰다. 군대조차 군중에게 발포하기를 거부하고 혁명에 동참하자 차르 체제는 더 이상 유지될 수 없었다. 차르가 타도되자 노동자·병사 소비에트와 부르주아 세력이 정치적으로 타협하여 임시정부를 출범시켰다. 임시정부는 정치적 자유와 신분 차별 철폐를 선언했다. 하지만 농민의 토지 분배 요구, 우크라이나 자치를 비롯한 각 지역의 독립 움직임, 특히 전쟁을 당장 끝내라는 노동자와 농민들의 요구에 부응하지 못하면서 혼란에 휩싸였다.

레닌은 부르주아 세력과 노동자·병사 소비에트 세력이 권력 안에 공존하는 이중 권력 상태를 끝내야 한다고 주장했다. 《러시아 혁명과 프롤레타리아트의 임무》에서 다음과 같이 새로운 혁명의 필요성을 제기했다. "2월 혁명으로 만들어진 역사상 예가 없는 극히 특이한 상황은 2개의 독재, 즉 부르주아지의 독재와 프롤레타리아트·농민의 독재가 함께 하나로 얽힌 형태를 만들어냈다. 이러한 얽힘이 오래 갈 수 없다는 것은 전혀 의심할 여지가 없다. 하나의 국가에 2개의 권력이 존재할 수 없다. 그중 하나는 소멸되지 않으면 안 된다."

레닌은 사회주의 사회를 건설해야 한다면서 소비에트 대회에서 다음과 같이 선언했다. "우리는 이제 러시아에 프롤레타리아 사회주의 국가를 건설해야 한다." 사회주의 혁명을 통해 극심한 혼란을 끝내고 한 단계 더 나아가야 한다는 것이다. 1917년 10월, 볼셰비키가 이끄는 노동자·병사 소비에트가 무장봉기를 일으켜 임시정부를 타도하고 인류 역사상 최초의 사회주의 국가를 세웠다.

당 지도자의 초상화를 자주 그리면서 소련 화단의 대가로 군림했던 알렉산드르 게라시모프Aleksandr Gerasimov의 〈연단 위의 레닌〉은 10월 혁명의 긴박한 와중에 있던 레닌의 모습을 담았다. 연단 앞으로 혁명을 상징하는 붉은 깃발이 휘날리고, 뒤로 혁명의 열기로 가득한 군중의 모습이 보인다. 연단 위에서 레닌은 부르주아 혁명에서 멈추지 말고 사회주의 혁명으로 계속 전진할 것을 호소하고 있다. 강인하고 단호한 표정이 인상적이다. 사회주의 혁명을 성공으로 이끈 정치 지도자의 모습을 영웅적으로 그렸다.

하지만 10월 혁명 후 소비에트 연방, 즉 소련은 위기의 연속이었다. 독일과 전쟁이 끝나지 않은 상태에서 심각한 기근이 닥쳤다. 곡물 가격에 대한 불만으로 농민들이 곡물 공급을 회피하자 궁지에 몰린 볼셰비키 정권은 무장한 노동자를 농촌에 파견하여 잉여 곡물을 징발했다. 농민의 불만에 편승하여 사회주의 혁명에 반발하는 세력이 농촌 지역을 중심으로 반란군을 조직하면서 장기간의 내전이 시작되었다. 엎친 데 덮친 격으로 사회주의 혁명을 좌절시키려는 영국, 미국, 일본에 의한 간섭 전쟁이 개시되었다.

레닌은 안팎의 위기 상황에서 전시공산주의 체제를 수립했다. 레닌은 내전을 승리로 이끌고 사회주의 체제를 유지하기 위해 곡물과 공업제품의 교환이라는 긴급조치를 취했다. 하지만 이 조치는 농민 입장에서는 강제 징발이나 다름없었다. 전쟁물자를 공급하기 위해 정부가 각 산업 부문에 직접 명령을 내리고 생산품을 분배하는 강력한 통제정책을 실시했다. 국유화와 중앙 집중화, 화폐의 폐지, 잉여 생산물 징발 등이 주요 방침이었다.

드미트리 무어Dmitry Moor의 〈지원했는가?〉는 내전 시기에 볼셰비키

게라시모프, 〈연단 위의 레닌〉, 1929년 　　　　　무어, 〈지원했는가?〉, 1920년

지도부가 갖고 있던 절박함을 보여준다. 민중에게 혁명 수호에 자발적으로 나설 것을 호소하는 포스터다. 무어는 10월 혁명에서 내전이 끝날 때까지 혁명을 북돋우는 포스터를 자주 제작했다. 붉은색과 검은색의 강렬한 대비를 즐겨 사용했다. 붉은 별이 선명한 모자를 쓴 한 남성이 그림을 보고 있을 사람들을 정면으로 응시하며, '그대는 지원했는가?' 하고 묻는다. 뒤로 공장 굴뚝에서 시커먼 연기가 쉴 새 없이 피어오른다. 내전과 주변 강대국의 간섭 전쟁에 병사로 지원할 것과 군수품, 생활용품을 공급하는 공장에서 일할 것을 강조하는 내용이다.

　　내전은 1920년이 되어서야 상처뿐인 승리로 막을 내렸다. 내전의 근거지였던 농촌의 반감이 남아 있어 정치적으로 여전히 불안정했다. 무엇보다도 독일과 전쟁하느라 전 분야에서 생산력이 바닥에 떨어진 상태에서 다시 수년 동안 내전을 치러야 했으니 경제 상황은 최악이었다. 파탄난 경제를 극복하기 위해 레닌은 1921년에 신경제정책(NEP)을 추진했다. 신경제정책은 소규모 제조업과 사적 상거래를 합법화하고, 농업 운영에서 사적 이익을 상당 부분 보장하는 일종의 혼합경제였다.

레닌이 특히 중시한 것은 농업정책의 전환이었다. 자본주의 산업 생산이 확대되고 있었지만 아직 러시아는 농업의 비중이 월등히 높았다. 또한 사회주의 체제를 유지하기 위해서는 가장 먼저 식량 문제를 해결해야 했다. 이를 위해서는 농민의 불만을 누그러뜨려야 했다. 레닌은 〈가디언〉과의 인터뷰에서 다음과 같이 설명했다. "신경제정책은 할당 징발제를 식량세로 바꾼다는 의미이며, 상당한 정도의 자본주의 부활을 뜻한다. (……) 농민에게 세로서 징수되지 않은 잉여 농산물의 자유로운 매매를 뜻한다. 세로서 징수되는 것은 농산물의 일부분에 불과하기 때문이다. 농민이 전체 경제와 인구의 큰 부분을 점하므로, 이 자유 상업을 기반으로 자본주의는 성장하지 않을 수 없다."

당시 러시아는 자본주의가 덜 발달한 상태였기에 생산자의 대부분이 농민이었다. 레닌은 혁명 직후 내전 과정에서 식량을 강제 징발하는 정책을 폈다. 이로 인해 농민들이 생산 의욕을 잃으면서 농업 생산량은 갈수록 낮아졌다. 레닌은 농민의 자율적인 농업 경영을 보장하고 일정한 세금만 내도록 함으로써 잉여 농산물을 시장에서 자유롭게 거래할 수 있도록 한 것이다. 이는 자율 생산과 시장 교환을 인정한다는 점에서 자본주의 요소를 인정한 것이었고, 이를 통해 사회 전체의 생산력을 높이고자 했다. 생산력이 낮기 때문에 상당한 기간 동안 자본주의 방식이 불가피하다고 판단했던 것이다.

발렌틴 세로프Valentin Aleksandrovich Serov의 〈농민 민원인을 만나는 레닌〉은 농민의 어려움과 요구를 경청하는 레닌의 모습을 통해 신경제정책의 진정성을 보여주려는 듯하다. 레닌이 집무실에서 농민들을 만나는

세로프, 〈농민 민원인을 만나는 레닌〉, 1950년

중이다. 농민의 옷차림이나 신발에 흙이 묻은 것으로 봐서 여기에 찾아오기 전까지 밭에서 일했으리라. 한 농민이 자기 손바닥에다 손가락으로 써가며 얘기하는 것으로 봐서 무언가를 꼼꼼하게 따지는 상황이다. 레닌은 펜을 들고 그가 요청하는 내용을 노트에 적어가며 진지하게 듣고 있다. 농민들은 레닌이 어떤 반응을 보일지 유심히 살핀다.

농민 문제에 대한 레닌의 관심과 신경제정책을 정치적 제스처나 어려운 상황에서 벗어나기 위한 미봉책으로 폄하하는 것은 곤란하다. 레닌은 내전이 끝난 직후부터 1924년에 병으로 사망할 때까지 일관되게 신경제정책에 몰두했다. 러시아는 정치적으로 사회주의 체제를 유지하면서도 경제적으로는 자본주의 요소를 결합한 신경제정책을 상당 기간 유지해야 한다고 강조했다. 이를 위해 산업의 기계화도 중요한 과제였지만, 특히 농민 문제를 해결하는 데 심혈을 기울였다. 기본적으로 토지나 농작물의 개인 소유를 인정하면서도 장기적으로는 사회주의적 요소와 결합하는 방법을 모색했다. 레닌은 무엇보다도 앞으로 오랫동안 농민을 조심스럽게 다루어야 하고 절대로 강요해서도 안 되며 참을성 있게 설득해야 한다고 지속적으로 당부했다.

신경제정책은 1924년경에 통화가 안정되고 균형 예산이 효과를 발휘하면서 자리를 잡아갔다. 1924년에서 1925년 사이에 경제 상황이 호전되는 양상을 보였다. 농산물 생산량이 증가하고 공장 가동률이 높아지면서 러시아에는 오랜만에 안정의 기운이 감돌았다.

스탈린의 권력 장악과 급격한 변화

레닌이 병으로 급작스럽게 사망한 후 스탈린(1879~1953)이 권력을 장악하면서 상황은 급변했다. 게라시모프의 〈16차 당대회에서 연설하는 스탈린〉은 권력을 확보한 스탈린의 위상을 보여준다. 레닌이 그토록 경계했음에도 새롭게 권력을 장악한 스탈린은 자신을 우상화하는 데 적극적이었다. 그림에는 소련과 공산당을 상징하는 붉은 깃발을 배경으로 확신에 차서 당 사업계획을 제안하는 스탈린의 모습이 담겨 있다. 뒤편의 레닌 동상은 스탈린의 정통성을 과시하려는 의도로 배치했을 것이다. 나라를 구하고 사회주의 발전을 이룬 영웅의 이미지에 초점을 맞췄다.

스탈린의 정치적 승리는 당 내부 체제 및 경제 분야에서 엄격한 획일성과 권한의 중앙집중화로 나타났다. 레닌이 경제적 영역에서 상당히 오랜 기간 자본주의 요소와의 혼합이 필요하다는 점을 강조했다면, 스탈린은 즉각적이고 독자적으로 사회주의로 나아가야 한다고 주장했다. 스탈린이 조급하게 행동한 데는 어느 정도 이유가 있었다. 서유럽과 동유럽에서 사회주의 국가가 수립될 거라는 기대와 달리 독일 혁명은 부르주아적 성격의 바이마르 공화국의 성립으로 귀결되었고, 헝가리에서도 혁명은 단명으로 끝났다. 소련은 고립되어 있었고, 이미 간섭 전쟁에서 겪었듯이 언제든지 영국, 프랑스, 일본의 군사적 공격을 받을 수 있다는 두려움이 있었다.

스탈린은 내전 기간 동안 경험한 전시공산주의 체제를 일상적으

게라시모프, 〈16차 당대회에서 연설하는 스탈린〉, 1931년

로 적용하는 국가사회주의 모델을 통해 러시아에서 사회주의 건설이 가능하다는 일국 사회주의론을 펼쳤고, 실행에 옮겼다. 그는 1926년에 〈소련의 경제 정세와 당 정책에 대하여〉에서 전면적 국유화를 주장했다. "사회주의적 축적에 기초한 공업화는 가능할 것인가. 우리는 공업화를 보장할 만큼 충분한 축적의 원천을 가지고 있는가?"라고 물은 뒤 국유화된 공업과 외국 무역, 국유화된 상업과 은행 조직을 국내 축적의 주요 원천으로 제시했다. "공업화의 중심과 기초는 중공업 발전이다"라고 하면서 기계 제작업 발전에 총력을 기울일 것을 요구했다.

브라슬라프스키Strakhov-Braslavsky의 〈해방 여성이여, 사회주의를 세우자〉는 스탈린의 주장을 충실하게 반영하는 그림이다. 그는 스탈린의 정책

브라슬라프스키, 〈해방 여성이여, 사회주의를 세우자〉, 1926년

을 포스터로 많이 그렸다. 여성에게 어머니나 딸의 역할에서 벗어나 사회주의 건설의 주체로 나서자는 내용을 담았다. 앞에는 붉은 기를 든 여성이 강인하고 단호한 표정으로 미래를 향해 나아간다. 뒤로는 중공업 시설 위로 높게 솟은 거대한 굴뚝에서 솟구치는 연기가 보인다. 경제를 비롯한 사회 전 영역에서 자본주의 요소를 일소하고 전격적으로 사회주의의 길로 나아갈 것을 촉구하는 메시지다.

스탈린의 정책은 레닌이 심혈을 기울여 추진하던 신경제정책을 전면적으로 부정하는 것이었다. 경제에서 자본주의 요소의 공존에서 즉각적 단절로 나아갔다. 특히 토지와 농산물에 대한 사적 소유권을 상당 부분 인정하고 농민에게 강요하지 말고 신중하게 접근하라는 레닌의 충고를 완전히 무시하는 방식이었다. 심지어 나중에는 10월 혁명의 의미를 국유화로 규정할 정도였다. 1961년 소련 공산당 〈강령〉은 이를 극명하게 보여준다. "10월 혁명은 착취와 사회 부정의의 제도적 기반인 경제적 기초를 파괴했다. 소비에트는 공업, 철도, 은행, 토지를 국유화했다. 소비에트 권력은 지주적 토지 소유제를 폐지하고 토지에 대한 농민의 꿈을 실현시켰다."

스탈린은 농업의 전면적 집단화로 치달았다. 1928년에 보고서 〈당 중앙위원회 총회에 대하여〉에서 콜호스(집단농장)로 전환할 것을 요구했다. "소경영에 대한 콜호스의 우월성은 어디에 있는가? 그것은 콜호스가 대경영이어서 과학과 기술의 모든 성과를 이용할 가능성을 가졌고, 수익성이 높으며, 보다 안정적이고, 생산력이 높고 상품화가 높다는 점에 있다." 나아가서 1929년에 〈소련 농업 정책의 제 문제〉에서는 "최근 우리는 부농의 착취를 억제하는 정책에서 부농이라는 계급을 절멸시키는 정책으로 옮긴 것이다"라며 부농에 대한 전면적 공격을 개시했다. 부농이라고 하지만 사실상 자작농 수준인 농민이 상당수 포함되었다.

알렉 노브의 《소련 경제사》에 따르면 상당한 규모의 부농이 농민으로 전락했다. "추방은 1930~31년에 절정에 달했는데, 대략 약 30만 호에 이르는 부농 농가가 추방되었다. 명백한 사실은 집단화는 탈부농화와, 탈부농화는 반쯤 위장된 강탈 행위와 나란히 진행되었다는 것이다. 빈농들은 계급투쟁의 이름으로, 아무런 구실도 없이 이웃의 물건을 빼앗았다." 집단화는 농업과 농촌 안팎의 생활을 파탄냈으며, 그것으로부터의 회복은 느리면서도 고통스러웠다. 또한 부농으로 규정된 농민들의 반발이 뒤따랐다. 반란과 테러 건수는 1930년 1~3월에는 2200건, 80만 명으로 전해보다 1.7배 늘어났다. 뿐만 아니라 농민들은 가축을 도살함으로써 대항했다.

스탈린의 경제정책을 대표하는 또 하나의 상징은 1929년에 채택된 제1차 5개년 계획으로 나타난 계획경제였다. 계획경제는 명령적, 행정적 관리체제였다. 연방정부의 국가계획위원회가 계획을 세워 산업별 중앙부처에 내려 보내면 각 부처는 산하 기업에 지령을 내렸다. 모든 것을 중앙에서 결정하는, 시장이 제거된 산업체제가 만들어진 것이다. 1928년부터 1932년까지 대공업 총생산을 2.8배, 특히 생산재 부문은 3.3배로 늘리는 게 목표였다. 선철 생산량은 330만 톤에서 1000만 톤으로 늘리기로 했다. 그런데 노동자의 열광을 고취시켜 전국에서 건설이 진행되는 가운데 5개년 계획 목표가 계속 상향 조정되었다. 스탈린은 1931년에 "모든 기본적이고 중요한 공업 부문에서는 3년 안에" 계획을 완수해야 한다고 강조했다.

1차 5개년 계획이 끝난 후 제작된 포스터 〈제1차 5개년 계획〉은 계획경제의 성과를 대대적으로 선전하는 내용이다. 왼편에서 노트에 글을 쓰는 손은 정부의 계획 수립을 상징하는 듯하다. 뒤로 가득한 군중의 모습은 1차 5개년 계획이 민중의 열광적 지지를 받았음을 보여주려는 의도다. 오른편으로 현대화된 공장이 즐비하다. 그 위로 망치를

작가 미상, 〈제1차 5개년 계획〉, 1933년

든 노동자, 삽을 든 농민, 가슴에 등을 매단 광부의 모습이 보인다. 하나같이 밝은 표정으로 웃고 있고 점차 확대되는 구도여서 계획경제의 대성공을 드러낸다.

　적어도 외형적으로는 경제 규모가 확대되었다. 공작기계, 터빈, 트랙터, 야금설비 등의 생산이 아주 인상적으로 늘어났다. 주요 공업도시에서 현대화된 엔지니어링 공장이 확장되었다. 거대한 댐이 건설되어 전력 공급량이 비약적으로 증가했다. 스탈린도 1933년에 〈제1차 5개년 계획의 결과〉에서 그 성과를 과시했다. "5개년 계획의 결과는 한 나라에서도 사회주의 사회를 충분히 건설할 수 있음을 보여주었다.

(······) 경제 공황을 두려워하지 않으며 자본주의 제도로 해결하지 못하는 난관을 극복할 수 있는 유일한 경제제도가 곧 소비에트 경제제도라는 것을 보여주었다."

1930년대 후반에는 권력 기반을 더욱 확실히 다지기 위해 대대적인 숙청 작업을 벌였다. 구금과 고문에 의해 1937년의 재판에서 수많은 당 지도자들이 독일 및 일본 첩보기관과 내통했다는 혐의로 사형선고를 받았다. 무시무시한 숙청의 바람이 온 나라를 휩쓸었다. 처형당한 사람의 수는 수십만 명이라고도 하고 100만 명 이상이라고도 한다.

냉전시대 그리고 동유럽 사회주의의 몰락

2차 세계대전은 소련에 위기와 기회를 동시에 제공했다. 1941년 6월, 히틀러는 전격적으로 소련을 기습공격했다. 전쟁 초기에 소련은 후퇴를 거듭하며 막대한 손실을 입었다. 독일군에게 점령당한 지역은 석탄의 63퍼센트, 선철의 68퍼센트, 강철의 58퍼센트, 알루미늄의 60퍼센트, 철로의 41퍼센트, 설탕의 84퍼센트, 곡물의 38퍼센트, 돼지의 60퍼센트를 담당하고 있었다. 1942년에는 캅카스와 돈 지역을 점령당하여 곡물과 석유 등의 영역에서 막대한 경제적 타격을 입었다.

소련군은 1942년 8월 스탈린그라드 전투에서 독일군 30만 명을 포위하여 항복시키면서 반격으로 돌아서 1944년 1월에는 레닌그라드를 해방시켰으며 이해 중반에는 전체 소련 영토에서 독일군을 물리쳤다. 독일군이 소련에게 타격을 입어 결정적으로 약해졌을 즈음에야 연합국의 노르망디 상륙작전이 실시되었다. 사실상 독일을 물리친 승리의 주역은 소련이었다. 소련군은 1945년 4월 중순부터 베를린 공격을 개시했고, 얼마 지나지 않아 히틀러가 자살하면서 세계대전이 끝났다. 소련은 사망자와 난민으로 2천만 명의 인구가 감소했을 만큼 가장 많은 희생자를 냈다.

2차 세계대전 승리의 주역이었기에 소련의 지위는 높아졌다. 동유럽과 아시아 여러 지역에서 새롭게 사회주의 국가가 출현하면서 소련은 고립에서 벗어났다. 또한 서유럽의 많은 나라에서 사회주의 운동이 확산되고 사회민주당이 정권을 장악하기도 하면서 유리한 조건이 형성되었다. 사회주의 진영이 확대되자 위협을 느낀 미국과 영국은 소련을 적으로 규정하고 냉전시대로 접어들었다. 세계는 미국과 소련을 중심으로 군사적, 경제적 블록이 형성되고 이후 수십 년간 냉전이 이어졌다.

2차 세계대전 후 소련은 중공업, 특히 군수산업 분야에서 경제부흥을 이루었다. 노브의 《소련 경제사》에 따르면 "국민경제의 가장 중요한 부문, 즉 중공업 및 철도운송 복구와 개발에 집중되었다. 1945~50년의 공업 투자 중 87.9퍼센트가 생산재 부문에 쏟아졌으며, 겨우 12.1퍼센트만이 경공업 및 식품업에 투입되었다. (……) 1946~50년의 투자계획은 22퍼센트 초과 달성한 것으로 보고되었다." 공업 생산은 5년 동안 70퍼센트나 증가했다. 소련은 전차와 항공기에서 미국과 대등한 수준을 달성했다. 제트 전투기의 개발은 오히려 소련이 주도했다. 1957년에는 인공위성을 쏘아 올리는 데 성공했다.

하지만 농업은 여전히 정체된 상태였다. 투자가 중공업에 집중되면서 경공업을 비롯해 농업은 낙후성을 벗어나지 못했다. 특히 농업 생산력은 집단농장 체제에서 열악한 수준이 지속되었다. 콜호스 농민의 소득을 늘리기 위한 대책이 제대로 없는 상태에서 세금 부담이 더욱 커졌다. 가축 수는 오히려 감소하는 경향을 보였다. 스탈린 사후에 소련의 새로운 권력자로 등장한 흐루시초프도 농업의 열악함을 인정하지 않을 수 없었다. 그는 소련 농업의 어려움에 대해 처음으로 솔직하게 언급했다. 생산성은 너무나 낮았고 가축 수는 1928년은 물론이고 혁명 전인 1916년과 비교해도 매우 좋지 않았다.

당시의 농촌 풍경을 담은 마슬라코프Vsevolod Petrov-Maslakov의 〈들판에서의 점심〉을 보더라도 그다지 활기찬 분위기는 아니다. 농부 가족의 단란한 한때를 그리고자 했을 화가의 의도와는 무관하게, 전반적으로 풍요로움과 희망보다는 칙칙한 분위기를 풍긴다. 트랙터는 몇 십 년이 된 것처럼 낡아 보인다. 주변의 밭도 풍성해 보이지는 않는다.

2차 세계대전 이후 1980년대 중반까지 소련의 경제 성장에 크게 기여한 분야는 석유산업이었다. 1964년부터 1982년까지 브레즈네프가 소련을 이끈 시대에 석유산업은 약이자 독이었다. 소련은 석유 및 가스 생산의 증가와 판매를 통해 막대한 무역 수지를 기록했다. 특히 1차 석유파동으로 가장 큰 수출 품목인 석유 가격이 인상되어 큰 이익을 안겨주었다. 하지만 이에 안주하여 결국 전 세계적인 흐름에서 뒤처지게 되었다. 소비재 중심의 세계 시장 확대와 경제의 효율화, 특히 컴퓨터 기술에서 뒤처졌다. 이러한 상태에서 1980년대 중반에 정반대 경향

마슬라코프, 〈들판에서의 점심〉, 1954년

의 석유파동이 소련 경제를 나락으로 떨어뜨렸다. 석유 가격 하락으로 무역 수입이 감소하고 경제적으로 곤경에 빠졌다.

1985년 3월, 고르바초프가 소련 공산당 서기장이 되면서 변화의 바람이 불어 닥쳤다. 그는 1986년 4월 노동자 집회에서 "사고방식과 심리, 조직, 업무의 스타일과 방법을 페레스트로이카에서 시작해야만 한다"라며 변화를 촉구했다. 페레스트로이카는 '다시 짓는다'라는 의미다.

혁신은 경제와 정치 전 영역에 걸쳐 일어났다. 고르바초프는 당대회에서 모든 기업에게 훨씬 폭넓은 자유를 주고 급진적 가격 개혁 실시를 주장했으며, 나아가 증권 및 상품거래소의 설립을 주장했다. 하지만 중공업과 군수산업 위주의 산업구조, 극소 전자화 기술에서 뒤처지면서 고질화된 낮은 생산성, 국유화와 집단화 체제에서 누적된 효율성 저하 등이 짧은 기간에 호전되기는 어려웠다. 공식 수치에 따르면 1990년에 국민소득은 4퍼센트 떨어졌으며, 공업 생산은 1.2퍼센트, 농업 생산은 2.3퍼센트 줄어들었다.

정치 혁신도 빠르게 진전되었다. 고르바초프는 1990년에 대통령제를 도입하고, 당의 지도적 역할을 규정한 헌법 제6조를 폐지하는 데까지 나아갔다. 곧이어 치러진 공화국과 지방의 선거에서 민주러시아파가 승리했고, 모스크바와 레닌그라드에서도 공산당은 소수 야당으로 전락했다. 장기간에 걸친 권위주의 통치와 악화된 경제 상황에 대한 불만이 공산당에 등을 돌리는 결과로 나타났던 것이다.

소련에 불어 닥친 급작스러운 변화는 그동안 잠재되어 있던 민족 문제를 자극했다. 발트 3국에서 페레스트로이카를 지지하는 인민전선이 결성되어 민족운동으로 발전했다. 선거 이후 발트의 독립 선언과 러시아의 주권 선언이 이어졌다. 위기를 타개하기 위해 고르바초프는 훨씬 느슨해진 연방 체제를 추진했는데, 이에 반발하는 보수 세력이 쿠데타를 일으켰다. 쿠데타 세력의 연방정권에 맞선 옐친의 러시아 정부가 승리하고 소비에트 연방을 해체하면서 사실상 사회주의 소련은 역사의 무대에서 사라졌다. 1989년에는 폴란드, 헝가리, 체코슬로바키아, 불가리아, 루마니아에서, 1990년에는 유고슬라비아, 알바니아에서 혁명이 일어나 비공산당 계열 정권이 출현하고, 동독이 서독에 흡수 통일되면서 동유럽 전체의 사회주의 체제가 무너졌다.

사회주의가 세계 민족해방 운동에 미친 영향

식민지 해방을 지원하다

흔히 소련이 종주국이 되어 사회주의 진영의 나머지 국가들을 착취하는 종속관계에 있었다고 여기지만 이는 편견일 뿐이다. 소련 중심의 국가 관계가 형성되기는 했지만, 미국, 영국, 프랑스, 독일 등 자본주의 진영의 강대국과 나머지 국가의 관계에 비하면 오히려 더 동등한 관계였다. 특히 2차 세계대전까지 자본주의 내에서 소수 제국주의 국가와 대다수 식민지로 분리되었다면, 사회주의 국가의 출현은 식민지 해방을 자극하고 지원하는 역할을 했다.

러시아 혁명 이전부터 사회주의는 자본주의 체제가 전 세계에 강제한 식민지의 해방에 적극적 관심을 가졌다. 레닌은 1915년의 '약간의 테제'에서 식민지 해방을 중요한 정치적 과제로 내놓았다. "프롤레타리아트 당은 모든 교전국에 대해 식민지 해방과 종속, 피압박, 무권리의 상태에 있는 모든 민족의 해방을 조건으로 하는 강화를 제안할 것이다." 러시아 혁명 이후에도《민족과 식민지 문제에 대하여》를 통해 민족 자결권을 사회주의의 핵심적 관점으로 강조했다. "모든 공산당은 낙후된 국가와 민족의 부르주아 민주주의적 해방운동을 원조하지 않으면 안 된다. 누구보다도 가장 적극적으로 원조해야 할 의무를 지고 있는 것은 낙후된 민족이 식민지 혹은 금융적인 면에서 종속된 국가의 노동자다."

레닌의 관점은 그대로 러시아 혁명 이후 '제3인터내셔널', 간단하게 코민테른이라 불리는 사회주의 국제기구의 방침이 되었다. 코민테른 '강령'은 다음과 같이 규정했다. "국제 공산당의 가장 중요한 전략적 임무는 식민지, 반식민지 및 종속국에서의 혁명적 투쟁이다. 이 투쟁은 식민지의 노동자와 농민의 광범위한 대중을 혁명의 깃발 아래 결집시키는 것을 전제로 하지만, 이것은 오직 억압 민족의 프롤레타리아트와 피억압 민족의 근로 대중과의 긴밀한 동포적 협동에 의해서만 달성할 수 있다." 실제로 2차 세계대전까지 소련은 유럽과 아시아 지역에서 식민지 민족해방 세력의 지원자 역할을 했다.

블라디미르 타틀린Vladimir Evgrafovich Tatlin의 〈제3인터내셔널 기념탑〉은 피억압 민족의 단결과 식민지 해방투쟁을 강조한 코민테른의 정신을 담은 모형 탑이다. 목조 구조물을 기본으로 철골과 유리로 보완했는데, 중앙에 원통이나 반구 모양의 유리 구조물이 들어 있다. 여러 개의 기둥이 나선형으로 휘감아 상승하는 모양이다. 각 기둥은 제국주의의 식

타틀린, 〈제3인터내셔널 기념탑〉, 1929년

민지 정책에 신음하는 피억압 민족을 상징한다. 이들의 연결은 연대를, 나선형 상승은 민족해방과 사회 진보를 거쳐 최종적으로 사회주의 사회에 이르는 도정을 의미한다. 이 탑은 396미터 높이의 건축물로 지어질 계획이었다. 중앙의 유리 입방체들은 코민테른 강당 및 사무실, 라디오 방송국 등의 시설로 사용될 예정이었다. 하지만 철근 부족과 기술적 문제로 인해 실현되지 않았고 모형만 남아 있다.

여러 나라가 사회주의를 지향한 이유

2차 세계대전이 끝난 후 식민지 독립 과정에서 동유럽과 아시아 지역의 상당수 국가들이 사회주의를 지향하게 된 것도 이와 관련이 깊다. 우리는 흔히 소련이 군사적으로 점령하면서 어쩔 수 없이 사회주의 체제로 편입된 것처럼 생각하는 경향이 있다. 마치 자본주의 강대국들이 군사적으로 식민지를 강제한 것처럼 말이다. 하지만 실제 역사적 과정은 상당히 다르다. 동유럽의 경우 독일이 점령했던 지역을 1944년 여름부터 소련군이 차례로 해방시키면서 소련의 영향을 많이 받았던 것은 사실이다. 독일 점령하에서 동유럽 여러 나라의 레지스탕스 운동을 주도한 것은 사회주의 세력이었다. 독일 점령에서 벗어나자마자 사회주의 세력이 주도권을 잡았고, 자연스럽게 사회주의로 기울었다. 유고슬라비아, 알바니아, 루마니아, 불가리아, 폴란드, 헝가리, 체코슬로바키아 등이 비슷한 사정이었다. 특히 2차 세계대전에서 소련이 연합국의 승리에 결정적 역할을 하면서 사회주의의 권위가 높아진 가운데, 사회주의와 친소련 노선은 전후 동유럽의 자연스러운 정서였다.

몇 나라의 사례를 살펴보자. 폴란드를 보면 해방 직후 공업은 독일 점령군에 의해 크게 파괴된 상태였다. 독일 점령과 동시에 자본가들이 도망가고 없는 공장도 많았다. 사회주의 세력과 그 영향 아래 있던 노동자들이 공장위원회를 두고 공장을 운영했다. 해방과 함께 노동자와 사회주의 세력은 독일을 상대로 한 전쟁 수행과 국민생활의 향상을 위한 공업 생산력 증가를 긴급한 과제로 삼았다. 인민권력에 의한 위로부터의 국유화, 임시 국가 관리와 동시에 노동자 대중에 의한 아래로부터의 통제가 결합되었다. 공장위원회로 조직된 노동자들은 퇴각하는 독일군이 저지르는 파괴와 시설 철거로부터 공장을 지키고, 기업의 관리권을 장악했다. 이렇게 하여 공장위원회는 노동자 통제기관이 되는 동시에 노동자가 이끄는 생산 관리기관이 되었다. 새롭게 구성되는 정부에 공장위원회의 대표가 참여할 정도로 폴란드는 사회주의의 길을 지향하고 있었다.

불가리아에서도 해방과 동시에 독일 점령 기간 중 저항운동을 수행한 사회주의 세력과 노동자를 중심으로 조국전선 정부가 수립되었다. 독일 점령기에 독일에 협력하거나 도망갔던 부르주아지 세력은 조국전선 정부를 무너뜨리기 위해 기업 폐쇄, 노동자 해고, 설비의 국외 반출, 원료·제품·이윤의 은닉, 상품의 품질 저하 등 다양한 수단을 동원해 사회 혼란을 가중시키려 했다. 노동자를 비롯한 근로 대중의 생활과 영업에 타격을 주어 사회주의 성향의 정부를 파괴하려 했다. 이에 대해 조국전선 전국위원회는 1949년 12월, 노동조합에 생산 통제와 관리 수행을 호소했다. 불가리아 노동자들에게 해방 후 자본주의 체제로의 길은 민중에게 등을 돌렸던 부르주아 세력에게 권력을 되돌려주는 것이었고, 다시금 식민지 상태로 전락하는 것이었다.

체코슬로바키아도 사정은 비슷했다. 독일 점령 기간에 체코의 부르주아 세력은 독일에 협력하며 파시스트 정책을 옹호했다. 해방이 되자 체코 사회주의 세력과 노동자들도 공장평의회를 조직하여 기업으로부터 파시스트와 대적 협력자를 추방하고 무장 노동자로 구성된 공

체코 포스터, 〈1945년 5월〉, 1945년

장 보안대를 조직했다. 공장평의회는 기업에 대한 정부기관의 지도에 참가하고 기업 활동을 직접, 간접적으로 관리했다. 노동자 통제기관의 대표자가 조인한 허가증 없이는 기업가의 수표 발행, 완제품의 기업 외부 반출 등은 모두 무효가 되었다. 원료와 연료를 비롯하여 각종 자재 반입도 노동자의 통제를 받았다. 공장을 비롯해 주요 영역에서 사회주의 정책이 자연스럽게 실시되었다.

체코 포스터 〈1945년 5월〉은 당시 체코인의 정서를 잘 반영한다. 1945년 5월 체코슬로바키아가 소련군에 의해 해방된 것을 기념하는 포스터다. 우리로 치면 광복절에 해당한다. 해방 직후 선거에서 3개의 사회주의 정당이 지배하는 거국 연정인 제3공화국이 창설되었다. 300석 가운데 114석을 차지할 정도로 공산당이 지지를 받았다. 그림을 보면 중앙에 병사가 있고 좌우로 농민과 노동자의 모습이 보인다. 노동자는 망치를 이용해 생산에 필요한 공구를 만들고, 농민은 한창 수확에 열중하는 중이다. 뒤로 체코 국기와 나란히 사회주의를 상징하는 붉은 깃발이 나부낀다. 체코 민중에게 새로운 국가 건설과 사회주의는 자연스럽게 연결되는 것이었다.

중국의 민족해방과 사회주의화도 자연스러운 과정이었다. 중국 혁명의 지도자 마오쩌둥과 다수의 중국인에게 자본주의는 영국, 프랑스, 일본이 그러하였듯이 중국을 식민지로 만들려는 제국주의와 다를 바가 없었다. 마오쩌둥은 《중국 혁명과 중국 공산당》에서 "제국주의 열강이 중국을 침략한 목적은 결코 봉건적인 중국을 자본주의적인 중국으로 만들려는 것이 아니다. 제국주의 열강의 목적은 이와 반대로 중국을 반﹢식민지 및 식민지로 만들려는 것이다"라고 강조했다. 마오쩌둥과 중국 혁명은 러시아 혁명이 내건 반제국주의와 식민지 해방 노선의 영향을 받았다. 마오쩌둥은 1934년 8만 명의 홍군을 이끌고 장제스 군대의 공격을 뚫으며 대장정大長征을 한 후, 1937년에는 국민당과 항일통일전선을 꾸려 항일전쟁을 벌였다. 일본이 패전한 후 전면적인 남진을 전개하여 마침내 1949년 10월에 중화인민공화국을 수립했다.

베트남 민족독립 혁명도 러시아 혁명의 영향을 깊게 받았다. 베트남 혁명의 지도자 호찌민은 코민테른에 제출된 레닌의 보고서 〈민족과 식민지 문제에 대하여〉를 읽고 사회주의를 받아들이고 프랑스로부터의 독립을 최우선 과제로 삼았다. 이러한 호찌민의 생각은 베트남 노동당 '강령'에 잘 나타나 있다. "베트남 혁명의 기본적 임무는 제국주의적 침략자를 구축하여 인민의 완전한 독립과 단결을 획득하고 (……) 농민에게 토지를 분배하며 봉건 및 반봉건제의 잔재를 근절하여 인민민주주의를 발전시켜 사회주의의 기초를 준비하는 것이다."

프랑스에 대한 투쟁에 이어 2차 세계대전 와중에는 베트남 독립동맹(베트민)을 결성해 일본군에 저항했다. 일본 패전 직후 1945년 8월에 전국적 봉기를 일으켜 베트남민주공화국이 수립되었음을 선언했다. 그러나 다시 프랑스가 군사적 개입을 하자 장기간에 걸친 전쟁에 돌입했다. 1954년에 프랑스군이 패하고 물러나자, 이번에는 미국이 남쪽에 반공정권을 세우고, 나아가 1964년에는 북베트남을 폭격하여 전쟁에 직접 개입했다. 오랜 독립전쟁 끝에 호찌민과 베트남은 드디어 1975년에 승리를 쟁취했다.

동유럽 사회주의 국가에 대한 소련의 간섭

동유럽과 아시아의 사회주의 국가가 자리를 잡고 냉전이 격화되는 과정에서 소련의 부당한 간섭이 나타나기 시작했다. "각국 공산당은 모두가 독립되어 있으며, 각기 국가의 구체적인 사정에 입각하여 정책을 수립한다. 각국 공산당은 평등과 프롤레타리아 국제주의 원칙을 토대로 하여 관계를 확립하고 있다"는 소련 공산당 '강령'을 스스로 부정하는 군사적, 정치적 간섭이 뒤를 이었다.

먼저 독자적 노선을 표방한 유고슬라비아에 대한 간섭이 시작되었다. 사회주의자 티토는 독일에 맞서 유고슬라비아의 레지스탕스 운동을 이끌었고, 해방 후 대통령이 되었다. 1948년 티토는 스탈린의 내정 간섭에 반대하며 독자 노선을 걸었고, 소련은 유고슬라비아를 사회주의 국제기구에서 축출했다. 티토는 소련의 부당한 간섭을 다음과 같이 고발했다. "소련 지도자들은 우리의 봉기를 유고슬라비아 인민을 위해서가 아니라, 또 히틀러 세력을 반대하는 반파쇼 투쟁 전체를 위해서가 아니라, 주로 국가로서의 소련의 이익과 대러시아 정책에 맞춰 지도하려는 경향을 나타냈다."《티토는 말한다》)

체코슬로바키아에 대한 군사 개입도 대표적인 사례다. 1968년에 체코슬로바키아 공산당은 총회에서 '인간의 얼굴을 가진 사회주의' 강령을 채택했다. 강령의 주요 내용은 재판 독립, 의회제도 확립, 사전검열제 폐지, 언론·출판·집회의 자유 보장, 자주적 대외정책 추진 등이었다. 온 국민이 '프라하의 봄'을 환영하는 상황에서 소련은 다른 동유럽 사회주의 국가에 미칠 영향을 우려하여 바르샤바 동맹군과 함께 무력 침공을 감행한 후 개혁파 주도자들을 숙청했다. 소련의 국영 통신사인 〈타스통신〉은 체코의 변화를 "현존하는 사회주의 제도와 헌법으로 수립된 국가에 대해 발생된 위협과, 사회주의에 적대하는 외국 세력과 결탁한 반혁명 세력으로부터 생긴 위협에 의하여 야기된 것"으로 규정했다. 하지만 체코 대통령의 방송 연설은 전혀 다른 시각을 보여준다. "우리 공화국 영토에 소련 군대가 폴란드, 불가리아, 동독, 헝가리 군대와 함께 침입했다. 이것은 합법적인 국가기관의 동의 없이 행해진 일이다."

체코에 대한 군사적 개입 이후 소련 공산당 서기장 브레즈네프는 이른바 '제한주권론'을 담은 독트린을 발표했다. "사회주의 공동체의 안전이 위협받을 때, 이는 그 나라만의 문제가 아니라 전체 사회주의 국가의 공통된 문제가 된다. (……) 사회주의 진영의 공동 이익을 위협하는 직접 행동에 대해 대단히 부득이한 수단으로서 공동의 개입이 필요하다." 다른 사회주의 국가에 대한 내정 간섭의 근거를 공식화한 내용이다.

사회주의로 인해
달라진 자본주의

러시아 혁명 및 2차 세계대전 후 사회주의 진영의 확대는 자본주의 국가의 사회정책, 특히 노동정책과 복지정책에 큰 영향을 미쳤다. 러시아 혁명 이전까지 영국, 프랑스, 독일 등 유럽의 자본주의 국가는 재분배나 복지정책에 거의 관심이 없었다. 애덤 스미스 이래의 이른바 야경국가 노선에 충실히 따랐고, 오직 기업의 이윤 극대화를 보장하는 데 충실할 따름이었다. 그 결과 극도의 빈부 격차가 일반적인 현상으로 나타났다.

하지만 1917년의 러시아 혁명 직후 큰 변화가 찾아왔다. 러시아 혁명에 고무된 노동자들의 투쟁이 확대되자, 이에 위협을 느낀 각국 정부는 노동정책과 복지정책에서 노동자와 민중에 대해 일정한 양보 조치를 취하지 않을 수 없었다. 먼저 1918년 오스트리아, 헝가리, 독일의 200만 노동자는 중유럽 열강이 소비에트 러시아에 제시한, 우크라이나 지역 상당 부분을 포기하라는 약탈적인 강화 조건에 항의하여 파업을 선언했고, 주요 공업지대에서 노동자 대표 평의회가 결성되어 공장을 통제했다. 1918년, 핀란드에서는 노동자의 대규모 봉기에 놀란 정부가 북부 지역으로 도망가고 남부 공업 지구가 노동자의 수중으로 들어갔다. 이탈리아에서도 1920년에 총파업이 벌어져 많은 도시에서 노동자들이 대공장을 점거했다.

독일에서도 노동운동이 거세게 일어나 혁명의 분위기를 방불케 했다. 1918년 11월에 시작된 독일 혁명의 여파로 도처에서 노동자·병사 대표 평의회를 설립했다. 무장한 노동자와 병사가 독일 제국주의의 중심지인 베를린을 장악하고 제정을 전복시켰다. 이후 사회민주당 우익 지도자들은 혁명에 반대하는 세력들을 통합하고 군벌과 동맹하여 혁명 세력에 중대한 타격을 가했다. 결국 부르주아 세력은 군대를 동원하여 가까스로 혁명을 봉쇄할 수 있었다.

보리스 쿠스토디예프의 〈메이데이 행진〉은 서유럽과 중유럽에서 일상적으로 볼 수 있는 광경이었다. 그림은 러시아 노동자들의 노동절 행진 장면이다. 투쟁을 상징하는 붉은 기를 들고 노동자와 가족이 공업 지구 도로를 가득 메운 채 시위를 벌이고 있다. 당시만 해도 유럽의 노동운동이 러시아에 영향을 주었다면, 혁명 이후에는 러시아가 유럽의 노동운동을 자극하고 혁명적 분위기로 고양시키는 역할을 했다. 유럽의 주요 도시와 공장 지대에서 연일 노동자들이 격렬한 시위를 벌였다. 과거에는 군대와 경찰을 동원하여 무력으로 진압하면 시위대를 잠재울 수 있었으나 이제 각국 정부와 부르주아 세력은 러시아의 영향으로

쿠스토디예프, 〈메이데이 행진〉, 1906년

아예 사회주의 혁명으로 나아갈 수 있다는 두려움을 느꼈다.

노동자 투쟁의 폭발적 고양과 혁명 가능성에 놀란 각국 정부는 노동자에게서 혁명적 요소를 거세하고 안정된 자본주의 체제로 편입시키기 위한 정책을 폈다. 대표적인 것이 1917년 영국의 휘틀리 위원회와 1920년 독일의 바이마르 경영협의회법이다. 휘틀리 위원회는 자본가와 노동자 대표 동수로 구성되는 공공산업위원회 계획을 제안했다. 이는 들불처럼 번지는 노동운동이 사회주의 혁명으로 나아가는 것을 막고 자본주의 체제 안에 머무르게 하기 위한 조치였다. 즉 노동자를 산업의 관리와 감독에 부분적으로 참여시킴으로써 혁명성을 거세하려는 고도의 처방이었다.

독일의 바이마르 경영협의회법도 같은 성격을 지녔다. 1918년의 독일 혁명을 무력으로 진압한 부르주아 세력은 노동운동이 사회주의 혁명으로 나아가는 것을 막기 위해 어쩔 수 없이 양보 조치를 취했다. 노동자의 투쟁을 체제 내의 개량적인 것으로 순화시키고자 각 산업 영역의 중요한 결정을 내리는 데 노동자 대표가 참여하는 제도를 만들었다. 바이마르 경영협의회법의 목적도 휘틀리 위원회와 마찬가지로 혁명적 정세를 피하고 노동자 투쟁을 합법적인 테두리 내에서 완화하기 위한 것이었다.

2차 세계대전 직후 독일 점령 아래 있던 동유럽 국가들이 해방과 함께 사회주의 진영으로 넘어가면서 다시 한 번 서유럽에 위기가 찾아왔다. 서유럽에서도 독일에 저항하는 레지스탕스 운동에 참여했던 사람들이 주로 사회주의자였다. 저항운동을 벌이다 사형당한 사람 대부분이 사회당이나 공산당원이었기에 전후에 사회주의 세력이 급부상했다. 프랑스, 이탈리아 등의 선거에서 공산당을 비롯한 좌파가 제2당의 지위를 차지할 정도로 성장했다. 이와 함께 노동운동도 일대 도약기를 맞이했다. 또한 프랑스의 1968년 5월 투쟁을 비롯해 1960~1970년대는 서유럽 거의 전역에서 혁명적 분위기가 거셌다.

각국 정부는 러시아 혁명 직후에 혁명운동을 완화시키는 데 효과를 본 휘틀리 위원회나 바이마르 경영협의회법과 유사한 정책을 도입하거나 확대했다. 독일은 비스마르크 시절 도입한 사회복지제도에 덧붙여 사회민주당의 주도 아래 노동자의 경영 참여를 인정하는 입법, 즉 1972년의 작업구성법, 1976년의 공동결정법 등이 제정되었다. 작업구성법에 따라 석탄과 철강산업을 제외한 사기업 부문과 공공 부문에서 5명 이상을 고용하는 모든 기업은 공동결정권이 적용되었다. 공동결정법은 2천 명 이상을 고용하는 기업에서 노동자의 공동결정 참여를 법제화했다. 공동결정은 작업장 단위에서의 직장위원회, 경영이사회의 노동자 대표 참여, 감사회의 노동자 대표 참여로 조직되었다.

프랑스에서는 1981년, 기업 내에서 노동자의 영향력을 증대시키기 위한 오루법Auroux Law이 제정되었다. 이 법에는 노동자위원회의 강화, 기업 내 정보에 대한 개방, 집회 및 강연 등 표현권의 보장 등이 포함되었다. 또한 광범위한 국유화 정책으로 국영기업이 대폭 증가했는데, 각 기업별 관리위원 중 3분의 1을 현장 노동자 중에서 선임하여 노동자 참여를 확대했다.

휘틀리 위원회, 바이마르 경영협의회법, 공동결정법, 그리고 각종 복지제도의 확대에 대해, 이윤 극대화에 몰두하는 자본가들이 자발적으로 도입했을 리는 만무하다. 노동자 투쟁 확대와 사회주의 경향에 대한 두려움 때문에 어쩔 수 없이 양보한 것이다. 실제로 위의 법과 제도들이 제시되자 일부 기업가들의 반발에 부딪혔고, 이 때문에 처음의 내용에서 상당히 후퇴한 것으로 변형되기도 했다. 자본주의 체제가 사회주의 체제와 경쟁하는 과정에서 체제 안정을 위해 부득이하게 노동정책에서 노동자의 참여를 확대하고 복지정책을 통해 빈부 격차를 완화하는 방향으로 진행되었음을 부정할 수 없다. 1989년 소련과 동유럽의 붕괴 이후 신자유주의 정책이 노골화되면서 노동정책과 복지정책이 후퇴를 거듭하는 현실만 봐도 그렇다. 사회주의로 가는 길이 결정적으로 약해진 상태에서 그동안의 양보 조치를 철회하고 본래의 이윤 극대화 논리로 복귀하는 과정이라 할 수 있다.

12

프랑스 68혁명,
민주주의 개념을 뒤흔들다

미로, 〈1968년 5월〉, 1968년

전 세계를 요동치게 한
68혁명

후앙 미로Joan Miró의 〈1968년 5월〉은 프랑스 68혁명을 추상적 형식 안에 담아낸 그림이다. 추상미술과 초현실주의를 아우르는 미로의 화풍에 담긴 68혁명은 도무지 무엇인지 알 수 없는 혼란스러운 상황 그 자체다. 초현실주의 미술 중에서도 기호를 통한 조형적 초현실주의를 추구했기 때문에 훨씬 더 난해하다. 초현실주의 예술을 본격적으로 제안한 프랑스 시인 앙드레 브르통은 미로를 "가장 초현실주의적인 화가"라고 극찬했다. "자유라는 어휘만이 나를 격동시키는 전부다"라는 생각을 가장 잘 반영하는 화가가 미로였기 때문이다.

초현실주의 화가는 주로 형태를 변형하는 방식으로 그림을 그리기 때문에 구체적 형태로부터 제약을 받게 된다. 하지만 미로는 추상화된 표현에 의존하기 때문에 특정한 상황이나 구조에 얽매이지 않는다.

브르통이 강조한, 마음에 떠오른 대로 그리는 방식으로 표현하는 오토마티즘automatism 기법을 충실하게 실현할 수 있다. 무정형의 기호로 가득한 미로의 그림은 그만큼 형태에 구애받지 않는 자유로움이 묻어난다.

어쩌면 그렇게 자유로운 표현에 담겨 있기 때문에 68혁명의 특징이 더할 나위 없이 잘 표현된 것일 수 있다. 그림에는 수많은 종류의 도형과 직선, 곡선이 어지럽게 뒤섞여 있다. 검은색 도형을 기본 골격으로 삼아 붉은색과 노란색 원색이 눈길을 사로잡는다. 그 주위로 군데군데 부드러운 파스텔 색조들이 감싼다. 강렬한 원색이 폭발적으로 분출하는 68혁명의 뜨거운 분위기를 상징한다면, 부드럽게 감싸는 파스텔 색조는 68혁명을 수놓았던 사랑과 상상력의 메시지를 전달해준다. 또한 다양한 도형과 색은 68혁명에 참여한 계급과 계층, 세력의 다양함을 보여준다. 기존에 유럽 혁명을 이끈 세력이 노동자와 농민이었다면, 68혁명은 지배 세력을 제외한 거의 모든 계층이 거리로 뛰쳐나왔다. 복잡하게 뒤얽힌 직선과 곡선, 마구 휘갈기거나 흘러내리는 물감이 주는 혼돈의 느낌은 어디로 튈지 모르던 초유의 사태를 잘 표현해준다.

68혁명은 사회의 기본 체제, 운영 원리, 나아가서는 민주주의에 대한 새로운 고민을 촉발시킨 계기였다. 현재 존재하는 국가 중에 헌법 조항에 민주주의라는 문구를 사용하지 않는 나라는 없을 것이다. 그만큼 어느 세력을 막론하고 민주주의를 부정하지 않는다. 미국과 소련을 중심으로 양분된 냉전시대에는 자본주의 체제냐 사회주의 체제냐를 놓고 선택해야 했다. 또한 대의제 민주주의와 소비에트 방식의 직접 민주주의만이 선택 가능한 민주주의의 두 유형이었다. 특히 자본주의 국가에서는 시장에 기초한 자본주의가 유일한 삶의 방식을 제공하고, 대의제가 민주주의의 기준이자 전부로 인식되었다. 하지만 68혁명은 민주주의에 대한 전통적 사고와 상식을 일순간에 무너뜨렸다. 그러므로 68혁명에 대한 이해는 단순히 역사적으로 벌어진 어떤 사건에 대한 이해에 머무르지 않고 현재 우리 사회가 어디에 서 있는지, 어떤 방향으로 나아가야 할지, 그리고 우리가 무엇을 해야 할지를 생각해보게 한다.

"우리는 모든 억압에 반대한다"

프랑스에서 시작되어 전 유럽으로 번져 일본에까지 도달한 68혁명은 파리 낭테르 대학의 학생운동에서 촉발되었다. 1968년 3월, 대학이 남학생의 여자 기숙사 출입을 금지하자 이 대학 학생들은 "여자 기숙사를 개방하라"는 슬로건을 내걸고 '사랑할 수 있는 자유'를 달라며 시위를 벌였다. 집회가 두 달 넘게 지속되자, 파리 당국은 임시 폐교 조치를 취했다. 폐교 조치가 떨어지자 학생들은 거리로 나갔다. 표면적인 문제는 기숙사 개방이었지만 사실 이 안에는 프랑스 사회의 여러 문제가 집약되어 있었다. 그렇기에 사회혁명의 씨앗을 품고 있었다.

낭테르 대학생의 투쟁은 프랑스의 낙후된 교육 상황에 저항하는 의미를 담고 있었다. 당시 낭테르 학생들은 기숙사 문제만이 아니라 여러 가지 불만이 누적된 상태였다. 소르본 대학 분교로 새로 지어진 이 대학의 지역이나 시설은 매우 열악했고, 대학 서열화에 대한 불만까지 겹쳤다. 다른 대학에서도 낙후된 교육 시설 개선과 학생 삶의 질 개선을 요구하는 목소리가 1967년 4월부터 터져 나왔고, 11월에는 거리로 뛰쳐나왔다. 1968년 2월에는 중·고등학교 교사들이 파업을 선언했고, 고교생 비상대책위원회가 결성되기도 했다.

또한 기숙사를 개방하라는 요구는 강화되는 사회적 통제에 대한 저항이었다. 드골 대통령은 권위주의적 관료주의와 강력한 중앙집권 정치를 지속적으로 강화하고 있었다. 미국과 소련을 중심으로 이데올로기적, 군사적 냉전이 깊어지면서 프랑스에서는 권위주의 통치가 심화되었다. 이에 따라 사회 저변으로부터 지방 분권화와 자율권을 요구하는 목소리가 커지고 있었다. 여학생 기숙사 출입 금지에 대한 저항은 사회적 통제에 대한 반발과 자율성 보장 요구의 일환이었다.

나아가 미국의 베트남 침공은 냉전에 의한 격돌의 추악한 상징처럼 인식되었다. 1968년 3월, 미국의 베트남 전쟁에 항의해 아메리칸 익스프레스 파리 사무실을 기습 점거한 대학생 8명이 체포되었다. 이들의 석방을 요구하는 학생들의 시위 등이 연일 이어지고, 소르본 대학 건물을 점거한 학생들을 경찰이 강제 해산시키고 폭행을 하면서 상황이 더욱 격화되었다. 다른 학생들과 노동자들까지 가세했다.

5월 13일 노동자와 학생 80여만 명이 파리 시가지에 모여 행진했다. 행진이 끝날 무렵 학생들은 다시 소르본 대학을 점거하고 학생 소비에트를 선언했다. 노동자들은 총파업을 선언하고 공장을 점거했다. 시위는 점차 다른 대도시를 거쳐 프랑스 전역으로 확대되었고, 고등학생과 교사, 회사원까지 시위에 참가했다. 여기에 사르트르 등 지식인들이 참여하면서 더 큰 관심을 받았다. 프랑스 전역에서 공장과 가게가 문을 닫아 한 달 이상 국가 기능이 마비되었다. 이 기간 동안 학생들과 노동자들이 소르본 대학에 모여 전략과 전술 문제를 공개적으로 토론하고 결정했다. 거리에서는 시민들이 모여 자유롭게 참여하고 토론하는 대화의 장이 만들어졌다. "우리는 모든 금지된 것을 금지한다"라는 슬로건에서 나타나듯이 이들의 투쟁은 순식간에 남녀평등과 여성 해방, 학교와 직장에서의 평등, 반전·반핵 등 사회 전반의 문제로 확산되었다.

제라르 프로망제Gérard Fromanger의 〈앨범, 적―1968년 5월〉은 파리 중심가에서 벌어진 5월의 시위 현장을 담고 있다. 프랑스 68혁명을 담은 연작 〈앨범, 적赤〉의 하나다. 당시 파리 거리에서는 시위대와 경찰이 곳곳에서 충돌했다. 68혁명은 미술계에도 많은 영향을 미쳤는데, 프로망제의 작업도 그 일환이라 할 수 있다. 그는 일상생활과 정치적 사건에 사진, 영화 등을 접목하여 새로운 의미를 부여하는, '신구상' 혹은 '서술적 구상'이라는 새로운 표현 양식을 개척했다. 여기에 단색의 실루엣으로 묘사된 사람들과 연결함으로써 단절의 이미지를 전달했다.

그림에서 붉은색으로 표시된 사람들이 시위대이고, 검푸른색은 이를 진압하는 경찰이다. 시위대를 적색으로 표현한 것은 일차적으로 혁명 운동을 상징한다. 또한 붉은색 실루엣으로 드러나는 시위대는 진압 경찰은 물론이고 시가지 전체와 분리된 인상을 준다. 국가의 폭력을 비롯하여 사회 전 영역에서의 억압, 나아가서는 권위주의적인 시대 전체

프로망제, 〈앨범, 적―1968년 5월〉, 1968년

와의 단절을 의도한 것으로 보인다. 또한 화가는 4개로 분할된 공간을 이용하여 혁명의 확산과 승리를 묘사한다. 그림의 순서는 왼편에서 오른편으로 이어진다. 처음에는 네댓 명의 시위대가 경찰에 포위된 모습이다. 다음 면은 시위대의 수가 부쩍 늘어나고 세 번째 면에서는 오히려 경찰이 당황한다. 마지막으로 거리를 가득 메워 경찰을 완전히 포위한 모습이다.

혁명적 열기에 휩싸인 한 달 동안 매일 똑같이 반복되던 평범한 일상이 사라졌다. 학생들은 대학과 고등학교를 폐쇄했고, 노동자들은 공장과 사무실을 점거한 채 새로운 교육과 생산양식을 요구했다. 파리에서 수만 명이 봉기를 일으켜 경찰과 연일 대치했다. 낭트에서는 노동자, 농민, 학생으로 구성된 중앙파업위원회가 6일 동안 시청을 접수하고 독자적 통화까지 발행했다. 파리를 비롯한 주요 도시의 기능이 마비되었다. 1871년 파리 코뮌 이래로 가장 폭넓고 폭력적인 상황이 이어졌다. 폭력 행위에 대해 〈소르본 대학 상시에 행동위원회의 성명서〉는 다음과 같이 밝히고 있다. "우리가 폭력을 쓰는 이유는 사회 전체가 우리에게 폭력을 행사하고 있기 때문이다. (……) 궁극적 목적을 달성하기 위해 모든 수단을 용납하고 인정하자. 현상을 근본적으로 바꾸고 싶다면 대화만을 기다려서는 안 된다."

68혁명이 과거의 혁명과 뚜렷하게 다른 점은 주동자나 주도 세력이 없다는 것이다. 과거에는 혁명 정당이나 정치 지도자의 역할이 컸다. 또한 노동자들이 주도적 역할을 했다. 하지만 68혁명은 뚜렷한 지도자나 정당 혹은 특정 계급의 주도가 아닌, 다양한 연대, 시위 현장에서의 자발적·자율적 참여와 논의 및 결정에 맡겨졌다. 과거 노동자와 농민 중심의 혁명이 경제적 이해에 기초했다면, 68혁명은 "우리가 원하는 것은 물질이 아니라 자기결정권이다"라는 구호처럼 권위에 대한 저항과 개인의 자유로운 결정을 추구했다.

기존의 혁명은 대부분 경제적 이해관계를 둘러싼 갈등이 크게 작용했다. 봉건사회에서 영주에 대한 농노의 저항, 자본주의 사회에서 자본가에 대한 노동자의 투쟁이 그러했다. 하지만 68혁명의 주체들은 경제적 요구보다는 학교와 사회에서 자신의 삶과 관련된 사안에 대해 스스로 결정할 수 있는 권리를 주장했다.

또한 과거의 혁명이 단일한 목표를 가지고 일사불란한 움직임을 보였다면, 68혁명에서는 수많은 슬로건과 요구, 다양한 투쟁 방법이 동시에 쏟아져 나왔다. "더 많이 사랑할수록 더 많이 혁명을 하고 싶어진다. 더 많이 혁명을 할수록 더 많이 사랑하고 싶어진다"라거나 "어떤 것을 얻어내기 위함이 아니라, 어떤 것이라도 주장하기 위한 혁명이다", "내일 기쁨을 찾게 되리라는 약속이 오늘의 권태를 결코 보상해주지 않는다"라는 구호가 보여주듯이 상상력이 번뜩이는 다양한 투쟁 방법이 길거리에서 제시되었다.

5월의 혁명은 노동자 총파업을 계기로 사회 전 영역으로 확장되었지만, 동시에 균열의 틈도 커졌다. 프랑스 노동조합 지도부는 비조직적이고 통일성이 없는 학생들을 신뢰하지 않았다. 뚜렷한 방향과 지도부 없이 과격함과 도발성만으로는 성과를 거두기 어렵다고 보았다. 5월 16일에 학생 시위대가 노동자와 연대하기 위해 르노 자동차 공장을 방문했지만 노동자들은 학생들을 공장 정문에서 돌려보냈다. 이후 노동자들이 파업을 지속하면서 학생들에게 동참을 요청했을 때 이번에는 학생 지도부가 거절했다. 이를 계기로 연대의 분위기는 냉각되고 시위도 주춤거리기 시작했다. 균열이 벌어지는 가운데 위기감을 느끼던 우파 세력이 대규모 드골 지지 시위를 벌였고, 6월 중순의 총선에서 드골파가 승리하면서 5월의 열기는 급속히 냉각되었다.

전 세계로 확산된 혁명의 열기

68혁명은 프랑스에 국한된 현상이 아니었다. 비슷한 시기에 독일, 이탈리아, 포르투갈 등으로 퍼져나갔고, 미국과 남아메리카의 멕시코, 아르헨티나, 브라질 그리고 일본까지 흔들어놓았다. 프로망제의 〈앨범, 적―국기〉는 1960년대 후반에서 1970년대 초반에 걸쳐 순식간에 세계로 번진 혁명의 열기를 회화적으로 표현했다. 프랑스에서 시작된 학생 시위가 독일, 영국, 이탈리아 등 유럽을 거쳐 미국과 일본에서 동시다발적으로 벌어지는 상황이다. 붉은색은 민중 또는 혁명을 상징한다.

프로망제, 〈앨범, 적―국기〉, 1968년

모든 국기에서 붉은색이 고정되지 않고 요동치는 것은 혁명의 와중에 있음을 보여준다. 또한 각 나라의 국기는 국가를 상징한다. 붉은색이 흘러내려 국기 도형의 경계가 무너지는 것은 국가의 전통적 권위를 부정하는 68혁명의 성격을 보여주려는 의도인 듯하다.

독일에서는 1963년부터 자유 베를린 대학을 중심으로 반체제 운동이 일어나고 있었다. 여기에 호르크하이머와 아도르노를 비롯한 비판적 지식인들이 학생들에게 적지 않은 영향을 주었다. 1967년, 이란 국왕의 베를린 방문을 반대하는 시위를 벌이던 중 베노 오네조르그라는 학생이 사망하면서 저항이 급격히 고양되었다. 사회주의 독일 학생 연맹을 중심으로 농성과 토론, 수업 거부 등이 이어졌다. 이들이 '의회 밖의 저항'이라는 조직을 결성하고 활동하던 중 1968년 4월에 학생 지도자가 우익 세력의 공격으로 목숨을 위협받으면서 충돌이 격화되었다.

이탈리아에서는 1967년부터 시작된 학생 시위와 노동자 투쟁이 무려 10년이나 이어지다가 1979년에 진압되었다. 프랑스 68혁명의 영향과 미국의 베트남 전쟁을 반대하는 운동이 일어나 1967년에서 1968년 사이에 무려 2700명의 학생이 법적 처벌을 받았다. 프랑스와 비슷하게 노동자 투쟁과 결합되는 양상으로 발전했다. 2천만 명의 노동자가 참여하는 대규모 파업이 1969년의 '뜨거운 가을'에 터져 나왔다. 프랑스 노동자의 투쟁이 1968년 5월 한 달 동안 타올랐다면 이탈리아 노동자들의 투쟁은 오랜 기간 꺼질 줄 몰랐다. 하지만 노동자의 대변자임을 표방하던 이탈리아 좌파 정당과 이들의 영향을 받던 노동조합총연

맹은 이들을 외면했다. 이 와중에 '붉은 여단'이라는 테러 조직을 소탕한다는 구실로 학생과 노동자들을 체포하거나 구속하면서 이탈리아의 10년에 걸친 '뜨거운 가을'은 막을 내렸다.

포르투갈에서는 1974년, 리스본의 봄 또는 카네이션 혁명으로 불리는 사건과 함께 격변이 찾아왔다. 40년 이상 지속된 독재체제와 식민지와의 전쟁에 반발하며 좌파 청년 장교들이 독재정권을 무너뜨렸다. 이에 호응하는 시민들이 거리의 혁명군에게 카네이션을 달아 지지를 표시했다. 카네이션 혁명을 계기로 포르투갈은 해외 식민지에 대한 권리를 포기했고, 이후 투표를 실시해 민간정부에게 권력을 이양했다.

사회주의 국가 폴란드에서도 1968년의 봄은 뜨거웠다. 소련을 비판하는 내용이 담긴 연극의 상연을 금지하자 마지막 공연을 본 관객 수백 명이 시위를 벌였고, 이 과정에서 2명의 학생이 연행되는 일이 발생했다. 작가연합이 항의 집회를 열고, 청년 만여 명이 모여 기관지를 불태우고 시위를 하면서 경찰과 충돌했다. 시위대는 강경 진압에 반발하며 공산당 문화부 건물을 점거했고, 학생들은 학교를 점거하고 여러 지역에서 연대 집회를 열었다. 여기에 시민들이 호응하며 지지하는 움직임이 활발해지자 정부가 전면적인 탄압에 들어갔다.

미국에서는 학생들이 베트남 전쟁과 인종차별을 반대하는 저항운동을 벌였다. 1965년, 미국의 북베트남 침공을 계기로 전쟁을 반대하는 목소리가 높아졌다. 명분 없는 전쟁으로 미국을 향한 국제적 비난이 높아졌고, 전쟁이 장기화되면서 재정 손실이 누적되었으며, 학생들은 병역 거부 운동을 벌였다. 흑인 민권운동도 1960년대 후반에 이르

존스-호구, 〈단결〉, 1970년

러 고조되었다. 1964년, 흑인 지도자 맬컴 엑스가 암살된 데 이어 1968
년에 마틴 루터 킹 목사마저 암살당하면서 비폭력 민권운동은 설득력
을 잃었다. 분노한 흑인들이 40여 개 도시에서 폭동을 일으켰다. 점차
학생과 노동자들도 가세하여 인종차별 반대 운동에 동참했다.

　　존스-호구Jones-Hogu의 〈단결〉은 1960년대 후반에서 1970년에 이르
는 흑인 민권운동의 분위기를 잘 전달해준다. 이들의 구호는 "흑인과
전체 민중의 단결!"이었다. 그동안의 평화적, 비폭력적 방식의 운동과
는 사뭇 다른 분위기다. 주먹을 불끈 쥐고 힘껏 치켜든 팔은 소극적인
저항에서 벗어나 능동적 행동으로 나설 것임을 천명하는 듯하다. 공간

을 가득 메운 구호, 이들이 외치고 있을 '단결UNITE'이라는 구호가 눈에 띈다. 이즈음 흑인 민권운동은 흑인 내부의 단결을 넘어 백인을 비롯한 전체 민중과 연대하기 시작했다.

전쟁 반대와 인종차별 반대를 내걸고 대학가에서 시위가 확대되었고 점차 건물과 시설을 점거하는 양상으로 격화되면서 경찰과 대치하는 일이 빈번해졌다. 켄트 주립대학과 잭슨 주립대학에서는 6명의 학생이 총에 맞아 사망했다. FBI 자료에 따르면 1969년에서 1970년 사이에 총 1785건의 학생 시위가 열렸고, 이 과정에서 313채의 건물이 점거되었다. 학생들의 저항운동은 1970년 5월에 정점에 이르렀다. 400만여 명의 대학생과 고등학생이 수업을 거부하는, 일종의 전국적 파업이 일어났다. 수많은 교수와 교사도 동참했다. 이들의 점거는 학교에 국한되지 않았다. 공공 장소를 장악하는 방식으로 지배 세력에 도전했다. 수천 명이 집결하여 간선도로, 고속도로, 철도와 도시의 거리 등을 점거하여 교통을 마비시키기도 했다. 이로 인해 경찰 및 방위군과 충돌이 빚어졌다.

일본에서는 1968년 1월에 도쿄 대학 학생들이 대학의 민주화를 요구하며 투쟁을 벌였다. 3월에 시위를 주도한 학생 17명이 제적을 당하자 이에 반발한 다른 학생들이 강당을 점거하면서 졸업식이 중단되었다. 정부 당국이 학교에 기동대를 투입하여 진압하자 저항은 더욱 거세졌다. 강당을 점거한 학생들은 '전공투全共鬪'를 결성했다. 니혼 대학에서는 대학의 거액 비자금 조성에 항의하는 학생 15명을 제적시키면서 시위가 확대되었다. 대학 당국이 폭력적 진압에 나서자 학생들은 학교 건물을 점거했다. 정부의 강경한 태도와 우익 세력의 테러에 맞서면서 장기적인 시위 양상으로 변했다. 1968년 10월에는 베트남과 전쟁 중인 미군의 군수품이 일본을 경유하는 것을 저지하기 위해 2만~3만 명의 학생이 시위를 벌이고 신주쿠 역을 점거했다. 1969년에는 베트남 전쟁의 후방 병참기지 역할을 하는 오키나와의 미군기지 철수를 요구하는 운동이 전국적으로 번졌다. 확대일로에 있던 일본의 학생운동은 일부 세력이 '적군파'를 결성하고 금융기관과 파출소 습격, 항공기 납치 사건, 경찰과의 총격전, 내부 동료의 처형 등의 사건을 일으키면서 고립되다가 급속하게 냉각되었다.

학생 시위의 열기는 남아메리카 대륙도 비켜가지 않았다. 멕시코에서는 학생들이 1968년 10월에 교육제도 민주화와 자유화를 요구하며 대규모 시위를 벌였다. 정부가 무장헬기와 장갑차를 동원해 시위대를 향해 무차별 총격을 가해 1만여 명의 사상자가 발생했다. 브라질에서도 학생과 노동자들이 군부독재 타도를 외치며 대규모 행진을 했다. 1968년부터 1973년까지 브라질 정부는 반대 세력에 대한 테러를 자행했으며, 수천 명이 투옥되거나 고문당했다. 1974년에 다시 군부독재에 저항하는 학생들의 시위가 이어졌고 노동조합 활동가들은 비공식 파업을 벌였다. 1978년에야 브라질의 군부독재가 마침내 끝났다.

68혁명이
남긴 과제

68혁명은 현재진행형

프랑스 68혁명은 한 달 만에 끝났다. 포스터 〈68년 5월, 장기전의 시작〉
에서 드러나듯이, 시위를 주도하던 학생과 노동자들은 사회 변화를 원
했다. 포스터 문구는 1968년 5월을 '장기전의 시작'으로 규정하고 있
다. 이들이 보기에 5월은 단지 시작일 뿐이었다. 학생과 노동자 연대가
오래 지속될 것으로 보았고, 시위도 더 격화되고 장기화될 것으로 보았
다. 그리하여 당장의 시위와 점거, 자율적 관리 등을 통해 프랑스 사회
를 근본적으로 바꿀 수 있다는 희망으로 가득했다.

하지만 열기는 오래 가지 않았다. 한 달 만에 시위는 방향을 잃었
고, 그들이 그토록 반대했던 드골의 정치적 승리로 끝났다. 드골은 5월
혁명의 분위기를 잠재우기 위해 국면을 전환시키고자 했다. 드골은 자

신에 대한 신임을 묻기 위해 의회를 해산하고 6월 총선거를 실시했다. 포스터 〈즉시 투표해, 난 쉴 테니까〉는 이에 대한 5월 혁명 세력의 대응을 보여준다. 그림에서 드골 대통령이 손으로 다독이는 것은 프랑스 지도다. 프랑스를 갖고 놀듯이 다독이면서 뒤로 숨긴 손에는 언제라도 폭력으로 진압하겠다는 듯 경찰봉을 들고 있다.

포스터 문구는 "즉시 투표해, 난 쉴 테니까!"라는 내용이다. 국민에게는 당장 투표를 하라고 요구하고, 이를 통해 지배 세력의 안정을 꾀하겠다는 드골의 꼼수를 풍자하고 있다. 학생과 노동자들은 총선거의 기만성을 폭로하며 투표 거부 운동을 벌였다. 하지만 이미 시위 열기는 잦아든 상태였고, 투표 거부 운동은 효과를 보지 못했다. 학생과 노동자의 연대는 이미 회복하기 어려울 정도로 균열된 상태였고, 결국 총선거에서 드골이 승리했다. 투쟁 열기가 급속히 냉각되면서 적어도 표면적으로 68혁명은 실패로 막을 내렸다.

하지만 68혁명을 실패로 규정짓는 것은 섣부르다. 냉전을 틈타 유럽에 팽배하던 권위주의로의 역행이 68혁명을 계기로 어느 정도 저지되었다. 미국에서는 5월 학생 파업이 야기한 위기가 워터게이트 사건을 이끌어냈다. 반전 여론은 베트남에 대한 미국의 군사 개입을 무산시키는 데 한몫을 했다. 또한 인종차별 및 여성차별을 비롯해 사회적 약자에 대한 처우가 사람들의 관심을 모으면서 변화 과제로 대두했다.

그러한 의미에서 68혁명은 1968년만으로 끝나지 않았으며, 사회 변화를 자극하는 계기가 되었다. 또한 미국의 사회정치학자 조지 카치아피카스가 《신좌파의 상상력》에서 주장하듯이 사회 변화에 대한 새

포스터 〈68년 5월, 장기전의 시작〉, 1968년　　포스터 〈즉시 투표해, 난 쉴 테니까!〉, 1968년

로운 발상을 자극했다. "1968~70년 사이에 발생한 전 지구적 정치 반항은 문화 영역으로 옮겨갔다. 신좌파의 급진적 동력은 독일, 세네갈, 브라질의 '새로운 영화' 속에서, 레게, 뉴웨이브, 펑크록 속에서 지속되고 있다. (……) 운동의 급진적 동력이 흩어진 뒤에도 다르게 살고 생각하려는 개인과 집단의 시도는 사라지지 않았다."

　　68혁명의 가치를 적극적으로 옹호하는 펠릭스 가타리와 안토니오 네그리가《자유의 새로운 공간》에서 지적한 내용도 경청할 만하다. "1968년은 금세기 초의 혁명운동들, 즉 1929년의 대위기에 뒤이은 혁명운동과 2차 제국주의 대전에 뒤이은 운동을 봉쇄하기 위해 계속적으로 취해져온 사회적 합의들이 얼마나 깨지기 쉬운 것인가를 보여주었다. (……) 사회적 타협이 자본주의 체제의 적대적 모순을 제거하거나 지양하지 못했다는 것을 밝혀주었다." 자본주의 사회의 내적 모순을 선거와 복지정책만으로는 해결할 수 없기에 근본적 변혁이 필요하다는 것을 68혁명이 일깨워주었다는 내용이다. 68혁명은 실패하거나 끝난 것이 아니라 이후의 과제를 남겨주었기에 현재진행형이라는 주장이다.

다양한 요구는 변혁에 도움이 되는가

68혁명은 카치아피카스가 언급했듯이 "경제적 결핍이 아니라 정치적, 문화적 억압 조건에 반응해 발전했다." 과거에는 자신이 속한 집단의 경제적 이해에 따라 투쟁이나 혁명에 참여하는 경우가 대부분이었다. 대체로 빈곤이 극심한 상황에서 혁명이 일어나곤 했다. 하지만 1968년의 프랑스는 경제적으로 아주 어려운 수준은 아니었다. 드골이 1958년에 정권을 잡은 이래 10년 동안 국민총생산이 63퍼센트 상승할 정도로 프랑스 경제는 번영했다. 프랑스국립은행도 60억 달러 상당의 금과 외화를 보유하고 있었다.

1968년과 1970년대로 이어진 투쟁은 경제적 처지를 개선하는 요구를 넘어 현실 체제에서 억압받는 사람들의 욕구에 초점을 맞춘 주장과 결합되어 있었다. 바네스Ernie Barnes의 〈나의 미스 아메리카〉는 변화된

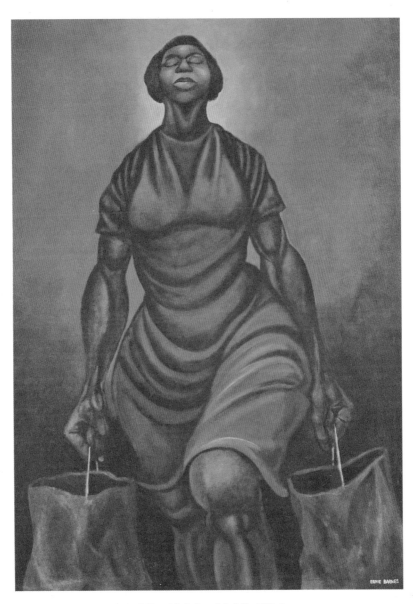

바네스, 〈나의 미스 아메리카〉, 1970년

시각을 잘 보여준다. 흑인 여성이 무거운 짐을 양손에 들고 옮기는 중이다. 팔과 다리는 마치 남성처럼 노동으로 단련된 근육질이다. 특히 다리는 웬만한 남성보다 훨씬 더 두껍다. 옷도 꾸민 흔적 없는 평상복 차림이다. 납작한 코, 두터운 입술은 전형적인 흑인의 얼굴 그대로다. 그런데 그림의 제목이 '미스 아메리카'다. 기존의 사고방식으로 미국을 대표하는 여성은 금발에 날씬한 몸, 오똑한 코에 예쁜 얼굴, 노동과는 무관해 보이는 백인의 모습이었다. 그림은 이러한 통념에 정면 도전한다. 흑인이 미국을 대표하는 여성이 될 수 있고, 나아가서 육체를 이용하여 노동하는 여성이 아름다움의 기준이 될 수 있다는 메시지를 담았다.

또한 사회적 투쟁이 전통적인 사회 쟁점과 변혁 요구를 다양화하는 방식으로 나타났다. 여성운동, 환경운동 및 문화적·인종적·성적 복수주의에 대한 요구 등으로 관심사가 다양해졌다. 세계 체계의 주류와 비주류, 남성과 여성, 인간과 자연의 새로운 관계로 향했다. 프랑스 〈소르본 대학 상시에 행동위원회의 성명서〉는 "우리는 소비 사회를 거부한다. 우리는 잘못된 길을 걸어왔다. 만인이 자신이 생산한 것과 똑같은 것을 소비할 수 있으려면 만인이 소비하고 만인이 함께 생산해야 한다"라고 강조했다. 생산의 가치보다는 과잉소비를 부추기는 소비사회로 변질된 현실에 저항한 것이다. 특히 생산적 노동과 분리된 채 투기 행위 등을 통해 획득한 부로 과소비에 몰두하는 계층에 대한 반감을 드러냈다. 만인이 함께 생산하고 소비하는 사회를 추구했다.

미국 흑인 민권운동의 핵심 단체였던 블랙팬더당은 인종차별 철폐에 국한되지 않고 사회 전체의 개혁을 요구했다. 〈혁명적 인민제헌

대회의 테제〉에서 "여성의 자기결정에 연대감을 표시하기 위해, 남성 우월주의의 잔재를 단호히 일소하기 위해 '인간/남성'이라는 단어가 쓰이는 모든 곳에서 '인민'이라는 단어를 써야 한다"며 여성운동을 옹호했다. 또한 "자본주의 문화에서는 가족제도가 인민의 필요에 봉사하는 것이 아니라 경제적 도구나 수단으로 이용되어왔다"는 내용처럼 가족제도 개선도 목표에 포함되었다. 나아가서는 "언제 어디서든 동성애자일 수 있는 권리"를 주장하며 성적 소수자에 대한 인정과 보호로 시야를 넓혔다.

68혁명으로 분출된 사회적 요구의 다양화에 대해 능동적으로 평가하는 견해가 많다. 가타리와 네그리는 68혁명이 촉발한 반핵운동과 환경운동의 결합에 주목한다. "이리하여 생태학은 향수나 항의의 함정에 빠지지 않고 새로운 스타일의 행동이 가능함을 입증했다. 반핵 투쟁은 과학적 노동력의 착취와 축적이라는 맥락에서 특수한 지평을 열었다. 기술적, 과학적 노동자의 투쟁은 과학의 대안적 사용이라는 복잡한 차원을 개발했다." 과거의 사회적 요구나 투쟁은 단순히 착취에 항의하는 차원이었고, 심지어 복고적인 환경운동에 머무는 경우가 많았다는 지적이다. 하지만 새롭게 대두한 반핵운동과 환경운동은 과학을 어떻게 이용할 것인가라는 새로운 차원의 운동 영역을 개발했다.

마르쿠제도 《반혁명과 반역》에서 사회적 요구의 다양화와 세분화를 적극 옹호한다. "체제의 기술적, 경제적 통합은 너무나 치밀해서 핵심 지점 한 곳만 무너져도 체제 전체의 기능이 심각한 장애를 겪게 될 수 있다. (……) 이런 역기능과 붕괴가 발생할 수 있는 각 지점들은 정치적 지도와 조직이 주어지기만 한다면 사회 변화의 중핵이 될 수 있다."현재의 국가체제는 표면적으로는 사회, 문화, 교육, 정보, 교통, 가족 영역 등에 이르기까지 다양한 분야로 분산된 것처럼 보이지만 내적으로는 지배력이 전국적 차원의 정치, 군사체제에 집중되어 있다는 분석이다. 그렇기 때문에 과거의 사회운동처럼 생산과 분배의 핵심부뿐만 아니라 흩어져 있는 것처럼 보이는 각 분야의 사소해 보이는 요구와 저항이 곧 지배의 핵심에 대한 저항이 될 수 있다는 주장이다.

상반된 평가도 얼마든지 가능하다. 사회적 요구가 다양화, 세분화되다 보니 투쟁이 분산될 수 있다. 과거에는 국가가 행하는 폭력과 억압이 가시적으로 드러났다. 그렇기 때문에 민중은 누가 자신을 지배하는지, 누구를 향해 저항해야 하는지가 분명했다. 하지만 현대 국가는 국민의 저항이 몸통으로 향하는 것을 막는 여러 수단을 만들어냈다. 자신을 드러내지 않으면서, 사람들의 일상생활을 지배하기 때문에 사람들은 그것을 아예 인식하지 못하거나, 인식하더라도 각각의 영역이 서로 분리된 것처럼 보이므로 저항은 찻잔 속의 태풍에 머물 뿐이다. 사회적 요구의 다양화, 세분화는 국가 그리고 이를 지배하는 세력이 인위적으로 만들어낸 분열의 공간 안에 저항이 머물도록 할 수 있다. 흩어진 각 영역에서의 저항이 사회 변화를 일으키는 힘이 될 수 있다는 마르쿠제의 주장과는 반대로 저항이 핵심에 도달하지 못하고 주변에서만 맴돌 수 있다.

축제와 혁명 사이

68혁명은 상상력과 자율성의 분출이기도 했다. 프랑스의 5월은 이전에는 볼 수 없던 새로운 구호, 상상력으로 충만한 구호로 가득했다. "모든 권력을 상상력에게로"라는 슬로건이 현실에 적용되었다. 예를 들어 "더 많이 혁명할수록 더 많이 사랑을 즐긴다"라는 구호만 해도 그렇다. 혁명과 사랑이 같은 선상에 놓여 있다. 과거에 혁명은 착취와 억압의 그늘에서 자라났다. 하지만 5월의 파리 거리에서 혁명은 사랑과 만난다. 사랑은 혁명을, 혁명은 사랑을 키운다. 이제 혁명은 고뇌에 찬 결단에 머물지 않고 에로스로, 놀이로 나아간다.

5월의 파리 거리에 붙은 포스터, 〈아름다움은 거리에 있다〉는 그러한 상상력의 확장을 잘 보여준다. 가녀린 몸매의 여성이 큼직한 보도블록을 경찰을 향해 던지는 장면이다. 아름다움과는 한참 거리가 멀다. 치열함이나 살벌함이라면 모를까, 시위 현장에서 벌어지는 투석전을 아름다움에 연결하고 있다. 혁명은 전쟁터이기보다는 사랑의 두근거림을 느끼는 시간이자 미적 감동을 주는 현장이다.

미국도 마찬가지였다. 〈민주사회를 위한 학생연합 성명서〉는 "우리는 사랑, 성찰, 이성, 창조성에 뿌리를 둔 권력을 통해 소유, 특권, 배경에 뿌리를 둔 권력을 대체할 것"이라고 선언했다. 사회적 요구는 시위 현장만이 아니라 축제의 장에서도 울려 퍼졌다. 미국과 캐나다 국경에서 열린 록페스티벌에는 투쟁 깃발이 휘날리는 가운데 25만 명이 참여했다.

포스터 〈아름다움은 거리에 있다〉,
1968년

프로망제, 〈앨범, 적―폴리스〉,
1971년

자율성도 68혁명의 특징이었다. 프로망제의 〈앨범, 적―폴리스〉
는 국가에 의한 통제와 처벌을 상징한다. 파리 시내 한가운데를 경찰
버스가 장악하고 있다. 경찰 버스 앞과 뒤, 그리고 안에 붉은색 실루엣
으로 묘사된 사람이 보인다. 밖에 있는 사람이 언제든지 경찰 버스 안
에 있는 사람이 될 수 있음을 보여주려는 듯하다. 법은 지배 세력의 이
해를 대변하고, 여기에 충돌할 때 국가는 경찰, 감옥 같은 물리력을 동
원해 언제든지 통제와 처벌을 가한다는 메시지다.

1968년에 뜨거운 거리로 나선 사람들이 보기에 통제와 처벌은 시
위나 범죄 현장에만 있는 것이 아니었다. 직장과 학교를 비롯하여 일상
의 공간을 통제와 처벌이 촘촘하게 둘러싸고 있었다. 학교에서는 교칙
을 통해 학생의 일거수일투족을 통제한다. 교칙을 어기는 행위에는 처

벌이 뒤따른다. 획일적으로 짜인 시간표와 입시 제도 안에 사고와 행위를 가둔다. 직장은 직장대로 연봉과 승진체계 등을 통해 노동자를 회사가 요구하는 대로 움직이는 기계로 길들인다.

가타리와 네그리가 지적하듯이 "노동자는 하루 8시간만 임금노예인 것이 아니다. 끊임없이 자본을 위해 생산하고 또 소비한다. (……) 68혁명은 생산 및 노동 절차가 갖는 이러한 변형에 대한 적대적 인식으로서 제기되었다." 우리의 경우만 돌아봐도 어떤 의미인지 쉽게 이해할 수 있다. 생산성을 높이기 위해 이른바 자기계발이라는 명목으로 끊임없이 시간을 쏟아 부어야 한다. 일하는 시간 이외에도 업무와 관련된 사고에서 벗어나지 못하는 것이다. 또한 사람들에게 필요 이상의 소비를 부추겨 기업의 이윤을 뒷받침한다.

사회 곳곳에 스며든 관료주의, 권위주의가 일상적 관리와 통제 역할을 했다. 관료주의, 권위주의에 대한 저항과 공격은 "금지하는 것을 금지한다"라는 구호로 집약되었다. 자본주의 체제의 고질적인 관료주의는 말할 것도 없고, 소련을 비롯한 현실 사회주의 체제에서 나타나는 관료주의도 경멸 대상이었다. 시위자들은 "마지막 관료의 창자로 마지막 자본가의 목을 매달기 전까지는 인류가 해방될 수 없다"며 관료주의적 허세를 조롱하고 공격했다.

현대사회는 각 분야에서 거대한 체제를 확립하는 방향으로 전개되어왔다. 국가기구만 하더라도 중앙정부와 지방정부, 또한 경찰·교육 체계에 이르기까지 지속적인 확대 과정 속에 있다. 기업도 합병 등을 통해 거대한 규모를 지향해왔다. 이러한 조직은 피라미드 방식으로 구성되어 상층부의 소수에게 결정권이 집중된다. 대다수 사회 구성원과 소수의 결정권자 사이에는 수많은 절차가 만들어져서 수직적인 의사결정 체제와 이에 따른 권위주의가 일반화됐다.

1968년 5월 소르본 대학에 모인 참가자들이 직접 투쟁 방향과 전술을 결정한 것은 의사결정의 탈집중화를 통해 자율성 원칙을 실현하려는 의지를 잘 보여주었다. 미리 만들어놓은 새로운 사회모델이나 실천 유형에 따라 행동하지 않고 투쟁 현장에서 참여자들이 스스로 마련하는 방식이었다. 과거에는 특정 정당이나 노동조합의 지도부가 사전에 결정된 계획에 따라 대중을 이끌어나가는 방식이었다. 하지만 68혁명 과정에서는 시위 현장에서 대중이 스스로 투쟁 방향과 계획을 제시하고 결정하는 방식이 자연스럽게 자리 잡았다. 또한 학교, 공장, 지역에서 자율성을 실현하는 것이 중요한 과제였다. 자율적인 관리를 위해 공장과 지역 공동체 등 각 영역에서 수평적 평의회가 구성되었다.

하지만 68혁명의 분위기를 주도한 상상력과 자율성에 대해서도 상반된 평가가 있다. 상상력은 언제나 새로운 것을 향하기에 구체적인 역사의 현장에서 안정된 변화 방향 설정에 장애가 되기도 한다. 현실의 혁명에서는 조직된 힘을 가지고 끈질기게 하나의 점을 돌파해야 하는 경우가 자주 생긴다. 하지만 치밀한 이론과 전략, 전술이 아니라 상상력에 의존할 경우 구호와 투쟁 방법이 수시로 바뀌면서 중심점을 잃고 혼란에 빠질 수 있다. 대중의 자발적 봉기와 의사결정의 자율성도 비슷한 함정이 있다.

혁명은 확실히 축제와 다른 면이 있다. 둘 다 해방이라는 공통된 지향점이 있지만 실현 방법에서 상당히 차이가 난다. 축제는 단기간의 한정된 분출의 성격을 지니지만, 혁명은 장기간에 걸쳐 실질적, 체계적 변화를 이끌어내야 한다. 그렇기에 축제는 참여자가 자율적으로 해방 감을 만끽할 수 있는 방식으로 즉흥적 결정을 내리는 것이 얼마든지 가 능하고, 또한 바람직하다. 하지만 혁명은 여기에 더해 일정한 범위 내 에서 체계와 질서가 필요하다. 그렇기 때문에 축제가 혁명과 만나기 위 해서는 자율성만으로는 해결될 수 없는 자기 한계를 넘어서야 한다.

68혁명은 지나치게 축제 성격이 강했다. 그 결과 문제 제기로서는 큰 의미를 지니지만 스스로 대안을 창출하기에는 결함을 드러냈다. 유 럽, 미국, 일본이 공통적으로 일정 기간이 지나자 봉기의 추진력을 잃 었다. 자율성에 기초하여 힘이 폭발적, 급진적으로 터져 나왔지만 점차 에너지가 소진되어 방향을 잃었다. 대안을 만들어내지 못하는 사이에 기존 체제와 지배 세력은 반격을 준비했고, 한번 추세가 꺾이자 열기는 급속히 식어갔다. 이후 기존 체제는 68혁명으로 분출된 저항 세력을 분산시켜 분할 통치 방식으로 약화시키고, 저항 문화를 탈정치화해 자 기만족적인 문화적 표출로 변질시키는 데 어느 정도 성공할 수 있었다.

학생은 사회 변화의 주체가 될 수 있는가

68혁명은 사회 변화의 주체 문제에서도 많은 고민거리를 남겼다. 포스 터 〈시민 행동〉은 새로운 변화 양상을 보여준다. "올바른 시민 행동"이

포스터 〈시민 행동〉, 1968년

라는 표어 사이에 한 남성이 쓰러져 있다. 발 아래로 피가 흐르는 것으로 봐서 시위 중 공권력에 의해 살해되거나 크게 다친 듯하다. 탄압과 폭력에 맞서 시민 행동에 나설 것을 호소하는 메시지를 담았다. 흥미로운 것은 신발 바닥 한쪽에는 노동자, 다른 한쪽에는 학생이라고 적혀 있는 글이다. 학생과 노동자가 연대할 때 올바르고 적절한 시민 행동이 가능하다는 점을 강조한 것이다.

근대 이후의 전통적 혁명은 노동자와 농민 등 생산을 담당하는 기층 민중의 힘과 연대에 기초하는 방식이었다. 자본주의 발전과 함께 점차 노동자 집단의 중요성이 강조되어왔다. 68혁명은 새로운 투쟁 세력을 전면에 부각시켰다. 바로 전국에 대규모로 분포된 학생 세력이었다.

전통적 혁명 세력과 비교할 때 대학생의 상당수는 부르주아지의 자녀들이고, 학생운동은 단지 우연하게 벌어진 해프닝 정도에 불과했다. 하지만 68혁명은 바로 그 학생들이 중심이 되어 타올랐고 전 세계를 요동치게 했다. 그림에서 볼 수 있듯이 노동자와 함께 사회 변화를 이끌어낼 핵심 세력으로 부상한 것이다.

대학생 스스로 자신의 한계를 직시하고 이를 넘어서려는 목적의식적 결단을 포함한 움직임이기도 했다. 〈소르본 대학 상시에 행동위원회의 성명서〉는 이러한 문제의식을 다음과 같이 제시했다. "미성년자나 특권을 지닌 자로 머무는 데 만족할 수 없다는 우리의 문제를 '프롤레타리아트가 아닌 자'라는 이유로 희석시켜서는 안 된다. (······) 학생은 사회 조직의 맨 꼭대기에 배치된다는 특권을 사회에 환원하고, 문화적 특권을 누리는 자로서 미래의 착취자가 되기를 그만둬야 한다." 미국의 〈민주사회를 위한 학생연합 성명서〉도 "우리는 적당한 안락 속에서 자라나 대학을 다니며 물려받은 이 세계를 불편하게 바라보는 세대의 일원이다. (······) 그러나 성장해갈수록 너무나 큰 문제라서 잊을 수 없는 사건들이 우리의 만족감을 파고들었다"라며 학생 신분의 한계에 머물지 않고 사회 문제의 해결 주체로 나설 것임을 선언하고 있다.

학생은 노동자와 마찬가지로 한 공간 안에서 짧지 않은 기간 동안 일상적으로 접촉하는 집단이다. 서유럽과 미국, 일본에 100만 명에서 수백만 명에 이르는 학생이 있고, 이들은 다시 대학별로 수천 명에서 수만 명에 이르는 대규모 집단을 구성한다. 적어도 외형적으로는 노동자만큼이나 대규모 저항 대열을 형성할 수 있는 잠재력을 지녔다. 문제는 이들이 과연 혁명적 역할을 할 수 있는가이다. 68혁명은 그 가능성을 보여주는 징표로 보였다.

그래서 마르쿠제는 《해방론》에서 학생의 역할을 적극적으로 옹호했다. "젊은 투사들은 정치가, 경영자, 장군의 손아귀에서 노리개가 되고 있는 자신의 삶과 인류의 삶에서 무엇이 시급한 문제인지를 알고 느끼고 있다. (……) 사이비 민주주의의 규범과 규칙에 더 이상 갇히지 않을 투쟁이 필요하다는 점을 이해하고 있다." 대학에서 교육과 훈련을 받은 사람들은 졸업 후 전문가로서 정치·경제·사회 분야에서 활동한다. 보기에는 그럴듯하지만 이들은 아무런 결정권도 갖지 못한다. 사회적, 경제적으로 권력을 장악한 세력이 지시한 일을 전문지식을 활용하여 뒷받침하는 일을 할 뿐이다. 대의제 민주주의에서 선거라는 절차가 있지만, 본질적으로 선거는 부와 언론을 장악한 일부 세력에게 유리한 방식이기에 사회 구성원 다수의 희망은 무시되기 일쑤다. 하지만 이제 학생들이 점차 현실의 문제를 인식하고 저항 세력으로 발돋움하고 있다는 주장이다.

실제로 유럽과 아메리카 대륙에서는 1960년대 중후반부터 1970년대까지 대학생을 중심으로 한 학생 세력이 권위주의 통치와 착취를 폭로하고 지배 세력에 도전하는 역할을 담당했다. 한국을 비롯한 몇몇 나라에서는 학생들의 저항이 1980년대까지 이어졌다. 하지만 그 이후 전 세계적으로 학생 세력은 급격히 보수화되는 경향을 보였다. 그렇다고 해서 이를 학생의 고유한 한계라고 치부하는 것은 곤란하다. 1980년대 이후 보수화되고 체제 내화되는 경향은 학생만이 아니라 노동자들에게서도 나타나기 때문이다. 그렇기 때문에 68혁명이 제기한 사회 변화의 주체 문제도 역사적 검증이 끝났다고 볼 수 없다. 또한 과거에 없던 새로운 세력이 갑자기 등장할 수도 없는 노릇이다. 학생과 노동자의 역할 문제는 현재에도 여전히 고민해야 하는 과제일 수밖에 없다.

이것을 민주주의라고
할 수 있을까

불구가 된 민주주의

68혁명 이후 세계는 점차 민주주의를 확대해왔을까? 시간이 지날수록 민주주의도 발달한다는 것이 우리의 통념이다. 당장 민주주의와 상반된 현상이 나타나더라도 일시적인 현상일 뿐 전체적으로는 자유와 민주주의가 자리를 잡아가는 과정이라고 생각한다. 하지만 좀 더 냉정하고 엄밀한 시선으로 현실을 살펴볼 때 그런 통념은 근거 없는 낙관에 지나지 않는다.

"민주주의라는 말은 시시한 것이 되었고 또 불구가 되었다"라는 가타리와 네그리의 비판은 결코 과장이 아니다. 대의제 선거를 통해 다수의 이해가 반영된다는 믿음이 착각에 지나지 않는다는 사실을 수도 없이 확인해왔기 때문이다. 실제로는 의회가 부와 언론을 장악한 기업의 이해를 대변하는 경우가 다반사다. 설사 위기를 느낀 정부가 복지 등 몇몇 분야에서 양보 조치를 실시해도 일정 기간이 지나면 다시 슬그머니 기업의 이익을 높여주는 정책으로 되돌아가곤 했다. 실제로 68혁명의 열기가 사그라지고 1970~1980년대에 우익 세력은 권좌에 복귀한 이후 과거 어쩔 수 없이 양보했던 사항들을 다시 돌려놓으려는 움직임을 보였다. 경제적으로 신자유주의 득세와 더불어 분배와 복지정책이 후퇴했고, 정치적으로도 권위주의, 전체주의 요소가 강화되었다.

68혁명 이후 각 국가의 통치 세력은 직접적인 국가 폭력이 불러올 저항을 목격했기에 간접적 방식의 관리와 통제로 통치 방식을 바꾸었다. 그 결과 저항해야 할 대상이 불분명해지면서 저항 운동은 방향을 잃었다. 성과급 방식의 경쟁 체제 도입과 소비 사회의 확대로 노동자뿐만이 아니라 학생도 생존 경쟁에 매달리게 되었다. 특히 1989년 이후 현실 사회주의 체제의 몰락은 전 세계에 보수화 바람을 불러왔다. 여기에 2001년 9·11 테러를 계기로 미국을 위시해 주요 국가에서 공포정치가 나타났으며, 이는 자유와 민주주의의 노골적 후퇴를 초래했다.

RogerART.com에서 제작한 〈자유와 민주주의는 죽었다〉는 미국 민주주의의 후퇴를 고발한다. 미국을 상징하는 자유의 여신상 위로 "자유와 민주주의는 죽었다"라는 선언이 선명하다. 바로 아래에는 "백만장자가 돈으로 선거를 해서 만들어진 나라가 미국"이라는 부제가 있다. 자유의 여신상 받침대에는 링컨의 '국민의, 국민에 의한, 국민을 위한 정치'라는 유명한 게티즈버그 연설을 차용한 "백만장자의, 백만장자에 의한, 백만장자를 위한 정치"라는 구절과 함께 "불균형"이라는 단어가 적혀 있다. 민주주의는 허구일 뿐이고 실제로는 소수의 부자가 선거를 매개로 권력을 주무르는 사회라는 고발이다.

　미국에서 2001년은 민주주의를 크게 퇴보시킨 해다. 9·11 테러 이후 미국은 '테러와의 전쟁'을 선포하면서 노골적으로 전체주의 특성을 드러냈다. 2002년 9월 9일에 발표된 미국의 〈국가안보전략〉은 그 본질을 극명하게 보여준다. "전 지구적 테러리즘과의 전투는 장기간에 걸쳐, 특히 그 실체가 불분명한 적들에 맞서 여러 전선에서 수행되어야 한다. (……) 지구 전체에 뻗어 있는 테러리즘과의 전쟁은 불확실한 기간 동안 수행되는 전 지구적 사업이다." 미국은 세계를 불확실한 위협이 일상적으로 지배하는 위험한 상황으로 규정하고, 미국 국내는 물론이고 전 세계를 상대로 일상적인 감시와 통제, 나아가서는 군사적 공격을 강화했다.

　미국은 과거에도 2차 세계대전 시기에는 독일, 냉전기에는 소련을 구실로 공포를 조작하고 전체주의적 통치를 정당화했다. 이제는 더 나아가 시간과 공간의 구애를 받지 않는 테러리즘의 성격을 빌미로 일상의 공간과 생활에서 자유와 민주주의의 근거를 무너뜨리고 있다. 셸던 월린은 《이것을 민주주의라고 말할 수 있을까》에서 9·11 테러 이후 이러한 미국의 특징을 '슈퍼파워'로 규정한다. "9·11 이후 변화된 것은 비단 시민들의 일상과 자유만이 아니다. 권력을 견제하기 위해 고안된 의회, 법원, 야당 등의 헌법 기구들은 보복 이데올로기에 충성을 맹세했고, 스스로 정부의 예속 기구가 되었다." 테러와의 전쟁은 저항자들을 무력하게 만들었고, 온 국민은 정부만을 바라보며 정부를 신뢰하게

〈자유와 민주주의는 죽었다〉, 2001년

되었다.

미국만의 문제는 아니다. 대부분의 현대 자본주의 국가는 정부와 기업이 결합해 민주주의를 후퇴시키고 있다. 기업은 단순히 부의 상징을 넘어서 권력의 상징이 되었다. 기업이 국가 권력과 강하게 결합하여, 갈수록 기업의 영향력이 커지는 상황이다. 국가에 대한 기업의 영향력이 강화되면 국민 다수의 의사가 변질되고 왜곡되는 결과가 나타날 수밖에 없다. 민주주의가 자기 근거를 박탈당하는 상황인 것이다.

기업과 상당한 친근성을 가진 소수 정치 엘리트, 즉 정치 귀족의 힘도 민주주의를 무력화하는 요소다. 정치적 엘리트주의는 소수가 권력을 어느 정도 독점하는 것이 마땅하다는 믿음을 바탕으로 한다. 자신의 지위가 대중적 승인이 아니라 개인의 특별한 자질과 능력 덕분이라고 생각한다. 현실에서 대의제는 누가 다수인지를 판가름하는 공정한 게임의 규칙이 아니다. 대의 민주주의 규칙이 축구나 야구 같은 팀 스포츠의 규칙과 동일한 기능을 한다고 생각한다면 큰 착각이다. 예를 들어 미국의 주지사나 상원의원, 일본의 중의원 중에 적지 않은 사람이 선거를 통해 할아버지, 아버지에 이어서 직책을 맡고 있다. 선거라는 절차를 거쳤지만 결과적으로는 집안 대대로 의원이나 주지사 노릇을 하고 있는 것이다. 선거가 결코 중립적 절차가 아님을 보여준다. 부와 정치적 인맥을 구축한 세력에게 유리할 수밖에 없는 절차이기 때문이다. 적어도 기득권을 가진 세력이 유리한 조건에서 경쟁하는 것임을 부인할 수 없다.

현대 대의제 민주주의에서 중요한 역할을 하는 언론도 기업의 영향에서 자유롭지 못하다. 형식적으로 언론의 자유가 존재하지만, 문제는 언론이 중립적이지 않다는 점이다. 현실에서는 대다수 주요 언론이 중립은커녕 일부 특권적 사회집단의 나팔수 역할을 하는 것이 다반사다. 전체 국민에게 영향을 미칠 정도의 언론사를 운영하려면 거대한 자본이 필요하다. 그러므로 언론사 자신이 거대한 기업이거나 혹은 거대 기업이 언론사를 직접 만들곤 한다. 거대 기업이 언론을 직접 경영하지 않더라도 그들이 언론사를 통제할 수단은 얼마든지 있다. 특히 언론사의 밥줄이라고 할 수 있는 광고 계약을 통해 자신의 구미에 맞는 방식으로 기사를 쓰도록 유도할 수 있다. 당연히 소수의 이해가 다수의 뜻인 양 왜곡될 수밖에 없다. 이런 현실에서는 민주주의라는 말 자체가 우스워진다.

진정한 민주주의를 실현하기 위하여

68혁명의 가치와 대의제 민주주의의 한계를 고려할 때 현대 민주주의의 첫 번째 과제는 민주주의 영역을 확장하는 것이다. 68혁명의 상상력도 상당 부분 이와 관련된다. 사람들은 가정이나 학교, 공장이나 회사 등 삶의 터전에서 대부분의 시간을 보낸다. 사실 이곳으로부터 분리된 정치의 장이란 자신과 무관한 일처럼 느껴지기 십상이다. 진정한 민주주의는 일상 공간의 민주화로까지 그 영역이 확장되어야 한다.

대의제라는 틀 안에서만 민주주의를 사고한다는 한계가 있지만, 적어도 노르베르토 보비오가 《자유주의와 민주주의》에서 밝힌 사회적 민주주의에 대한 문제의식은 그런 면에서 경청할 만하다. "지금까지는 거의 대부분 국가적 차원의 정치 영역에 한정되었던 상향적 권력은 학교에서 공장에 이르는 시민사회의 다양한 영역에까지 확산되고 있다. 여기서 학교와 공장에 대해 이야기하는 것은 이곳이 현대사회의 대부분을 보내는 곳이기 때문이다. (……) 기존 국가의 민주화 상태를 판단하기 위한 기준이 더 이상 '누가' 투표하는가가 되어서는 안 되고 '어디에' 투표할 수 있는가가 되어야 한다."

'누가'의 문제는 말 그대로 누가 투표하고 누가 결정하는가의 문제다. 보비오가 보기에 민주주의 발전 정도를 '누가'에 두게 되면 우리는 매 순간 모든 시민이 모든 문제에 대해 직접 결정하는 절차를 거쳐야하는데, 현대사회에서 이러한 직접 민주주의 방식을 적용하기 어렵다는 지적이다. 어쩔 수 없이 대의제에 의존해야 한다. 그러므로 이제 민주주의 발전은 사회적인 영역으로의 확대, 즉 '어디에' 투표할 수 있는가의 문제로 사고의 전환이 필요하다는 주장이다.

이제 민주주의가 단순히 국회의원이나 대통령을 뽑는 것으로 끝나지 않고 가정, 학교, 직장 등에서 발생하는 비민주적인 문제를 해결하는 데까지 나아가야 한다. 그동안 우리가 민주주의와는 무관한 영역으로 여기던 부모와 자녀의 관계, 교사와 학생의 관계, 기업과 노동자의 관계, 의사와 환자의 관계, 장교와 사병의 관계 등의 영역으로 민주주의 실현의 장이 확대되어야 한다.

또한 일상 영역에서의 민주화가 국가 권력을 둘러싼, 더 나아가서는 자본주의 체제 전체를 민주주의 쪽으로 더 진전시키는 과제와 맞물려 있다는 점에서도 중요하다. 가타리와 네그리의 문제의식도 이와 연결되어 있다. "사회적 상상력은 근본적 변화를 통해서만 스스로를 재구성할 수 있다. 이 점에 있어서 고려해야만 하는 것은, 주변적 현상들이 주변적이기는커녕 오히려 자본주의 전략에 있어서의 중심 위치를 차지하는 맥락의 일부분이라는 점이다."

주변적 현상, 즉 학교, 가정, 직장 등에서 벌어지는 일을 사소한 것으로만 여겨서는 안 된다. 전통사회에서는 국가 통치자가 직접 사람들을 통제하고 억압하는 방식이었다. 하지만 현대사회에서 국가는 직접 자신의 억압적 본질을 드러내기보다는 학교, 가정, 직장 등을 통해 지배를 강화한다. 일상 공간에 촘촘하게 통제 장치를 마련하여 우리의 사고와 행위를 그 안에 가두어둔다. 하지만 오히려 그렇기 때문에 일상 공간에서의 통제와 억압에 저항함으로써 중심에 해당하는 국가의 문제에 접근할 수 있다. 중심과 주변, 핵심과 부차는 분리된 영역이 아니라 긴밀하게 연결되어 있기 때문이다.

문제는 대의제적 관점만으로는 구체적 삶의 영역에서 발생하는 문제를 해결하기 어렵다는 점이다. 가정, 공장, 학교, 병원, 군대 등은 직접적인 이해관계의 상충과 갈등이 일어나는 공간이다. 그 공간이나 영역 안에 있는 사람들이 직접 문제를 해결하는 주체가 되어 결정에 참여할 때 문제 해결에 접근할 수 있고, 민주주의의 본래 취지에도 맞는다. 자신의 문제를 직접 결정하지 못한다면 지금까지 그래왔듯이 대의제 기구를 통해 오히려 노동자와 서민의 이해에 상반되는 결정, 부를 기반으로 한 소수 기득권 세력의 이해를 대변하는 결정이 거듭 나타날 것이다.

둘째, 의회를 비롯한 공적 영역에서는 사람들의 일상적 주권 행사가 주요한 과제가 된다. 대의제는 프랑스의 대표적인 근대 계몽사상가 루소가 "영국 인민은 투표함에 표를 넣는 순간에만 자유롭다"고 말했듯이 지극히 제한적인 주권 행사다. 대의제 민주주의 아래에서는 보통

4년이나 5년에 한 번 투표할 기회가 주어진다. 앞에서 살펴보았듯이 그나마 이 기회조차 부에 근거한 소수의 기득권 세력에 의해 왜곡된다.

선거가 돈에 의해 좌지우지되는 현상은 이미 대의제가 출현한 초기부터 나타난 문제였다. 윌리엄 호가스William Hogarth의 〈선거유세〉는 그 일단을 한눈에 보여준다. 18세기 중반의 선거를 이른바 '희극적 역사화' 방식으로 다룬 〈선거〉 연작 중 하나다. 부정선거로 논란이 되었던 1754년 선거를 묘사한 그림이다. 후보자가 연설을 하지만 귀 기울여 듣는 사람은 아무도 없다. 아예 몸을 뒤로 돌려 딴 일을 하기도 한다. 후보자의 뒤에 걸린 그림에는 돈을 뿌리는 장면이 나와서 이른바 금권선거가 한창임을 보여준다. 후보자 밑에는 영향력 있는 유권자에게 제공될 선물을 싸고 있고, 옆에서는 선거 사무장쯤으로 보이는 사람이 표를 매수하는 중이다.

더 큰 문제는 선거가 끝나면 국민들이 주권을 행사할 마땅한 방법이 없다는 점이다. 국회의원이나 대통령이 무능하거나 부패한 모습을 보이면 '다음 선거에서 안 뽑으면 된다'라는 식으로 대의제를 합리화하곤 한다. 오랜 기간 수많은 사람의 희생으로 이룩한 민주주의가 고작 몇 년에 한 번 투표하는 것에 불과하다면 민주주의 자체가 참 우스워진다. 투표를 해야 하는 영역이 어디든, 몇 년에 한 번 투표할 권리를 주고 이를 민주주의의 발전 운운하는 것은 지나친 과장이다.

민주주의는 본질적으로 항상적 권리여야 한다. 주권자인 우리가 원할 때면 언제라도 권리를 직접 행사할 수 있어야 한다. 예를 들어 의원이나 지방자치단체장 등이 무능하거나 주권자의 이해를 벗어난 행

호가스, 〈선거유세〉, 1755년

동을 할 경우 즉시 소환하여 자격을 박탈할 수 있는 일상적 소환제도,
언제라도 원하는 법안을 발의하여 의회에서의 논의를 강제할 수 있는
국민발안제도, 지역 주민들이 언제라도 직접 결정권을 행사하는 주민
투표제 같은 장치가 정착되어야 한다. 몇몇 나라에서 실시하고 있으며,
우리도 일상적 참여 장치를 전면적으로 도입할 필요가 있다. 예를 들어
핵폐기물 처리장과 같이 지역 주민의 삶에 직접 영향을 미치는 시설의

허용 여부를 주민투표로 결정한다. 이를 다른 영역으로 확대할 필요가 있다. 또한 지방자치 영역에서는 일부 의원이나 공직자에 대해 선출이 아닌 추첨제도 활용을 검토할 필요도 있다. 대의제 안에 직접 민주주의 요소를 적극적으로 확대하는 과제다.

셋째, 자발적, 자율적인 직접 행동을 능동적으로 모색할 필요가 있다. 직접 행동은 사람들이 정부 또는 기업과 같은 힘 있는 집단에 압력을 가하는 데 필요한 수단이다. 납세 거부, 파업, 불매운동처럼 협력 또는 지지 철회를 하거나, 아니면 특정 법률을 저지하기 위해 압력을 행사하는 행동을 말한다. 문제의식을 느끼는 소수의 행동은 사회의 주의를 환기시키는 역할을 하고, 이것이 발전해 많은 사람이 직접 행동에 참여할 경우 사회에 큰 변화를 일으키게 된다. 예를 들어 KBS 시청료 납부 거부운동, 국민 다수의 이해에 반하는 보도를 일삼는 일부 신문에 대한 구독 반대운동 등이 여기에 해당한다.

직접 행동의 필요성은 대의 민주주의의 한계와 관련이 깊다. 선거 절차 자체가 사회의 부를 차지한 일부 세력에 유리할 수밖에 없는 상황에서 빈곤층이나 여성, 소수민족, 원주민, 노약자, 장애인, 이주노동자, 난민 등은 소외되어왔다. 직접 행동은 이들이 느끼는 권리의 박탈감, 정치적 접근성의 박탈감에 대한 저항을 통해 자기 권리를 획득하려는 노력의 산물이라고 볼 수 있다.

직접 행동은 대의 민주주의의 결함을 극복하면서도 다른 한편으로 민주주의를 확장하는 역할을 한다. 에이프릴 카터가 《직접 행동》에서 강조했듯이 직접 행동은 민주주의를 실현하는 주요 수단이 될 수 있다. "직접 행동은 기존의 민주제도를 보존하고 확장하는 역할뿐 아니라 새로운 형태의 민주주의를 창조할 수도 있다. 지배 체제에 대한 저항과 항의로부터 출발하여 새로운 정치적, 경제적 제도가 생겨나는 경우를 흔히 볼 수 있다." 대의 민주주의를 보완하는 역할도 하지만, 더 나아가서는 새로운 형태의 민주주의, 즉 직접 민주주의의 실험으로 이어질 가능성을 내재한다는 점에서 풀뿌리 민주주의의 토대가 될 수 있다.

시위, 농성, 파업 등의 직접 행동을 사회 불안 요소로 보는 경향이 있다. 하지만 직접 행동을 수반하지 않는 민주주의는 타락할 수밖에 없다. 예를 들어 민주주의 사회라면 어디서나 보장되는 교사와 공무원 등의 기본적 단결권과 행동권이 우리 사회에서는 법적으로 제대로 인정되지 않는다. 사회적 안전망이 극도로 취약한 상태임에도 대규모 정리해고 사태가 벌어진다. 파업에 참여한 노동자에 대해 기업이 민사 손해 배상을 청구할 수 있기 때문에 노동자와 그 가족의 삶은 피폐해지기 일쑤다. 민주주의가 정착한 사회에서는 거의 찾아보기 어려운 일이 우리 사회에서 비일비재하게 일어나고 있다.

제도의 결함에도 불구하고 제도의 자기 완결성이나 안정성만을 고집할 때 억압은 일상화된다. 법과 제도는 대중의 직접 참여와 실천을 통해 한계를 보완하면서 비로소 더 발전하고 안정될 것이다. 단순히 선거 참여만이 아니라 자신의 권리를 적극적으로 찾는 노력을 통해 민주주의에 대한 훈련이 이루어진다는 점을 고려할 때, 진정한 민주 시민이 되기 위해서도 직접 행동만큼 효과적인 훈련법이 없을 것이다.

참고문헌

권홍우, 《부의 역사》, 인물과사상사, 2008.

그레고리 프리몬-반즈·토드 피셔, 박근형 옮김, 《나폴레옹 전쟁》, 플래닛미디어, 2009.

그레이엄 로스, 이상철 옮김, 《새 유럽 외교사》, 까치, 1995.

김성곤·윤혜영, 《한국인을 위한 중국사》, 서해문집, 2004.

김수행, 《세계 대공황》, 돌베개, 2011.

김진경, 《고대 그리스의 영광과 몰락》, 안티쿠스, 2009.

김청강, 《동양미술사》, 을유문화사, 1998.

김호동, 《몽골제국과 세계사의 탄생》, 돌베개, 2010.

노버트 린튼, 윤난지 옮김, 《20세기의 미술》, 예경, 2003.

데이비드 모건, 권용철 옮김, 《몽골족의 역사》, 모노그래프, 2012.

레온 트로츠키, 강대진 옮김, 《역사의 대안》, 풀무질, 2003.

레이 로렌스, 최기철 옮김, 《로마제국 쾌락의 역사》, 미래의창, 2011.

로버트 브레너, 전용복·백승은 옮김, 《혼돈의 기원》, 이후, 2001.

뤽 브느와, 민계숙 옮김, 《회화의 역사》, 탐구당, 1987.

마르코 폴로, 채희순 옮김, 《동방견문록》, 동서문화사, 2009.

마르틴 브로샤트, 강남규 옮김, 《히틀러 국가》, 문학과지성사, 2011.

박은화 편, 《중국회화감상》, 예경, 2001.

베로니카 이온스, 심재훈 옮김, 《이집트 신화》, 범우사, 2003.

베터니 휴즈, 강경이 옮김, 《아테네의 변명》, 옥당, 2012.

브로니슬라프 말리노프스키, 한완상 옮김, 《미개사회의 성과 억압》, 삼성출판사, 1983.

브루노 스넬, 김재홍 옮김, 《정신의 발견: 서구적 사유의 그리스적 기원》, 까치, 2002.

새뮤얼 노아 크레이머, 박성식 옮김, 《역사는 수메르에서 시작되었다》, 가람기획, 2000.

새뮤얼 헌팅턴, 이희재 옮김, 《문명의 충돌》, 김영사, 1997.

샹플뢰리, 정진국 옮김,《풍자예술의 역사: 고대와 중세의 패러디》, 까치, 2001.

서규석 편,《이집트 사자의 서》, 문학동네, 1999.

셸던 월린, 우석영 옮김,《이것을 민주주의라고 말할 수 있을까?》, 후마니타스, 2013.

신준형,《천상의 미술과 지상의 투쟁》, 사회평론, 2007.

아르놀트 하우저, 백낙청 등 옮김,《문학과 예술의 사회사》, 창비, 2012.

아리스토텔레스, 크세노폰,《고대 그리스정치사 사료》, 신서원, 2002.

아민 말루프, 김미선 옮김,《아랍인의 눈으로 본 십자군 전쟁》, 아침이슬, 2002.

안토니오 네그리, 펠릭스 가따리, 조정환 편역,《자유의 새로운 공간》, 갈무리, 2007.

알렉 노브, 김남섭 옮김,《소련경제사》, 창비, 1998.

알렉 노브, 대안체제연구회 옮김,《실현 가능한 사회주의의 미래》, 백의, 2001.

앙리 마스페로, 신하령·김태완 옮김,《고대 중국》, 까치, 1999.

애드워드 챈슬러, 강남규 옮김,《금융투기의 역사》, 국일증권경제연구소, 2001.

야로미르 말레크, 원형준 옮김,《이집트 미술》, 한길아트, 2003.

어네스트 겔너, 최한우 옮김,《민족과 민족주의》, 한반도국제대학원대학교, 2009.

에드워드 M. 번즈, 손세호 옮김,《서양문명의 역사》, 소나무, 2007.

에드워드 기번, 강석승 옮김,《로마제국 쇠망사》, 동서문화사, 2007.

에드워드 사이드, 김성곤·정정호 옮김,《문화와 제국주의》, 창, 2011.

에디나 베르나르, 김소라 옮김,《근대미술》, 생각의나무, 2011.

에른스트 H. 곰브리치, 백승길·이종승 옮김,《서양미술사》, 예경, 2002.

에릭 홉스봄, 강명세 옮김,《1780년 이후의 민족과 민족주의》, 창비, 1998.

에릭 홉스봄, 강성호 옮김,《역사론》, 민음사, 2002.

오인석,《바이마르공화국의 역사》, 한울, 1997.

오토 노이바트,《왕들의 계곡》, 일빛, 1999.

와다 하루끼, 고세현 옮김,《역사로서의 사회주의》, 창비, 1996.

왕리췬, 홍순도·홍광훈 옮김,《진시황 강의》, 김영사, 2013.

요한 하위징아, 이희승맑시아 옮김,《중세의 가을》, 동서문화사, 2010.

움베르토 에코, 이현경 옮김,《미의 역사》, 열린책들, 2005.

이덕형,《비잔티움, 빛의 모자이크》, 성균관대학교출판부, 2006.

임두빈,《원시미술의 세계》, 가람기획, 2001.

자닉 뒤랑, 조성애 옮김,《중세미술》, 생각의나무, 2011.

장 베르쿠테, 송숙자 옮김,《잊혀진 이집트를 찾아서》, 시공사, 1999.

쟈크 르 고프, 유희수 옮김,《서양 중세문명》, 문학과지성사, 2008.

전태일을따르는민주노조운동연구소,《경제대공황과 IMF 신탁통치》, 한울, 1998.

정수일,《이슬람 문명》, 창비, 2002.

제임스 캐힐, 조선미 옮김,《중국회화사》, 열화당, 2002.

조르주 뒤비, 김현일 옮김,《프랑스 문명사》, 까치, 1995.

조르주 뒤프, 신행선·박단 옮김,《프랑스 사회사》, 동문선, 2000.

조르주 타트, 안정미 옮김,《십자군전쟁: 성전탈환의 시나리오》, 시공사, 1998.

조지 카치아피카스, 이재원 옮김,《신좌파의 상상력》, 난장, 2009.

조철수,《수메르 신화》, 서해문집, 2003.

존 M. 케인즈, 조순 옮김,《고용, 이자 및 화폐의 일반이론》, 비봉출판사, 2007.

존 셰이드·로제르 아눈 저, 손정훈 옮김,《로마인의 삶: 축복받은 제국의 역사》, 시공사, 1999.

진중권,《서양미술사: 후기모더니즘과 포스트모더니즘》, 휴머니스트, 2013.

찰스 킨들버거, 박명섭 옮김,《대공황의 세계》, 부키, 1998.

최순욱,《북유럽 신화여행》, 서해문집, 2012.

케빈 맥더모트·제레미 애그뉴, 황동하 옮김,《코민테른》, 서해문집, 2009.

코린 드벤 프랑포르, 김주경 옮김,《고대 중국의 재발견》, 시공사, 2000.

클로드 모세, 김덕희 옮김,《고대 그리스의 시민》, 동문선, 2002.

토머스 카펜터, 김숙 옮김,《고대 그리스의 미술과 신화》, 시공아트, 1998.

토비 클락, 이순령 옮김,《20세기 정치선전예술》, 예경, 2000.

파커 피어슨, 이희준 옮김,《죽음의 고고학》, 사회평론, 2009.

페리 앤더슨, 김현일 옮김,《절대주의 국가의 역사》, 소나무, 1993.

폴 벤느, 김운비 옮김,《그리스인들은 신화를 믿었는가?》, 솔, 2002.

프란체스코 티라드리티, 권영진 옮김,《이집트, 불멸을 이루다》, 예경, 2004.

프랜시스 후쿠야마, 이상훈 옮김,《역사의 종말》, 한마음사, 1992.

필립 암스트롱, 김수행 옮김,《1945년 이후의 자본주의》, 두산잡지BU, 1993.

하룬 시디퀴, 김수안 옮김,《처음 만나는 이슬람》, 행성비, 2011.

하워드 진, 조선혜 옮김,《미국 민중저항사》, 일월서각, 2001.

한스 울리히 벨러, 이용일 옮김,《허구의 민족주의》, 푸른역사, 2007.

호르스트 푸어만, 안인희 옮김,《중세로의 초대》, 이마고, 2003.

G. L. 디킨슨, 박만준·이준호 옮김,《그리스인의 이상과 현실》, 서광사, 1989.